CARL-FRIEDRICH VON STEEGEN

SATAN

Porträt des Leibhaftigen

Originalausgabe

WILHELM HEYNE VERLAG
MÜNCHEN

HEYNE SACHBUCH
19/631

Umwelthinweis:
Das Buch wurde auf
chlor- und säurefreiem Papier gedruckt.

2. Auflage

Redaktion: Barbara Hörmann

Copyright © 1998 by Wilhelm Heyne Verlag
GmbH & Co. KG, München
http://www.heyne.de
Printed in Germany 2000
Umschlagillustration: Archiv für Kunst und Geschichte, Berlin
Umschlaggestaltung: Atelier Bachmann & Seidel, Reischach
Innenvignette: Janne Poelz, München
Herstellung: U. Walleitner
Satz: Pinkuin Satz und Datentechnik, Berlin
Druck und Verarbeitung: Elsnerdruck, Berlin

ISBN 3-453-14854-1

INHALT

Ein Vorwort, das nach Schwefel riecht:
Die Erd-Streifer — 9

Luzifer: Die Schleusen der Höhe öffnen sich — 15

Luzifer: Der Drache mit den hundert Feuerköpfen — 25

Luzifer: Die Venus — 37

Luzifers Brüder: Die Engel — 43

Ein Stern fällt vom Himmel: Der Satan der Bibel — 51

Satans Wiege: Das alte Persien — 69

Loki, der kosmische Brandstifter:
West- und Nordeuropa — 81

Mahra, der Zerstörer, und Buddhas Warten
auf Erleuchtung: Das alte Indien — 101

Die sechzig Qualen der Unterwelt:
Mesopotamien — 129

Und wenn ich meine Augen schließe,
wird es dunkel auf der Welt:
Das alte Ägypten — 149

Die blutige Sichel und die schaumgeborene Göttin:
Das alte Griechenland — 163

Daß also der Bock alle Missetaten auf sich nehme:
Das Volk Israel — 175

Die Geschichte vom Scheitan und der gehörnten
Göttin: Der Islam — 189

Der krumme Weg des Schwarzen: Das Christentum — 201

Der brennende Dotter und die ewige Nacht:
Luzifer ist überall — 219

Myriaden böser Geister lärmten herum: Susanowo no Mikoto	220
Der Große Stern blendete ihre Augen so, als wenn die Sonne aufging	223
Da trat der Chaifi zu ihm und sprach voller Arglist	225
Lichtwolken und schwarze Düsternis: Luzifers/Satans Doppelbild	229
Flammende Augen, Schlangenschwanz: Der Mythos von den vielen Milliarden Teufeln	243
Teufelsdreck und Fieberwurz: Der Exorzismus	249
Kinderfett am Besenstiel: Die Hexen	259
Der zweite Tod in Satans feurigem Pfuhl: Die Hölle	279
Verkehrte Kirche, Sex und Opferblut: Satanssekten und schwarze Messen	287
Sexualmagie als Heilsritus: Die Satanisten	299
Das Tier 666: Aleister Crowley	300
Der Großkophta: Graf Alessandro di Cagliostro	308
Vom Seraph zum Ehebruch getrieben: John Dee	313
Der Ritt auf dem Weinfaß: Dr. Jörg Faustus	317
Die heiße Spur des Herrn der Finsternis	323
Die magische Querzahl	333
Der Apokalypse und der Psyche entsprungen: Der Leibhaftige	341
Der Vater der Lüge: Kleines Glossar ausgewählter Bibeltexte	351
Satan, der Himmelsfürst	352
Luzifer: Die Schlange und der gefallene Engel	353
Der Satan und seinesgleichen: Das Böse an sich	354
Satan, Gott und Fürst dieser Welt	356
Satan, der Versucher	357
Satan, der Verderber	359
Jesus Christus, der Erlöser	360

Jesus Christus, der Exorzist	361
Luzifers kosmische Apokalypse:	
Der feurige Pfuhl, der Drache und das Tier 666	363
Anmerkungen	373
Bildnachweis	399
Literatur	400
Register	406

Ein Vorwort,
das nach Schwefel riecht:
Die Erd-Streifer

Ich sah den Satan vom Himmel fallen wie einen Blitz.
Neues Testament, Das Evangelium nach Lukas, 10

Betrachten wir den Morgenstern: die Venus. Sie funkelt so hell und klar – sie ist ein Lichtriese unter den Fixsternen und Planeten, keiner glänzt wie sie. Die Venus ist ein geheimnisvoller Nachbar – ihre Atmosphäre aus Kohlendioxid erzeugt ein höllisches Treibhaus mit durchgehend plus 475 Grad Celsius Oberflächentemperatur. Der Morgenstern verhüllt sein Gesicht in einem Schleier ewiger Wolken. Sie sind die Ursache für seine Helligkeit, polierte Reflektoren für das Sonnenlicht. Wie wir aus Radarkarten[1] wissen, verbergen sich wellige Flächen mit kantigem Gestein darunter, flache Krater, auch vereinzelte Bergketten. Beherrschend sind zwei kontinentale Hochebenen: Ischtar Terra, so groß wie Australien etwa, und Aphrodite Terra, ungefähr so groß wie Nordafrika. Die höchsten Berge auf Ischtar Terra sind knapp 12 000 Meter hoch. Venus, Ischtar und Aphrodite – beziehungsreiche Namen lichter Götterwesen, die den Leser an die Hand nehmen und auf direktem Weg vor den Höllenthron Satans führen. Kaum zu glauben, jede Biographie des Satans hat ihr erstes Kapitel im Morgenstern.

Die synodische Umlaufzeit[2] der Venus wurde im zweiten beziehungsweise ersten vorchristlichen Jahrhundert von den Sumerern mit 583,92 Tagen errechnet. Im Zeitalter der Atom-Präzisionsuhren wird ein Wert von 583,92 Tagen gemessen. Die Abweichung des sumerischen vom aktuellen Wert beträgt nur ein Hundertstel einer Tageslänge – das sind Jahresdifferenzen von rund 14 Minuten. Daraus darf man schließen, daß der Fortschritt der Wissenschaft, auch der Astronomie, nicht überall so groß ist, wie manche meinen oder wünschen. Vieles war schon vor Jahrtausenden errechnet und dokumentiert, und zu vieles bleibt auch heute noch rätselhaft, trotz der Weltraum-Teleskope, Mondlandung, Pathfinder-Erkundung des Mars oder der Relativitäts- und Quantentheorie.

Beispiel: Unser Mond, der mit einem mittleren Erdabstand von rund 384 000 Kilometern seine elliptische Bahn zieht, ist nicht allein. Es gibt einen zweiten Trabanten, den Himmelskörper mit der Nummer 3753 – er rotiert in einer komplizierten Hufeisenbahn um die Erde und begleitet sie bei ihrem Lauf um die Sonne. Er ist ein respektabler Planetoid, sein Durchmesser beträgt rund 5 Kilometer. Alle 385 Jahre nähert sich dieser Trabant bis auf etwa 12 Millionen Kilometer der Erde. Erst Anfang 1997 wurde der Himmelskörper entdeckt. Seine Entdecker sind kanadische Astronomen der Universität Toronto – im Fachmagazin *Nature* berichten sie über ihre Beobachtungen. So gibt es immer neue Sensationen, wie wir sehen, auch im engen kosmischen Umkreis.

Nun sind solche Kleinplaneten prinzipiell nichts Besonderes – das Besondere an Nummer 3753 ist nur sein Erdumlauf: Zwischen Mars und Jupiter gibt es einen Gürtel von schätzungsweise 40 000 solcher Objekte. Ceres, der größte bekannte Planetoid, hat immerhin einen Durchmesser von etwa 1000 Kilometern. Die kleinsten haben Kieselsteingröße. Ihre Umrisse sind unregelmäßig – es sind rohe Gesteinsblöcke, mal trümmerartig, mal hantelförmig. Planetoiden kreisen wie die übrigen Planeten um die Sonne, 320 bis 48 Millionen Kilometer von ihr entfernt, sie ziehen von West nach Ost. Eine teuflisch gefährliche Gegend: Die gewaltige, rotierende Masse des Jupiter wirkt aus der Ferne, drängt die Planetoiden in bestimmte Umlaufströme. Die Kollision und Fast-Kollision ist dort die Regel. So reichert dieser Trümmergürtel diverse Meteoritenströme an, die täglich bis zu 10 000 Tonnen kosmischen Gesteins auf unsere Erde schütten.

Es gibt etliche dieser Kleinplaneten, die die Erdbahn kreuzen. Man nennt sie Erd-Streifer. 1898 kreuzte Eros, 23 Kilometer Durchmesser, die Marsbahn und kam der Erdbahn auf 22 Millionen Kilometer nahe. Amor brachte es auf 16,5 Millionen Kilometer Nähe, Geographos kreuzte die Erdbahn nach innen, und 1937 zog Hermes, Durchmesser 1 Kilometer, in nur 600 000 Kilometer Entfernung vorbei. Zu erwähnen ist noch 1989 FC, etwa 1 Kilometer Durchmesser, der sich im März 1889 auf 800 000 Kilometer heranpirschte – im Jahr 2015 kommt er wieder. Sonderfälle sind die Erd-Streifer Apollo und Adonis: Sie kreuzen die Erdbahn nach innen, aber zusätzlich auch die Bahn der Venus.

Was passiert, wenn solche Planeten-Streifer nicht nur streifen, sondern auch treffen? Jeder Planet hat Kraternarben wie der Mond: Zeugnisse von Einschlägen massiger Himmelskörper – es sei dahingestellt, ob von Kometen oder Meteoriten –, die aus dem Kosmos kamen und vom Himmel fielen. Die Häufigkeit solcher Katastrophen wurde von Wissenschaftlern berechnet: Auf der Erde entstehen, rein statistisch, alle 1400 Jahre Krater von 1 Kilometer Durchmesser, von 10 Kilometern alle 140 000 Jahre, und solche von 100 Kilometern so alle 14 Millionen Jahre. Wenn die Einschlagstellen auf der Erdfläche so gut erhalten bleiben würden wie auf dem Mond, fänden wir eine ganze Serie, die von höllischen Katastrophen zeugte.

Unsere Erde ist 4,5 Milliarden Jahre alt. In solch langer Zeit sind, nach der genannten Wahrscheinlichkeit, über 300 Treffer eines Himmelskörpers von der Größe des Kometen Halley denkbar. Was passiert, wenn Halley kommt? *Die Aufprallenergie entspricht der halben Masse des Objektes mal dem Quadrat seiner Geschwindigkeit. Wenn der Halleysche Komet mit einem Tempo von 40 Kilometern pro Sekunde auf die Erde träfe, müßte seine Einschlagenergie der Detonation von 400 Milliarden Kilotonnen des Sprengstoffes TNT entsprechen, was 20 Milliarden mal stärker wäre als die der Atombombe von Hiroshima. Die Oberfläche der Erde mißt etwa 500 Millionen Quadratkilometer. Ein Zusammenprall mit dem Halleyschen Kometen würde mithin das Äquivalent von 500 Hiroshima-Bomben pro Quadratkilometer Erdoberfläche freisetzen. Dies wäre mehr als hinreichend, um alles Leben auszulö-*

schen. Glücklicherweise würde sich die Kollisionsenergie auf den Bereich der Einschlagstelle konzentrieren, so daß ein solcher Zusammenprall noch nicht notwendigerweise den Weltuntergang bedeuten würde.[3] Dennoch wären die Folgen eines solchen Zusammenstoßes ein teuflisches Inferno.

Nehmen wir einmal an, der Erd- und Venus-Streifer Adonis hätte etwa den Durchmesser von Halley. Unterstellen wir weiter, Adonis träfe die Venus. Wir wissen, daß dort nicht nur ein Krater von 250 Kilometern Durchmesser gerissen würde, sondern auch, daß ein Zeitalter ausgelöscht würde. Was sich an weiteren kosmischen Konsequenzen ergäbe, liegt auf der Hand: Eine Einschlagenergie von 400 Milliarden Kilotonnen TNT ist *das* wirksame Mittel, die Rotation unseres Nachbarplaneten zu verändern und damit seine Umlaufbahn. Das könnte dazu führen, daß der taumelnde Morgenstern zu einem gigantischen Erd-Streifer wird, auch zum Mars-Streifer – Erde und Mars sind ja die nächsten Umläufer im Sonnensystem. Nicht auszudenken, wenn Venus, Erde oder Mars sich zu nahe kämen: Es würden die Gravitationskräfte von Himmelskörpern mit Durchmessern von 12 756 Kilometern (Erde), 12 104 (Venus) und 6746 (Mars) gegeneinander kämpfen.

Der Sturz des Adonis auf die Venus ist reine Fiktion – was wäre wenn? Aber es *war* schon mal sowas, denn im Vergleich zu den übrigen Planeten dreht die Venus gegenläufig. Wer weiß, welcher kosmische Teufel ihr zu nahe trat und sie dazu veranlaßt hat? Aber der Venus *ist* das Ungeheuerliche zugestoßen, so schlimm, daß der Morgenstern vor ungefähr 3500 Jahren durch den Himmel zu irren begann und die alte Planetenwelt zur Hölle machte. Hier beginnt die Geschichte Satans. Durch diesen Sturz ist er über die Welt gekommen: *Und alle Inseln entflohen, und keine Berge wurden mehr gefunden. Und ein großer Hagel wie Zentnerstücke fiel vom Himmel auf die Menschen.*[4] Man diskutierte solche Texte sehr wohl, durch viele Jahrhunderte, doch interpretierte man sie als Gleichnisse göttlichen Zorns oder als reine Metaphern und Allegorien lokaler Plagen in biblischer Zeit. Es fehlte die Einsicht, sich der höllischen Wirklichkeit zu stellen – der Wirklichkeit, daß das Undenkbare passiert ist und wieder passieren wird. Niemand wollte die Erinnerung an jene Naturereignisse, wie sie Jesaja so bildhaft schildert, deren Ursachen und Folgen nichts Vergleichbares hatten – man steckte den Kopf in den Sand vor dem Inferno schlechthin, das die alte Welt verbrannt, ersäuft, zu Tode gesteinigt, erstickt hatte. In diesem Unvermögen der Interpreten, das eigentliche und deutliche Anliegen der Propheten zur Kenntnis zu nehmen, offenbart sich tiefgründige Furcht. Ihr Ursprung ist psychisch, derart, daß verdrängt wird, was abweicht vom erträglichen Regelmaß. So schließt sich über der Realität kosmischer Katastrophen der Sargdeckel des kollektiven Vergessens, ein irrationales Phänomen, das der menschlichen Natur entspricht – das Böse vergessen wir, das Gute bleibt gegenwärtig. Es ist ein Stück Flucht in dieser Eigenschaft, Flucht aus der Wirklichkeit. Und es steckt auch Hoffnung in dieser Flucht, die Hoffnung auf Erlösung von den satanischen Schrecken. Dem Bewußtsein mag es gelingen, den Horror ins Grab zu senken – die infernalischen Wirklichkeiten aber kann das kollektive Vergessen nicht aus der Welt schaffen. Der Leibhaftige stirbt erst am Jüngsten Tag. Wann aber wird der sein? Es riecht immer noch nach Feuer und Schwefel, denn der Satan hat einen großen Zorn.[5]

LUZIFER:
DIE SCHLEUSEN DER HÖHE
ÖFFNEN SICH

> UND ES FUHR WIE EIN GROSSER BERG MIT FEUER
> BRENNEND INS MEER.
> Neues Testament, Die Offenbarung des Johannes, 8

Da ward ein großes Erdbeben, und die Sonne war finster wie ein schwarzer Sack, und der Mond ward wie Blut. Und die Sterne des Himmels fielen auf die Erde ... und der Himmel entwich ... und alle Berge und Inseln wurden bewegt von ihrer Stätte.[1]

Immer, wenn in den Büchern der Bibel Sterne fallen, sind diese ein Bild Luzifers (= Lichtbringer) und seiner infernalischen Engel. Der Apokalyptiker Johannes, der die Offenbarung niederschrieb, aber besonders auch der Prophet Jesaja liefern uns den kosmischen Stoff, aus dem Luzifer, der mit dem Satan[2] identisch ist, gemacht ist. Es gibt noch weitere Berichte: *Als ich mich im Hause meines Großvaters Mahalalel niedergelegt hatte,* so schreibt Enoch, *schaute ich im Gesichte, wie der Himmel zusammenbrach, schwand und zur Erde niederfiel. Als er aber zur Erde niederstürzte, sah ich, wie die Erde in einem großen Abgrunde verschlungen wurde, Berge auf Berge niederragten, Hügel auf Hügel sich niedersenkten, hohe Bäume von ihren Stammwurzeln sich losrissen, hinabwirbelten und in der Tiefe versanken.*[3]

Was ist eigentlich das Besondere an Luzifer/Satan? Was an ihm hat das gewisse Etwas, das die Menschen treibt, sein Doppelbild zu überliefern und zu wahren? Strahlende Schönheit und abgründig Häßliches – reicht dieser tragische Zwiespalt hin, den Leibhaftigen unsterblich zu machen? Die Faszination Luzifers, ist sie wirklich nur der Zauber eines schillernden Unholds, der als Himmelsfürst begann und schließlich auf den Höllenthron herabfuhr? Hat es den Satan wirklich einmal gegeben? Gibt es ihn gar heute noch? Wer war er dann, wer ist er? Oder was war er, was ist er? Ein Gottessohn? Ein poetischer Unhold? Ein Sagenkönig? Ein Gestirn? Ein Engel? Geht es an, einen kosmischen Bösewicht wie ihn einfach zu erdichten, so einprägsam, daß er für 3000 Jahre in den Mythen und Köpfen der Menschen umgeht? Vielleicht hat es in versunkener Zeit wirklich ein Poetengenie gegeben, dem eine infernalische Dichtung gelang – ein Jahrtausendwerk, das die Geschichte vom Satan in die Welt brachte und diesem Höllenfürsten ein Denkmal setzte – ein Denkmal, tief gegründet und hoch aufragend im Bewußtsein von Hunderten von Völkern und Generationen. Er müßte ein Riese unter den Dichtern gewesen sein, wenn es ihn gäbe, ein Dichter, dessen Werke denen des Homer nicht nachstehen.

Wie war das mit Homer? Wie wir seit Schliemanns Grabungen wissen, hat sich Homer an die Geschichte gehalten, als er die 24 Bücher der *Ilias* dichtete – Priamos, Helena, Achilles, Hektor, Ajax, Agamemnon, Odysseus, Aeneas, Troja, das trojanische Pferd – alle diese haben ihren wahren historischen Kern. Wie wir heute wissen, verklärt Homers Werk konkrete antike Menschengeschichte.

Wie steht es aber mit den Berichten der Bibel? Adam und Eva und der Sündenfall, die Sintflut und Noah, Abraham, die ägyptische Gefangenschaft, der Exodus, Mose und die Zehn Gebote, König Salomon, der Kreuzestod Christi – Dichtung oder Wahrheit? Auch die Bibel, dafür gibt es überzeugende Beweise, ist in ihrem Kern überlieferte Geschichte. Beispiele: Die moderne Archäologie hat herausgefunden, daß es tatsächlich eine verheerende Sintflut gegeben hat. Dies erwies sich, als der Brite Sir Charles Leonard Woolley 1929 am mesopotamischen Euphrat eine Lehmschicht von drei Metern Dicke ausgrub, die zwei Kulturschichten trennte und der großen Flut zuzuschreiben ist, die in alter Zeit ein Gebiet von 630 Kilometern Länge und 160 Kilometern Breite verschluckt hat. Auch Reste von E-temen-an-aki, dem Turm zu Babel, hat man freigelegt (etwa 1910 durch den deutschen Professor Robert Koldewey), und den Stern von Betlehem als Konjunktion der Planeten Jupiter und Saturn im Sternbild der Fische im Jahre 7 vor Christus hat P. Schnabel im Jahr 1925 identifiziert. Die Bibel ist das Buch der tausend Wahrheiten. Nicht immer liegen diese offen – sie sind wie Goldstaub im Sand, worüber das Wasser fließt. Die Wahrheiten der Bibel verstecken sich in Gleichnissen, Bildern, Allegorien, Mystizismen, Mißdeutungen. Auch den Satan gibt es, er ist eine der vielen tausend Wahrheiten. Seiner Wahrheit auf die Spur zu kommen, ist besonders schwer. Kaum ein biblisches Phänomen ist so vielgestaltig und in Geheimnisse gehüllt wie der Leibhaftige. Satans Wahrheit schillert in allen kosmischen Farben.

Deine Pracht ist herunter zu den Toten gefahren samt dem Klang deiner Harfen.[4] *Gewürm wird dein Bett sein, und Würmer deine Decke.* So wird Jesaja zitiert, der wortgewaltige hebräische Homer. Jesaja beschwört den Sturz Luzifers, den er als Morgenstern bezeichnet und mit dem König von Babel assoziiert. Die frühesten Botschaften des Propheten datieren in das Jahr 747 vor Christus, in die Zeit des Königs Usias. Neun Jahre später, mit dem Tode Usias, wurde Jesaja zum Staatsmann berufen. In dieser Zeit wandte sich der Prophet immer wieder an das Volk Juda und predigte ihm ins Gewissen, drang in jeden einzelnen. Jesaja war ein Großmeister der Prosa und ein funkelnder Morgenstern der Weltliteratur. Seinen hebräischen Urtexten wird keine der gängigen Übersetzungen gerecht, sein Stil ist tiefgründig, gleichnisreich, komprimiert und packend. Jesaja lebte zu einer Zeit, als die Erde von kosmischen Katastrophen geschüttelt wurde. Mit solchen Apokalypsen stand Luzifer/Satan in ursächlichem Zusammenhang.

Siehe, Jahwe leert und verheert die Erde, er kehrt ihr Angesicht um, und er zerstreut ihre Bewohner ... Darum werden die Bewohner ausgebrannt, und nur wenige Menschen bleiben übrig ... Grauen und Grube und Garn über dich, Erdbewohner ... denn die Schleusen der Höhe öffnen sich, und die Grundfesten der Erde erbeben. Es berstet und zerbricht die

Erde, es zerfällt und zerreißt die Erde. Wie ein Trunkener taumelt die Erde.[6]

Denn die Schleusen der Höhe öffnen sich – dunkle Worte. Sie sind eng mit Jesajas Vision vom Fall Luzifers verknüpft:

Wie bist du vom Himmel gefallen, du schöner Morgenstern ... Wie wurdest du zu Boden geschlagen, der du alle Völker niederschlugst! Du aber gedachtest in deinem Herzen: Ich will in den Himmel steigen und meinen Thron über die Sterne Gottes erhöhen ... ich will auffahren über die hohen Wolken und gleich sein dem Allerhöchsten.

Was soll das heißen, daß sich die Schleusen des Himmels öffnen und die Erde taumelt, daß der Morgenstern über die hohen Wolken auffährt und niedergeschlagen wird, so daß er vom Himmel fällt? Jesaja überliefert es uns in vielen Einzelheiten – die Veränderungen am Himmel, die Umwälzungen auf dem Land und im Meer, das Beben der Berge, den Tod, die Flucht und Wanderungen ganzer Völker. Das Buch des Propheten Jesaja ist zu allen Zeiten von Millionen Menschen gelesen und vielfältig gedeutet worden. Insbesondere Jesajas Schriften waren es, die die Geister beschäftigten, obwohl er nicht der einzige ist, der über höllische Katastrophen auf der Erde berichtet, die ihren Ursprung im Kosmos haben. Auch andere biblische Propheten überliefern solche apokalyptischen Bilder aus der Zeit etwa um 1500 vor Christus und dann wieder am Ende des siebenten und achten Jahrhunderts vor Christus, die sie als Vergeltung ihres einzigen Gottes interpretieren – Joel etwa, Micha, Nahum, Hosea, Amos, Habakuk:

Siehe, sie müssen fort wegen der Verwüstung ... Nesseln werden wachsen, wo jetzt ihr kostbares Silber ist, und Dornen in ihren Hütten. Die Zeit der Heimsuchung ist gekommen, die Zeit der Vergeltung ...[7]

Denn siehe, der Herr wird herausgehen aus seiner Wohnung und herabfahren und treten auf die Höhen der Erde, daß die Berge unter ihm schmelzen und die Täler sich spalten, gleich wie Wachs vor dem Feuer verschmilzt, wie die Wasser, die talwärts stürzen.[8]

Denn Gott ... ist es, der die Erde anrührt, daß sie bebt und alle ihre Bewohner trauern müssen, und daß sie sich hebt wie das Wasser des Nils und sich senkt wie der Strom Ägyptens.[9]

Gott ist es, der die Welt anrührt. Er ist es deshalb, weil er Luzifer/Satan verstößt, der aus der Bahn geworfen und zum Werkzeug der Vergeltung wird.

Unser blauer Planet ist eben nicht die unversehrte Arche, die Gottes Schöpfung viele Jahrmillionen sicher und ungefährdet durch den Kosmos trägt. In Wahrheit ist unsere Erde schon durch hundert Höllen rotiert, die ihr bei etwas weniger Glück den Garaus hätten machen können. Sie ist mit unzähligen Kratern bedeckt – durch Erosion und Vegetation getarnte Narben, die ihr Himmelskörper geschlagen haben. Es sind riesige Meteore dabei gewesen, wie der, welcher vor etwa 65 Millionen Jahren weltweit alle Saurier-Arten in einem ebenso kurzen wie infernalischen Prozeß auslöschte. Meeresböden ferner Zeiten sind heute zu Bergen geworden – selbst die Achttausender des Himalaya lagen einmal unter dem Meeresspiegel. Es hat Jahrtausende gegeben, wo große Teile Amerikas, Europas und Asiens unter einem Eispanzer begraben lagen, der bis zu drei Kilometer dick war. Fünf oder sechs solcher Eiszeiten sind bekannt, die sich in die gemäßigten Breiten vorgeschoben haben. Es gibt verschiedene Hypothesen, warum dies so gewesen ist. Letztlich gibt es keine Antworten – geologische Rätsel, deren Ursachen keine Theorie schlüssig zu erklären vermag, auch nicht die Evolutionstheorie. Cuvier[10], einer der größten Naturforscher aller Zeiten, beschreibt es so:

Die auslösenden Katastrophen waren meistenteils durch Jähigkeit des Geschehens gekennzeichnet; und dafür läßt sich unschwer der Nachweis führen, zumal für die historisch jüngste dieser Katastrophen, deren Spuren am auffälligsten zutage liegen ... Offenbar ist das Leben auf unserer Erde oftmals von furchtbaren Ereignissen gestört worden – Unglücksfällen, die unter Umständen von Anfang an die äußere Erdrinde bis zu großer Tiefe in Mitleidenschaft zogen und umpflügten ... Lebewesen ohne Zahl sind diesen Katastrophen zum Opfer gefallen ... ihre Rassen sind auf immer ausgelöscht, und nichts ist zurückgeblieben als einige Reste, die kaum noch der Naturforscher zu erkennen vermag ...

Beispiel: Die Geschichte vom Aussterben der Mammuts, einer Elefantenart, deren Entwicklungsstadium vergleichsweise weit fortgeschritten war – auch sie spricht nicht für einen Prozeß gemächlicher Evolution, worin diese Tiere im Kampf ums Dasein als untaugliche Spezies unterlegen sind: Im Jahr 1799 wurden in den nordostsibirischen Tundren die gefrorenen Körper von Mammuts gefunden. Die Kadaver waren gut erhalten, und Schlittenhunde, die ihr Fleisch verzehrt hatten, nahmen keinen Schaden. Was konnte die Ursache der unverhofften Austilgung einer solchen Rasse gewesen sein?

Wären sie nicht gleich bei ihrem Tode von der Kälte erstarrt, schreibt dazu Cuvier, *so würde die Fäulnis sie ergriffen und aufgelöst haben; von der anderen Seite aber konnte der ewige Frost da, wo sie eingefroren sind, nicht herrschen, denn, wie hätten sie in einer solchen Temperatur zu leben vermocht? Es war demnach derselbe Augenblick, der diesen Tieren den Tod gab, und das Land, das sie bewohnten, mit Eis bedeckte. Dieses Ereignis muß plötzlich und ohne alle Zwischenstufen eingetreten sein, und was so klar für diese letzte Katastrophe dargetan ist, ist es auch kaum weniger für die ihr vorhergegangenen.*

So erscheint Luzifer periodisch als Gottesgeißel, unter dessen Schlägen die Erde stöhnt, taumelt, kippt – immer wieder Luzifer, der gefallene Engel. Er straft die Kreatur, rottet sie aus, schafft Platz für das ewige Wunder der Schöpfung. Weltalter reiht sich an Weltalter, so will es der Schöpfer. Luzifer ist sein Werkzeug, der Hammer in der Hand Gottes.

Rings erdröhnte die nahrungspendende Erde brandbe-

schüttet. Es krachte im Feuer die endlose Waldung. Rings auch kochte der Boden und auch des Okeanos Wellen und die Öde des Meeres, und feurige Dämpfe umlecken alle Titanen der Erde. Die schreckliche Flamme erhob sich bis in die göttliche Luft ... Fürchterlich füllte die Glut das Chaos, man meinte gar deutlich mit den Augen zu sehen und den Schall mit den Ohren zu hören, so wie wenn sich die Erde und oben das Himmelsgewölbe näherten. Ja so müßte das schlimme Getöse entstehen, würde sie niedergeworfen und darüber stürzte der Himmel.[11]

Es sind Höllenqualen, in die hinein alles irdische Leben versinkt. Solche kosmischen Katastrophen malen uns das Bild der Hölle, wie es in den heiligen Büchern überliefert ist: Fegefeuer, Quälerei, siedendes Wasser, Verdammnis. Und über all diesem Grauen thront der Herr der Finsternis, jener ehemals strahlende Morgenstern, der aus dem Himmel gestoßen und ins bodenlose Dunkel gefallen ist.

Da ließ der Herr Schwefel und Feuer regnen vom Himmel herab.[12] Schwefel und Feuer – höllische Attribute des Satans. Sie leiten sich aus der infernalischen Zeit kosmischer Katastrophen her, wie sie das Altertum erlebt hat. Man tut gut daran, die alten Chronisten ernstzunehmen, ihnen zu glauben, nicht zuletzt Jesaja. Es liegt auf der Hand, solche Schilderungen als Weltkatastrophen zu deuten. Jesaja sieht Luzifer alias Satan als die Personifizierung des Bösen und Unfaßbaren, das in alter Zeit über die Menschen gekommen ist – als Auslöser des Infernos, das Himmelskörper auf der Erde anrichten, wenn sie deren Laufbahn streifen oder gar auf unseren Planeten schlagen.

Der Herr wird brüllen aus der Höhe und seinen Donner hören lassen aus seiner heiligen Wohnung. Er wird brüllen über seine Fluren hin.[13] Die Begegnung zweier Himmelskugeln mit ihren magnetischen Massen, unterschiedlichen Rotationen und kosmischen Geschwindigkeiten geht mit höllischem Getöse einher. Wir kennen den Lärm von Vulkanausbrüchen: Die spektakuläre Eruption des zwischen Java und Sumatra gelegenen Krakatau 1883 hat man noch im 5000 Kilometer entfernten Japan hören können – immerhin die weiteste Schallausdehnung unserer Erde, die in neuester Zeit gemessen worden ist. Luzifers Sturz war eine kosmische Katastrophe – mit Dimensionen, die die Krakatau-Katastrophe zum Knallfrosch degradieren. Damals, als Luzifer fiel, hüllte sich der ganze geschundene Erdball lange in ein schmerzhaftes Brüllen. Die Erinnerung daran haben sich die Völker bewahrt. Der ägyptische Papyros Ipuwer nennt diese Zeit *Jahre des Lärms* und klagt: *Der Lärm nimmt kein Ende ... oh, würde doch die Erde ablassen vom Lärm, und kein Krach mehr sein.* Das Aufbäumen von Kontinentalplatten, Brechen von Gesteinsschichten, Auftürmen von Bergen, Rollen von Erdstößen, Bersten von Vulkanen mischten sich zum infernalischen Krach. *Himmel und Erde hallten wieder ... Berge und Hügel wurden versetzt.*[14]

Luzifers Sturz hatte eine laute Stimme, einen furchtbaren Ruf, der nicht nur durch die Wüste Sinai klang. Im Gilgamesch-Epos[15] heißt es so: *Es rief der Himmel, Antwort brüllte die Erde.* Und im nördlichen Europa? *Das Weltall brennt beim Rufe des Hornes*, überliefert die Völuspa[16], und ähnliche Berichte finden wir bei den Ureinwohnern Amerikas. Auch aus China gibt es solche Mythen, und es ist bezeichnend, daß solche Geschichten mit der Vision zusammengehen, zur Zeit des Kaisers Yahou sei ein glänzender Stern aus dem Sternbild Yin aufgetaucht. Luzifers Sturz aus dem Himmel hat ein Desaster ausgelöst, dessen Höllenlärm die ganze Erde durchgeschüttelt hat.

Luzifer:
Der Drache mit den hundert Feuerköpfen

> EIN GROSSER ROTER DRACHEN ... UND SEIN SCHWANZ FEGTE DEN DRITTEN TEIL DER STERNE DES HIMMELS HINWEG UND WARF SIE AUF DIE ERDE.
> Neues Testament, Die Offenbarung des Johannes, 12

In der griechischen und ägyptischen Mythologie hat Luzifer zwei Parallelgestalten, die ihm aus dem Gesicht geschnitten sind.

Da ist zunächst der sagenhafte Typhon.[1] Ein drachenähnliches Ungeheuer, dessen Mutter ihn von Geburt an zum Kampf gegen Zeus und die Olympier bestimmt hatte. Mit dem Göttervater lieferte er sich dann auch lange und schwere Kämpfe. Endlich konnte ihm Zeus auf Sizilien den Todesstoß geben. Über Typhon wurde schließlich der Ätna gestülpt. Die dröhnenden Schreie und der Feueratem des sterbenden Riesen dringen bis in unsere Tage aus diesem Vulkan. Plinius überliefert: *Ein furchtbarer Komet wurde damals von den Völkern Äthiopiens und Ägyptens beobachtet, dem Typhon, der König seiner Zeit, den Namen[2] gab. Er war von feuriger Erscheinung und gewunden wie eine Spirale, und er war sehr grimmig anzuschauen. Er war nicht so sehr ein Stern als vielmehr etwas, was man vielleicht als eine feurige Kugel bezeichnen könnte.* Nach Hesiod hatte Typhon 100 Drachenköpfe und eine Donnerstimme. In griechischen Kunstwerken wird das Ungeheuer allgemein mit Flügeln und einem aus zwei Schlangen gewundenen Leib dargestellt. Andere Autoren[3] des frühen Altertums beschreiben Typhon als eine *ungeheure Kugel aus Feuer*, die sich *langsam auf einer Bahn nahe der Sonne* (bewegte) ... *er war nicht von feuriger, sondern blutiger Röte. Er rief entsetzliche Zerstörungen beim Aufgehen und Untergehen hervor.* Servius fügt hinzu, daß Typhon viele Plagen, Übel und Hunger mit sich gebracht habe.

In Mexiko heißt Typhon *Quetzal-cohuatl*. Interessant: Quetzal-cohuatls Herz, so ist überliefert, habe sich im Opferfeuer verzehrt, das er selbst entzündet hatte, sich dann erhoben und sei schließlich zum Planeten Venus geworden. Auch Quetzal-cohuatl ist also Luzifer, Luzifer in einer mexikanischen Variante. Alte mexikanische Handschriften schildern die spektakulären Ereignisse: Quetzal-cohuatl sei als schlangenförmiger Himmelskörper erschienen und habe die Sonne angegriffen. Danach habe die Sonne vier Tage nicht mehr scheinen wollen, und eine Unzahl von Menschen sei durch Hunger und Seuchen umgekommen. Anschließend habe sich Quetzal-cohuatl in einen großen Stern verwandelt, der zum erstenmal im Osten aufging und den Namen Quetzal-cohuatl behielt. Damals seien die Folge der Jahreszeiten und die Dauer von Tag und Nacht durcheinander geraten. Damals war es, daß das Volk Mexikos *die Berechnung der Tage, Nächte und Stunden entsprechend dem entstandenen Zeitunterschied neu ordnete.*[4]

Es ist im übrigen eine bemerkenswerte Tatsache, daß die Zeit vom Augenblick seines (des Morgensterns) *Erscheinens an gemessen wird ... der Morgenstern erschien zum erstenmal nach den Umwälzungen der von einer Sintflut heimgesuchten Erde ... diese Schlange*[5] *war mit Federn*[6] *geschmückt: Darum trägt sie den Namen Quetzal-cohuatl*[7]*, Kukumatz oder Kukulkan*[8]*. Gerade, als die Welt wieder aus dem Chaos der großen Katastrophe auftauchte, sieht man ihn erscheinen.*[9]

Solche alten amerikanischen Handschriften weisen auf den Wandel hin, der sich in der Stellung der Gestirne vollzog, besonders, was den Morgenstern betraf, die Venus also oder Luzifer.

Dazu passen die Schilderungen im Pahlewi-Text[10], *daß am Ende eines der Weltalter der böse Geist (Ahriman; der altpersische Ur-Satan) in die Gestirne fuhr. Er füllte ein Drittel der Innenseite des Himmels aus, und er sprang wie eine Schlange vom Himmel auf die Erde herab ... am Mittag kam er dahergesaust ... der Himmel war erschüttert und erschreckt ... wie eine Fliege*[11] *sauste er auf die Schöpfung los, versehrte die Welt und machte sie auf den Mittag dunkel, als wäre es finstere Nacht. Und schädliches Getier wurde von ihm über die Erde ausgestreut, stechend und giftig, als da sind Schlangen, Skorpione, Frösche und Eidechsen, so daß auch nicht so viel wie eine Nadelspitze von diesem schädlichen Getier freiblieb ... die Planeten mit zahlreichen Dämonen stürmten gegen das Himmelsgewölbe und verwirrten die Gestirne. Die gesamte Schöpfung war so entstellt, als ob Feuer jeden Ort versengte, und Rauch stieg darüber auf.*

Luzifer, der Lichtbringer, hat dann noch den Namensvetter Phaeton (= der Lodernde). Phaeton war der Sohn des Helios, des Gottes, der täglich den Sonnenwagen lenkt. Phaeton wollte es dem Vater gleichtun, und Helios mochte dem Sohn, trotz aller Bedenken, das Verlangen nicht abschlagen. Zur Morgenröte nahm Phaeton im Sonnenwagen Platz und begann die Fahrt über den Himmel. Doch seine Kraft reichte nicht, die vier geflügelten Wagenpferde zu halten. Die Fahrt endete in einem Desaster. Die Erde, die es nur zu wärmen galt, wurde in Flammen gehüllt und verbrannt. Phaetons Strafe war der Blitzstrahl des Göttervaters Zeus, der ihn vom Wagen schleuderte. Die ersten Berichte über Phaeton stammen aus dem siebenten Jahrhundert vor Christus. Die ausführlichste und bekannteste Darstellung der Phaeton-Sage verdanken wir dem Römer Ovid (43 vor bis 13 nach Christus), der alte griechische Schriften und mythographische Handbücher benutzte. Und so berichtet Ovid: Der Sonnenwagen, von Phaeton gelenkt, sei nicht mehr derselben Bahn wie zuvor gefolgt. Die Rosse seien ausgebrochen, ziellos dahingerast, an die tief in den Himmel gesetzten Sterne gestoßen und hätten den Wagen durch unerforschte Bahnen gezerrt. Die Sternbilder des Großen und des Kleinen Bären hätten in das verbotene Meer zu tauchen versucht, während der Sonnenwagen durch unbekannte Himmelsweiten gestreift sei. Er sei dahingetragen worden wie ein Schiff, das vor heftigem Sturmwind dahinfliegt, das der Steuermann, das nutzlose Ruder fahrenlassend, Göttern und Gebeten überantwortet hat. Und dann spricht Ovid von konkreten Verheerungen, die der hochmütige Leichtsinn Phaetons über die Erde kommen läßt:

Die Erde geht in Flammen auf, die höchsten Gipfel zuerst, tiefe Risse springen auf, und alle Feuchtigkeit versiegt. Die Wiesen verbrennen zu weißer Asche. Die Bäume werden mitsamt ihrer Blätter versengt, und das reife Korn nährt selbst die es verzehrende Flamme ... Große Städte gehen unter mitsamt ihrer Mauern, und die gewaltige Feuersbrunst verwandelt ganze Völker zu Asche ... Die Wälder mitsamt den Bergen stehen in Flammen ... der Ätna brennt lichterloh ... selbst der Kaukasus brennt ... die himmelhoch ragenden Alpen und der wolkengekrönte Appenin. Phaeton sieht die Erde in Flammen stehen: *Völlig eingehüllt in den dichten heißen Rauch, kann er nicht länger Asche und Funkenwirbel ertragen. In dieser pechschwarzen Finsternis sieht er nicht mehr, wo er ist und wohin er treibt. Damals war es, wie die Menschen glauben, daß die Völker Äthiopiens dunkelhäutig wurden, da durch die Hitze das Blut an die Körperoberfläche gezogen wurde ... Damals war es auch, daß Libyen zur Wüste wurde, denn die Hitze trocknete die Feuchtigkeit auf ... Die Wasser des Dons dampften. Der Euphrat in Babylonien brannte. Ganges, Phasis, Donau und Alpeus siedeten. Die Ufer des Spercheos standen in Flammen. Der goldene Sand des Tejo schmolz unter der glühenden Hitze, und die Schwäne ... wurden versengt ... Der Nil zog sich in Furcht und Schrecken bis ans Ende der Erde zurück ... Die sieben Mündungen lagen leer, mit Sand gefüllt – sieben breite Rinnen, allesamt ohne Wasser. Dasselbe Unheil trocknete die Flüsse Thraziens aus, den Hebrus und den Strymon, desgleichen die Flüsse des Westens, Rhein, Rhône, Po und Tiber ... Große Risse gähnten allenthalben, selbst das Meer schrumpfte zusammen, und was eben noch eine weitgedehnte Wasserfläche gewesen war, war eine trockene Sandebene. Berggipfel, die bisher das tiefe Meer bedeckt hatte, reckten sich empor und vermehrten so die Zahl der zerstreuten Zykladen.*

Wenn wir dem Hörensagen glauben sollen, fährt Ovid an anderer Stelle fort, *so verging ein ganzer Tag ohne die Sonne. Aber die brennende Welt gab Licht.* Diese 24 Stunden ohne Sonne in einem bestimmten Teil der Welt müssen, wenn die Rotation der Erde gehemmt ist, in einem anderen Erdteil 24 Sonnenstunden zur Folge haben. Die Bibel bestätigt das: *So blieb die Sonne stehen mitten am Himmel und beeilte sich nicht unterzugehen fast einen ganzen Tag.*[12]

In den ältesten klassischen Mythen ist zu lesen, Phaeton sei von der Sonne unter die Planeten gestellt worden. Seit Anbeginn war es auch allgemeine Ansicht, daß sich Phaeton dort in den Morgenstern verwandelt habe. Aufschlußreich an dieser Stelle ist ein Hinweis des ägyptischen Priesters Sonchis über die Phaeton-Sage, eine Bemerkung, die Solon[13] überliefert hat: *Sie klingt zwar wie eine Fabel, aber sie hat einen wahren Kern, weil nämlich damals eine Abweichung der am Himmel um die Erde kreisenden Gestirne stattfand und eine Vernichtung des auf der Erde Befindlichen durch mächtige Feuer erfolgte.*

Nun ist die Geburt des Morgensterns beziehungsweise die Verwandlung einer mystischen Gestalt in den Morgenstern[14] ein globales Motiv. Sogar auf den Gesellschaftsinseln im Stillen Ozean wird eine Tahiti-Variante der Geburt des Morgensterns überliefert. Es gibt dort eine Sage, daß bei der Geburt eines neuen Sterns zahllose Steine auf die Erde niedergingen. Und auch die Burjaten und Kirgisen in Mittelasien, die Jakuten Sibiriens oder die Eskimos erzählen Geschichten von der Geburt des Planeten Venus: Ein roter Flammenstern habe die Sonne angehalten, die Welt in Brand gesteckt und sei schließlich zum Morgenstern geworden.

Insoweit ist die Geschichte Luzifers der Erde ins Gedächtnis gebrannt, nicht nur in Sagen, Märchen oder Schriften, sondern auch in den astronomischen Werken der Alten.

Wird die Erdrotation gebremst, werden die Ozeane und Meere als träge Masse reagieren und in mächtigen Wellen in die gewohnte Drehrichtung fluten. Die griechische Mythologie kennt zwei Flutkatastrophen, die des Deukalion und die des Ogyges. Diese legendären Katastrophen haben nichts mit der Sintflut zu tun, die länger zurückliegt als Luzifers Inferno. Gewöhnlich wird die Flut des Deukalion zeitlich der Phaeton-Sage gleichgeordnet. Auf dem Festland haben solche Fluten das Leben so ziemlich ausgerottet, und auch die Landschaftsformen sind nachhaltig verwirbelt worden. Augustinus[15] datiert die Flut des Deukalion in die Lebenszeit des Mose, und insgesamt kann es zutreffen, sie im Zusammenhang mit der zentralen Venus/Luzifer-Katastrophe und dem Exodus zu sehen. Aber auch die Flut des Ogyges scheint geheimnisvoll mit Luzifer verknüpft: Augustinus berichtet von der Überflutung Böotiens und von der bemerkenswerten Überlieferung, daß der Planet Venus damals Farbe, Größe und Form verändert habe. *Und darauf*, so ergänzt Solinus, *entstand auf der Erde eine Nacht von neun Monaten, während der die Vulkane des Archipels in Tätigkeit traten.*

Luzifers Sturz scheint Teil und vorläufiges Ende einer Serie von Heimsuchungen zu sein, die die Erde zur Hölle machten. Es gibt griechische Quellen[16], die von periodischen Verwüstungen der Erde berichten: *Es gibt eine Zeit, die von Aristoteles Annus Supremus* (frei übersetzt: das Jahr der Jahre) *genannt wurde und an deren Ende Sonne, Mond und alle Planeten in ihre Ausgangsstellungen zurückgehen. Dieses Annus Supremus hat einen großen Winter, den die Griechen Kataklysmus nennen, was soviel wie Sintflut heißt, sowie einen langen Sommer, von den Griechen Ekpyrosis oder Weltverbrennung genannt. In der Tat scheint die Welt in diesen Epochen abwechslungsweise überschwemmt und verbrannt zu werden.*

Im sechsten oder fünften Jahrhundert vor Christus rechnete man mit einer Zerstörung der Welt und ihrer anschließenden Neuschöpfung. Auch die Stoiker setzten voraus, daß es periodische Feuersbrünste gäbe, in denen die Welt verbrannt werde, bevor sie schließlich wieder neu erschaffen wird: *Dies ist die Folge der Kräfte des ewig wirksamen Feuers, welches in den Dingen vorhanden ist, und im Laufe langer Zeitfolgen alles in sich auflöst, um daraus eine neugeborene Welt zu bauen.*[17]

Hesiod unterscheidet vier Weltalter und vier Menschengenerationen, die durch den Zorn der Planetengötter vernichtet wurden. Planetengötter? Der Begriff wirft ein bezeichnendes Licht auf den kosmischen Ursprung der periodischen Erdkatastrophen. Das dritte Weltalter, so Hesiod, sei das Zeitalter der Bronze (etwa 1750–800 vor Christus) gewesen. Nachdem Zeus, der Göttervater, es zerstört hatte, bevölkerte ein viertes Menschengeschlecht die Erde, das neben der Bronze auch Eisen (etwa ab 800 vor Christus) zu gebrauchen begann. Dann habe die Erde eine weitere Zerstörung durch die Planetengötter erlebt, und es sei das fünfte Menschengeschlecht nachgerückt, das *eiserne Geschlecht*. Hesiod schildert das Unwesen der Planetengötter: *Rings erdröhnte die nahrungspendende Erde brandbeschüttet; es krachte im Feuer die endlose Waldung. Rings auch kochte der Boden und auch des Okeanos Wellen und die Öde des Meeres, und feurige Dämpfe umleckten alle Titanen der Erde. Die schreckliche Flamme erhob sich bis in die göttliche Luft ... Fürchterlich füllte die Glut das Chaos, man meinte gar deutlich mit den Augen zu sehen und den Schall mit den Ohren zu hören, so, wie wenn sich die Erde und oben das Himmelsgewölbe näherten. Ja, so müßte das schlimme Getöse entstehen, würde sie niedergeworfen und darüber stürzte der Himmel.*

Ein Kommen und Gehen der Weltalter – Luzifer ist nicht allein. Offensichtlich sind außer ihm auch schon seine höllischen Brüder vom Himmel gefallen. Die Mythen um die

Weltalter haben viele Quellen: Entsprechende Berichte über vier vollendete Weltalter, wobei das jetzige das fünfte ist, sind auch im tibetanischen Hochland und an den Küsten des bengalischen Meerbusens überliefert. Ähnlich steht es im Bhagawata Purana, Ezour Weda oder Bhaga Weda, den heiligen Büchern der Inder. Das altindische Visuddhi-Magga und das altpersische Awesta beziehungsweise Bahman Yast zählen sieben Weltalter. Bei den Chinesen heißen solche versunkenen und verbrannten Weltalter Kis. Vom Beginn der Welt bis zu Lebzeiten des Konfuzius[18] werden zehn Kis überliefert.

Die Alten wußten, daß schon viermal, ehe der heutige Himmel und die heutige Erde waren, die Menschen geschaffen waren, und das Leben sich kundgetan hatte – so steht es in den Chroniken des mexikanischen Königreichs. Hinweise auf die Abfolge von Weltaltern sind auch bei den Azteken, Inkas und Mayas belegt, und der größere Teil der in Yucatán gefundenen Stein-Schriften hält die Erinnerung an die höllische Serie von Zerstörung und neuem Leben wach.

Helos, der Vater des Phaeton, war untröstlich. Ovid beschreibt dessen Verzweiflung: *Phaetons Vater indes im Trauergewand und entbehrend selber der schimmernden Pracht, wie er pflegt zu sein, wenn er finster mangelt der Welt, verwünscht das Licht und sich selbst mit dem Tage, senkt in Trauer sein Herz und fügt noch Groll zu der Trauer, und verweigert der Welt den Dienst.* Schließlich kommen die anderen Götter zu ihm und bitten, *daß er mit finsterer Nacht nicht wolle verhüllen das Weltall.*

Überall ist diese Finsternis überliefert, die zu Luzifers Fall gehört wie Lavaströme, Feuer, Flut, Beben, infernalischer Lärm, fliegendes Gestein, platzende Vulkane und Spalten, Tod und Verderben. In der Edda singt der Dichter: *Die Sonne wird dunkel, das Land sinkt ins Meer, es stürzen die Sterne, die heiteren, vom Himmel.*[19]

In der indischen Mythologie[20] werden die Schrecken der Finsternis ebenfalls überliefert. Sie berichtet, daß in den Tagen der Weltflut die Welt am Mittag dunkel wurde, als wäre es tiefste Nacht. In Sammlungen indianischer Mythen Amerikas[21] ist zu lesen, daß die Sonne fünf Tage lang nicht schien. Dieser Katastrophe sei der Zusammenstoß von Himmelskörpern vorausgegangen. Menschen und Tiere versuchten, sich in Berghöhlen zu verstecken: *Kaum waren sie dort angelangt, als auf einen schreckenerregenden Stoß hin das Meer über seine Ufer trat und an der pazifischen Küste emporstieg. Aber wie das Meer anstieg und die Täler und Ebenen im Umkreis überflutete, erhob sich auch der Berg Ancasmarca wie ein Schiff aus den Wellen. Während der fünf Tage, die der Weltenumsturz dauerte, verbarg die Sonne ihr Antlitz, und die ganze Erde blieb im Dunkel.*

Auch die finnische Mythologie[22] kennt die Finsternis, in die Luzifer die taumelnde Erde tauchte: *Selbst die Vögel wurden krank und starben. Männer und Mädchen, schwach und hungrig, kamen um in Kälte und Dunkelheit, weil die Sonne nicht mehr schien, und das Licht des Mondes fehlte ... Und des Nordlands weise Männer wußten nicht, wann der Morgen graute, denn der Mond folgte nicht dem Monat, und die Sonne schien nicht mittags von ihrem Platz am Himmelszelt.* Dann wird weiter erzählt von eisernen Hagelsteinen, die vom Himmel gefallen seien; wie Sonne und Mond verschwunden seien, vom Himmel gestohlen, um nicht mehr zu scheinen. Nach der Zeit der Finsternis seien schließlich eine neue Sonne und ein neuer Mond am Himmel aufgetaucht.

Recke deine Hand gen Himmel, daß eine solche Finsternis werde in Ägypten, daß man sie greifen kann ... Da ward eine so dicke Finsternis in ganz Ägyptenland drei Tage lang, daß niemand den anderen sah noch weggehen konnte von dem Ort, wo er gerade war.[23] Eine Finsternis, die man mit Händen greifen kann, hat etwas Besonderes. Die Nacht kann nicht gemeint sein – ihre Dunkelheit kann man nicht anfassen, auch dauert sie nur einige Stunden. Mit Händen greifen kann man feste Stoffe, zum Beispiel Schmutzpartikel. Schmutzpartikel, die wie ein dunkler Nebel aus Ruß zur Erde sinken, tagelang, wenn Millionen Tonnen Erdmaterie in die Stratosphäre gesprengt sind.

Und der Herr ließ donnern und hageln, und Feuer schoß auf die Erde nieder ... und Blitze zuckten dazwischen ... und der Hagel erschlug in ganz Ägyptenland alles, was auf dem Felde war, Menschen und Vieh, und zerschlug alles Gewächs auf dem Felde und zerbrach alle Bäume auf dem Felde.[24] Es ist etwas Besonderes um diesen Hagel. Er kommt mit Feuer daher. Blitze können nicht gemeint sein, sie werden gesondert aufgeführt. Was ist das für ein Hagel, der mit Feuer daherkommt, auf die Erde trifft und alles zerschlägt, selbst Bäume?

30. Juni 1908, sieben Uhr morgens: Über der bewaldeten Öde Zentralsibiriens am Fluß Tunguska stürzte ein blauglühendes Licht durch den wolkenlosen Himmel am südöstlichen Horizont. Irgendwo im Nordwesten detonierte es in einem blendenden Feuerball. Diese strahlende Himmels-Anomalie sah man Hunderte von Kilometern weit. Der Knall war noch in 1000 Kilometer Entfernung zu hören. Beobachter berichteten von einer Säule aus Feuer und Rauch, die in einem dunklen Rauchpilz endete, der rund 20 Kilometer hoch war. Eine Waldfläche mit einem Radius von knapp 40 Kilometern war in Bruchteilen von Sekunden verwüstet worden. Kein Baum stand dort mehr, die Stämme waren verbrannt und durcheinander geworfen wie ein Mikadospiel. Die Druckwellen dieser Detonation rasten zweimal um den Erdball. Während der beiden darauffolgenden Nächte sah man hoch an Europas Himmel glühende Wolken ziehen – Staubwolken, die von der Sonne angestrahlt wurden, die für den Betrachter längst untergegangen war. Einige Wochen später

gingen Unmengen verbrannter Trümmer auf Kalifornien nieder, so daß dort die klare Atmosphäre getrübt war. Es gibt verschiedene Theorien, was damals in Sibirien passiert ist. In einem Punkt sind sie einig: Über der Tunguska war ein Fremdkörper in 8,5 Kilometern Höhe detoniert, der aus dem Kosmos kam.

LUZIFER: DIE VENUS

UND ICH WILL IHM GEBEN DEN MORGENSTERN.
Neues Testament, Die Offenbarung des Johannes, 2

Die Erde bebte und wankte, die Grundfesten des Himmels bewegten sich und bebten, da er zornig war. Rauch stieg aus von seiner Nase und verzehrend Feuer aus seinem Munde, Flammen sprühten von ihm aus. Er neigte den Himmel und fuhr herab, und Dunkel war unter seinen Füßen. Und er fuhr auf dem Cherub und flog daher, und er schwebte auf den Fittichen des Windes. Er machte Finsternis ringsum zu seinem Zelt und schwarze, dicke Wolken. Aus dem Glanz vor ihm brach hervor flammendes Feuer. Der HERR donnerte vom Himmel, und der Höchste ließ seine Stimme erschallen. Er schoß seine Pfeile und streute sie aus, er sandte Blitze und jagte sie dahin. Da sah man das Bett des Meeres, und des Erdbodens Grund ward aufgedeckt bei dem Schelten des Herrn, vor dem Odem und Schnauben seines Zornes.[1] Auch das zweite Buch Samuel beschreibt die Verstoßung Luzifers als höllisches Spektakel kosmischen Ursprungs und göttlichen Zorns.

Merkwürdig: Luzifer ist ein altes lateinisches Wort, das sprachlich und mythologisch identisch ist mit der Venus, dem Morgenstern. Das hebräische Wort für den Morgenstern ist Hêylêyl, das im altnordischen Hel wiederklingt, dem Totenreich der schwarzhäutigen Göttin Hel, und im deutschen Wort Hölle. Aber – wenn wir von der Hölle sprechen, wer macht sich dabei klar, daß die Venus sie erzeugt hat, jener Planet, der seit uralter Zeit als Luzifer, sprich Morgenstern, bezeichnet wird? Was ist so höllisch und finster an diesem funkelnden Stern, unserem Nachbarplaneten, der fünf bis sechs Wochen vor und nach seiner unteren Konjunktion seinen größten Glanz am Morgenhimmel erreicht? Nichts ist höllisch an diesem klaren, hellen Licht, nichts höllisch an seinem Funkeln. Blicken wir durchs Teleskop, erscheint uns der Morgenstern als strahlende Doppelsichel, die einen Lichtkreis rahmt, verhältnismäßig groß und leuchtend. Er ist schön, dieser Morgenstern, schöner als die übrigen Sterne – so gleicht er Luzifer, dem schönsten unter den Söhnen Gottes, den der Schöpfer so besonders liebte, und den er schließlich verstoßen hat.

Es gibt eine indische Planetentafel, die dem Jahr 3102 vor Christus zuzuordnen ist. Dort fehlt die Venus. Auch die Brahmanen der Frühzeit erwähnten niemals fünf Planeten – offensichtlich, weil sie nur von vier Planeten wußten. Ähnlich ist es bei den Babyloniern: Sie kannten ein Vier-Planetensystem, und in ihren Gebetsniederschriften sind nur Saturn, Jupiter, Mars und Merkur überliefert. Und die Venus, der Morgenstern, der ja Luzifer heißt? Er wird nirgendwo erwähnt, fehlt einfach. Nun ist die Venus ja nicht zu übersehen, denn sie leuchtet intensiver als die übrigen Planeten. Wäre sie in alter Zeit schon sichtbar gewesen, hätte man sie mitgezählt. Man muß also folgern, daß sie damals noch nicht am Himmel stand. Später wird die Venus dann mit dem Beinamen belegt *Der Große Stern, der sich zu den Großen Sternen gesellt*[2] – mit den *Großen Sternen* sind Saturn, Jupiter, Mars und Merkur gemeint.

Wann hat sich der fünfte *Große Stern*, die Venus, zu den vorhandenen vier gesellt? Die Venus sei, so der amerikanische Wissenschaftler Immanuel Velikowsky, erst ungefähr in der Zeit zwischen 1500 bis 700 vor Christus aufgetaucht. Damals sei sie durch unser Sonnensystem geirrt. Die Venus sei aus dem Kosmos gekommen, vom Jupiter, und erst im Altertum zum Nachbarplaneten der Erde geworden. Zunächst habe die Venus Unheil gestiftet – mehrfach sei sie Erde und Mars bedrohlich nahegekommen. Denn bevor die Venus eine stabile erdferne Bahn gefunden habe und zum Morgenstern geworden sei, haben sie oder der abgedrängte Mars mehrfach, möglicherweise periodisch, als Flammensterne die Erde gestreift.[3] Während Luzifer *zu Boden geschlagen wurde und vom Himmel fiel*[4], setzte er also mehrfach unseren Planeten in Brand.

Die Erde wurde dann zur Hölle aus Feuer, Qual und Finsternis, ebenso wie aus dem strahlenden Luzifer der schreckliche Satan wurde, der Herr der Finsternis, der hinkende Leibhaftige. Immanuel Velikowsky, der Vater dieser Kollisionskurs-Theorie, hat seine Thesen aus der Bibel und den Mythen der Völker abgeleitet. Es sind Zweifel angebracht, daß seine Deutungen der Abläufe und Folgen antiker kosmischer Katastrophen in biblischer Zeit immer haltbar sind. Es steht aber außer Frage, daß Velikowsky aus den Mythen der Völker Hinweise auf apokalyptische Weltereignisse gesammelt und in einen neuen Zusammenhang gestellt hat, der auf einer Kette schlüssiger Indizien ruht: Es sieht danach aus, daß die von Velikowsky aufgestellte Fast-Kollisions-These in der Hauptsache überzeugt, insoweit, als es in der genannten antiken Zeit etliche kosmische Apokalypsen gegeben hat, die mit Luzifer/Venus zusammenhingen und ihren Niederschlag in der Bibel und den Mythen der Welt fanden. Es sei auch darauf hingewiesen, daß es manche archäologische und geologische Indizien gibt, die Velikowskys These stützen – darauf wird noch an anderer Stelle einzugehen sein. Es ist zu wünschen, daß der heiße Kern dieser These wissenschaftlich erschlossen wird, damit erdgeschichtliche Ereignisse solcher Bedeutung nicht unbeachtet bleiben.

Der Leibhaftige – die antike kosmische Katastrophe ist für alle Zeit als Satan in leibhaftige Form gebrannt. Es war den Unglücklichen dieser alten Zeit nicht gegeben, die physikalischen Ursachen zu begreifen, die ihr Leben und ihre Welt zerstörten. Satan und sein Höllenreich sind die Verkörperung des Infernos, dessen Ursprung sich die Menschen nur durch die Fratze und Mißgestalt des Leibhaftigen zu erklären vermochten. Auch Phaeton ist die Verkörperung des Infernos, oder Typhon, Ahriman, Quetzal-cohuatl, Surt und Loki. Es spricht alles dafür, daß solche in alten Texten, Tafeln und Kalendern gefundenen dunklen Mythen nichts anderes sind als Beschreibungen von kosmischen Unglücksfällen, von Zusammenstößen, Fast-Kollisionen, Meteoritenschlägen. Die Erkenntnisse der Raumfahrt bestätigen diese Hypothese. Satan ist Luzifer, und Luzifer ist Venus, der Morgenstern. Rund 800 Jahre lang ist die Venus durch den Orbit geirrt und hat die Umläufe von Erde und Mars verändert. Die Furcht vor Luzifers Inferno und Höllenqual stammt aus dieser alten Zeit und ist auch unserer Generation ins Bewußtsein gebrannt: Als *das Böse an sich*, so sieht man den Satan, und als Brandstifter, der unsere Welt mit Feuer fegte. Im apokryphen äthiopischen Buch Enoch schimmert Luzifers kosmische Deutung durch viele dunkle Zeilen: *Ich sah dort sieben Sterne wie große brennende Berge. Als ich mich danach erkundigte, sagte der Engel: ›... Die Sterne, die über dem Feuer dahinrollen, das sind die, welche beim Beginn ihres Aufgangs den Befehl Gottes übertreten haben; denn sie kamen nicht zu ihrer Zeit hervor. Da wurde er zornig über sie und band sie zehntausend Jahre bis zu der Zeit, da ihre Sünde vollendet ist.‹*[5] Also ist dieser Luzifer, der aus dem Kosmos kam, nun an den Himmel gekettet, wie Loki, Prometheus, Hephaistos an den Felsen. Seitdem die höllischen Erdkatastrophen, die die Venus ausgelöst hatte, ein Ende fanden, ist Luzifer ein fernes harmloses Licht, kalt wie eine Leiche. Doch sein Feuer brennt weiter, tief in unseren Ängsten. Er ist von zeitloser Faszination, dieser Luzifer/Satan, der schöne Göttersohn, der vom Himmel stürzte und zum abstoßenden Herrn der Finsternis wurde. Vor den Augen des Herrn sind 1000 Jahre wie ein Tag: Irgendwann wird Luzifer wiederkommen, das Jüngste Gericht ist ihm und den Menschen ja verheißen – vielleicht noch satanischer als seinerzeit, noch infernalischer, noch höllischer. Wieder wird er mit seinem kosmischen Feuer die Erde fegen. Wie steht es noch geschrieben? *Weh aber der Erde und dem Meer! Denn der Teufel kommt zu euch hinab und hat einen großen Zorn und weiß, daß er wenig Zeit hat.*[6]

Luzifers Brüder: Die Engel

EINE LEITER STAND AUF ERDEN, DIE RÜHRTE MIT DER SPITZE AN
DEN HIMMEL, UND SIEHE, DIE ENGEL GOTTES STIEGEN DARAN
AUF UND NIEDER.
Altes Testament, Das erste Buch Mose, 28

Und siehe, da stand ein Mann, der hatte leinene Kleider an und einen goldenen Gürtel um seine Lenden. Sein Leib war wie ein Türkis, sein Antlitz sah aus wie ein Blitz, seine Augen wie feurige Fackeln, seine Augen und Füße wie helles, glattes Kupfer, und seine Rede war wie großes Brausen ... Und er sprach zu mir: Fürchte dich nicht, Daniel ... und es ist keiner, der mir hilft gegen jene, außer eurem Engelfürsten Michael ... Und ich, Daniel, sah, und siehe, es standen zwei andere da, einer an diesem Ufer des Stroms, der andere an jenem Ufer. Und er sprach zu dem Mann in leinenen Kleidern, der über den Wassern des Stromes stand ...[1]

In apokryphen Texten gibt es ein eindrucksvolles Engelsbild: *Da stand ein Mann ... nur glich sein Antlitz einem Blitz, und seine Augen waren wie der Sonnenglanz, sein Haupthaar wie ein Fackelfeuerbrand und seine Hände samt den Füßen glichen glühenden Eisen, wie denn auch Funken von den Händen und Füßen fuhren.*[2] In der Bibel finden wir manche Beschreibung der Engel[3], aber man kann wirklich nicht sagen, daß sich ein klares Bild ergibt. In der Apokalypse[4] zum Beispiel stehen vier Engel um Gottes Thron. Der erste hat die Gestalt eines Löwen, der zweite die eines Stieres, der dritte das Gesicht eines Menschen, der vierte die Gestalt eines fliegenden Adlers – doch dann geht es los: Jeder der vier hat sechs Flügel, und alle *sind außenherum und inwendig voll Augen.* Aber es kommt noch fantastischer, trotz mancher Parallele: *Und ... siehe, es kam ein ungestümer Wind von Norden her, eine mächtige Wolke und loderndes Feuer, und Glanz war rings um sie her, und mitten im Feuer war es wie blinkendes Kupfer. Und mitten darin war etwas wie vier Gestalten; die waren anzusehen wie Menschen. Und jede von ihnen hatte vier Angesichter und vier Flügel. Und ihre Beine standen gerade, und ihre Füße waren wie Stierfüße und glänzten wie blinkendes glattes Kupfer. Und sie hatten Menschenhände unter ihren Flügeln an ihren vier Seiten; die vier hatten Angesichter und Flügel. Ihre Flügel berührten einer den anderen. Und wenn sie gingen, brauchten sie sich nicht umzuwenden; immer gingen sie in die Richtung eines ihrer Angesichter. Ihre Angesichter waren vorn gleich einem Menschen und zur rechten Seite gleich einem Löwen bei allen vieren, und zur linken Seite gleich einem Stier bei allen vieren, und hinten gleich einem Adler bei allen vieren. Und ihre Flügel waren nach oben hin ausgebreitet; je zwei Flügel berührten einander, und mit zwei Flügeln bedeckten sie ihren Leib. Immer gingen sie in der Richtung eines ihrer Angesichter; wohin der Geist sie trieb, dahin gingen sie; sie brauchten sich im Gehen nicht umzuwenden. Und in der Mitte zwischen den Gestalten sah es aus, wie wenn feurige Kohlen brennen, und wie Fackeln, die zwischen den Gestalten hin- und herfuhren. Das Feuer leuchtete, und aus dem Feuer kamen Blitze. Und die Gestalten liefen hin und her, daß es aussah wie Blitze. Als ich die Gestalten sah ... da stand je ein Rad auf der Erde bei den vier Gestalten, bei ihren vier Angesichtern. Die Räder waren anzuschauen wie ein Türkis und waren alle vier gleich, und sie waren so gemacht, daß ein Rad im anderen war. Nach allen vier Seiten konnten sie gehen; sie brauchten sich im Gehen nicht abzuwenden. Und sie hatten Felgen ... ihre Felgen waren voller Augen ringsum bei allen vier Rädern. Und wenn die Gestalten gingen, so gingen auch die Räder mit, und wenn die Gestalten sich von der Erde emporhoben, so hoben die Räder sich auch empor. Wohin der Geist sie trieb, dahin gingen sie ... denn es war der Geist der Gestalten in den Rädern ... Aber über den Häuptern der Gestalten war es wie eine Himmelsfeste, wie ein Kristall, unheimlich anzusehen, oben über ihren Häuptern ausgebreitet, daß unter der Feste ihre Flügel gerade ausgestreckt waren, einer an dem anderen ... Und wenn sie gingen, hörte ich ihre Flügel rauschen wie große Wasser ... ein Getöse wie in einem Heerlager. Wenn sie aber stillstanden, ließen sie die Flügel herabhängen.*[5] Nun gibt es in der Bibel keine genauere Beschreibung der Engel als diese des Propheten Hesekiel. Wir können seine Schilderung nicht als Hirngespinst abtun, auch wenn sie spektakulär klingt wie ein Robotermärchen: Die Heilige Schrift ist eine bedeutsame historische Quelle, man tut recht, dort nach dem Kern der Wahrheit zu graben. Wenn sich der Prophet bemüht, das Unbegreifliche mit unbefangenen Worten abzubilden, muß man die Schilderung annehmen wie sie ist und vorsichtige Schlüsse ziehen – man stelle sich einmal vor, Martin Luther hätte auf der mittelalterlichen Wartburg den Start und die Landung eines Hubschraubers erlebt und von dessen Crew eine geheime Botschaft erhalten; Luthers Bericht wäre ähnlich fantastisch ausgefallen wie der des Hesekiel. Vielleicht kann man insgesamt das folgende Resümee ziehen: Die Engel sehen aus wie du und ich – ihr Outfit läßt dies nicht immer erkennen; sie können fliegen, schweben und fahren – der Schluß sei erlaubt, daß sie sich für solche Künste einer fortgeschrittenen Technik bedienen, die beträchtlichen Lärm macht und Flammen freisetzt.

Die Bibel sieht die Engel als Geister höchster Intelligenz. Jeder Engel hat seine eigene, ganz spezielle Identität – sie ist in sich vollkommen und rein. Solche Identitäten sind ohne Krankheit und Furcht, ohne Tod und Begehrlichkeit. Engel sind in ihrer Anlage und Vergeistigung vollkommene Wesen, eine Eigenschaft, die sie in die unmittelbare Nähe Gottes rückt, dem sie dienen. Schönheit wächst von innen, und weil die Engel in ihren Myriaden Individualitäten rein und vollkommen sind, sind sie auch die Schönheit in Person. Es ist schwer zu entscheiden, ob die Engel leibhaftig sind oder sich nur gelegentlich in materielle und menschliche Gestalt wandeln.

Da rang ein Mann mit ihm, bis die Morgenröte anbrach.

Und als er sah, daß er ihn nicht übermochte, schlug er ihn auf das Gelenk der Hüfte, und das Gelenk der Hüfte Jakobs wurde über dem Ringen mit ihm verrenkt. Und er sprach: Laß mich gehen, denn die Morgenröte bricht an. Aber Jakob antwortete: Ich lasse dich nicht, du segnest mich denn.[6] Wir sehen, daß die Heilige Schrift für die Leibhaftigkeit der Engel durchaus Argumente liefert – solche leibhaftigen Engel, wie wir noch in anderem Zusammenhang sehen werden, werden in der Bibel verschiedentlich schlicht *Mann* genannt. Der Heilige Gregor von Nazianz hat es so gesagt: *Verglichen mit dem Menschen ist die Natur der Engel geistig, im Vergleich zu Gott aber körperlich.* Im Konzil von Konstantinopel 543 einigte sich die Geistlichkeit auf die These, daß die leibhaftigen Engel *kein Geschlecht* haben. Diese Auslegung führte zu akrobatischen Erläuterungen, wie der Satan dennoch den Geschlechtsverkehr ausübe, worüber an anderer Stelle zu sprechen sein wird. Auch gab diese These der italienischen Inquisition Gelegenheit, den Priester Benedetto Benda lebendig zu verbrennen. Der Mann war über 80 Jahre alt und hatte gestanden, länger als 40 Jahre in seinem Keller einen Buhlteufel gehalten zu haben, den er auch überallhin mitgenommen habe. Über die geistige Verfassung des Greises lohnt es nicht zu spekulieren, auch nicht über die seiner Richter.

Unendliches Wissen haben die Engel nicht, ebensowenig können sie in die Zukunft blicken – das ist nur Gott gegeben. Die Engel vermögen aber die Wirklichkeit in ihren komplizierten Zusammenhängen zu deuten und daraus scharfsinnige Schlüsse zu ziehen, auch hinsichtlich der Zukunft. So stehen die Engel irgendwo zwischen dem einzigen Gott und den Menschen. Die Engel sind Botschafter Gottes, bilden sein Gefolge, sind die Exekutive seines Willens und Beschützer der Menschen. Ihre *klassische* Funktion ist die des Schutzengels. Von Geburt an ist dem Menschen sein Schutzengel zugeteilt. Er soll den Menschen leiten, ihm aber seine freie Entscheidung lassen, auch die zwischen Gut und Böse. Schutzengel bleiben bis zum Tode an des Menschen Seite, gleich, ob sich dieser von Gott abwendet oder ihm gehorsam bleibt.

Nach der schon im Judentum entstandenen Angelologie[7] ist die Schar der Engel hierarchisch gegliedert. Eine spätere theologische Einteilung kennt neun Stufen – von unten nach oben sind das Engel, Erzengel, Engelsfürsten, Engelsgewaltige, Engelsherrscher, Engelsmächtige, Thronengel, Cherubim und Seraphim. Im apokryphen äthiopischen Buch Enoch[8] sind noch die Ophanim erwähnt, ohne daß ihr Rang oder ihre Entsprechung dargelegt ist – sie sind wohl mit den Thronengeln gleichzusetzen; Cherubim, Seraphim und Ophanim seien *die nimmer Schlafenden, die den Thron seiner Herrlichkeit bewachen.* Die Bibel sagt, es gäbe mehr Engel als die Gesamtzahl der Menschen in Vergangenheit, Gegenwart und Zukunft zusammen. Insoweit wundert es nicht, wenn man schon in alter Zeit diese vielen Engel in den Sternen am Nachthimmel verkörpert sah – wie man vermuten darf, ist diese Sicht auch mit ganz konkreten kosmischen Ereignissen verknüpft. In der Heiligen Schrift werden nur drei Engel genannt: Die Erzengel Gabriel, Michael und Raphael. Im Buch Enoch finden sich weitere Hinweise: *Dies sind die Namen der heiligen Engel, welche wachen: Uriel ist einer der heiligen Engel, nämlich der über das Engelheer und den Tartaros gesetzte Engel. Raphael heißt ein zweiter der heiligen Engel, der über die Geister der Menschen gesetzt ist. Raguel heißt ein dritter der heiligen Engel, der Rache übt an der Welt der Lichter. Michael heißt ein vierter der heiligen Engel, nämlich über den besten Teil der Menschen gesetzt, über das Volk Israel; Sariel heißt ein fünfter der heiligen Engel, der über die Geister, die gegen den Geist sündigen, gesetzt ist. Gabriel heißt ein sechster der heiligen Engel, der über das Paradies, die Schlangen und die Kerube gesetzt ist.* Und an anderer Stelle: *Der erste da ist der barmherzige und langmütige Michael; der zweite, der über alle Krankheiten und über alle Wunden der Menschenkinder gesetzt ist, ist Raphael; der dritte, der allen Kräften vorsteht, ist Gabriel, und der vierte, der über die Buße und die Hoffnung derer gesetzt ist, die das ewige Leben ererben, heißt Phanuel.* Von Phanuel heißt es dann weiter: *Die vierte Stimme hörte ich, wie sie die Satane abwehrte und ihnen nicht gestattete, vor den Herrn der Geister (Gott) zu treten, um die Bewohner des Festlandes anzuklagen.*[9] Solche Funktionen sind in dieser Quelle widersprüchlich dargestellt, denn der biblische Erzfeind Satans ist Michael, und es wundert auch, wenn ein Erzengel über die Cherubim gesetzt ist.

Nun wissen wir, daß Luzifer zum Kreis der Engel zählt, auch wenn er ausgestoßen wurde. Dieses Schicksal teilt er mit vielen anderen Engeln, die sich seinem Aufstand gegen Gott angeschlossen hatten. Es gibt also auch unter den Engeln den Antagonismus von Gut und Böse, der sich aber nicht als individuelle Spaltung versteht, sonders als pluralistische. So treten die Engel *und* die Teufel in eine existentielle Beziehung zum Menschen, die lichte Seite als Beschützer, die dunkle als Vernichter.

Ein Stern fällt vom Himmel: Der Satan der Bibel

> Und ein grosser Hagel wie Zentnerstücke fiel vom
> Himmel auf die Menschen.
>
> Neues Testament, Die Offenbarung des Johannes, 16

Das Tier stieg aus dem Meer. Es hatte zehn Hörner und sieben Köpfe. Zehn Kronen saßen auf diesen Hörnern, auf seinen Köpfen standen Schimpfworte geschrieben. Das Tier glich einem Panther, wobei seine Mäuler dem eines Löwen ähnelten. Die Füße waren wie Bärentatzen. Eines der sieben Köpfe des Tieres trug eine tödliche Wunde. Der große rote Drache heilte sie. Diesem Tier verlieh er dann die eigene Kraft und den eigenen Thron. Das Tier blieb dort zweiundvierzig Monate. Das Tier war so stark, daß es den einzigen Gott lästern und die Heiligen besiegen konnte. Es war so mächtig, daß ihm die Völker aller Sprachen untertan waren. Und alle Menschen, deren Namen nicht im Buch des Lebens eingetragen sind, beteten das Tier an. Und dann kam ein zweites Tier. Es war von der Erde und hatte Hörner wie ein junger Bock. Es besaß die gleiche Macht wie das erste Tier und befahl den Menschen, diesem Tier ein Standbild zu errichten, jenem Tier, das den Schwerthieb abbekommen hatte, und das der Drache dann geheilt hatte. Und das zweite Tier vermochte es, dem Standbild Geist und Macht zu geben. Das Standbild konnte nun reden und alle diejenigen töten, die es nicht anbeteten. Das Tier, dem dieses Standbild errichtet war, trägt die Namenszahl Sechhundertsechsundsechzig.[1]

Der Text vom Tier und dem Drachen liest sich wie ein exotisches Märchen. Doch ist es eine abendländische Quelle, die hier nacherzählt wurde, und es verbergen sich Wirklichkeiten in diesen Worten, denen man nachgehen muß. Denn diese geheimnisvolle Geschichte ist der Bibel entnommen und führt auf die verwehten Spuren Satans.

Der große rote Drache ist Satan persönlich, besser gesagt Luzifer. Magische Zahlen, gehörnte Tiere und ein sprechendes Standbild, das Menschen tötet: Alles dies gehört zum Satansbild wie der Schwefel und der Hinkefuß. Satan prangt in allen dunklen Farben dieser Welt. Das abgründig Böse ist in ihm konzentriert, im Todfeind des Wahren und Reinen. Er ist ganz der Leibhaftige, über den Johannes schreibt, er sei *ein Mörder von Anfang und der Vater der Lüge.*[2] Der Satan ist der abscheuliche Herr der Finsternis, so drohend und schrecklich, daß er schon wieder fasziniert. Auch *das Tier Sechshundertsechsundsechzig* ist schrecklich, und eben darum hat es auch Charisma; kein Wunder, ist es doch ein gefallener Engel und Luzifers Gefolgsmann – Schreckensbild eines der Putschengel, der das Schwert des Erzengels Michael zu spüren bekommen hatte.

Diese Himmelsrebellion hat ihre Vorgeschichte: *Es begab sich aber eines Tages, da die Göttersöhne kamen und vor den HERRN traten, daß auch der Satan mit ihnen kam und vor den HERRN trat.*[3] Der Satan ist also, so wird überliefert, einer der *Söhne* Gottes. Keine Söhne im Wortsinn. Sie sind Götter, himmlische Wesen im Gefolge des allmächtigen Gottes, aber sterblich wie die Menschen. Gott ist der Herr, der Höchste und ihr Richter.[4] Im Ursprung erscheint der Satan als mächtiger Himmelsfürst. Seine Rolle ist die des Anklägers, von Gott selbst eingesetzt: *Und er ließ mich sehen den Hohenpriester Josua, wie er vor dem Engel des Herrn stand, und der Satan stand zu seiner Rechten, um ihn zu verklagen.*[5] In seinem himmlischen Rang war der Satan so eine Art Generalstaatsanwalt, dessen sich Gott gegenüber den Menschen bediente. Doch war der Satan hinterlistig und aufsässig, und sein hohes Amt mißbrauchte er für eigene finstere Pläne. Davon hat Gott gewußt, und ihm war daran gelegen, die Willkür des Leibhaftigen zu zügeln. Zum Beispiel als er ihm den Auftrag gab, die Gottesfurcht des reichen Hiob im Land Uz zu prüfen: *Der Herr sprach zum Satan: Siehe, alles was er hat, sei in deiner Hand. Nur an ihn selbst lege deine Hand nicht. Da ging der Satan hinaus von dem Herrn.*[6] Der Leibhaftige tat seine Arbeit gründlich. Durch Krieg und Unwetter tötete er die sieben Söhne und drei Töchter des Hiob, dessen Gesinde, seine 7000 Schafe, 3000 Kamele, 500 Joch Rinder und 500 Eselinnen. Der Satan wütete als Geißel Gottes. Doch die Gottesfurcht des Hiob blieb unerschüttert, was dem Satan gar nicht paßte. Er drängte Gott, Hiobs Leib quälen zu dürfen, was der Allmächtige ihm schließlich auftrug, mit der Einschränkung, Hiobs Leben zu schonen. Der Satan beeilte sich, Hiob mit bösen Geschwüren von den Füßen bis zum Scheitel zu schlagen. Wie die Bibel berichtet, blieb Hiob standhaft im Glauben. Die Hiob-Geschichte zeigt die harte Hand des Allmächtigen gegenüber den Menschen, wenn es darum geht, Glauben und Tugend zu fordern und zu prüfen. Im besonderen aber zeigt sie die Bosheit des Satan, den Gerechten vor Gott anzuschwärzen, um den Sterblichen dann im höchsten Auftrag um so heftiger zuzusetzen.

Fast wäre auch Isaak, der Sohn Abrahams, ein Opfer Satans geworden: *Und es kam der Fürst Mastema*[7] *und sprach vor Gott: Siehe, Abraham liebt seinen Sohn Isaak und hat sein Gefallen an ihm vor allem. Sage ihm, er solle ihn als Brandopfer auf den Altar bringen, und du wirst sehen, ob er diesen Befehl ausführt, und wirst erkennen, ob er gläubig ist in allem, womit du ihn verfluchst.* Wir wissen, daß Gott den gehorsamen Abraham im letzten Moment hinderte, seinen Sohn zu opfern. Im apokryphen Buch der Jubiläen ist Satans Reaktion verzeichnet: *Und der Fürst Mastema wurde beschämt.*

Der Satan war der Magier der Verführung: *Aber die Schlange war listiger als alle Tiere auf dem Felde ... und sie [Eva] nahm von der Frucht und aß und gab ihrem Mann, der bei ihr war, auch davon, und er aß ... da sprach Gott der Herr zu der Schlange: Weil du das getan hast, seist du verflucht, verstoßen ... und er trieb den Menschen hinaus und ließ lagern vor dem Garten Eden die Cherubim mit dem flammenden, blitzenden Schwert, zu bewachen den Weg zu dem Baum des Lebens.*[8] Die Schlange, die Adam und Eva verführt, gegen

Gottes Willen zu handeln, ist eine von vielen Verkörperungen des Satan. Im Buch Enoch heißt er Gadreel: *Auch verführte er die Eva und zeigte den Menschenkindern die Mordinstrumente, den Panzer, den Schild, das Schlachtschwert und überhaupt allerhand Mordinstrumente.*[9] An anderer Stelle wird dann Klarheit geschaffen: *Als der Satan sah, wie Adam und Eva im Paradiese glänzten, wurde der Empörer vor Neid verzehrt und ausgedörrt. Und so fuhr er in die Schlange hinein und wohnte darin.*[10] Die Legende von Evas Verführung nimmt einiges von Satans Geschichte vorweg: Seine Opposition gegen Gott, das Aufwiegeln zum Ungehorsam, den Sturz Satans und der Schar der Putschengel bildhaft in der Ausweisung, den Engel als Vollstrecker des göttlichen Fluchs und jene kosmische Dimension, deren Symbol das flammende, blitzende Schwert ist. Nun ist der Garten Eden keine hebräische Vision – schon der Begriff Eden leitet sich vom akkadischen Wort Edenu her, das sich mit Paradies übersetzt. Dieser Begriff ist uralt, es dürften 5000 Jahre sein. Die biblische Geographie dieses wunderbaren Ortes hat die Archäologen auf den Gedanken gebracht, daß die dortigen *vier Flüsse* der Pischon, Gihon, Hidekel und Prath sind, also die heutigen Flüsse Euphrat und Tigris und ihre beiden wichtigen Nebenarme. Wenn dies so ist, ist der biblische Garten Eden das vorgeschichtliche Mesopotamien. Und im dortigen Gilgamesch-Epos, das 1000 Jahre früher verfaßt ist als die ersten Bibeltexte, klingen schon die biblischen Verführungstexte an. Der vordere Orient ist durchwoben von Legenden, die einen geheimnisvollen Kern haben, der vielen gemeinsam ist – das alte Wissen reicht weit zurück, die Verfasser der Bibel haben sich an solche Quellen gehalten. Auch die Muslime haben ihre eigenen Assoziationen zum Garten Eden: Die Kaaba, die heilige Pilgerstätte in Mekka, birgt den sogenannten *Schwarzen Stein,* den Geologen für einen Meteoriten halten. Um diesen Stein kreisen beziehungsreiche Legenden. So soll er vom Himmel in den Garten Eden gefallen sein, und Adam habe ihn nach der Vertreibung aus dem Paradies erhalten, um sich damit von seinen Sünden zu reinigen. Der Stein, ursprünglich weiß, sei bei dieser Prozedur schwarz geworden. Den Schwarzen Stein, so endet die Legende, habe Abraham schließlich vom Erzengel Gabriel erhalten, um ihn beim Bau seines Tempels zu verwenden. Es paßt ins Bild, wenn auch die arabische Mythologie den Garten Eden und die Vertreibung aus dem Paradies mit kosmischem Steinschlag in Zusammenhang bringt, der so eng verknüpft ist mit dem Bild der Feuerschlange, die vom Himmel auf die Erde stürzt – eine archaische Schreckensvision von Luzifer, dem gestürzten Engel. Selbst die Wandlung von Weiß zu Schwarz scheint auf Luzifer gemünzt – auch aus dem lichten Göttersohn wurde der düstere Herr der Finsternis.

Der Herrgott im Alten Testament litt unter dem Konflikt mit Luzifer/Satan, seinem schönen Sohn. Viel zu lange übte er Nachsicht mit ihm und zeigte damit eine Schwäche, die menschlich anmuten mag. Es ist jene besondere Schwäche, wie man sie bei den Mächtigen findet. Weil sie allein nicht alles überblicken und beurteilen können, brauchen sie Ratgeber. Auch Gott braucht sie – solche Helfer wie Satan. Aber auch Gott, wie alle Mächtigen, kann sich nicht darauf verlassen, daß man ihm aus selbstlosen Motiven rät. So ist Skepsis angesagt gegenüber den Ratgebern, besonders wenn ihnen Niedertracht und Zynismus aus den Pupillen blitzen. Bemerkenswert ist die Hilflosigkeit Gottes gegen die Einflüsterungen des Leibhaftigen. Es ist ein Zagen spürbar bei Gott, als meine der Herr, es sei der bessere Weg, den Satan bei Laune zu halten. Es scheint, als wolle Gott es nicht auf eine Kraftprobe mit diesem mächtigen Himmelsfürsten ankommen lassen.

Der Dualismus zwischen dem Allmächtigen und dem Leibhaftigen offenbart sich in den Zeilen des Hiob-Buches – Gott traut dem Satan nicht über den Weg und mißbilligt dessen Anmaßung. Dennoch: Der Allmächtige hält das Pulver trocken, den großen Knall möchte er gern vermeiden. Entsprechend halbherzig klingen seine Einwände: *Der Herr sprach zum Satan: Hast du acht auf meinen Knecht Hiob gehabt? Denn es ist seinesgleichen auf der Erde nicht, fromm und rechtschaffen, gottesfürchtig und meidet das Böse und hält noch fest an seiner Frömmigkeit; du aber hast mich bewogen, ihn ohne Grund zu verderben.*[11] Diese göttliche Rüge ist das früheste biblische Indiz jenes kosmischen Zerwürfnisses, das dem Satan zum Schicksal wurde. Denn längst war er zum abtrünnigen Gefolgsmann geworden, zum Aufrührer gegen den Allmächtigen. Aus der Bibel erfährt man den konkreten *Anlaß* nicht, der zur großen Konfrontation zwischen Gott und Satan geführt hat, und der Gott den Himmelsfürsten verstoßen ließ. Man kann nur nachlesen, daß Satans Hochmut der *Grund* war, daß Gott ihn schließlich gerichtet und fortgejagt hat: *Wie bist du vom Himmel gefallen, du schöner Morgenstern ... wie wurdest du zu Boden geschlagen ... du aber gedachtest in deinem Herzen: Ich will in den Himmel steigen, und meinen Thron über die Sterne Gottes erhöhen, ich will mich setzen auf den Berg der Versammlung im fernsten Norden.*[12] *Ich will auffahren über die hohen Wolken und gleich sein dem Allerhöchsten. Ja, hinunter zu den Toten fuhrst du, zur tiefsten Grube.*[13] Diese Worte sind dunkel, beladen mit der apokalyptischen Vision von Hochmut und Niedergang, Schönheit und Schmutz, Schuld und Sühne.

Erst in apokryphen Schriften wird der Konflikt dann greifbarer, und Luzifer schaut uns an aus trotzigen Augen. Im Buch Enoch steht die fragmentarische Geschichte des Höllensturzes Satans. Nach dieser Quelle war Luzifer der Liebling des Allmächtigen. Er war der Schönste der Engel und begabter als sie alle. Doch diese guten Gaben standen im Schatten seiner bösen, anmaßenden Natur. Er erhob sich gegen den Allmächtigen, dem er sich ebenbürtig glaubte. Luzifer zettelte eine Revolte gegen Gott an, der sich eine große Zahl der Engel[14] anschloß. Luzifers Aufstand hatte fatale Konsequenzen. Der Allmächtige ließ seinen Günstling fallen, ebenso das Heer der

Putschengel. Gott strafte die Satansbande mit Verachtung, er verbannte sie in die Peripherie seines himmlischen Reiches. Der Allmächtige hatte Luzifer kaltgestellt, trotz aller Zuneigung, die sie verbunden haben mochte. Aber der Hochmut des Leibhaftigen war ungebrochen, und Luzifers Zorn kochte. Weil er so tief gefallen war vor Gottes Thron, machte Luzifer sich daran, das himmlische System zu zerstören, worin er Himmelsfürst und Favorit des Allmächtigen gewesen war. Der Satan begann seinen Krieg gegen Gott, einen gnadenlosen, unabsehbar langen Krieg. Luzifer wurde zum Morgenstern, der sich auf den Himmelsthron stürzte, um das ewige Reich zu vernichten. Es war Michael[15], der Erzengel, der den Himmelsfürsten Luzifer und seine Rebellen zurückschlug und in den Abgrund stürzte, der so zur höllischen Gegenwelt des himmlischen Reiches wurde. Ein finsteres Reich, wo hinein Luzifer und seine abtrünnigen Engel geworfen wurden, als Abschaum des Himmels und Saat des Bösen. Ein mächtiges Reich, aber eben doch nur ein endliches Reich. Am Ende aller Tage würde dieses Höllenreich untergehen, bei seinem letzten Kampf – das war die Verheißung, die man Luzifer mitgab. Mit dieser tragischen Gewißheit ist der Satan in die Welt gekommen – aus dem ewigen Himmelreich gestoßen und verflucht.

Nicht nur das Buch Enoch schildert Luzifers Sturz, auch die biblische Offenbarung des Johannes (12) überliefert diese Apokalypse und letztlich den Beweis, daß Luzifer und Satan identisch sind: *Und es erschien ein anderes Zeichen am Himmel, und siehe, ein großer, roter Drache, der hatte sieben Häupter und zehn Hörner, und auf seinen Häuptern sieben Kronen, und sein Schwanz fegte den dritten Teil der Sterne des Himmels hinweg und warf sie auf die Erde ... und es erhob sich ein Streit im Himmel: Michael und seine Engel stritten wider den Drachen. Und der Drache stritt und seine Engel und siegten nicht, auch ward ihre Stätte nicht mehr gefunden am Himmel. Und es ward gestürzt der große Drache, die alte Schlange, die da heißt Teufel und Satan, der die ganze Welt verführt, ward geworfen auf die Erde, und seine Engel wurden mit ihm dahin geworfen.*

Luzifer, der Morgenstern, der gegen den Himmelsthron stürmt – ein merkwürdiges Bild, eine dunkle Allegorie kosmischen Geschehens. Der Planet Venus und Luzifer sind auf geheimnisvolle Weise identisch: Ihr gemeinsames Synonym ist der Morgenstern, der sich auf den Göttersitz im äußersten hohen Norden stürzt. Welche konkreten Ereignisse stehen hinter diesen alten Texten, die zwischen dem achten und zweiten Jahrhundert vor Christus niedergeschrieben und wohl aus Quellen genommen sind, die noch älter sind? In den Mythen um den Morgenstern klingt das Inferno an, das aus dem Kosmos kam und die Erde zu Luzifers Hölle machte. Die alten Chronisten, Enoch oder Jesaja, standen diesen Heimsuchungen näher als die heutigen Generationen, spürten ihre Schrecken in den eigenen Knochen. Unsere Zeit, die solchen Plagen fast 3000 Jahre entrückt ist, tut sich schwer, sie als das zu deuten, was sie waren: Die Folgen kosmischer Katastrophen, für deren Feuer und Finsternis der Satan unser leibhaftiges Sinnbild ist: *Das Land aber, das du jetzt herrschen siehst, wird wegelose Wüste sein; ... Da wird plötzlich die Sonne bei Nacht scheinen und der Mond am Tage. Von Bäumen wird Blut träufeln; Steine werden schreien ... Die Vögel wandern aus ... An vielen Orten tut sich der Abgrund auf, und lange Zeit bricht das Feuer hervor. Da verlassen die wilden Tiere ihr Revier ... Im süßen Wasser findet sich salziges.*[16]

Im Alten Testament war der Satan ein Himmelsfürst, Günstling und Diener Gottes, der wegen seiner Hinterlist und der Anstiftung zum Aufruhr schließlich gestürzt wurde. Im Neuen Testament kommt er differenzierter daher. Er tritt als Widersacher Jesu in Erscheinung, ebenso als Versucher der Menschen generell, und als Verderber oder als das Böse an sich. Der Satan ist darauf aus, sich dem Plan Gottes zu widersetzen, der Verheißung, die Menschen durch Jesus Christus, den Sohn Gottes, zu erlösen. Insoweit ist es folgerichtig, wenn Judas Ischariot, einer der Jünger, zum Werkzeug Satans wird und Jesus für 30 Silberlinge[17] verrät: *Und er (Jesus) tauchte den Bissen ein, nahm ihn und gab ihn dem Judas, des Simon Ischariot Sohn. Und nach dem Bissen fuhr der Satan in ihn.*[18]

Besonderen Einfluß auf Satans Bild im Neuen Testament haben Leihgaben aus der babylonischen Dämonologie und aus der apokryphen hebräischen Literatur: *Ziehet an die Waffenrüstung Gottes, daß ihr bestehen könnt gegen die listigen Anläufe des Teufels. Denn wir haben nicht mit Fleisch und Blut zu kämpfen, sondern mit Mächtigen und Gewaltigen, nämlich mit den Herren der Welt, die in dieser Finsternis herrschen, mit den bösen Geistern unter dem Himmel.*[19] Satan ist also nicht allein. Es gibt eine Pluralität von Teufeln, denen der Christ ausgeliefert wäre, hätte er nicht seinen Glauben und die Gnade Gottes, die ihm Schwert und Schild sind. Dann sind da noch die bösen Geister unter dem Himmel, mit denen die Teufel die Macht teilen. Mag sein, daß solche bösen Geister jene Dämonen bezeichnen, die durch die vor- und nichtchristlichen Religionen ihre abgründigen Spuren ziehen – der jüdische Asasel etwa, den der Erzengel Raphael steinigen sollte und dem der Sündenbock gewidmet war, Asasel, als dessen bevorzugtes Domizil die Wüste überliefert ist; vielleicht Loki, das germanische Spiegelbild Satans, ein Feuerdämon voller Genie und Tücke, der die Kräfte schafft und entfesselt, die den Zusammenbruch der himmlischen Welt besiegeln[20]; oder der japanische Susanowo, dessen Reise zur Himmelsgöttin Amaterasu so gewaltige seismische Erschütterungen auslöst, daß sich der japanische Archipel aus dem Pazifik hebt; letztlich auch Rawana, der indische Dämon, der Sita, die Braut Ramas[21], entführt und in Ceylon gefangenhält. Feuerdämonen, Zusammenbruch der himmlischen Welt, seismische Erschütterungen – wieder wird deutlich, wie oft sich in Satans Profil apokalyptische Züge und kosmische Narben zeichnen.

Satan und seine unzähligen Teufel sind nicht von menschlichem Fleisch und Blut, sie sind anders, sie sind die Herren der Welt. Sie sind zwar sterblich, aber eben mächtiger als Menschen. Die Teufelsmacht ist nicht von dieser Erde, und ohne Christus, den Erlöser, gibt es kein Entrinnen für die Kinder Gottes. Die Teufel herrschen in der Finsternis dieser Welt, die bösen Geister unter dem Himmel – eine auffällige Unterscheidung. Mit der Finsternis dieser Welt ist eine zerschlagene Erde angesprochen, wie wir sie heute, zum Glück, nicht erleben: *Und er* [der Engel] *tat den Brunnen des Abgrunds auf, und es ging auf ein Rauch aus dem Brunnen wie der Rauch eines großen Ofens, und es ward verfinstert die Sonne und die Luft vor dem Rauch des Brunnens.*[22] Gemeint ist die Erde der Apokalypse, als ein *großer Stern vom Himmel auf die Erde* fiel, der *wie eine Fackel brannte*[23], und Abaddon[24], Luzifers rechte Hand und König der Hölle, die Heuschreckenplage schickte und die verwüstete Erde zu regieren begann – Abaddon, den die Bibel den *Engel des Abgrunds* nennt. Und jene bösen Geister unter dem Himmel mögen die Väter jener Schrecken sein, die mit Luzifers Sturz einhergingen: Getöse, Zyklone, fliegende Steine, Gift- und Feuerregen.

Die Offenbarung des Johannes ist das letzte Buch des Neuen Testaments. Es ist das Buch der Apokalypse Babylons: *Und er* (der Engel) *schrie mit großer Stimme und sprach: Sie ist gefallen, sie ist gefallen, Babylon, die große, und ist eine Behausung der Teufel geworden und ein Gefängnis aller unreinen Geister und ein Gefängnis aller unreinen und verhaßten Vögel ... Denn von dem Zorneswein ihrer Hurerei haben alle Völker getrunken ... und mit Feuer wird sie verbrannt werden.*[25] Die Offenbarung ist im ersten Jahrhundert nach Christus geschrieben, zu einer Zeit, als *das große Babylon, die Mutter der Huren und aller Greuel der Erde*[26], schon rund vier Jahrhunderte Schutt und Asche war. Wer Johannes, der Verfasser, war, weiß man nicht. Mit dem Apostel, dem Zeitgenossen Jesu Christi, ist er nicht identisch. Der Eifer des Apokalyptikers Johannes, Babylon zu verdammen, scheint auf den ersten Blick überzogen: Immerhin hatte ja Mose aus dem dortigen Kodex Hammurapi die Zehn Gebote abgeleitet, wie sie die Christen bis heute kennen. Aber das Rache-Epos des Johannes gegen Babylon hat eine traumatische Wurzel: Am 16. März 597 vor Christus, als Nebukadnezar Jerusalem gestürmt hatte, nahm er König Joakim gefangen, schleppte ihn nach Babylon und setzte die Marionette Zedekia auf den jüdischen Thron. Und die Demütigung setzte sich fort: Als 587 vor Christus auch Zedekia sich auflehnte, kamen die Babylonier wieder und führten ein Heer von Juden ins babylonische Exil. Diese Niederlage tilgte das jüdische Königtum, und die Juden begannen sich zu fragen, ob ihr Bund mit Jehova[27] noch Bestand habe und inwiefern ihr einziger Gott überhaupt noch seines erwählten Volkes gedachte. Gleichwohl ist diese sogenannte *Apokalypse* des Johannes ein faszinierendes Epos über Luzifer/Satan und das Inferno. Es hat Worte und Bilder von packender Kraft, fast möchte man meinen, Jesaja habe dem Johannes die Hand geführt. Doch etwas Wesentliches ist anders: Der *König aller Könige* reicht über den zeitgenössischen Horizont des Jesaja hinaus ... mit *dem Schwert, das ihm aus dem Munde ging ... auf seinem weißem Pferd*[28]: Christus, der Sieger über Satan, Christus der Erlöser. Diese Lichtgestalt paßt nicht ins historische Bild des Infernos, sie scheint in ein Szenario gestellt, dessen Feuer und Finsternis aus uralter Zeit stammen, lange vor dem Erlöser – es ist, als habe Johannes aus den Legenden um Luzifer geschöpft und ihnen schließlich den Heiland aufgepfropft. Im Ergebnis: Kaum ein anderes Buch der Bibel liefert so packende Bilder über Gott und seinen Hofstaat, über Jesus Christus, über die Engel, über den Satan und sein Gefolge bis hin zu Abaddon, Gog und Magog[29], und zum Tier Sechshundertsechsundsechzig. Und nirgendwo sonst finden wir derart fesselnde Schilderungen einer archaischen Erdkatastrophe, deren Verursacher buchstäblich vom Himmel fiel.

Der Satan, sein Gefolge, besagte böse Geister – der Apostel Paulus selbst bezeichnet sie als *Herren der Welt*, im ersten Brief an die Korinther auch als *Herrscher dieser Welt*. Der *Fürst dieser Welt*[30] – diesen Titel trägt allein der Satan, der Herrscher der Teufel schlechthin. Paulus bezeichnet ihn sogar als *Gott dieser Welt*.[31] Im Begriff Welt ist die Erde zu sehen. Wenn dies alles so geschrieben steht, kann der Gedanke richtig sein, daß die Erde und die Hölle auf geheimnisvolle Weise identisch sind. Nach all dem, was man über Luzifer weiß, kann es nur eine Erde voller Feuer und Schwefel sein – wohl jenes lebensfeindliche Chaos, über das in alter Zeit das Inferno hinweggefegt war.

Der Satan ist ein Herrscher des Diesseits – zynisch, verschlagen und mächtig, aber eben sterblich wie alles Diesseitige. Er ist ein Geschöpf Gottes, sein Werkzeug, das sein Ende finden wird: *Und der Teufel, der sie verführte, ward geworfen in den Pfuhl von Feuer und Schwefel, da auch das Tier und der falsche Prophet war, und werden gequält werden Tag und Nacht von Ewigkeit zu Ewigkeit.*[32] Sein Ende wird die Erlösung der Menschen sein, jene Erlösung, die der Satan zu verhindern trachtet. Der Erlöser ist Jesus Christus, Gottes Sohn, über den der Fürst der Welt keine Macht hat.[33] Der Verrat des Judas und Jesus' Tod am Kreuz war Satans Werk, und ironischerweise auch der ungewollte Suizid des Leibhaftigen. Jesus hat es selbst gepredigt, voller Todesahnung, als er in Jerusalem eingezogen war: *Jetzt geht das Gericht über die Welt*, hat er gesagt, *nun wird der Fürst dieser Welt ausgestoßen werden*.[34]

Es gibt eine merkwürdige Parallele in den Existenzen Jesu Christi und des Satan: Der Satan gehört zu den Göttersöhnen[35], und Jesus Christus ist der Sohn Gottes[36]; und der Satan steht zur Rechten Gottes[37], ebenso wie Jesus Christus, der zu Rechten Gottes sitzt.[38] Doch eben auch den entscheidenden Kontrast: Jesus Christus ist auferstanden von den Toten und ewig, er ist der Erlöser; der Satan aber ist sterblich, wird auf

Ewigkeit in den Pfuhl von Feuer und Schwefel geworfen, weil er Versucher, Verderber und das Böse an sich ist, und vor allem, weil er in Judas gefahren ist, den Verräter, um Christus ans Kreuz zu nageln.

Dem Satan des Neuen Testaments war sehr daran gelegen, sich Jesus untertan zu machen. Einzelheiten der Versuchung Jesu durch den Leibhaftigen sind belegt – der Heiland dürfte damals etwa 30 Jahre alt gewesen sein: *Da war Jesus vom Geist in die Wüste geführt, auf daß er von dem Teufel versucht würde. Und da er vierzig Tage und vierzig Nächte gefastet hatte, hungerte ihn. Und der Versucher trat zu ihm und sprach: »Bist du Gottes Sohn, so sprich, daß diese Steine Brot werden.« Und er antwortete und sprach: »Es steht geschrieben: ›Der Mensch lebt nicht vom Brot allein, sondern von einem lebendigen Wort, das durch den Mund Gottes geht.‹« Da führte ihn der Teufel mit sich in die heilige Stadt und stellte ihn auf die Zinne des Tempels und sprach zu ihm: »Bist du Gottes Sohn, so wirf dich hinab; denn es steht geschrieben: ›Er wird seinen Engeln über dir Befehl tun, und sie werden dich auf den Händen tragen, auf daß du deinen Fuß nicht in einen Stein stoßest.‹« Da sprach Jesus zu ihm: »Wiederum steht auch geschrieben: ›Du sollst Gott, deinen Herrn, nicht versuchen.‹« Wiederum führte ihn der Teufel mit sich auf einen sehr hohen Berg und zeigte ihm alle Reiche der Welt und ihre Herrlichkeit und sprach zu ihm: »Das alles will ich dir geben, so du niederfällst und mich anbetest.« Da sprach Jesus zu ihm: »Hebe dich weg von mir, Satan! Denn es steht geschrieben: ›Du sollst anbeten Gott, deinen Herrn, und ihm allein dienen.‹« Da verließ ihn der Teufel. Und siehe, da traten die Engel zu ihm und dienten ihm.*[39] In dieser Szene spielt der Satan seine gewohnte Rolle, wie damals, als er den Hiob versuchte. Immer noch scheint er Gottes Werkzeug zu sein, geschaffen zur Prüfung von Glauben und Tugend der Sterblichen, wozu damals auch Jesus noch zählen mochte. Daß der

Satan auch hier in Haß und Opposition gegen den Herrgott handelte, versteht sich. Auch, daß Jesus der Versuchung widerstand – niemand hätte etwas anderes erwartet. Merkwürdig ist nur der Schluß des Berichts, worin steht, daß der Satan ging und die Engel zu Jesus traten, um ihm zu dienen. Dieses Bild stützt die Annahme, daß Gott erst mit Jesu Christi Sieg über den Satan beschloß, seinem Sohn die Last auf die Schultern zu legen, die der Erlöser schließlich nach Golgatha trug – Jesus wurde ausgewählt, weil es sich gezeigt hatte, daß der Satan keine Macht über ihn hat. Doch war er die Ausnahme. Der Herr der Finsternis fand ansonsten Mittel und Wege, sich anderer Sterblicher zu bemächtigen. *Und das ist auch kein Wunder*, sagt der Apostel Paulus, *denn er selbst, der Satan, verstellt sich zum Engel des Lichts.*[40] Und an anderer Stelle: *Denn der Frevler wird auftreten in der Macht des Satans mit allerlei lügenhaften Kräften und Zeichen und Wundern, und mit allerlei Verführung und Ungerechtigkeit bei denen, die verloren werden, weil sie die Liebe zur Wahrheit nicht angenommen haben zu ihrer Rettung.*[41]

Doch ist der Satan mehr als nur der große Versucher. Der Fürst dieser Welt ist auch der Verderber, denn wer ihm folgt, ist auf ewig verdammt: *Seid nüchtern und wachet; denn euer Widersacher, der Teufel, geht umher wie ein brüllender Löwe und sucht, welchen er verschlinge.*[42] Und an anderer Stelle: *Gehet hin von mir, ihr Verfluchten, in das ewige Feuer, das bereitet ist dem Teufel und seinen Engeln.*[43] Die Bibel unterscheidet zwischen Kindern *Gottes* und Kindern *des Teufels*. Wer nicht recht tue, heißt es, oder seinen Bruder nicht lieb habe, ist nicht von Gott.[44] An anderer Stelle[45] wird die Welt mit einem Acker verglichen. Dort seien die Kinder Gottes *der gute Same*, die Kinder Satans *das Unkraut*. Am Ende der Welt schnitten die Engel das Korn. Das Unkraut werde *mit Feuer verbrannt*. Der Satan ist eben Widersacher Gottes, und das Wirksamste, was sich gegen den Allmächtigen tun läßt, ist, dessen Gebote[46] außer Kraft zu setzen und ihm so die Gemeinde zu nehmen. Wer dem Satan hier nachgibt, ist ein Verfluchter und folgt dem Herrn der Finsternis in dessen ewiges Feuer. Deshalb paßt das volkstümliche Bild nicht so ganz, daß 1000 Teufel die Hölle bevölkern, um die Verdammten schon vor dem Jüngsten Gericht zu zwicken und zu rösten. Wie ginge es denn an, daß sich ausgerechnet die Großmeister des Bösen auf Gottes Gebote berufen und den armen Sündern ihre Schuld vorhalten und sie peinigen? Es bleibt festzuhalten: Im besonderen dem Satan und dessen schwarzen Engeln ist das ewige Feuer bereitet. Die Verfluchten *folgen* ihnen nur dorthin, und erst dann ist das infernalische Schicksal ihnen und allen Teufeln gleich.

Wer Sünde tut, so steht es im ersten Brief des Johannes (3), *der ist vom Teufel; denn der Teufel sündigt von Anfang. Dazu ist erschienen der Sohn Gottes, daß er die Werke des Teufels zerstöre.* Es ist nicht nur so, das entnehmen wir dem Neuen Testament, daß der Satan keine Macht hat über Jesus Christus; viel schlimmer für den Leibhaftigen ist, daß der Sohn Gottes in die Welt kam, um Satans Macht zu tilgen. *Ich war tot,* sagt der Erlöser, *und siehe, ich bin lebendig von Ewigkeit zu Ewigkeit und habe die Schlüssel der Hölle und des Todes.*[47] Jesus lebt für alle Zeit, nachdem er gekreuzigt, gestorben und auferstanden ist – Christus ist der Erlöser. Am Jüngsten Tag aber werden der Satan und sein Gefolge in den Pfuhl von Feuer und Schwefel geworfen und gequält, für alle Zeit, in die Hölle also, wozu der Erlöser den Schlüssel hat – den Schlüssel, um Satan zu zerstören, den Leibhaftigen, den Verfluchten. Es gibt eine bezeichnende Legende über den fatalen Irrtum Satans, als der in Judas Ischariot fuhr, um Jesus Christus zu verderben – eine nicht-biblische Legende über den Höllengang Jesu Christi, eine Legende, worin christlicher Glaube und griechischer Mythos verwoben sind: *Sogleich rief der Hades: »Wir sind besiegt. Weh uns! Doch wer bist du, der du solche Vollmacht und Kraft hast? ... Ans Kreuz bist du angenagelt und ins Grab bist du gelegt worden, und jetzt bist du frei geworden und hast alle unsere Macht zerstört. Bist du der Jesus, von dem uns Satan, der Obersatrap, gesprochen hat, weil du im Begriff bist, durch Kreuz und Tod hindurch die ganze Erde zum Erbe zu nehmen?« Darauf faßte der König der Herrlichkeit den Satan, den Obersatrapen, beim Schopfe und übergab ihn den Engeln und sprach: »Bindet ihn mit eisernen Ketten an den Händen und den Füßen und am Hals und an seinem Mund!« Danach übergab er ihn dem Hades und sagte: »Nimm ihn und behalt ihn sicher in Verwahrung bis zu meiner zweiten Parusie*[48]*!« Und der Hades übernahm den Satan und sagte zu ihm: »Beelzebub, Erbe des Feuers und der Pein, Feind der Heiligen! Warum ausgerechnet mußtest du es so einrichten, daß der König der Herrlichkeit gekreuzigt wurde, so daß er nun hierher gekommen ist und uns unserer Macht entkleidet hat? ... Den König der Herrlichkeit hast du töten wollen und hast dich selbst getötet ... Du Oberteufel, Oberhaupt des Todes, Wurzel der Sünde, Vollender alles Bösen! Was hast du an Jesus Schlechtes gefunden, daß du seinen Untergang betrieben hast?«*[49]

Satans Wiege:
Das alte Persien

> EIN HEFTIGER WIND WIRD KOMMEN, DIE GEBIRGE WIRD ER UMSTÜRZEN, UND SCHNEE WIRD ALLES BEDECKEN, DASS IHR KEINEN WEG MEHR FINDET.
> Awesta-Mythe aus dem alten Persien

Dreimal dreitausend Jahre dauert die Welt Ahura Mazdas[1], in der wir leben ... in den ersten dreitausend Jahren schuf er eine lichte und himmlische Welt und bewahrte sie vor Ahra Mainyu[2] ... Nach den zweiten dreitausend Jahren erschien auf Erden Zarathustra und stärkte das Gute im Kampf gegen die Mächte Ahra Mainyus. Die große Entscheidungsschlacht zwischen Ahura Mazda und Ahra Mainyu wird nach Ablauf der dritten dreitausend Jahre geschlagen. Bis dahin wogt der Kampf unentschieden hin und her, obwohl das Gute stärker ist als das Böse, und Ahura Mazdas Macht die des Ahra Mainyu weit übertrifft. Zu dieser Zeit aber wird der Saoschyant erscheinen, der große Erlöser der Menschheit. Zu seiner Zeit wird ein Stern gesehen werden, das Erz wird in den Bergen schmelzen, und ein Strom glühenden Metalls wird sich über die Erde ergießen, in dem die Gottlosen verbrennen und die Frommen reingebadet werden. Dann werden die Toten auferstehen, und die Welt wird gereinigt und vollendet werden. Er, der das leibhaftige Recht ist, wird Ahra Mainyu endgültig besiegen und alle seine Helfer niederwerfen. Alles Schlechte und Unreine wird vergehen, und alle Menschen werden sich um den Erlöser scharen, sie werden von ihm den Trank der Unsterblichkeit empfangen und Ahura Mazda anbeten und preisen. Befreit von allem Bösen wird die Erde auf ewig selig sein.[3]

Verbrennung der Gottlosen, Erlösung der Frommen, Auferstehung von den Toten, Befreiung von allem Bösen, ewiges Leben in Seligkeit – christliches Erbe, will es scheinen, und doch ist diese Religion rund 600 Jahre älter als die christliche. Vieles hatte seinen Anfang im alten Persien, und es scheint so, als habe dort auch der Satan das Licht der Welt erblickt – ein

Stern wird gesehen werden, Erz wird in den Bergen schmelzen, glühendes Metall wird sich über die Erde ergießen – Bilder Luzifers, des gefallenen Engels, Bilder eines höllischen Infernos, einer kosmischen Katastrophe. Es waren die altpersischen Magier, die den Ur-Satan aus der Taufe hoben. Und sie taten es mit politischen Hintergedanken. Das hat seine Vorgeschichte.

Es ist etwa dreieinhalb Jahrtausende her, daß im Süden des heutigen Rußlands Reitervölker aufbrachen; die Krieger saßen auf struppigen Pferden, trugen enge Hosen und blickten aus Wollmützen, die nur Augen, Nase und Mund zeigten. Eine große Zahl von ihnen siedelte in den fruchtbaren Ebenen des heutigen Iran, andere zogen nach Griechenland und Anatolien, viele nach Norden und Nordwesten bis nach Skandinavien oder zur Bretagne. Irgendwann hatten sie auch die britischen Inseln erreicht. Weil die kriegerischen Auswanderer überall Grabhügel hinterließen, nannte man sie Kurgan-Menschen (Kurgan heißt Grabhügel auf Russisch). Diese strahlenförmige Invasion ist eine bedeutende Völkerwanderung der Menschheitsgeschichte, und die Kurgan-Menschen bezeichnen wir heute als Indoeuropäer beziehungsweise Arier: Noch heute haben die Nachfahren dieser Völker den Ursprung ihrer Sprache gemeinsam, der das altindische Sanskrit ist. Fast alle Sprachen, die in Europa heimisch sind, stammen aus dieser Wurzel. Die Schatzkammer von Kulturen und Religionen, die das heutige Abendland ist, haben diese Invasoren zu füllen begonnen. Die Kurgan-Menschen hatten auch den Satan im Gepäck, obwohl er auf den Amuletten und in den Statuetten dieser Völker nicht erscheint; er mag noch zwischen ihren Dämonen schlummern, die man durch Tieropfer zu beruhigen hoffte. Wir wissen immerhin, daß die Invasoren an die Unsterblichkeit der Seele glaubten, auch an ein Leben im Jenseits, wo ein Gott herrschte, der einen Hammer beziehungsweise eine Axt trug. Ihm empfahlen sie ihre Toten. Auch eine Muttergöttin beteten sie an; es ist möglich, daß dieser spezielle Kult von den altpersischen Eingesessenen übernommen wurde – immerhin war das alte Persien seit rund 100 000 Jahren kontinuierlich besiedelt und von kulturellem Gewicht. Auch hat im zweiten Jahrtausend vor Christus eine Mischung mit indischen Religionen eingesetzt, insoweit, als Indien und Altpersien lange Zeit dieselben Götter hatten, jene, die in den heiligen Weden[4] erwähnt sind. Ansonsten mutet die Religion der Invasoren archaisch an: Die Sonne wurde angebetet und das Feuer für heilig gehalten, und es ist offensichtlich, daß Pferden, Schlangen und Wildschweinen Zauberkräfte unterstellt wurden.

Schon vor der Eisenzeit waren die indoeuropäischen Oberherren im alten Persien ein hoher Kultur- und Machtfaktor. Dieses indogermanische Kerngebiet nahm deshalb großen Einfluß auf die Entwicklung der Nachbarn in den alten nahöstlichen Regionen. Das lag an der günstigen geographischen Lage Altpersiens, und besonders an den dortigen straffen politischen und militärischen Strukturen. Höhepunkt altpersischer Macht war das von Deioces gegründete Reich der Meder[5] – das größte Reich der alten Geschichte, denn es reichte von Libyen nach Indien, vom Schwarzen Meer zum Kaspischen Meer, vom Aralsee bis nach Äthiopien. Man nannte es das Reich der Sieben Meere[6]: Mittelmeer, Rotes Meer, Schwarzes Meer, Kaspisches Meer, Aralsee, Persischer Golf, Arabisches Meer. Bis in diese Zeit galt der wedische Polytheismus. Wir wissen nur, daß zwei große Mächte herrschten – die Ahura als höhere Gottheiten und die Daiwa[7] als niedere. Beide Gruppen unterstanden zwei Hauptgöttern, die Ahura Mazda und Mithra heißen. Die beiden lenkten den Lauf von Sonne Mond und Sternen. In dieser alten Zeit heißt es von Ahura Mazda, daß er ein Zwillingspaar ins Leben rief, das seinerseits das *Wirkliche* und auch das *Unwirkliche*[8] schuf. Diese beiden Wirklichkeiten sind die Grundelemente der Weltschöpfung und keine Antagonismen von Gut und Böse, sie sind ebenbürtige Positiva. Erst später, im Zuge einer religiösen Reform, entstand daraus Gut und Böse. Einen Gegenspieler wie den Satan gab es also zunächst nicht. Aber ein Leitgedanke wuchs in dieser Zeit und gab der altpersischen Religion den Dreh in eine transzendente Richtung: die Vision vom Seelenheil und vom ewigen Leben. Und diese Vision schaffte eine neue Kausalität, die nach Satans Schwefel riecht: Wer ewiges Leben sagt, kann über Verdammnis nicht schweigen, und wer Verdammnis predigt, wird auch bald auf den Satan zeigen. Und tatsächlich: In der alanischen und sarmatischen Glaubenslehre dieser alten Zeit ist die Vorstellung vom Gericht verankert, das über die Tauglichkeit der Seele für das ewige Leben urteilt und keinem Einspruch stattgibt. Beim Bestattungsritus der Osseten zum Beispiel erinnert ein Sprecher an die *Brücke des Bittstellers*. Die Brücke ist schmal und heißt Narts, die Seele des Verstorbenen, die in das Land der Helden reitet, muß dort hinüber. Ist die Seele gut, gelingt dies auch. Wenn nicht, bricht die Brücke unter Seele und Pferd zusammen. Zurwan ist der Gott der Zeit und des Schicksals. Eine medische Sekte, die nach ihm benannt ist, glaubt, daß diese Brücke scharf wie eine Schwertschneide wird, wenn ein Schuldiger hinüberreiten will. Rashnu heißt der Gott, der über das Schicksal der Seelen richtet. Interessant ist die Frage, was passiert, wenn Rashnu gegen die Seele entscheidet: Die Seele gelangt dann zum Hamestagan, einem glühendheißen und stinkenden Ort, dessen Wort- und Sinnverwandschaft zum Hades oder zur Hölle nahe liegt. Nun sind wir dem Satan schon auf der Spur, weil dieser altpersische Hamestagan an das christliche Fegefeuer und den Pfuhl von Feuer und Schwefel erinnert, wo der Satan und seine *Teufel von Ewigkeit zu Ewigkeit* gequält werden, ebenso wie alle Sünder unter den Sterblichen, die ihnen in die Hölle folgen.

Um den Hauptgott Mithra gibt es einen bezeichnenden Mythos, der sich zum Christentum hintastet. Mithra wurde als Erlöser gesehen, und seine Geburt wie die des Heilands durch Propheten vorhergesagt. Er kam als bildschönes Kind zur Welt, wobei ein wunderbarer Stern seine Geburt anzeigte. Mithra fiel es zu, zwischen dem guten Hauptgott Ahura Mazda und dem grimmigen Ahriman, dem Schöpfer des bösen Reiches, zu vermitteln. Die beiden Götter sind Synonyme für Licht beziehungsweise Finsternis, und nach der zurwanitischen Lehre waren Ahura Mazda und Ahriman Zwillinge und stammen vom Schicksalsgott Zurwan ab, der zweigeschlechtlich ist. Ahriman, der Schöpfer des bösen Reiches: Etwa 700 vor Christus ist er also im alten Persien über die Welt gekommen – der Vater des Bösen, der wedische Ur-Satan, dessen Faszination bis heute hält. Wir müssen zur Kenntnis nehmen, daß die altpersische Religion, die immerhin bis zur parthischen Periode im dritten nachchristlichen Jahrhundert Zentralreligion blieb, den Satan ins Bild gerückt hat wie keine andere Glaubenslehre neben oder nach ihr.

Dann kam Zarathustra (ca. 628–551 vor Christus), der Magier und Prophet, und gab der altpersischen Religion ein neues Profil. In den Yashts, dem dritten Buch der Awesta, steht, er sei Opferpriester und Sänger gewesen. Die ganze Natur habe sich über sein Erscheinen gefreut. Er habe in einem Streit über die Dämonen gesiegt und sie von der Erde vertrieben. Plutarch, der Grieche, schreibt im ersten Jahrhundert nach Christus, Zarathustra habe mit den Göttern verkehrt. Liest man den Wendidad, das vierte Buch der Awesta, schaut uns der Satan lauernd an: Nach dieser Quelle hatte Ahriman sich vergeblich an Zarathustra herangemacht, um den Magier von seinem Glauben abzubringen – der biblische Bericht über die Versuchung Jesu wird hier um 600 Jahre vorweggenommen. Zarathustra war es, der den Monotheismus in die altpersische Religion einbrachte. Es war ein schwerer Weg für diesen altpersischen Reformator, dessen Lebensweg nur in Bruchstükken überliefert ist. Mit 20 Jahren war er ausgezogen, um die wahre Erleuchtung zu suchen. Zehn Jahre sollte es dauern, bis ihn das Licht Ahura Mazdas umfloß und der einzige Gott ihm die neue Lehre verkündete. Weitere zehn Jahre zog Zarathustra umher und predigte – er erntete kaum mehr als Spott und Vertreibung. So erkannte er, daß er für seine neue Religion Protektion brauchte, und wandte sich an König Wischtaspa, den er nach zwei Jahren gewinnen und bekehren konnte. Zarathustras Einfluß auf diesen König scheint groß gewesen zu sein: Auf den Rat des Magiers führte Wischtaspa Religionskriege gegen Priester und Fürsten, die nicht vom alten polytheistischen Glauben lassen wollten. Irgendwie paßt es zu dieser Legende, wenn es in alten Texten heißt, Zarathustra habe mit 77 Jahren in einem Religionskrieg den Tod gefunden. So deutet vieles darauf hin, daß Zarathustras Reformation politisch war: Es ging darum, die vielen Völker des alten Persiens in einem gemeinsamen Glauben zu einigen. Eine solche Religion mußte auf starken Säulen stehen – das heißt, es mußte eine transzendente Deutung von Gut und Böse her, die allgemein einsichtig war, und als deren Verkünder eine einheitliche und starke Priesterschaft. So stärkte Zarathustras Reformation nicht nur die weltliche Macht, sondern auch die geistliche: Die Magier gewannen an Einfluß insoweit, als sie sich nicht mehr nur auf Zauberei und Religion beschränkten, sondern auch in die Politik eingriffen. Weil sich Zarathustras Mazdaismus auf den Glauben des Volkes stützte, hatte sich die geistliche Macht allmählich neben der weltlichen etablieren können. Dies geschah nicht ohne Demagogie und innere Konflikte. Mit der Zeit kam es aber dahin, daß sich die Priester des Mazdaismus auch vor dem König nicht mehr zu rechtfertigen hatten. So entwickelte sich im alten Persien eine innere Parallelmacht, Schritt für Schritt eine Art Gottesstaat im Staate. Das aber war mehr als eine Reformation. Es war eine geistliche und politische Wende, die sich da unaufhaltbar in langsamen Schritten vollzog. Die Gegenkräfte aber blieben stark: Auch wenn man sich in dieser alten Zeit für die Staatsreligion der Anbetung des Ahura Mazda entschieden hatte, lief die Verehrung des Ahriman parallel. Die Gegner des neuen Glaubens und Jünger Ahrimans waren unter den Nichtariern häufig.

Insbesondere den Götterhimmel hatte Zarathustra neu geordnet: Der einzige Gott war nun Ahura Mazda, alle Gebete richteten sich an ihn. Man machte ihn zum Schöpfer des Himmels und der Erde, zum göttlichen Gesetzgeber, zum Richter und Wächter über den Geist und die Materie. In diesem Bild vom einzigen und allmächtigen Gott zeigt sich, wie deutlich sich im altpersischen Mazdaismus die ihm nachfolgenden Glaubenslehren der Juden, der Christen oder der Moslems spiegeln. Nach den letzten Büchern der Awesta ist Ahura Mazda von etlichen unsterblichen Geistern umgeben. Der einzige Gott wird auch *Heiliger Geist* genannt. Er herrscht durch seine Geister und ist durch diesen Titel deutlich über sie gestellt. Diese Geister sind Geschöpfe Ahura Mazdas und müssen denselben Gesetzen folgen wie die Sterblichen. Es lohnt ein näherer Blick auf diese Geister: Die Nummer eins ist *die gute Gesinnung*, die Nummer zwei *die beste Frömmigkeit*, die Nummer vier *die heilige Ergebung*, die Nummer fünf *das Heil und die Gesundheit*, die Nummer sechs *die Unsterblichkeit*. Die Nummer drei heißt *die gewünschte Herrschaft*. Dieser besondere Geist ist ein Feuerstein unter fünf Saphiren, ihn muß man im Auge behalten. Roh und ungeschliffen schlägt der Satan zwischen den Edelsteinen des einzigen Gottes rohe Funken, jener apokalyptische Luzifer, der später eine so tragische Rolle in der jüdisch-christlichen Eschatologie[9] spielen wird. Die altpersische Glaubenslehre sagt, daß am Anfang der Welt zwei Geister waren. Beide hatten die freie Wahl. Der erste Geist, Ahura Mazda, traf die gute Wahl und wird zum *Weisen Gott,* dem Urbild unseres *Lieben Gottes.* Der zweite Geist, Ahriman, traf die schlechte Wahl. Er ist der *Böse Gott.* Seitdem stehen sich die *Gute Schöpfung* und die *Böse Schöpfung* feindlich gegenüber. Sie sind das Spiegelbild des sozialen Lebens: Ahura Mazda thront über allen, in höchster Höhe, in unendlichem Licht – seine Vergangenheit, Gegenwart, Zukunft sind Weisheit und Güte. In Ahriman aber verkörpern sich Lüge und Unredlichkeit – nicht umsonst hießen seine Schüler im alten Persien *Anhänger der Lüge*. Er schafft die unendliche irdische Finsternis, das schwarze Feuer, die giftigen Tiere, die Bosheit, die Lüsternheit – Ahriman herrscht in der Tiefe, wo ihn 1000 Schatten umgeben, und er kennt die Zukunft und steckt voller Mordlust. *Ahriman kommt als ein furchtbares schwarzes Wesen daher, als Drache, grauenhaft anzusehen und mit irren Bewegungen. Die Augen des Untiers treten hervor wie zwei Blutquellen, aus seinem Mund geht Dampf, der die Luft verdunkelt.*[10] Er ist der kosmische Unhold schlechthin, der Alptraum an Verworfenheit und der Leibhaftige allen Übels dieser Welt: *Die bösen Gedanken gehören mir, o Heiliger Geist, und die bösen Worte und die bösen Taten*, so sagt es Ahriman selbst, *aber mir gehört auch das traurigste, gewalttätigste, verworfenste Gewand ... Böse Gedanken, böse Worte, böse Taten sind meine Nahrung.*[11] Die alten wedischen Götter, besonders die Daiwa, degradierte Zarathustra zu Dämonen, und Ahriman ist es, der sie in seine Dienste nimmt. Aus Indra wurde so Indra-vaju, der Dämon des Todes, und aus Aeshma der Dämon der Gewalt, der Wut und der verbrecherischen Triebe. Die Identität des Aeshma mit dem biblischen Asmodi[12] ist anzunehmen. In alter Zeit trug Aeschma übrigens den Namen Azhi Dahaka, der als oberster aller Dämonen und als *Drachenschlange* gefürchtet war. Die uralte Legende vom *Drachenkampf* wird von Fachleuten als iranischer Grundmythos[13] bezeichnet. Die Vorstellung, daß besagte Drachenschlange in Ahrimans Dienste tritt, rückt diesen auf geheimnisvolle Weise in die Nähe Luzifers, dessen feuriges Sinnbild der Himmelsdrache und die Weltschlange ist.

Zarathustras Monotheismus schaltete zum ersten die Mehrdeutigkeiten aus, die in den wedischen Gottheiten gewohnt hatten; die Nebengötter wurden verjagt beziehungsweise in Ahrimans Gefolge versetzt. Zum zweiten stellte Zarathustra den Antagonismus von Gut und Böse in die Mitte dieser neuen Religion, der seit Beginn der Zeit bestehe, so Zarathustra, und sich erst mit ihrem Ende auflöse – Zarathustra ist damit der Vater der Dämonologie. Er zeichnete drittens eine Glaubenslehre, die zum Fundament mancher späteren Weltreligion geworden ist, besonders der christlichen, und deren Details häufig altpersischen Quellen entnommen wirken: Das Leben sei nur ein Übergang, lehrte Zarathustra, wobei jeder Gedanke, jedes Wort, jedes Tun das Los des Sterblichen im Jenseits vorbereite. Der gute Gott werde dort die Bösen strafen und die Guten belohnen. Am Ende aller Zeit werde Ahriman von Mithra, dem Erlöser, besiegt; dann würden alle Toten auferstehen, und das Jüngste Gericht alle Bösen erneut in die Hölle schicken; die Guten aber würden ewig im Paradies leben. Diese Glaubenslehre ist der Kern der drei heutigen monotheistischen Religionen, am deutlichsten im Christentum. Ahriman ist ohne Zweifel der Satan – profiliert von Zarathustra, einem altpersischen Magier und Propheten. Zum vierten: Der Begriff der Sünde tauchte auf, und die sieben Todsünden wurden definiert: Unzucht, Neid, Zorn, Hochmut, Habsucht, Völlerei, Trägheit des Herzens – die Zehn Gebote des Mose haben auch hier eine ihrer frühen Quellen. Es ist unstritig, daß die verschiedenen jüdischen, in Folge auch die christlichen und muslimischen Strömungen tiefe und gemeinsame indoeuropäische Wurzeln haben. Die Quellen dieser zeitgenössischen monotheistischen Theologien – Weltreligionen immerhin, auf deren Prinzipien führende moderne Zivilisationen und Kulturen fußen – finden wir im alten Persien. Die altpersische Religion ist fruchtbar wie ein Bienenvolk im Blütenbaum: Die Wiege Gottes und seiner lichten Engel steht im alten Persien, aber auch die Wiege Satans und seiner schwarzen Engel.

Ein wesentlicher satanischer Grundzug im altpersischen Glauben wurde schon erwähnt, jener Aspekt der Apokalypse, die den Satan vernichtet – die Tragik Luzifers also, des gefallenen Engels. Auch im Mazdaismus, und das ist ein packendes Indiz, finden wir die Apokalypse. Die Zwillingsbrüder Ormazd[14] und Ahriman, so heißt es in den Pahlawi-Schriften[15], werden sich einen langen Krieg liefern. Am Ende ist es Mithra, der nach seiner Wiedergeburt vom Himmel steigt und als großer König erscheint, um mit Feuer und Schwert den Ahriman zu bekämpfen. Mit Feuer und Schwert – hier klingen schon der Erzengel Michael, dessen Flammenschwert und Satans Höllensturz an. Im schrecklichen Heer des Ahriman kämpft auch Asasel, ein Wüstendämon, der zu späterer Zeit in der Bibel als Empfänger des Sündenbocks populär wird und in der christlich-jüdischen Überlieferung als Chaos-Dämon Leviathan[16] (Rahab). Mithra, der Erlöser, nimmt die Heilslehre Jesu Christi vorweg: Mithra gewinnt diesen Kampf am Ende der Zeit von dreimal dreitausend Jahren und besiegt Ahriman, den Bösen Gott. Der Gute Gott schlägt Ahriman, der 1000 Leben hat, den Kopf ab, wirft ihn in die Hölle, tilgt dessen Satansreich und gibt der Schöpfung Güte und Ordnung zurück: *Die gute Schöpfung wird unbefleckt*, heißt es, *ewig und unsterblich von neuem erschaffen, wiederhergestellt in einem Glück ohne Makel.*[17]

Verständlicherweise hatte Zarathustra, weil sein Mazdaismus ein religiöser Umsturz war, Zugeständnisse gemacht und etliche Bräuche des alten Glaubens übernommen: So beließ er den Feuerkult und lehrte, die Flammen seien ein heiliges Element, ein Symbol der Wahrheit und ein Geschenk des Ahura Mazda an die Sterblichen, weil es Ahrimans Finsternis vertreiben helfe. Die Verehrung des Feuers ging so weit, daß die Feuerpriester einen Mundschutz trugen, damit ihr Atem es nicht verunreinige. Auch blieb das Stieropfer Teil des Gotteskultes, wobei sich der Prophet allerdings gegen die traditionelle Methode wandte, dem lebenden Tier vor dem Altar die Kehle durchzuschneiden. Ansonsten aber schaffte Zarathustra Orgien und Exzesse ab, die die wedischen Opferriten begleitet hatten und die an Ahrimans Altären fortlebten. Es war so, daß diese blutigen Schauspiele und der dabei übliche Rauschmittelgebrauch über die Jahrhunderte sexuelle und brutale Perversionen in Gang gesetzt hatten, wie wir sie in schwarzen Messen und Satansbeschwörungen unserer Zeit wiederfinden.

Loki, der kosmische Brandstifter: West- und Nordeuropa

Die Sterne kannten ihre Stätte nicht.
Die Edda, Der Seherin Gesicht, 5

Die Vision von einem Himmelskörper, der aus der Bahn gerät, eine Art Fegefeuer zündet und die Erde verwüstet, belebt heute die erd- und naturgeschichtliche Diskussion. Warum das – gibt es spektakuläre Erkenntnisse? Es sieht danach aus: Die sogenannten Iridium-Anomalien oder auch die Hochdruckmodifikationen von Quarzgestein lassen heute Meteoriteneinschläge auf der Erde nachweisen und datieren. Doch man kann darüber auch in altpersischen[1] und biblischen[2] Quellen nachlesen, oder es herausrätseln, zum Beispiel aus der altnordischen Lieder-Edda[3], deren Quellen im Kern heidnisch sind: *Schwarz wird die Sonne die Sommer drauf; Wetter wüten*[4] ... *Surt*[5] *zieht von Süden mit sengender Glut; von der Götter Schwert gleißt die Sonne. Riesinnen fallen, Felsen brechen; zur Hel*[6] *ziehen Männer, der Himmel birst.*[7] Surt schwingt sein flammendes Schwert. Muspills[8] Söhne, Feuerriesen im Gefolge Surts, unterstützen seinen Flammenkrieg gegen die Götter. Nagelfar[9] heißt das Totenschiff, womit sich diese Feuerkolosse auf die Erde stürzen, wo die Götter zu ihrem letzten Kampf versammelt stehen. Niemand anderes als Loki[10] steuert diesen lodernden Bomber. Wie Odin und Hönir gehört auch Loki zu den nordischen Schöpfungsgöttern, und Loki ist sogar Odins Blutsbruder. Doch ist er eben auch der *Beender*, der sich insgeheim auf die Seite der Mächte des Feuers und der Finsternis geschlagen hat. Loki, der Schlaue, der Zwiespältige, der Verschlagene, der Zyniker, der Spötter und der Vernichter – Loki, der Zauberer mit den 1000 Gesichtern und Künsten – Loki, der mit Göttern, Riesen, Zwergen oder Menschen umgeht und dennoch nirgendwo so richtig hingehört – Loki, der Diener und Verräter der Götter – Loki, der Schwarzalfe[11], der Albe[12] des Feuers, der vom Himmel herabfährt, um die Erde und ihre Götter zu verbrennen. Ein schillernder Dämon, eigenwillig anders als Ahriman oder Satan, beiden dennoch seltsam ähnlich: Die Reitervölker hatten auch den Ur-Loki in den Satteltaschen – jene Krieger, die aus dem südlichen Rußland geritten kamen, enge Hosen trugen und aus Wollmützen blickten. Um die Verwandtschaft Ahrimans/Satans und Lokis werten zu können, muß man also recht weit in die indoeuropäische Zeit zurückgreifen.

In West- und Mitteleuropa heißen die Nachfahren dieser neuen Völker Kelten, im Norden Europas Germanen. Die Historiker stimmen weitgehend in dieser Deutung überein, weil die Sprachwurzel beider Völkerstämme indoeuropäisch ist – die keltische Sprache zum Beispiel ist sowohl mit der lateinischen als auch mit den slawischen Sprachen verwandt, auch mit dem Hindi oder mit dem Griechischen. In Deutschland sieht es danach aus, daß nicht nur verwandte Worte und Laute ihre Herkunft belegen, sondern auch archäologische Relikte: Die Verbreitung der Schnurkeramik steht offensichtlich im Zusammenhang mit der indoeuropäischen Ausbreitung, weil das Kulturbild der frühesten indoeuropäischen Ausbreitung am ehesten auf diese keramischen Besonderheiten der Streitaxt-Leute zutrifft. Grabhügel-Leute, Streitaxt-Leute: Diese Ahnen der Kelten und Germanen haben Spuren hinterlassen, die auf Kampfkraft und Fürstenstolz schließen lassen. Indoeuropäisches Blut – der Name Kelte[13] oder Germane[14] läßt keinen Zweifel daran. Germanen und Kelten waren indogermanische Hauptstämme, und sie waren sich äußerlich und in ihrer Mentalität ähnlich. Sie galten als schlau und listig, als gute Reiter und tapfere Krieger, deren Hauptwaffen Langschwert und Speer waren. Ihnen war der Brauch heilig, ihren Gegnern den Kopf abzuschlagen und diese Köpfe zu sammeln; sie glaubten, von den Geisteskräften des Enthaupteten zu profitieren. Dies erinnert an Odin[15], den Göttervater, den Erreger und Beleber allen Geistes: Die Wanen[16] hatten dem Riesen Mimir, einer von den Asen gestellten Geisel[17], das Haupt abgeschlagen, weil sie sich betrogen fühlten. Als Warnung schickten sie es den Asen. Odin bestrich es mit Kräutern und sprach Zauber darüber. Seitdem führte er es mit sich; es pflegte, ihm die Geheimnisse einer höheren und zukünftigen Welt zu entdecken: *Odin murmelt mit Mimirs Haupt.*[18] Das Abschlagen von Köpfen scheint ein Buß- und Opferritus zu sein, dessen Ursprung und blutige Tradition indoeuropäisch sein mag: Wir erinnern an Ahriman, den Bösen Geist, den Ahura Mazda, der Gute Geist, am Ende der Zeit persönlich enthauptet.

Im sechsten Jahrhundert vor Christus saßen die Kelten in einem großen Gebiet, das sich von Spanien bis Ungarn, einschließlich Mitteldeutschland bis Oberitalien erstreckte. Auch nach England und Irland zogen sie, und in kleineren Gruppen bis nach Kleinasien. Die Kelten in Mittelfrankreich hießen später Gallier. Germanen fand man damals in Norddeutschland zwischen Nordsee und Weichsel, in Jütland und Skandinavien. Politisch gingen die westlichen Indoeuropäer einen anderen Weg als ihre Verwandten im alten Persien: Sie entwickelten keine Zentralgewalt und errichteten kein geeintes Reich, wie das die Meder getan haben. Die Kelten lebten in Großsippen, Klans genannt, die Stammesfürsten an der Spitze hatten. Bei den Germanen war es ähnlich. Es gab eine Priesterschaft, bei den Kelten Druiden genannt, die beträchtlichen Einfluß auf die innere Einheit der Stämme nahm. Wir wissen wenig über diese Religion, allein schon deshalb, weil nichts aufgeschrieben worden ist. Das Wenige, das wir wissen, verdanken wir dem gelehrten Snorri Sturluson, der die alten nordischen Legenden im 13. Jahrhundert nach Christus in der Prosa-Edda zusammentrug. So heißt es in einer alten keltischen Sage, Fintan, der Magier und Überlebende der Sintflut, habe sich in einen Lachs verwandelt, um die Fluten zu durchqueren; dann sei er zum Adler und schließlich zum Falken geworden, um aus der Höhe das Land zu betrachten, wie es sich aus der ablaufenden Flut hob. Fintan, der Magier – er erinnert an Loki, den perfiden Alben und Verwandlungskünstler, der als Fliege durch Walhall[19] summte, um dem Zorn der Götter zu entgehen, oder als Lachs durchs Wasser des Franangerfall tauchte und sich in den schlammigen Grund drückte, damit er Thor[20] nicht ins Netz ging. Auch als Falke ist Loki durch die nordischen Götterlegenden geflogen, seinerzeit, als die Riesen Idun[21] entführt hatten. Loki hatte die Göttin gefunden und in eine goldene Nuß verwandelt; er trug sie in seinen Fängen zu den Asen zurück.

Die Indoeuropäer des Westens und Nordens hatten gleiche oder ähnliche Glaubensvorstellungen mitgebracht wie ihre Brüder im Osten. Doch die Jahrhunderte formten einen anderen Menschenschlag. Krieger, Händler, Bauern, Handwerker waren es in Nord- und Westeuropa – stolze, separatistische Querköpfe. Sie legten sehr großen Wert auf Ästhetik, das zeigt sich deutlich im hohen Standard der Metallverarbeitung, deren Krone die Goldschmiedekunst ist. Den hohen Stellenwert des Kunsthandwerks finden wir insofern in den nordischen Mythen wieder, als die Zwerge, zauberkundig und meisterhafte Schmiede, zu Freunden der Götter erhoben sind. Sie wohnen im Dunkel der Erde, wachen über Wachstum von Erz und Pflanzen und haben die Götterkleinode geschaffen: Odins Goldring Draupnir, wovon in jeder neunten Nacht acht ebensolche Ringe abtropfen – Symbol des Weltalls mit seinen geheimnisvollen neun Räumen; Gungnir, Odins Speer, der im Stoß nicht innehielt – durch Gungnir kam Krieg in die Welt, damals, als die Asen gegen die Wanen stritten; Mjöllnir, der Hammer Thors, dessen Wurf Blitz und Donner vorausgehen – er verfehlt nie sein Ziel; Friggs[22] Brisingen-Schmuck aus Gold und Bernstein, der zerbrochen niederfällt, wenn sie zornig ist – diese Halskette muß Heimdall[23] zurückholen, weil Loki, zur Mücke verwandelt, sie entwendet; Gullinbursti, das Reittier der Frigg, ein Eber mit goldenen Borsten – er rennt durch Luft und Meer, und das Licht seiner Borsten erhellt die größte Finsternis; Skidbladnir, Freyrs[24] Schiff, das stets mit günstigem Wind segelt; schließlich das künstliche Goldhaar der Sif[25] – es wuchs wie natürliches Haar und war gefertigt worden, weil Loki heimlich der Sif die echten Haare geschoren hatte. Immer wieder Loki, dieser notorische Störenfried und Spötter.

Die Germanen und Kelten waren stolz auf ihre Kraft und ihren Mut, stolz auf die Sippe, die solche Eigenschaften erzeugt und von Generation zu Generation weitergegeben hatte. Es waren eigensinnige Pragmaten, Abenteurer, Pioniere, Rauhbeine – störrisch und Jahrtausende erfolgreich bemüht, ihre Stammeskulturen vor jeder Oberherrschaft zu schützen. Ein zentrales Reich wäre eine Zumutung gewesen für solch ein Sippenbewußtsein. So blieb es also bei diesen eng begrenzten gesellschaftlichen Strukturen, die höchstens noch den Fürsten an der Spitze duldeten und vielleicht auch eine Handvoll Druiden. Ansonsten lebte man in Wahlherrschaften, das heißt, man hob sich durch Kampf, Erfolg, Schönheit und Willen hervor. Krieger, Gelehrte und Handwerker bildeten die Eliten. Keine nordische Sippe war der anderen grün – und so kämpften die Jüten, Angeln und Sachsen gegen die Bretonen, um letztere aus England zu vertreiben; später bemühten sich dann die jütischen Wikinger, das gleiche den Angeln und Sachsen anzutun, ihren ehemaligen Verbündeten, die in England saßen. Es gab keine Einheit unter germanischen und keltischen Stämmen, nur lauernde Blicke und wechselnde Fronten. Auf diesem Boden wächst kein zentrales Reich und auch keine zentrale monotheistische Glaubenslehre wie im alten Persien – mit Gut und Böse, Ahura Mazda und Ahriman, Erlösung und Sühne. Und weil nur solche Antagonismen Nährboden für den klassischen Satan sind, hatte er in diesen alten Kelten- und Germanensippen keine Chance. Die Kultur im Norden hatte einen speziellen roten Faden, unübersehbar und fest: Die Verehrung der Helden. Dieser Wesenszug unterschied sie von den Brudervölkern im alten Persien. So war es dann schlüssig, daß auch die 100 Götter und 1000 Geister kriegerisch und heldenhaft waren, jeder auf seine Art. Und die Götter des Nordens waren gut und schlecht, beides zusammen, jeder für sich. Auch Loki hatte seine guten Seiten, immerhin beriet er die Götter und half ihnen; natürlich auch schlechte – schließlich führte er Krieg gegen sie und brachte ihnen den Untergang. Die Götter des Nordens waren ungeheuer mächtig, alterten nicht, wenn sie von Iduns Goldäpfeln aßen, waren große Zauberer, wußten geheimnisvolle Dinge und lenkten die Schicksale auf der Erde. Doch waren sie den Menschen wiederum ähnlich – weil sie so handfest lebten wie diese und sich ebenso hitzig stritten, weil sie durchaus keine Zurückhaltung zeigten, den Menschen zu begegnen, und weil sie letztlich ebenso sterblich waren wie diese. Mächtige Heldengötter, aber dennoch tragische Wesen: *Auf dem zeitlichen Dasein der Asen lastet nun stets das Vorgefühl des hereinbrechenden Verderbens. Überall erkennen sie die Zeichen desselben; im Einbruche der Nacht, in der jährlichen Abnahme des Lichtes, im Welken des Sommergrüns, im Siege des Winterfrosts ahnen sie den Tod ihrer Schöpfung, empfinden sie ihr eigenes Altern. Haben sie doch den in ihrer Mitte, in dem sich durchaus die Neige der Dinge verbildlicht. Loki, der Beschließer, Endiger.*[26]

Die nördlichen Völker hatten ein merkwürdiges Verhältnis zu ihren Göttern und Geistern: Es scheint so, daß keines dieser Wesen als so böse empfunden wurde, daß man mit ihm nicht aus eigener Kraft hätte handelseinig werden können. Es ist überliefert, daß Germanen und Kelten an Totengeister glaubten; das Göttergeschlecht der Asen ist der Verehrung solcher Wesen entwachsen. In alter Zeit sollen den Totengeistern Menschen geopfert worden sein, rituelle Schauspiele, deren Dramaturgie sich die Druiden angenommen haben. Man glaubte an Dämonen und Totengeister, die um die Hügelgräber herumspukten. In dieser Sicht steckt eine starke Wurzel indoeuropäischer Wesensart, die auch tief ins alte Persien reicht: der Glaube an die Unsterblichkeit menschlichen Wesens, an das Weiterleben der Seele nach dem Tod. Aber Satan, der Gehörnte, der Leibhaftige – der sprichwörtliche Teufel, der hinter der armen Seele her ist – wo ist er? Es gibt einen Gott, dessen keltischer Name Cernunnos (= der Gehörnte) erhalten ist – ein mysteriöser Gott der Unterwelt, aber auch der Fruchtbarkeit, des Glücks und der Ernte – dem Geweihstangen aus der Stirn wachsen. Seine Ähnlichkeit mit dem klassischen Satans- und Teufelsbild mag täuschen: Auch Pan, der mythologische Hirtengott der Griechen, trägt Hörner, und es ist nicht nachweisbar, wer wem die Hörner verdankt – vielleicht Satan dem Pan, Cernunnos etwa dem Satan oder umgekehrt, oder Pan dem Satan – die antike Götterwelt ist geheimnisvoll verknüpft, es gibt viele auffällige, zufällige, beziehungsreiche, beziehungslose Parallelen. Es gibt eine Darstellung des Cernunnos im Museum von Reims (Frankreich), die leider nicht zeitgenössisch ist, sondern aus dem zweiten Jahrhundert nach Christus stammt. Cernunnos sieht wie Pan aus, und sein Erscheinungsbild vermag nicht zu erschrecken. Auch im Museum von Cluny (Frankreich) finden wir Cernunnos. Dort aber blickt er mit bösen Augen aus gefurchter Stirn unter dem Gehörn – auch diese Darstellung ist aus gallo-romanischer Zeit, sie kommt unserem mittelalterlichen Teufelsbild recht nahe. An solchen Gestalten hatten die romanischen, und besonders die gotischen Bildhauer ihre Freude. Sie brauchten nur in das reiche heidnische Figurenrepertoire hineinzugreifen, um Satan in Stein zu meißeln und den Kirchgängern die Sinnbilder des abgründig Bösen vor Augen zu halten: Krallen, Fratzen, Fledermausohren, aufgerissene Mäuler, Bocksbeine, Wolfszähne, Phalli. Es sei noch an das Monster von Noves (Frankreich) erinnert, an ein Relikt aus dem dritten Jahrhundert vor Christus – es entspricht dem eben gezeichneten christlichen Teufelsbild, wobei ihm ein halber Menschenarm aus dem Rachen hängt und er sich mit den Tatzen auf zwei abgeschlagene Köpfe stützt. Wieder so ein Pseudoteufel –

diesmal ist er der Keltengott Crom Cruach[27], ein blutrünstiger Dämon mit übernatürlichen Kräften, dem Menschen geopfert wurden, und, wie Cäsar berichtet, den man mit kannibalischen Riten besänftigte. Die Götzenbilder des Crom waren aus Gold, anders als die der übrigen zwölf Götzen, die aus Stein gehauen waren. Dieser Crom scheint ein bedeutender Gott gewesen zu sein. Es gibt die Legende, daß ihm alle Erstgeborenen geopfert werden mußten, die Erstgeborenen der Oberhäupter sämtlicher Klans – diese Schlächterei fand auf dem Mag Slecht statt, einer Hochebene, worauf man den Göttern diente. Solche Opferriten sollen unter dem Herrscher Tierman gefeiert worden sein, einer schottischen Sagengestalt des 16. Jahrhunderts vor Christus.

Eine beziehungsreiche Legende handelt von Llud, dem keltischen König, der London gründete und alles daran setzte, Britannien vor bösem Zauber zu bewahren. In den Jahren seiner Regierung suchten drei Plagen die Insel Britannien heim. Die zweite Plage riecht nach den Schrecken der Apokalypse:

Ein Schrei war die zweite Plage, der jeden ersten Mai über dem Herd eines jeden Hauses ertönte; ein Schrei, der solche Angst einjagte, daß erwachsene Männer ihre Kraft und die Farbe vom Antlitz verloren, daß Frauen die Kinder, die unter ihrem Herzen ruhten, nicht länger tragen konnten, und alle jungen Menschen von Sinnen gerieten ... der Schrei ... wird von einem Drachen ausgestoßen ... der Drache eines anderen Volkes hat ihn zum Kampf gefordert und will ihn überwältigen ... Der Augenblick wird kommen, wo die beiden Drachen erscheinen und in einen furchtbaren Kampf miteinander geraten. Dabei bleiben sie nicht auf der Erde, sondern sie steigen hoch in die Lüfte hinauf. Ihre Wut wird immer grimmiger werden. Endlich wirst du sie erschöpft und kraftlos ... niederstürzen sehen.[28] Es ist eine keltische Version der Geschichte von Typhon oder Quetzal-cohuatl – die Vision von Luzifer, dem Morgenstern, und einem zweiten Lichtbringer, die als Feuer spuckende Drachen erinnert werden und Unglück über die Erde bringen.

Großes infernalisches Charisma besitzt Loki ohne Zweifel. Zunächst einmal: Man kann ihn dem Prometheus[29] und dem Hephaistos[30] der griechischen Mythologie zur Seite setzen; wie Hephaistos bringt Loki die Götter zum Lachen, Loki hinkt wie dieser, wie dieser bereitet er ein Netz, worin er selbst gefangen wird – und Hephaistos wird vom Göttervater Zeus vom Olymp gestürzt, was für Loki zwar nicht belegt ist, wohl aber für Luzifer/Satan, dem Loki nachgeschnitzt ist; und mit Prometheus verbindet ihn das Feuer, das er zur Erde bringt, aber auch das Schicksal, an einen Felsen geschmiedet und gequält zu werden. Und es gibt durchaus weitere Wesenszüge, die ihn in Satans Ahnentafel rücken. Da ist zunächst Lokis Affinität zu Feuer und Weltenbrand; Loki war es ja, der den Sturz der Feuerriesen auf die Erde lenkte – sicherlich eine kosmische Dimension seines Wesens, das er mit Luzifer/Satan gemeinsam hat. Loki ist Sinnbild des bösen Feuers, und nicht umsonst wird er auch mit dem Namen Lodur[31] erwähnt. Er ist ein mächtiger Feuergott, ein Urahn des indoarischen Agni[32], in dem die Seele des erloschenen Feuers ruht – und eine populäre Kanaille: Noch heute ist er bei den Skandinaviern lebendig – Formeln, Sprichwörter, Erzählungen enthalten seinen Namen; in Telemark schüttet man Milch ins Feuer und sagt, *das ist für Lokje* – ein modernes Nahrungsopfer, um den archaischen Feuerteufel zu beruhigen.

In der Tat, Loki hat böse Seiten: Sie liegen in der zerstörenden Kraft, die er besitzt und die ihn in die Nähe Ahrimans rückt, des bösen Geistes – Loki stammt von den Riesen ab, dennoch zählt er zu den Schwarzalfen – er ist Symbolfigur dieser finsteren Dämonen, die Krankheit und Tod bringen. Und er hat auch eine enge Verbindung zur Hölle: Dort residiert Hel, die düstere Göttin der Unterwelt; sie ist die Tochter Lokis, der sie mit der Riesin Angrboda[33] gezeugt hat. Ein Geschöpf Lokis und Angrbodas: es ist bezeichnend, daß dieser Paarung auch der Wolf Fenrir und die Midgardschlange[34] entstammen, kosmische Ungeheuer, die den Göttern und der

Erde bei Ragnarök[35] zum Verhängnis werden. Wenn man so will, ist dann auch Nifelheim[36], Hels nordische Unterwelt, eine Schöpfung Lokis. Nifelheim ist ein komplexes Totenreich, das durchaus höllische Züge trägt: Da ist zunächst der schwarze Fluß Slidur, worüber sich die Gioll-Brücke spannt, von Zwergen erbaut – sie ist aus Gold, das weit strahlt. Wer darüber geht, muß alle Hoffnung fahrenlassen. Die Jungfrau Modguder ist dort Wächterin, sie läßt nur die Schatten Verstorbener passieren und die Bösen leiden. Dieses Bild erinnert an die altpersisch-medische Brücke Narts, die den Schuldigen zum Verhängnis wird. Irgendwo in diesem höllischen Ambiente knirscht auch Nidhög[37] mit den Zähnen, der Drache, der an den Wurzeln Yggdrasils[38] nagt und sich vom Fleisch toter Männer nährt. Den Eingang der Höhle Gnippahellir bewacht Garm[39], der Höllenhund. In diesem Totenreich der Hel haben nur die Bösen zu leiden, nicht aber die Guten – eine interessante Parallele zum altpersischen Glauben: Hier zeigt sich, daß die indoeuropäische Vision des Bösen an sich selbst im polytheistischen nordischen Glauben nicht erloschen ist. Nifelheim ist den Guten freundlich, den Bösen eine Rächerin. Drinnen dämmern Räume, dort ist kein Strahl warmen Lichtes. Hohe, festgefügte Gitter öffnen sich von selbst, schließen sich sofort. So scheidet Hel die Geister: Den einen empfangen geschmückte Hallen, Tische und Bänke, Gespräche mit Freunden, goldene Metbecher; den anderen ein finsterer, reißender Strom – scharfe Schwerter wirbeln in den Wogen, worin die Verdammten waten. Für sie hat Nifelheim viele Hallen – eine ist mit giftigen Schlangen gefüllt, die ätzendes Gift auf die Unglücklichen speien; die schleichen, drücken sich dort herum, wimmern und stöhnen. Die ärgsten Übeltäter hat man schon vorher ausgesondert. Sie sehen besagte Hallen Nifelheims nicht von innen – ihr Schicksal ist bekannt, es ist das Zahnwerk des heftig schlagenden Nidhög.

Loki ist der Genius des Bösen – und, wie wir wissen, ein Spötter, Zauberer, Betrüger. Hatte er sich nicht gerade mal wieder in einen Floh, Seehund, eine Mücke, Fliege, Schlange oder Brautjungfer verwandelt, zeigte er sich als kleinwüchsiger hinkender Mann, ansonsten wohlgebaut und charismatisch, unter den Asen. Er steht in den Diensten Odins. Dessen achtfüßiges graues Roß Sleipnir (der Gleitende), das schnellste aller Pferde, war ein Geschöpf Lokis; er hatte sich dann in eine schwarze Stute verwandelt und den riesenstarken Hengst Swadilfari verführt, um Sleipnir zu empfangen – Swadilfari gehörte dem Erbauer der neuen Mauer um Asgard[40]. So war Loki dem Hauptgott Odin ein treuer und hilfreicher Freund gewesen. Es gab natürlich Verstimmungen, weil Loki dem Hochmut der Asen mit listigen, üblen Streichen begegnete. Auch mußte der Argwohn der Götter wachsen, gab es doch die Bindungen Lokis zu den Riesen und Monstern, die die Götter zu ihren Todfeinden zählten.

Die Fehde zwischen den Göttern und Loki trat dann in eine neue Phase: Loki setzte den Tod des Odin-Sohnes Balder[41] in Szene, der für die Götter der Inbegriff ihres Lebens und das Sinnbild ihres Glücks war. Balder starb an einem Pfeil aus Mispelholz, dem Holz einer unscheinbaren Pflanze, die von den Göttern übersehen worden war – diese hatten dunkle Ahnungen gehabt und deshalb die gesamte Natur verpflichtet, dem Gott Balder nicht zu schaden. Balder starb an einem Pfeil, den Loki als Unsichtbarer gezielt und den der blinde Gott Hödur abgeschossen hatte. Balder, der *Gott mit den weißen Brauen*, wurde getötet, obgleich er niemandem etwas Böses getan hatte und ohne daß er sich wehren konnte – durchaus eine mythische Parabel zum Kreuzestod Christi, wenn man es so sehen will. Dies geschah vor den Augen aller Menschen und Götter, und alle Welt wußte nun, daß auch die Götter sterblich waren. Balders Tod war ein Sieg der Götterfeinde und der Triumph des Bösen. Balders Ende war der Anfang der Götterdämmerung. Die Götter bemühten sich sehr, Balder aus dem Totenreich auszulösen – Hel setzte die Bedingung, die ganze Welt müsse in Trauer und im Wunsch vereint sein, Balder möge zurückkehren – erst dann könne sie ihn freigeben. Erst schien es ganz so, daß dies so sei. Aber dann fand sich ein steinernes Weib, das keine Tränen für den toten Balder übrig hatte. Aus den Mythen ist zu deuten, daß dieses Weib eine Verwandlung Lokis war. So kehrte Balder nicht zurück und blieb in Hels Nifelheim – bei der schwarzhäutigen Tochter Lokis, des Vollenders.

Die Heldengötter rächten sich an Loki. Sie fingen ihn und zerrten ihn in eine Höhle bei den Klippen, und Zwerge bohrten Löcher in drei spitze Steine, damit die Kette befestigt werden konnte. Loki wurde von den Göttern gefesselt – einen Strang unter den Schultern, einen unter der Lende, einen unter den Knien. Loki heulte wie ein wildes Tier und drohte den Göttern – wenn sie ihn nicht freiließen, würden die Riesen kommen und ihn rächen, das wäre dann der Untergang für sie. Die Götter entgegneten nichts, fingen eine Giftschlange, banden sie über Loki an die Höhlendecke und ließen ihm ihr Gift ins Gesicht tropfen. So bereiteten die Götter Loki eine düstere Folterkammer der Qual und Demut, sein ganz persönliches Nifelheim. Eine Asin kam dann zur Höhle, Sigyn, die Lokis Geliebte war – sie kam, weil ihr Lokis Geschrei aufs Gemüt ging. Mit einer Schale fing sie das Schlangengift auf und schützte Lokis Gesicht. Dann war es still in der Höhle. Wenn die Schale aber voll war und geleert werden mußte, brüllte Loki wieder, weil ihm dann das Schlangengift wieder ins Gesicht tropfte. Er heulte und wand sich so heftig, daß die Steine bebten, woran er gekettet war.

Loki kam jedoch frei. Jetzt war es Loki, der sich rächte: *Bis Loki den Leib löste aus den Banden und der Rater[42] Schicksal zerschmetternd naht.*[43] In seiner Wut und voller Haß inszenierte er nun die Apokalypse, die Ragnarök heißt: *Schwertzeit, Beilzeit, Windzeit, Wolfzeit, bis die Welt vergeht*[44]: Fenrir, der Wolf, kam frei; das kosmische Ungeheuer, das den Rachen von der Erde bis zum Himmel aufsperren kann – es verschlang die Sonne. Dann fiel Fenrir in Asgard ein. Odin schleuderte

Gungnir gegen den Wolf, dem das nichts ausmachte und der erst den Speer und dann auch den Göttervater verschlang. Der Odin-Sohn Widar rächte den Vater: Er riß Fenrir den Rachen auseinander und tötete den Wolf, indem er ihm das Schwert tief in den Schlund stieß. Die Midgardschlange war an Land gekrochen – sie war so groß, daß sie das ganze Meer ausgefüllt hatte. Sie spie Gift und Feuer, so daß die Erde brannte. Auch Yggdrasil, der Weltenbaum, brannte, schwankte, wurde von der bebenden Erde geschüttelt, seine Feuerzweige breiteten sich aus, überall hin, und holten die Sterne vom Himmel. Die Schlange richtete sich auf ihrem Schwanz auf und biß sich in Odins Hlidskjalf[45] fest und wollte sich daran emporziehen. Es war Thor, der die Schlange besiegte. Thors Hammer zerschlug ihr das Haupt. Das gefällte Biest hatte den Ort mit seinem Blut und Atem vergiftet; diese Schwaden brachten Thor den Tod. Längst hatte Heimdall in sein Horn geblasen. Die Krieger aus Walhall waren zum letzten Kampf auf das Idafeld gestürzt. Riesenvögel, Flugdrachen, Feuerdrachen kamen von oben, stießen nieder, landeten, verbrannten, zerquetschten die Heere. Freyr *der Weiße*, Gott des Lichtes, kämpfte gegen Surt, *den Schwarzen*. Freyr fiel. Unten in Midgard[46] wimmelten die Menschen wie Ameisen auf der Flucht. Das Heer von Riesen trampelte sie nieder und zog über sie hinweg die Himmelsbrücke Bilröst hinauf nach Asgard hin. Schließlich war der Weltenbaum schwarz gebrannt, Asgard verraucht und das Meer über Midgard hinweggespült. Die Riesenvögel flogen auf mit Feuer in den Flügeln und verschwanden wie Funken im Rauch.

Und Loki? Auch er überlebte das Inferno nicht – im Kampf gegen den Asen Heimdall fanden beide den Tod – Anfang und Ende[47] heben sich auf am Ende der Zeit, und Skalli und Hati ruhten für einen Moment, die beiden Wölfe, die vor und hinter der Sonne laufend diese zur Eile antreiben. Am Ende aller Zeit? Wohl eher am Ende einer Zeit – denn die Seherin[48] macht ein neues Zeitalter aus, das sich aus den Trümmern hebt: Neues Land stieg aus den Fluten, wurde grün, und der Fischadler schwebte darüber. Auch Asen lebten, fanden sich auf dem Idafeld, allerdings nur die Generation der Göttersöhne. Der blinde Hödur, der unfreiwillige Mörder, war mit Balder, seinem Opfer, freundschaftlich vereint – sie wanderten umschlungen durch das Gras, wo sich auch die alten goldenen Runentafeln wiederfanden. Auch Wali und Widar[49] lebten ... *sie sollen im Weihtum hausen, wenn Surts Lohe erlosch; Magni und Modi*[50] *sollen Mjöllnir führen nach dem Tode Thors*[51] – der Hammer Thors war also auch noch da, wenn auch nicht mehr als Waffe, sondern als Reliquie, als Anbetungssymbol, als Reminiszenz an den gewaltigsten der untergegangenen Götter. Die Göttersöhne lebten im weiten Windheim, der neuen Asenburg.

Und die Feinde – die Riesen und Ungeheuer? Die Seherin sagt es, ganz schlicht und pars pro toto: *Der düstre Drache tief drunten fliegt, die schillernde Flamme ... nun versinkt er.*[52] Eine tröstliche Vision, eine grausige Erinnerung. Das Bild gleicht dem Sturz Luzifers, dem Morgenstern, wie er im apokryphen Buch Enoch, beim Propheten Jesaja oder in der biblischen Apokalypse beschrieben steht. Es ist das Bild eines Himmelskörpers, dessen Annäherung an die Erde eine Todesspur aus Feuerstürmen, Sintfluten und tektonischen Kovulsionen hinterlassen hat, eines Himmelskörpers, der sich nun wieder entfernt und der verwüsteten Erde Ruhe gibt.

Der Drache ist Lokis Geschöpf, und insoweit ist Loki selbst die *schillernde Flamme, die versinkt*. Und damit ist dieser hinkende Feuergott mit Luzifer/Satan identisch, jenem gefallenen Engel, der das Inferno über die Erde brachte, als er Midgard mit Feuer fegte. Midgard, dieses blühende Menschenland zwischen der Feuerwelt im Süden und der Eiswelt im Norden; Midgard, das Menschenland, das unter dem Schutz Thors stand – die Menschen sind aus Midgard vertrieben. Es drängt sich der Vergleich mit dem Paradies auf – Midgard und das Paradies sind Zwillinge. Am Anfang stand die Sünde, auch in der Edda: *Brüder kämpften und bringen sich Tod, Brudersöhne brechen die Sippe; arg ist die Welt, Ehebruch furchtbar ... nicht einer will des anderen schonen.*[53] Diese Worte erinnern an den Sündenfall, weniger an den des Alten Testaments, sehr an das sündige Babylon des Neuen Testaments und an dessen infernalischen Untergang.[54] Und auch der düstere Drache, die schillernde Flamme, ist niemand anderes als die Schlange – die Verkörperung des Bösen, die das Werkzeug ist, die Menschen aus dem paradiesischen Midgard zu treiben, dorthin, wo man im Schweiße seines Angesichts sein Brot ißt, bis man wieder zu Erde wird.[55] Auch Details stimmen, denken wir an den Baum der Erkenntnis und Iduns Äpfel: ... *Daß er nicht ausstrecke seine Hand und breche auch von dem Baum des Lebens und esse und lebe ewiglich.*[56]

Es lohnt zu untersuchen, inwieweit Loki und seine Geschöpfe parallele mythische Wurzeln im alten Persien haben. Der Wolf Fenrir, Lokis schrecklichstes Ungeheuer, als erstes Beispiel: Bei den Parsen[57] ist Ahrimans Scheusal Dahaka[58] überliefert, der kräftigste aller Unholde, den der altpersische Ur-Satan geschaffen hat. Loki selbst als zweites Beispiel: Man erinnere sich an seine Fesselung, an die Schlange, die Gift träufelte, und an Lokis Geheul und Gewinde, das die Erde beben ließ – die Parsen berichten über Ahriman, er wäre im Berge Demawand gefesselt, wo er bis zur Auferstehung bleiben wird und durch seine Zuckungen und Befreiungsversuche die Erdbeben verursacht. Beim letzten Kampf treffen Heimdall und Loki aufeinander – drittes Beispiel: Der Ase Heimdall, der *heilige Gott* des *guten Gerichts*, tötet Loki, den altnordischen *Geist des Bösen* – bei den Parsen ist es Ahura Mazda, der *gute Gott*, der das Haupt Ahrimans abschlägt, das Haupt des *bösen Gottes*. Dem Fimbulwinter folgt der Untergang Midgards, den der Wolf Fenrir und die Midgardschlange verursachen – viertes Beispiel: Es kommen drei Winter hintereinander und kein Sommer dazwischen, berichtet die Edda, der Wolf verschlingt die Sonne, und das Meer braust an die

Küsten, da die Midgardschlange sich windet – Wölfe und andere reißende Tiere, so überliefern die Parsen vergleichsweise, werden großen Schaden tun; wenn diese Zeit zu Ende geht, wird ein Winter eintreten, es wird drei Jahre Winter bleiben.

Ragnarök – Weltuntergang durch Feuer und Wasser – Ahriman und Loki: Ein wenig sind sie Blutsbrüder, der altpersische Ur-Satan und der altnordische Schwarzalfe; auf geheimnisvolle Art passen sie zusammen. Besonders die Glaubenslehre hat parallele Züge: Von vornherein ist die Schöpfung nicht vollkommen; Licht und Finsternis stehen sich gegenüber, Göttliches und Riesisches; in diesem Antagonismus ist auch der Mensch gefangen. Göttern und Menschen fällt die Aufgabe zu, die Finsternis zu überwinden – die Riesen müssen aus der Welt. Der Mensch dient seiner göttlichen Abstammung und Bestimmung durch die Teilnahme am Kampf für das Licht, das Symbol des Guten und Ewigen ist; der Mensch leistet der Macht der Zerstörung Widerstand, seine Bestimmung reicht über das Diesseits hinaus. Diese Macht der Zerstörung ist die Finsternis, sind die Thursen[59] – diese Macht wächst, bis dann der Tag der entscheidenden Schlacht kommt. Aus diesem letzten Ringen geht eine neue Welt hervor, in der allein das Licht herrschen wird – eine gute Welt, eine helle Welt; erst in ihr wird die Schöpfung vollendet sein. Mit dieser Auffassung treffen sich die altpersischen und altnordischen Glaubenslehren im Grundsätzlichen.

Aber das klassische Satansbild hängt in einem klassischen Rahmen, der die folgenden vier Leisten hat: Gott, der Gerechte, der Allmächtige, der *Ewige*; das *Böse* als Versuchung und Gegenkraft; die Hypothek von *Schuld* oder *Sünde*; das Jüngste Gericht am Ende der Tage, die Vernichtung und *ewige Verdammnis des Bösen*, die *Erlösung des Guten durch das ewige Leben*. In diesen Rahmen paßt Ahriman nicht so ganz, nur Satan füllt ihn aus. An diesem Satansbild muß auch Loki gemessen werden. Und da gibt es dann doch diverse Defizite: Einen ewigen Gott, auch im monotheistischen Sinn, gibt es in der altpersischen und christlichen Glaubenslehre; in den altnordischen Mythen tritt er nicht in Erscheinung. Oder doch? Da gibt es nämlich den Fimbultyr, den geheimnisvollen, großen, allmächtigen Weltgeist, den nie ein Auge gesehen hat. Er lebt im grenzenlosen, schweifenden All und ist der Allvater; er gilt als der Starke droben, der alles lenkt und die ewige Satzung verordnet hat. Fimbultyrs Thron steht nicht in Asgard, dem Göttersitz – dieser Allvater hat keine Bindungen zu den Asen, Wanen, Thursen, Alfen, auch Ragnarök läßt ihn unberührt: Er schwebt irgendwo über allen, nebelhaft, fremd. Es mag sein, daß Fimbultyr der Christengott ist, zu später Zeit eingebunden in das Geflecht der nordischen Legenden. Zu Lokis Zeit nämlich herrschen zwölf Hauptgötter mit einer bunten Schar von Nebengöttern und Götterwesen im Gefolge, denen nichts Menschliches fremd zu sein scheint: *Schmuck schenkte dir der schöne Knabe*, wirft Loki, der Bosheitsschmied, der jungfräulichen Gefjon[60] an den Kopf, und das in der Trinkhalle Ägirs[61], worin es von Göttern und Göttinnen wimmelt, die die Ohren aufsperren, *mit den Schenkeln umschlangst du ihn.*[62] Peinlich, peinlich – Loki, dieses freche Lästermaul. Sicherlich: Diese Götterschar hat Odin zum Oberhaupt – Odin, den Göttervater, er trägt den Goldhelm –, aber gerade Odin ist der Abgründigste unter den Asen, ein Gott der Widersprüche und die Symbiose von Gut und Böse: Als Kriegsgott ist er finster und grauenhaft, und als Beleber allen Geistes der Vater der Weisheit. Gott der Gerechte, der Ewige – eine Definition des Christengottes, auch des Ahura Mazda, aber nicht Odins oder der altnordischen Götter insgesamt: Ihr göttliches Handeln steht im Schatten des Unrechts und der Schuld, ihr göttliches Sein im Schatten der Sterblichkeit. Loki steht einem vergänglichen Göttergeschlecht gegenüber, einer fehlbaren Götterschar, deren Macht Grenzen hat – Satan jedoch, aber auch Ahriman haben einen einzigen ewigen Gott zum Richter, der unfehlbar, allmächtig und unsterblich ist. Das macht den Unterschied zwischen Loki und Satan.

Aber nicht nur das: Es gibt eine grundsätzliche Differenz zwischen Ragnarök und dem Jüngsten Gericht. Das letztere ist das Ende aller Tage, das Ende der Zeit an sich. Ragnarök aber, Lokis Vernichtungswerk, ist nur das Ende eines Zeitalters. Nach Fimbulwinter und Ragnarök bricht ein neues Zeitalter an, nicht etwa das Ewige Leben oder die Erlösung des Guten: Die nordischen Mythen überliefern nicht nur das Überleben der Göttersöhne Balder, Wali und Widar, Modi und Magni, Hödur – auch Bergelmir übersteht die Vernichtung, der einzige Riese, der einwechselt in ein neues Weltalter, Urvater einer neuen Generation von Thursen; letztlich heißt das, daß auch das Böse in der Welt bleibt. Loki ist tot, und es bricht ein neues Zeitalter an, worin sich das Böse fortpflanzt – so ist das mit dem Satan nicht. Dem wird erst das Jüngste Gericht zum Verhängnis – und dann erst, mit Satans Tod am Ende der Zeit, wird das Böse aus der Welt sein, die sich als erneuerte gute Welt zeigt und ewige Heimat der erlösten Seelen ist.

Wer von Erlösung spricht, weiß um das Böse als Versuchung und Gegenkraft. Wo steht hier Loki, wo der Satan? Beide sind sich erstaunlich ähnlich, sie sind die Versucher in Person. *Und der Versucher trat zu ihm und sprach* – mit diesen Worten führt die Bibel den Satan als Versucher Jesu Christi gegen Gott ein (Matthäus, 4). Und wieder klingt eine dunkle Parallele zwischen Jesus und Balder an, eine Parallele zwischen zwei Lichtgestalten, die sterben mußten, weil sie gut und unschuldig waren. Wie sich der Satan vergeblich bemüht hat, Jesus gegen Gottes Wort und Gebot einzunehmen, so hat es auch Loki nicht geschafft, Balder auf die Seite der Thursen zu ziehen, angeblich um der Menschen in Midgard willen – ein Pakt mit dem Bösen, der sich gegen Odins und aller Asen Willen gerichtet hätte. Als Versucher haben Satan und Loki in der Tat etwas gemeinsam. Doch es sind Widersprüche in dieser Gemeinsamkeit: Jede Versuchung durch Satan richtet sich gegen den einzigen Gott, der das ewige Gute verkörpert und dem das vergängliche Böse Satans erliegen wird – insoweit sind der Satan und wohlgemerkt auch Ahriman eine reinblütige Gegenkraft. Nicht so Loki. Seine Versuchung richtet sich gegen ein Göttergeschlecht, dessen Individualität gespalten ist in Gut und Böse. Nicht nur Loki ist böse, auch die Asen sind es, und wenn Loki viele gute Seiten hat, haben die Götter sie auch. Eine reinblütige Gegenkraft ist Loki also nicht, was ihn positiv vom Satan oder Ahriman abhebt.

Auf keinen Fall darf man in Loki so eine Art Hofnarr unter den Asen sehen. Man würde seiner Bedeutung nicht gerecht. Es darf eben nicht vergessen werden, daß die nordischen Götterwesen in skaldischen Dichterwerken auferstehen, die Stilmittel verwenden, wie sie im mittelalterlichen Island beliebt waren. Die Schmährede, auch in Prosaform, ist ein solches Stilmittel. So wird man sich hüten müssen, etwa aus Lokis Zankreden den Schluß zu ziehen, der hinkende Schwarzalbe sei nur so eine Art Magier und Possenreißer. Loki ist viel mehr: Es sieht danach aus, daß er ganz in Ahrimans und Satans Schuhe paßt. Klar, es gibt Definitionsunterschiede – gravierende sogar, echte Profildifferenzen. Doch Loki, Ahriman, Satan – sie alle drei – sind in Feuer gehüllt vom Himmel gekommen und dann in die tiefe Finsternis gefallen. Alle drei verkörpern, mehr oder weniger, das Böse – sie stehen im Widerstreit mit dem Göttlichen – wie dieses sich im einzelnen definiert, ist eine andere Frage. Alle drei sind Gegenpole zur Erlösung insoweit, daß ihnen jene armen Seelen zufallen, die keine göttliche Gnade finden – *im Fittich trägt Nidhög die Toten*, so schildert dies die altnordische Seherin und zeigt auf den Drachen, der ein Gleichnis Lokis und des Morgensterns ist, *nun versinkt er.* (Völuspa, 57) Arihman, Loki, Satan – alle drei enden im Kampf gegen das Göttliche. Alle drei sind aus derselben geheimnisvollen Tiefe des Himmels in die Welt gekommen; alle drei – Ahriman, Loki, Satan – tragen letztlich denselben Namen: Luzifer.

Mahra, der Zerstörer, und Buddhas Warten auf Erleuchtung: Das alte Indien

DA ERDRÖHNTE DIE LUFT VON HIMMLISCHEN TROMMELN.
Aus dem altindischen Epos Mahabharata

Sie kamen durch die Enge zwischen dem Kaspischen Meer und dem Aralsee, ritten durch Turkmenien und Afghanistan und machten sich auch Indien untertan: Wieder jene Krieger auf ihren struppigen Pferden – Invasoren, welche enge Hosen trugen und aus Wollmützen blickten, die nur Augen, Nase und Mund zeigten – auch hier sind es die Indoeuropäer, die man im alten Indien und Persien Arier[1] nennt. Das mag vor gut 3000 Jahren gewesen sein. Auch als sie sich Nordindien unterwarfen, zeigten sich diese Arier als kriegstüchtige Stämme; Reiterscharen, die ihren jeweiligen Fürsten folgten. Diese arischen Fürsten hießen in Indien Raja. Ihre Macht war nicht absolut – es gab Stammesräte, Sabha und Samiti genannt, die die Fürstenmacht relativierten. In der indischen Überlieferung sind die Bharata erhalten, ein Begriff, der für den berühmtesten arischen Stamm steht. In den heiligen Weden wird ein kurzes, aber doch bezeichnendes Bild der Arier gezeichnet: Sie sind von unbeschwertem Gemüt, sie sind tapfere Soldaten, tüchtige Land- und Viehwirte, sie sind gesellig, freuen sich an Musik und Tanz, laufen gern den Frauen nach, lieben Festmahle und trinken auch gern mal einen über den Durst. Ihre Siedlungen sind klein und liegen verstreut mitten zwischen Feldern und Wiesen. Wenn sich die Stämme versammeln, dann nur zu gemeinsamen Feldzügen. Diese Bilder gleichen doch sehr der Vorstellung, wie wir sie uns von ihren indoeuropäischen Vettern machen, von denen die Germanen und Kelten stammen. Zunächst hatten sich die Arier im Punjab niedergelassen, dem Fünfstromland, das beiderseits der heutigen pakistanisch-indischen Grenze liegt. Einige drangen nach Osten vor, bis in das legendäre Land der weisen Flußgöttin Sarasvati[2], das in nach-wedischer Zeit zur heiligsten Region des

Buddhismus geworden ist. Die Arier lebten auch dort in Stammesgefügen und widmeten sich dem Ackerbau, der Viehzucht und dem Kriegshandwerk. Später stießen sie dann in den Süden vor, in das Land der Kaurawas, in das heutige Rajasthan – dort gründeten sie die erste geschichtlich belegte Hauptstadt in der Nähe des heutigen Delhi. So entstanden die größeren arischen Reiche – im Land der Kaurawas, im Gangestal, die Zentren Kosala, Videha oder Kasi, im Südküstengebiet schließlich, wo sich die arische Macht auf die Häfen zum Indischen Ozean ausdehnte.

Nun ist die Kulturgeschichte Asiens dreimal so alt wie die unsrige. Es mag auch schon rund 30 000 Jahre her sein, daß asiatische Stämme die damals vorhandene eisige Landbrücke über das Beringmeer querten und Amerika zu besiedeln begannen – von Alaska im Norden bis Feuerland im Süden. Blicken wir dem chinesischen Greis ins Gesicht, dem Kindgott im Hochland Tibets oder der Maya-Mutter in Guatemala: Ob jung oder alt – aus allen Mienen blickt die gleiche Geduld und der gleiche Ernst, schaut jene alterslose Reife, die Jahrtausende den Asiaten in die Züge gelegt haben. Wie kann man glauben, daß in dieser steinalten Glaubenswelt das Bild vom Satan in die Köpfe von vielen Millionen hineinfände? Sicherlich, auch die Arier hatten den Satan im Gepäck – genau wie die Indoeuropäer, die ihre Brüder sind. Doch jenseits des Indus fiel es dem Leibhaftigen schwer, seine Fledermausflügel zu spreizen und Bockshörner zu zeigen. Indien war eben ein besonderes Land. Blickt man auf Asiens heutige Kulturen, wird man sagen müssen: Das alte Indien war die Mutter des Geistes Asiens.

Man nimmt an, daß es in Indien schon vor sieben Jahrtausenden eine vorarische Kultur gegeben hat. Die Harappa- oder Induskultur, wie sie die Eroberer vorfanden, war aber keine Hochkultur. Die Arier trafen auf plattnasige Menschen mit dunkler Haut, die als Dravidier überliefert sind, seßhaft waren und recht einfach und abgeschieden unter einem ohnmächtigen

Königtum lebten. Die vorwedischen Glaubenslehren jedenfalls, so wird angenommen, wurzelten in Sonnen- und Fruchtbarkeitskulten – wie im alten Persien dürfte man die Große Göttin angebetet haben. Diese alten Religionen gingen unter, als die Arier kamen. Es ist in der Tat so, daß die aktuellen großen Religionen Asiens aus dem Boden des Wedismus gewachsen sind: Buddhismus, Hinduismus, Jainismus, Taoismus oder Shintoismus. Vor rund 3000 Jahren faßte der arische Glaube in Indien Fuß. Rund 1000 Jahre hielt er sich. Nun haben die Arier keine Tempel oder irgendwelche Aufzeichnungen hinterlassen. Die Weden, die heiligen Bücher der arischen Religion, sind erst rund 2300 Jahre alt. Die Inhalte beruhen auf mündlicher Überlieferung. Ihre Zuverlässigkeit mag insoweit bezweifelt werden, ob immer ein getreues Bild der arischen Glaubenslehren verzeichnet ist. Immerhin gibt es Hinweise, daß die Eroberer die Große Göttin gestürzt haben, um ihren männlichen Heldengöttern die Opferaltäre zu errichten. Wie im alten Persien kennzeichnet den altindischen Wedismus ein bipolares Glaubensbild: Auf der lichten Seite stehen die Dewas[3], es sind Waruna, Mithra, Indra und Masatyai.[4] Waruna ist der Herr und Wächter aller kosmischen Gesetze. Auf der dunklen Seite finden wir, als Gegenmächte der Dewas, die Asura[5] – Gott Writra zum Beispiel, den Indra, der große Gott des Krieges und der Fruchtbarkeit, in der Schlacht besiegen wird. Es lohnt, diesen Writra unter die Lupe zu nehmen:

Im Gegensatz zu den meisten Göttern besitzt er Zauberkräfte. Er ist ein Gott der Verwandlungen – mal erscheint er als Eber, dann als Schlange. Er ist ruhelos, man findet ihn überall – auf dem Meer, auf den Gipfeln. Er besitzt starke Festungen – genau sind es neunundneunzig. Hier verteidigt er sich gegen die Götter. Seine Waffen sind Blitz, Donner, Hagel und Nebel. Seine stärkste Waffe ist der Nebel, weshalb man ihn Nebling nennt – er hüllt sich in Nebel, und er wirft Nebel um seine Feinde, damit sie die Spur verlieren und durch das Land irren. Writra ist ein fürchterlicher Gott, denn er fesselt auch den Regen und macht die fruchtbare Erde trocken. Damit bricht er das kosmische Gesetz und handelt gegen den Willen Warunas. Indra nimmt deshalb einen kräftigen Schluck und zieht gegen Writra, begleitet von den Marut, den Sturmgöttern. Indra führt den Donnerkeil, seine gefürchtete Waffe, die er wie ein Messer wetzt oder wie der Stier die Hörner. Indra findet Writra, der allzu sorglos schläft, weil er sich für unverwundbar und unsterblich hält. Indra weckt Writra durch einen ersten Hieb, dann stürmt er auf ihn ein. Der Zusammenstoß der beiden läßt die Welt erschrecken. Himmel und Erde, alle Geschöpfe, zittern, weil Indra seinen Keil schwingt. Selbst die Götter fliehen und dukken sich vor dem lauten Zischen. Endlich, weil sie Indra siegen sehen, kehren sie zurück und beobachten den Kampf mit Wohlgefallen. Writra benutzt seine Zauberkraft – er hüllt sich in Nebel und stürzt sich in voller Größe auf Indra. Writra verändert seine Gestalt während des Kampfes – Indra durchschaut seinen Gegner, schwingt den Donnerkeil, fällt Writra immer wieder an. Die Waffe hat tausend Spitzen – Indra trifft Writra wie der Blitz, der den Baum spaltet. Writras Leib wird aufgerissen, der böse Gott in Stücke geschmettert. Indra schneidet Writra schließlich den Kopf ab und wirft ihn unter die Hufe seiner Rosse. Dann begibt sich der gewaltige Kriegsgott dorthin, wo das Wasser verborgen und gefesselt ist. Wie ein Zimmermann das Holz spaltet Indra die Wolken und befreit den Regen. Der mächtige Gott verläßt das Schlachtfeld in großer Eile, so, als habe er Writra noch zu fürchten. Doch der liegt zerschmettert, und kein Dämon wagt es, gegen Indra zu kämpfen, jetzt, wo ihr Mächtigster besiegt ist. Nicht nur die Menschen, auch die Götter freuen sich über Indras Heldentat. Von den Menschen bekommt er Geschenke, die Götter preisen ihn mit Liedern. Doch Writra hat tausend Leben – schon unzählige Male hat ihn Indra zerschmettert, aber er muß es immer wieder tun.[6]

Indra beherrscht, was fließt und still steht – Gezähmtes,

Gehörntes – der Donnerkeilträger! Er herrscht, er, der König der Menschen und Götter, wie Speichen die Felge hält er sie umschlossen![7]

Indra ist von gigantischem Wuchs und unendlich stark. Haar und Haut sind gelb, ein mächtiger Bart schmückt sein Kinn, er ißt und trinkt gewaltig, er führt einen Donnerkeil, er beschützt die Menschen – es fällt nicht schwer, in Indra die Verwandtschaft zum asischen Thor zu sehen. Und Writra? Er zaubert, er verwandelt sich, er erscheint als Schlange, er ist den Göttern feindlich, er bricht das kosmische Gesetz, seine Hauptwaffe ist der Nebel[8] – schaut ihm nicht der nordische Loki aus den tückischen Augen? Writra wird von Indra besiegt, ihm wird der Kopf abgeschlagen – so erging es auch Ahriman, dem Ur-Satan. Und Hörner trägt Writra auch, wie Satan, der Leibhaftige. Keine Frage: Writra ist der Ur-Satan aus Indien und Indiz für die These, daß der Schlüssel zur Hölle in der arisch-indoeuropäischen Völkerwanderung liegt.

Indra war es, der die blonden hellen Arier gegen die dunklen Ur-Inder zum Sieg führte. Er allein erschlug 50 000 von ihnen und zerstörte ihre Festungen. Er war grimmig und hart gegen die Dämonen, die Krankheit, Hunger und Durst für Mensch und Vieh brachten. Gegen die Menschen war er wohltätig wie ein gütiger Vater. Die siegreichen Eroberer Indiens müssen die ansässigen Nicht-Arier gehaßt haben, jene dunkelhäutigen und plattnasigen Autochthonen, deren Festungen die Arier in schlechter Erinnerung hatten. Dieser Haß spiegelt sich im Feindbild der dämonischen Asura, ebenso im arischen Verständnis vom Gott Indra: die rabenschwarzen Gegengötter sind den Dravidiern nachgezeichnet; auch ähneln sie Pani und Dasa, scheinen also dem dämonischen Repertoire der Harrappa-Völker der Induskultur entnommen. Und Indra? Der trägt den beziehungsreichen Beinamen Purandara.[9] Wir wissen warum.

Für den Nicht-Inder ist es beschwerlich, das Grundmuster der dortigen Glaubenslehre zu begreifen. Ursprünglich hatte die arische Oberschicht dem alten Indien eine polytheistische Naturreligion verordnet. Sie wurde in der Folgezeit durch tiefgründige Auslegungen vertieft, die den Priestern, Brahmanen[10] genannt, vorbehalten waren. Die Frage nach dem Ursprung und dem Sinn allen Seins wurde gestellt, man forschte nach dem ewigen Einen hinter der Fassade vergänglicher Vielfalt. Solche religiöse Mystik ist in den heiligen Büchern überliefert, im arischen Weda, in den Brahmanas, Puranas und Upanischaden.

Es ergab sich das folgende Glaubensfundament: Die Welt ist zeitlos und ewig. Doch ist sie unvollkommen und wird ständig geläutert – sie durchläuft einen unendlichen Kreis von Werden und Vergehen, Wiederkehr und neuem Vergehen. Alles folgt diesem Gesetz der Wiedergeburt, das Samsara heißt. Die Art der Wiedergeburt der Einzelwesen folgt besonderen Gesetzen: Sie ergibt sich aus dem Karma, jenem selbst geschaffenen und verantworteten Einzelschicksal, das sich als Konsequenz der Gedanken, Worte und Taten der vergangenen Existenz versteht. Im Karma hat die Wiedergeburt ihre ethisch-sittliche Grundlage. Die verschiedenen Religionen finden 100 Antworten auf die Fragen nach der Erlösung aus diesem ewigen Kreislauf der Wiedergeburt.

Auch die Götter sind dem Gesetz des Vergehens und der Wiedergeburt unterworfen; sie sind also vergänglich wie Menschen, Tiere, Pflanzen. Brahma (Sanskrit: Gebet, Verehrung) ist der große Schöpfergott – endet ein Weltalter, ein Kalpa, beginnt auch Brahmas Schlaf. Dann vergehen die Götter, um in einer neuen Welt neu zu erstehen. Brahma, Wischnu und Schiwa sind das hohe Dreigestirn unter den Göttern; sie sind es, die in jedem Zeitalter die Welt erschaffen, erhalten und vernichten. Zusammen mit den anderen Göttern stehen sie in einem dauernden Kampf gegen die dämonischen Mächte. Es gibt in jedem Zeitalter Epochen, wo die Macht der Dämonen zunimmt und der Glaube an die Götter oder deren Verehrung schwinden – Epochen, wo die Ordnung der Welt und die

Gerechtigkeit verlorengehen. Immer dann kommt Wischnu vom Himmel auf die Erde herabgefahren und nimmt irdische Gestalt an. Er kämpft gegen die Dämonen, die das Böse vermehrt haben – er besiegt sie, stellt die Weltordnung wieder her. Über verschiedene solcher Erdfahrten Wischnus wird berichtet, sie heißen Awataras, eine zukünftige ist verheißen. Sieht man die Bücher durch, worin über Wischnus Erdfahrten berichtet wird, findet man beziehungsreiche Kapitel, worin es nach Schwefel riecht und das Schattenbild Luzifers erscheint – man erkennt die Konturen des gefallenen Engels im Rauch, Umrisse des schönen Göttersohns, dessen Höllensturz den Kosmos und die Erde taumeln ließ: *Ganz im Norden ragt der Götterberg Meru in den Himmel, er hat drei Spitzen. Alle Himmelskörper kreisen um sie. Das Sonnenlicht erreicht ihn nicht, so hoch ist er. Er leuchtet deshalb selbst und gleicht einem Feuerriesen. Dort irgendwo liegt der Lustgarten der Götter. Ein Pfad führt von diesem Ort direkt in den Himmel, wo die Götter wohnen. In alter Zeit lebten dort auch die Asura, die Dämonen. Damals waren sie noch alle gut und gerecht, edel und tapfer; sie waren die Halbbrüder der Dewas, allerdings älter als die Götter. Auch die Asura kannten und achteten in dieser alten Zeit das ewige Gesetz, und man betete zu ihnen. Es waren viele Weltzeitalter, worin Dewas und Asura Eintracht hielten. Dann stieg die Zahl der Asura, und ihr Wesen änderte sich. Sie wurden übermütig, schamlos und streitsüchtig. Sie brachen das ewige Gesetz und wurden neidisch auf die Dewas, ihre jüngeren Brüder. So entstand Zwietracht und unablässiger Streit um den Vorrang, worüber alle Brüderlichkeit dahinschwand und verlorenging. Die Dewas fürchteten sich. Sie sannen auf ein Mittel, stärker zu werden als die Asura. Wischnu riet ihnen, Heilkräuter und Edelsteine in den Ozean zu werfen und den durchzuquirlen – so werde man den Trank des ewigen Lebens gewinnen. Der Ozean war groß, und die Götter beschlossen, den Berg Mantara als Quirl zu verwenden. Aber sie waren nicht imstande, diesen Berg von der Stelle zu rücken. Brahma und Wischnu halfen und übertrugen Ananta die Aufgabe – der Weltschlange, die die Erde stützt und trägt. Diese quirlte den Ozean mit besagtem Berg, und auch Dewas und sogar die Asura faßten mit an. Durch die Reibung schossen nun schwarzer Dampf und Feuer aus dem Schlangenmaul. Der Rauch ballte sich zu finsteren Wolkenmassen, die Blitze und Sturzregen auf die Dewas und Asura herunterschickten. Aus der Tiefe des Ozeans kam ein furchtbares Grollen. Die Weltschlange zermalmte ungezählte Wasserwesen, während sie Mantara, den Berg, als Quirl benutzte. Große Bäume krachten vom Berg herab, stürzten übereinander. Feuer loderte hoch, Blitze zuckten. Elefanten, Löwen und zahllose andere Tiere, die auf Mantara wohnten, verbrannten. Das Feuer verwüstete alles rundum, bis Indra es mit Regengüssen löschte. Schließlich entstieg Dhanwantari, der schöne Arzt der Götter, dem Ozean. Er trug den Krug mit Amrita im Arm, dem Trank des Lebens, der nun bereitet war. Die Asura waren neidisch auf die Dewas, erhoben ein furchtbares Geschrei, und es gelang ihnen, Dhanwantari den Zaubertrank wegzunehmen. Damit hatten sie ihren jüngeren Götterbrüdern den Krieg erklärt. Denen half Wischnu, indem er sich in eine junge Schönheit verwandelte – in dieser Gestalt verlockte, verzauberte er die Asura, weckte ihre Liebe, verdunkelte ihnen die Sinne. Wischnu, die schöne Lotosblume mit den vollen Brüsten und dem schlanken Leib, bekam den Zaubertrank, weil sie versprach, ihn unter den Dewas und Asura zu teilen. Dewas und Asura stellten sich in zwei Reihen auf. Wischnu, die Verführerin mit ihren breiten Hüften unter dem schimmernden Gürtel, entblößte nun die Brüste – sie machten die Asuras blind vor Leidenschaft. So fiel es nicht auf, daß nur die Dewas Amrita zu trinken bekamen. Doch Rahu, einer der Asura, war mißtrauisch. So hatte er sich in einen Dewas verwandelt und in die Reihe der Götter gestellt. Deshalb bekam auch er einen Schluck vom Trank des Lebens, der Unsterblichkeit verhieß. Der Schluck hatte Rahus Kehle noch nicht erreicht, als Sonne und Mond den Betrug entdeckten und das Mädchen warnten, dessen Haar mit blühendem Jasmin zusammengebunden war. Es verwandelte sich zurück in Wischnu, und Wischnu schlug Rahu den Kopf ab. Das Haupt des Rahu war durch Amrita unsterblich geworden, fuhr zum Himmel auf und begann ein furchtbares Geschrei. Es kämpft seitdem mit Sonne und Mond, und dieser Streit will kein Ende nehmen. Manchmal verschlingt Rahus Haupt auch Sonne und Mond, dies aber nur für kurze Zeit. Rahus Leib aber, wo hinein der Lebenstrank noch nicht gedrungen war, fiel zur Erde nieder. Unter seinem Fall bebten Berge, Wälder und Inseln. Natürlich hatten die Asura jetzt bemerkt, wie man sie zum Narren gehalten hatte. Sie wußten nun, daß ihre jüngeren Brüder durch Amrita in einer neuen Position der Stärke waren. Es kam zu einer schrecklichen Schlacht am Ufer des Ozeans, am gleichen Ufer, wo Dewas und Asura brüderlich vereint der Weltschlange beim Quirlen geholfen hatten. Überall rollten nun die Köpfe und lagen die Asura in ihrem Blut. Auch Wischnu erschien und schwang seinen furchtbaren Diskus. Der flog flammend wie das Feuer, das am Ende der Zeit alles vertilgt, und tötete tausend Asura auf einmal. Die Asura ihrerseits flogen durch die Luft und schmetterten Tausende von mächtigen Bergen herab – es war ein furchtbares Gepolter. Die Erde mit allen ihren Wäldern fing an zu beben während des Kampfes. Pfeile mit goldenen Spitzen zertrümmerten Berge und Wälder zu Staub und verfinsterten den ganzen Himmel. Schließlich waren die Asura von den Dewas geschlagen – sie flüchteten in die Tiefen der Erde oder des Ozeans. Seit diesem Kampf sind die Asura Todfeinde der Dewas, obgleich sie eigentlich Brüder sind. Wie die Dewas das Gute sind, sind die Asura das Böse. Die Folge dieser Niederlage: Die Asura mußten ihre drei letzten Himmelsfestungen aufgeben, die der Dämon Maya in Eisen, Silber und Gold gebaut hatte, und verloren den Himmel als Wohnsitz. Nun bewohnen sie die Unterwelt. Der Kampf der Asura gegen die Dewas setzt sich immer fort.*

Sind die Asura niedergerungen, treten neue an ihre Stelle. Viele von ihnen sind fürchterlich und mächtig, für manche Dewas auch unüberwindlich – es sind jene Asura, die magische Kraft haben und sich verwandeln können.[11]

Eine Randbemerkung zur Sage vom Wundermittel, das unsterblich macht: Es hat seine altnordische Entsprechung in Iduns Äpfeln, deren Genuß den Göttern ewige Gesundheit und Jugend sichert. Die Riesen neiden dies den Göttern und entführen Idun, ein Problem, das Loki lösen kann. Der schuldige Riese stürzt schließlich zu Boden, so daß die Erde brennt und bebt.

Zurück nach Indien: An anderer Stelle findet sich die Geschichte vom Dämonenfürsten Hiranyakscha, den Wischnu tötete, indem er ihm das Herz herausriß. Merkwürdig, wie dieser Dämon beschrieben ist: *Aus einem dichten Haarschopf erhob sich ein Leuchten, dem Strahlen der Sonne zur Zeit der Vernichtung der Welten vergleichbar ... aus seinem Haupt loderte ein großes Feuer, das sich nach alle Richtungen ... verbreitete und die Welten in Brand setzte. Flüsse und Meere gerieten in Aufruhr, die Erde und Berge erbebten, und Sterne und Planeten stürzten vom Himmel herab. Der Brand vertrieb die Götter aus dem Himmel.*[12]

Die wedischen Bücher sind gut bestückt mit Schilderungen dieser Art. Immer wieder ist es Wischnu, der an Erzdämonen gerät, die das Inferno auslösen – jenes Inferno, das den flammenden Stempel Luzifers trägt. Ein weiteres Beispiel – Gott Wischnu ist gerade erst im Schoß der Dewaki in menschlicher Gestalt als Krischna geboren worden: *Putana*[13] *nahm ihn auf den Arm und stillte ihn mit dem giftigen Naß ihrer Brüste. Der kleine Krischna packte aber so heftig zu, daß er ihr zusammen mit der giftigen Milch auch alle Lebenskraft aus dem Leib sog. Da begann sie laut zu schreien. Die Erde und alle Gebirge bebten, der Himmel und alle Gestirne erzitterten, die Unterwelt dröhnte von ihrem furchtbaren Geschrei. Menschen stürzten wie vom Blitz getroffen zu Boden. Halb erstickt, mit leerer Brust, offenem Mund und wirrem Haar sank sie hin ... und noch im Fallen zerschmetterte sie die Bäume im weiten Umkreis. Beim Anblick ihres riesigen Leibes bemächtigte sich der Hirten und Hirtinnen ein gewaltiger Schrecken.*[14]

Ein abschließendes Beispiel – Gott Wischnu verkörpert sich im Sohn Rama der Königin Kausalya. Rama war schön wie die Sterne am Himmel, und bei seiner Geburt regneten Blumenwolken auf die Erde herab. Später kämpfte er gegen die Dämonen:

Wie eine Masse dunkler Wolken kamen sie heran und überschütteten Rama mit ihren Geschossen, daß selbst die Waldgötter sich fürchteten und flohen. Rama aber blieb furchtlos und bekämpfte sie mit seinen unfehlbaren Pfeilen ... Die Luft war verfinstert von den zahlreichen hin und her sausenden Wurfgeschossen ... am Ende blieb nur ein einziger Dämon übrig ... Eilig entfloh der nach der Insel Lanka ... Dort wohnte Rawana, der König der Dämonen. Rawana flammte wie eine Feuersäule ... er hatte zehn Köpfe ... er war gewaltig wie ein Berg ... Die Farbe seines Gesichtes war wie der Glanz eines blauen Edelsteins ... Jetzt griff Rawana selbst in den Kampf ein. Ein furchtbarer, Tag und Nacht währender Zweikampf zwischen Rawana und Rama entspann sich ... Jedesmal, wenn Rama Rawana ein Haupt abschlug, trat ein neues an seine Stelle. Schließlich griff Rama zu jener Waffe, die Brahma ihm geschenkt hatte ... Auf ihren beiden Flügeln thronte der Wind, auf der Klinge die Sonne und das Feuer, im Innern der Äther, der Meru und der Mantara ... sie tönte wie der Blitz, war schrecklich wie eine wütende Schlange und gefürchtet wie der Tod ... Diese Waffe legte Rama an seinen Bogen ... die Erde erbebte ... Mit großer Geschwindigkeit sauste die Waffe auf Rawana zu, spaltete ihm das Herz ... und bohrte sich in die Erde ... Rawana stürzte mit markerschütterndem Schrei aus seinem Wagen zu Boden ... Nun wurde die Luft wieder hell, die Sonne fing wieder an zu leuchten, Friede zog wieder ein auf der Erde.[15]

Die ältesten biblischen Bücher sind etwa 2800 Jahre alt, die altindischen Texte wurden vor rund 2300 Jahren aufgeschrieben, die altnordischen vor ungefähr 700 Jahren; bei den arisch-indogermanischen Überlieferungen müssen wir auch bedenken, daß sie sich auf Erzählungen stützen. Wenn man weiter berücksichtigt, wie unterschiedlich sich die Kulturen entwikkelt haben und wie weit ihre Gebiete auseinander liegen, verblüffen die vielen Grundzüge, die solche Mythen gemeinsam haben. Es beginnt bei Luzifer: Wie die Asura hat auch Luzifer mit seinen abtrünnigen Engeln im Himmel gewohnt, wie die Asura brach er das göttliche Gesetz, wurde übermütig und anmaßend. *Ich will mich setzen auf den Berg der Versammlung im fernsten Norden,* läßt Jesaja den Satan sagen, der seinen Thron über die Sterne Gottes erhöhen wollte – der *Berg der Versammlung im fernsten Norden*[16], was anderes ist er als der altindische *Götterberg Meru*, der ganz im Norden in den Himmel ragt? Er hat etwas Mystisches, dieser legendäre Götterberg, und doch scheint es ihn tatsächlich zu geben: Der Berg Meru, wo die Götter in grauer Vorzeit als flammender *Lingam*[17] erschienen, liegt in Tibet, am Nordufer des großen Manasarovar-Sees; die Tibetaner nennen ihn Ti-se, die heutigen Inder Kailas oder auch Rajatadri[18]: *Aber um so berühmter war der 6700 Meter hohe heilige Berg Kailas,* schreibt Heinrich Harrer, Arzt und Asienforscher. *Einsam stand er in seiner majestätischen Schönheit vor uns, isoliert von der übrigen Himalajakette. Unsere Tibeter warfen sich bei seinem Anblick zu Boden und sprachen ihre Gebete. Für die Buddhisten und Hinduisten ist dieser Berg der Hochsitz der Götter, und es ist ihr größter Wunsch, einmal im Leben eine Pilgerfahrt dorthin machen zu können.*[19] Auch die Christen müssen, streng genommen, den Berg Kailas als Wallfahrtsort entdecken – denn dort saß Gott der Herr, als die Göttersöhne vor ihn traten, worunter sich auch der Satan alias Luzifer befand.[20] Wie die Asura wurden Luzifer und seine schwarzen Engel aus dem Himmel vertrieben und in die irdische Unterwelt geworfen. Insoweit liegt es nahe, wenn wir die

Dewas und Asura mit den Engeln Gottes und den gefallenen Engeln Luzifers vergleichen. Man sieht also eine Verknüpfung der altindisch-arischen Glaubenslehre mit den drei monotheistischen Religionen der neuen Zeit, besonders der jüdischen – denn Luzifer, der den alten Namen des Morgensterns Venus trägt, *war* nicht nur ein Engel, er *ist es auch geblieben.* Die kosmische Dimension des Höllensturzes Luzifers entspricht der der Asura: Sterne und Planeten stürzten zur Erde, Getöse überall, Berge flogen durch die Luft, die Erde bebte, sie brannte, Finsternis. Die Erde ging unter im Inferno, das Fegefeuer reinigte sie, sie erstand neu – Apokalypse, Ragnarök, Dämonenkampf. Die Gemeinsamkeit setzt sich fort: Die Zahl der Asura stieg, und ihr Wesen änderte sich – so kam der Krieg in Gang zwischen Dewas und Asura; die Zahl der Thursen stieg, und sie wurden feindlich – so kam der Krieg in Gang zwischen den altnordischen Asen und Thursen. Selbst die Bilder ähneln sich: Ananta, die Weltschlange auf der altindischen Seite, die die Erde stützt und trägt, aus deren Maul schwarzer Dampf und Feuer schießt; und ihr altnordisches Gegenbild, die Midgardschlange – *Der Lande Gürtel gähnt zum Himmel: Gluten sprüht er, und Gift speiht er*[21] – Ananta ist die nordische Midgardschlange, die Midgardschlange ist die indische Weltschlange. Oder die Ähnlichkeiten des altnordischen Asen Thor und des altindischen Dewa Indra – nicht nur ihr Erscheinungsbild ist gleich oder ihre Menschenfreundlichkeit, auch die Waffen, der Hammer und der Donnerkeil, sind letztlich identisch. Der Himmel und die Sterne zitterten, als Putana, die Erzdämonin, zu Boden stürzte – genauso bebte das Firmament, als Luzifer verstoßen wurde; und der Tod Rawanas, des *Schreckens der drei Welten* – erinnert der nicht an Ragnarök, an Lokis Tod, an jene Götterdämmerung, der ein neues, friedliches Zeitalter folgte? Es muß schon etwas Besonderes sein an Ereignissen, wenn sie Jahrtausende weltweit überliefert werden und dennoch ihren Zusammenhang wahren. Der Höllensturz Luzifers/ Satans war solch ein besonderes Ereignis – eine apokalytische

Begebenheit und ein Inferno, wie es einprägsamer nicht sein kann – was kann es sonst geben, das sich schmerzhafter ins Unterbewußte brennt als die totale kosmische Katastrophe? Luzifer/Satan ist die Verkörperung des Bösesten und Schrecklichsten, was sich denken und am eigenen Leib erfahren läßt – Satan ist der Leibhaftige, die Inkarnation der Apokalypse, die in schwarzes Fleisch gepreßte Begegnung der Erde mit flammenden Himmelskörpern, die auf Kollisionskurs sind.

Die arischen Asura im alten Indien sind in Heere von Dämonen gegliedert, die sich jeweils um einen Hauptdämon scharen. Diese Hauptdämonen tragen recht unterschiedliche Namen, was durchaus im Einklang steht mit der Vorstellung, daß sich die Gegenkraft des Bösen permanent erneuert. Den beständigen Ur-Satan, so einen wie Ahriman, finden wir in der Zeit der Arier nicht. Das Grundmuster ist jedoch recht ähnlich gewebt, im alten Norden, Persien oder Indien: Das Gute an sich steht gegen das Böse an sich, es verkörpert sich im Widerstreit höherer Wesen, der die Menschen und alle Kreatur einbezieht – der Mikrokosmos ist Teil des Makrokosmos, beides reagiert in der Wechselwirkung. Es ist eine Balance of power in diesem Dualismus, die das Rückgrat einer typisch arischen Glaubenslehre zu sein scheint. Schöpfung und Apokalypse, Gut und Böse, Leben und Tod, Tod und Wiedergeburt – das ist das Zwangsläufige, das Normale in der arisch-indogermanischen Welt. Eine Erkenntnis, die die Gesellschaft einte, auch im alten Indien, durchaus auch im politischen Sinne: Die Gesellschaft damals war hierarchisiert, allein schon durch die Existenz einer arischen Oberschicht, und sie hatte diese Gut-Böse-Religion als geistiges Fundament. Wer eine solche Glaubenslehre zum politischen Instrument machen will, braucht eine privilegierte Priesterschaft – es kommt ja sehr darauf an, die Einheit der Stämme durch rituelle Reize zu mehren. Die Balance of power zwischen den Dewas und den Asura wurde deshalb durch Sühneopfer beschworen, ebenso durch Reichung des Soma, eines rituellen Opfertranks – es war dies ein halluzinogener Pflanzensaft, der ein Derivat des giftigen Fliegenpilzes gewesen sein soll. Der Rausch wurde als Mittel gesehen, an der Natur der Götter teilzuhaben, eine Ansicht, die dem Schöpfungsprinzip der griechischen Mysterien ähnlich ist. Solche Trinkrituale gab es ja auch im alten Persien, und sie haben sich bis in unsere Zeit gehalten, auch in den christlichen Religionen, speziell aber, in drastischer Form, in den sogenannten schwarzen Messen. Den altindischen Ariern mögen die Trinkrituale ein Bedürfnis gewesen sein, weil man von ihnen weiß, daß sie ansonsten gern Sura tranken, ein Rauschgetränk, das keine religiöse Bedeutung hatte.

Etwa vor 2500 Jahren begann ein Niedergang des arisch-wedischen Glaubens in Persien und in Indien. Wir wissen nicht warum. Irgend etwas hatte die alte Ordnung gestört. Niemand wußte mehr so recht, wie die Götter nun hießen oder wofür sie standen: War Prajapati nun der Erste unter den Göttern? Warum nannte man ihn auch Hiranyagarbha oder auch Brihaspati? War er Schöpfergott, oder wachte er nur über die Schöpfung? Standen Surya, der Sonnengott, und Agni, der Feuergott, gar auf seiner Ebene? Die Rig-Weda bringt das ganze Durcheinander auf den Punkt, dessen Ursache der universelle Zweifel ist und die Erkenntnis, wie unergründlich die Wahrheit über das Wechselspiel von Gut und Böse oder Tod und Auferstehung ist: *Das Wahre ist eins, doch der Eingeweihte ruft es mit verschiedenen Namen an ... Die Priester und die Dichter vermehren durch die Worte die verborgene Wirklichkeit, die einzig ist ... Wer ist Indra? Wer hat ihn je gesehen? Wer ist der Gott, daß wir ihm opfernd dienen?* In Indien gab es keinen Zarathustra wie im alten Persien, der den polytheistischen Wedismus zu einem monotheistischen Mazdaismus insoweit komprimierte, als die alte Götter- und Dämonenwelt neu gestuft und gesiebt wurde. In Indien folgte dem Wedismus eine intellektuell geprägte Wende, die drei Wege nahm: Erstens den des Lokayata, eines atheistischen Materialismus, der keine Götter, keinen Jenseitsglauben und keine Verhaltensnormen kannte – in dieser Weltanschauung hallen die Stimmen der griechischen Kyniker[22] wieder; zweitens den Weg des Jainismus[23], der in seinem Ursprung ein philosophischer Relativismus ist, das Individuum an einer hohen ethischen Elle mißt, und an die Stelle der Götterwesen oder der Wiedergeburt eine mystisch-naturwissenschaftliche Weltbetrachtung setzt; drittens den Weg des Buddhismus.

Du bist durch irdische und himmlische Bande gefesselt, sagte Mara zum Gautama[24] Buddha[25], der nach vierwöchigem Fasten totenbleich und zum Skelett abgemagert war, *du bist durch Bande aller Art gefesselt. O Asket, du wirst dich nicht befreien können.* Mara, der Zerstörer – auch Papimant, der Böse, genannt – war der leibhaftige Tod, vor dessen Angesicht sich der Gautama, zu der Zeit noch ein junger Novize, gehungert hatte. Mara stand in einem Pulk grimmiger Dämonen. Seltsam – von Plutarch wissen wir von Ahrimans Versuch, Zarathustra vom Weg des Glaubens abzubringen, ähnliches versucht nun Mara mit Buddha, und im Neuen Testament der Bibel lesen wir Vergleichbares vom Satan mit Jesus. Ein uraltes Motiv offensichtlich, das nicht nur belegt, wie stark manche arischen Einflüsse auf die christlichen Glaubenslehren gewirkt haben – es zeigt auch auf geheimnisvolle Weise, daß Ahriman, Mara und Satan verschiedene Namen für den gleichen sind, für den Leibhaftigen eben. Die Worte des bösen Mara enthalten auf den ersten Blick wenig Bedrohliches. Es schwingt eine Spur von mitleidendem Zynismus darin – es ist der gleiche Zynismus, der den götterfernen Zeitgeist jener Tage prägt. Es scheint fast so, als habe das Böse gesiegt, als seien die Dewas gegangen und die Asura geblieben. Wenn nicht die Lehre und das Lächeln Buddhas wären; Buddha verachtet Mara, der das Irdische verkörpert, jene materielle Vielfalt, deren Summe identisch ist mit dem Zerstörerischen, dem Bösen: Buddha erkennt den Versucher, der ihn zu einem Leben verführen will, das ohne Wert und Würde ist, und folgt ihm nicht. Buddha bleibt standhaft, weil er die *Paramitas, die zehn großen Tugenden,* besitzt. Seine Antworten an Mara sind eine Absage an jene verworfene Niedrigkeit, wofür Mara steht. Buddha entgegnet dem Versucher: *Die Fleischeslust ist deine erste Armee, die zweite ist der Abscheu vor einem höheren Leben, die dritte ist der Durst und der Hunger, und die vierte ist die Begierde, die fünfte ist die Schlaffheit und die Faulheit, die sechste ist die Feigheit, die siebte ist der Zweifel, die achte ist Heuchelei und Starrsinn, die neunte wird gebildet aus Gewinnsucht, Lobreden, Ehre und falschem Ruhm, und die zehnte ist Selbstverherrlichung und Verachtung der anderen. Das sind deine Armeen, Mara. Kein schwacher Mann kann sie besiegen. Und nur indem man sie vernichtet, gelangt man zur Seligkeit.* Dies war nicht die letzte Niederlage, die Mara gegen Buddha einstecken mußte. Denn der Zerstörer fuhr mit seinen Versuchen fort, Buddha dem Allzumenschlichen zu unterwerfen – jenen standfesten Gautama, der die zehn Tugenden verkörperte.

Irgendwann wandte Buddha sich von der selbstleugnenden Askese ab. Nun ging er den Weg der Meditation, um sich von der Welt, dem geballten Bösen, zu lösen – eine Lösung von innen her also, durch die Kraft der Sammlung und des Intellekts. Es gibt eine *Heilige Nacht* des Buddhismus – eine Vollmondnacht, die vierte durchwachte Nacht: In dieser heiligen Nacht, zwischen zwei und sechs, kam dem Gautama die *Erleuchtung*, die ihn zum Buddha machte – er fand die *Vier heiligen Weisheiten*, die insoweit zur Erlösung vom Bösen führen, als jene unendliche Kette der Wiedergeburten und Rückkehr in die Welt gebrochen wird. Es sind erstens die Weisheit vom *Leiden*, zweitens von den *Ursachen des Leidens*, drittens von der *Aufhebung des Leidens*, und viertens von den *Wegen, die zur Aufhebung der Leiden führen*. Mit dieser Läuterung war Buddha gegen alle Versuchungen der Welt immun. Mara, der Zerstörer, hatte die entscheidende Schlacht verloren. Das

Leben ist Teil dieser in sich bösen Welt, und Geburt und Tod gehören zum Leben. Insoweit hat Mara, der Böse, nur eine einzige Schlacht gegen den Gautama gewonnen, die letzte aller Schlachten – das war, als Buddha starb.

Aber es war nicht Mara allein, dessen böser Kraft sich Buddha zu widersetzen hatte. Auch die zischende Naga von Uruvilva, ein Kobra-Ungetüm aus der Kategorie der dämonischen Drachen, maß mit Buddha die Kräfte. In ihrem Schlangenhaus setzte er sich Naga gegenüber, kreuzte die Beine, richtete den Oberkörper steil auf. Naga spie Rauch, sobald sie ihn sah. Auch Buddha spie Rauch. Dann spie das Untier Feuer, und Buddha tat es ihm nach. Die Leute draußen waren voller Furcht, weil sie das Schlangenhaus in Feuer und Rauch gehüllt sahen. Aber Buddha hatte Zauberkräfte, überwandt den Kobra-Drachen und sperrte Naga in ein Gefäß. Eine bezeichnende Legende einer Zeit, die die kosmischen Feuerdrachen noch in frischer Erinnerung hatte – überliefert in heiligen arischen Büchern, und nicht nur dort – Quetzal-cohuatl, Typhon, Midgardschlange, die Weltschlange Ananta und jetzt Naga: Sie sind Bilder des Leibhaftigen, Bilder des Satans, in seiner ursprünglichsten Form – Bilder von Luzifer, dem Morgenstern – einem Unglücksengel, der mit Donnergetöse vom Himmel gestürzt war und die Erde zur Feuerhölle gemacht hatte.

Mara und Naga – ihre dämonischen und kosmischen Komponenten sind satanisch, ihr Wesen jedoch wurzelt in einer Glaubenslehre, die andere Wege ging als die christliche: Nur die feurige Sturzparabel Luzifers ist diesen Religionen gemeinsam, auch das Motiv der Versuchung durch das Böse – in tief verschleierter Abgründigkeit – mehr nicht. Die Spuren des Satans verlieren sich im Buddhismus, ebenso wie die Spuren der Götter und übrigen Geister – man findet sie nur, wenn man über die niedrige Stufe des Begehrens nicht herausgekommen ist. Wer fortschreitet auf dem Weg zum Nirwana[26], was *Erlöschen* heißt – der Erlösung aus dem Zyklus der Wiedergeburten, der Entbindung von jedem Materiellen – nimmt an der Überwindung des Bösen teil. In einem solchen Glauben kann es keine ewige Verdammnis geben. Es gibt auch keine Hölle an sich, sondern verschiedene Höllen, die sich als Zwischenstationen unvollendeter Lebenskreisläufe verstehen. Nicht einmal der Vatermord, das schlimmste Verbrechen im alten Indien, hat seine ewige Hölle. Diese Höllen sind schreckliche Orte – sie sind im Petavatthu[27] beschrieben – Orte, wo auch das Fegefeuer nicht fehlt; doch der Aufenthalt dort ist endlich. Im Buddhismus, einer Religion, wo das Böse selbst endlich ist, ist es konsequent, daß auch Höllenqualen enden. Dies auch deshalb, weil der Buddhismus den Begriff der Schuld nicht individuell definiert. Das Böse ist eben Produkt eines unfaßlichen globalen Räderwerks, dessen Antriebe und Funktionen im Geheimen liegen; auch der Mensch selbst ist ein unlösbares Rätsel, und ebenso rätselhaft sind die Wurzeln seiner individuellen Schuld. Insoweit wird man sagen müssen, daß Buddhas Lehre keine rein metaphysische Religion ist, sondern einer recht diesseitigen Ethik nahekommt. Buddhas Lehre führt zur Demut und zur Entsagung: Die Welt ist stachlig und ungenießbar, man begegnet ihr mit Distanz und Mitleid.

Gut und Böse, so erklärt Buddha, seien nichts als irdische Illusionen; alles, was beginnt, ende auch; weil die Seele mit dem Leben beginnt, verginge sie auch mit dem Tod. Später haben Buddhas Schüler diese nüchterne These mit der Erfindung der Seelenwanderung versüßt. Die Seele würde so lange wiedergeboren, heißt es, bis sie den vollkommenen Zustand erreicht habe. Erst dann gehe sie im großen Ganzen auf. Buddhas Lehre ist diesseitig und enthält sich der Spekulation um die Schöpfung der Welt oder um das ewige Leben. Weil alles irgendwann vergeht, auch Gut und Böse, bedarf es letztlich keiner Götter, und hat auch der Leibhaftige, das Böse an sich, keine bleibende Funktion – natürlich auch Mara nicht, der Zerstörer, der auch Papimant heißt, der Böse.

Buddhas neue Lehre wurde zum Schwergewicht unter den Glaubenslehren in Indien und später in Asien. Aber der arische Wedismus war nicht aus der Welt. Seine Traditionen hatten sich mit den Harappa-Kulturen vermischt, jenen vorarischen Glaubensformen, die sich trotz Ächtung und Unterdrückung 1000 Jahre behauptet hatten. Es entstand ein bunter Fächer von Religionen, den man unter dem Sammelbegriff *Hinduismus* zusammenfaßt. Ein solcher Sammelbegriff suggeriert, daß die subsummierten Glaubenslehren im Grundsätzlichen übereinstimmen. Doch gibt es so viele Unterschiede zwischen ihnen, oft gravierende Gegensätze und Widersprüche, daß man die Anwendung des besagten Sammelbegriffs als verbale Bequemlichkeit ansehen kann. Die wichtigsten Religionen des Hinduismus sind Brahmanismus, Wischnuismus, Schiwaismus, Schaktismus, und Volks-Hinduismus. Hinzu treten verschiedene mystische Bekenntnisse. Man muß bedenken, daß alle diese Strömungen im Laufe von zweieinhalb Jahrtausenden viele Impulse fremder Religionen integriert haben.

Des Menschen Denken und Handeln ist voller Verdienste und Versäumnisse. Das Plus oder Minus eines Menschenlebens entscheidet, ob man nach dem Tod als Ratte oder Radscha wiedergeboren wird. Das schlimmste Übel nach wedischem Glauben ist, wenn man etwas von jenem Bonus verliert, den man im vorhergehenden Leben angehäuft hat: Der Brahmanismus ist es, der den alten wedischen Glauben an die Wiedergeburt am weitesten verästelt und fortgepflanzt hat. Der Brahmanismus ist dem traditionellen Wedismus am nächsten. In seinem Ursprung sah dieser Glauben in Puruscha seinen einzigen Gott. Puruscha war Gott und Materie zugleich – wenn man so will, der Monotheismus im Urzustand. Mit der Zeit wurde Puruscha mit Narayana eins, seinem Menschensohn, und mit Prajapati, dem Gott der Geschöpfe. Puruscha war also einziger Gott und Gottes Sohn zugleich, was dem christlichen Glauben vorgreift. Einen Gegenspieler hatte

Puruscha nicht, der Brahmanismus wollte nichts mehr wissen von den Asura oder kosmischen Feuerdrachen. Das Böse an sich, das die Weltordnung zerstören will, hält sich im Dunkeln. In dieser Religion sind Gut und Böse Phänomene, die spirituell nicht faßbar sind. Wohl aber rituell – Rituale haben im Brahmanismus einen gottgleichen Status, die Achtung vor ihnen und ihre Befolgung sind der Schlüssel zu einer würdigen Wiedergeburt. Das unterlassene Gebet, die Berührung eines Leichnams, das falsche Opfer – solche rituellen Verstöße können Krankheit und Tod bedeuten, weil Agni, der alles Übel verschlingende Feuergott, und Waruna, der Gott des Gleichgewichts, sich dann als Rachegötter entpuppen. Nur wer den Gottesdienst in seiner vorgegebenen Form verletzt, mag dann plötzlich so einen wie Writra aus dem Nebel treten sehen, irgend so einen satanischen Gott der Verwandlung – aber dessen Schwefelnebel verflüchtigt sich dann, wenn der Brahmanist seinem Gott Brahma als besondere Huldigung ein Sühneopfer widmet.

Was aber ist aus Wischnu geworden? Man denke an seinen flammenden Diskus, der 1000 dämonische Asura tötete, an seine bluttriefende Faust, die Hiranyakscha, dem Dämonenfürsten, das zuckende Herz herausgerissen hat. Der post-arische Wischnuismus zeichnet ein anderes Porträt dieses ehemals so weltlichen Dämonenschlächters Wischnu, der in zehn Inkarnationen erscheint. Der neue Wischnu ist eine schillernde Gestalt: Mal erscheint er so, dann wieder so – er ist ein verwirrender Gott der Wandlungen, er erscheint als Fisch, Löwe, Eber, in menschlicher Gestalt als Rama und Krischna, und bei Begegnungen mit den Menschen kommt er auch schon mal als Frau daher. Er ist zum Hauptgott aufgerückt, zum Gnädigen Herrn, und hat Lakschmi zur Gemahlin. Wischnu als Hauptgott – ein zwiespältiger Wandel, denn der Glaube an die klassische Dreiheit Brahma, Wischnu und Schiwa ist geblieben, wie sie sich nach der Aufspaltung Brahmas, des Schöpfergottes, ergeben hat. Das wichtigste Buch des

Wischnu-Hinduismus ist das Bhagavadgita. In manchen seiner Strömungen fordert der Wischnuismus den Glauben an Wischnu Withoba, den *einzigen* und gütigen Gott. Denn in der Lehre des Ramanuja[28] wurde Wischnu zur *einzigen Pforte des Heils* und *unverrückbaren Ursache aller Dinge und des Universums* erhoben. Das führte im 12. Jahrhundert zu einer monotheistischen Spielart des Hinduismus, die einiges mit dem Christentum und den anderen beiden monotheistischen Religionen gemeinsam hat. Dieser Ramanuja lehrte, Wischnu Withoba sei ein personaler Gott, der sich grundsätzlich von jeder Materie unterscheide und in seiner Vollendung die Gesamtheit aller Seelen und aller Kreatur sei, die Gesamtheit ihres Bewußtseins und ihrer *göttlichen Verweilungszustände*. Diese Polarität von Gott und Materie stellt Wischnu ins helle Licht, das rein Stoffliche aber in die finstere Ecke des Bösen. Wischnu, der einzige Gott, ist die Güte in Person. Nur mit Wischnu kann sich der Mensch vervollkommnen und dem Übel entgehen – allein Wischnus Gnade ist es, die zur Erkenntnis führt. Wischnus Gnade – nur sie erlöst den Sterblichen von der unheilvollen Bindung an den Geburtenkreislauf, nicht dessen eigene Werke. Wischnu, der einzige Gott, existiert, oder es existiert nichts – auf diese einfache Formel kann die Lehre Ramanujas gebracht werden. Sie hat im Hinduismus deutliche Spuren hinterlassen.

Und Luzifer, Satan, wer auch immer? – solche Widersacher haben kaum Gestalt angenommen im Wischnuismus, man sieht sie nicht. Nur Wischnu ist personifiziert. Sein Bild hat eine zentrale einmalige Bedeutung: Nur so wird verständlich, daß man sogar noch in unserer Zeit – im Juni 1997 – auf Bali daranging, ihm eine Kolossalstatue zu errichten – rund 140 Meter hoch, in der Dimension des Pariser Eiffelturms also. Das Böse im Wischnuismus ist vielfältig und materiell verwoben, irgendwo und überall. Im Wischnuismus gibt es keine leibhaftigen Teufel und Dämonen.

Schiwa tritt uns anders entgegen – dieser Gott führt Legionen von Dämonen ins Feld, die die unseligen Sterblichen bedrängen. Sein geschlossenes Auge auf der Stirn ist das Symbol des sprungbereiten Verderbens: Würde Schiwa es öffnen, würde das Licht dieses Auges das Universum verbrennen. Eine kosmische Vision, ebenso geheimnisvoll wie der Glaube an das Wunder, daß der Zeitpunkt des Weltenbrandes immer näherrückt, je öfter man Schiwa beim Namen nennt. Der Schiwaismus erscheint Außenstehenden als kaum lösbare Konfusion. Sie hat ihren Ursprung im Gott selbst: Schiwa ist der Widerspruch und die Vielgestalt in sich. Er ist der Gott, der dem Hinduismus die blutige *Fratze des Bösen* zeigt und dann wieder, als sei nichts geschehen, als *Glücksträger* über ein Meer aus zartrosa Lotosblüten schwebt. Schiwa ist ein orientalisches Rätsel, die leibhaftige Kontroverse, der Gott mit den 1000 Gesichtern: Sein göttliches Spektrum reicht vom *Verursacher aller Zerstörung* bis hin zur *Quelle allen Lebens* – dieser Gott stürzt und erhöht, nimmt und gibt, tötet und belebt, vernichtet und errichtet. In den finsteren Abgründen seines Wesens unterscheidet ihn nichts vom Satan, ebenso, wie sich in seiner Güte das Bild des lieben Gottes offenbart. Man schüttelt sich vor Schiwa, der Bestie, vor seinen schaurigen Grimassen und blutigen Altären – man fürchtet seine Finsternis und sieht den Leibhaftigen in diesem Gott verkörpert, als seien beide Brüder. Und dann wieder begegnet man Schiwa im Licht göttlicher Liebe und Zuwendung – dem lieben Gott Schiwa, dessen Symbol der Halbmond über dem Haupt ist. In Indien ist Schiwa das Idol einer ambivalenten Allmacht, die so schleierhaft und hintergründig ist wie das alte Asien selbst. Schiwa ist eine heilig-unheilige Zweieinigkeit, nämlich Gott und Satan in einer Person. Und um die Verwirrung um Schiwas satanische Dunkelseite komplett zu machen, nimmt man zur Kenntnis, daß die Sterblichen einst an Schiwa die Bitte herangetragen haben, er möge gegen das Böse kämpfen. So ist Schiwas Götterleib die tobende Arena, worin sich Gut und

Böse schlagen – insoweit eine simple Auflösung des Rätsels um diesen zwiespältigen Gott, weil er im Großen einen Zustand verkörpert, der im Kleinen auch das menschliche Dilemma ist. Schon in arischer Zeit hatte Schiwa den Nimbus des Unberechenbaren. In den Weden heißt er Rudra und ist ein wenig profilierter Gott, worin sich die Launen der Natur verkörpern. Auch als Prasupati ist er überliefert, Gott des Viehs, oder als Aghora, Gott der Bestrafung – man achte auf Rudras Bandbreite. Sie zeigt sich auch in anderen wedischen Verkörperungen – Rudra erscheint als treuer Ehemann, aber dann als Fremdgänger, er gibt sich enthaltsam, aber eben auch zügellos, und sein Phallus ist ein bedeutendes Glaubenssymbol. Es paßt zu den ewig wechselnden Gesichtern dieses Ur-Schiwas, wenn der Schiwaismus unserer Tage ein Keuschheitsgebot in die Hindu-Welt gesetzt hat.

Es hat seine Zeit gedauert, bis Schiwa zum dominierenden Gott aufstieg. Heute steht sein Reittier Nandi, der Stier, in 1000 Hindu-Tempeln. Ein wedisches Erbe, dieser Stier. Bezeichnend, wie eng Schiwas Reittier mit der Venus verknüpft ist – Venus im Sinne von Luzifer: *Als Stier feuerst du dein Feuer auf Erde und Himmel.*[29] Die Heiligung der Kuh in Indien hängt mit diesem Stierkult zusammen und hat letztlich denselben kosmischen Ursprung wie Luzifer: *Alle, die eine Kuh töten, essen oder ihre Schlachtung dulden, schmachten in der Hölle ebenso viele Jahre, wie die Kuh Haare hat.*[30] Im letzten Jahrhundert sah Ramakrishna[31] in Schiwa schließlich den zentralen Gott, personifiziert in der menschenfressenden Göttin Kali. Solche Wandlung des Geschlechts gehört ebenso zum Orient wie die zwitterhafte Verknüpfung von Gott und Satan in Schiwas Wesen. Wir wissen, daß sich Schiwa mit Dämonen umgibt. Sie sind untergeordnete Geister, man könnte meinen, in ihnen spukten noch die Schatten der wedischen Asura. Das Böse an sich, wie es Satan verkörpert, sind Schiwas Dämonen nicht. Das Böse, das über die Menschen kommt, ist Schiwa selbst, oder, genauer gesagt, seine böse Hälfte. Das Böse – es hat zwei

Ursachen, so definiert es der Schiwaismus: mangelndes Wissen und mangelnde Reinheit.

Die Göttin Kali – sie ist ein teuflisches Ungeheuer, das Menschen frißt und Blut säuft. Im indischen Bengalen verkörpert sie nicht nur Schiwa, sondern auch die Göttin Schakti, die Brahmas Gattin ist und dessen Schöpferkraft personifiziert. Es hat etwas mit Wiedergeburt und Seelenwanderung zu tun, wenn die indischen Götter behend und spurlos in jede beliebige göttliche Hülle schlüpfen, unbeeindruckt vom Geschlecht, der Geschlechter- und Zeitfolge oder Wesensart. Das beste Beispiel ist Puruscha, der wedische Ur-Brahma – seine Tochter war die Göttin Viraj, die insoweit aber auch Puruschas Mutter ist, als sie ihn wiedergeboren hat. Ein zweites Beispiel ist Brahma selbst, der sich auf unbegreifliche Weise selbst befruchtet und zur Dreifaltigkeit Brahma-Wischnu-Schiwa vermehrt.

Da wir wissen, daß Kali Schiwas böse Hälfte ist, müssen wir nun das Rätsel lösen, wieso sie dann mit Schakti identifiziert wird, die ja als Brahmas Götterfrau bestenfalls Schiwas Mutter sein könnte. Wie auch immer – Schakti steht im Mittelpunkt der kultischen Verehrung des Schaktismus, einer weiteren Hindu-Religion. Schakti ist launisch, zwiespältig, unberechenbar. Sie ist die Liebe und der Haß, die Geburt und der Tod, die Wohltat und die Untat, die himmlische Schönheit und das höllisch Häßliche; was Schakti mit der Rechten schenkt, stiehlt sie mit der Linken. Schakti ist wie Schiwa – doch ist der Schaktismus nicht wie der Schiwaismus, schon gar nicht wie der Wischnuismus. Die beiden letztgenannten Hindu-Religionen haben eine eher asketische Ethik, der Wischnuismus stark ausgeprägt, der Schiwaismus deutlich. Der Schaktismus aber reglementiert die Sexualität nicht mit Verboten. Das Gegenteil ist richtig: Geschlechtsverkehr und geschlechtliche Lust sind gehörig, wenn sie als religiöses Ritual praktiziert werden – als feierliches Vereinen von Körper und Seele, als heiliges Zusammenfließen von Menschlichem und Göttlichem. Das alles hat mit dem Satan nichts zu tun, ebensowenig mit seinen 1000 Teufeln. Im Schaktismus herrscht die Göttin Schakti, die Gutes und Böses nimmt und bringt. Sie braucht da keine Helfer wie den Leibhaftigen oder Beelzebub. Das aber ist nur das Eine. Das Zweite ist eine verschlungene Querverbindung, die von Schakti über die sumerische Himmelsgöttin Ischtar zu Luzifer führt. Alle drei Gottheiten sind insoweit identisch, als ihre Namen für den Morgenstern stehen oder für die Geburt an sich beziehungsweise für die Geburt eines neuen Zeitalters. Hinzu kommt eine rituelle Tangente, ein formales Plagiat: Die Blutorgien vor Kalis Schreckensbild oder die erotisierten Riten bei der Anbetung Schaktis mögen bei den Ischtar-Kulten oder Ritualen schwarzer Messen Pate gestanden haben.

Die Glaubenswelt des Volks-Hinduismus steckt voller Geister und Dämonen. Zum Begriff: Im Volks-Hinduismus faßt man eine Vielzahl von Hindu-Lehren zusammen, die in verschiedenen Regionen Indiens ein eigenes Kolorit entwickelt haben. Doch haben alle diese bösen Wesen ein anderes Gesicht als der Satan und seine zahlreiche Teufelsbande. Sicherlich sind auch sie Urenkel der wedischen Asura, die sich in die heutigen Hindu-Religionen hinübergerettet haben – insoweit wird ihre Verknüpfung mit der arisch-indoeuropäischen Luzifer-Legende durchaus zulässig sein. Doch ist ihre heutige Beziehung zum Bösen an sich verschwunden – einfach deshalb, weil es dieses Böse an sich im Hinduismus nicht gibt. Gut und Böse sind dort ein Dualismus im einheitlichen Weltgefüge, eine untrennbare Symbiose voller Reibung und Rivalität. Es geht im Hinduismus weniger darum, das Gute und Böse zu tun oder zu lassen – sein ganzes Streben ist primär, mit der Gottheit eins zu werden, um dem Zyklus der Wiedergeburt oder Seelenwanderung zu entgehen.

Das Reich des Bösen, Satans infernalisches Imperium also, paßt nicht in die Köpfe der Inder. Im alten Persien aber, mit Zarathustra dem Magier, betrat Ahriman die höllische

Bühne – Ahriman, der Ur-Satan. Die altindische und die altpersische Religion haben die gleiche arische Wurzel, und wir wissen, daß beide Glaubens- und Götterlehren in alter Zeit Zwillinge waren. Zweieinhalb Jahrtausende sind eine lange Zeit – sie reicht aus, die Wege der Völker zu trennen – es werden andere Menschen aus ihnen, im Körper und im Geist. Solch ein Auseinanderdriften hat viele Gründe. Einer davon ist die Form der staatlichen Entwicklung. Indien ist ein großes Land, seine geographischen Strukturen programmieren den Zerfall in getrennte Regionen. So hat es dort keinen Zentralstaat gegeben im Altertum oder im Mittelalter, unter den Maurja nicht, den Andhra, den Satavahana, den Kalinga, den Gupta oder den Arabern. So kam es auch zu keiner Staatsreligion als Agens politischer Einheit. Anders das alte Persien: Von der Größe und Struktur geschaffen für einen zusammenhängenden zentralistischen Staat, entwickelte sich dort ein mächtiges Reich, das unter den Medern seine Blüte hatte. Ein solches Reich braucht eine Staatsreligion – ein begreifliches, handfestes Dogma. Zarathustra hat es dem alten Persien gegeben, schwarz-weiß und einprägsam: Ahriman, den Ur-Satan, und Ahura Mazda, den Ur-Lieben Gott.

Die sechzig Qualen der Unterwelt: Mesopotamien

DA ABER STÜRZTE ER MIT DEM ADLER AUF DIE ERDE HINAB.
Babylonisch-assyrischer Mythos von der Himmelfahrt des Etana

Seit Ischtar[1] in die Unterwelt hinabstieg, ist auf der Erde alles Leben und Werden erstarrt. Was soll geschehen?[2]

So fragte Papsukkal, der Götterbote, dem die Tränen die Wangen herunterliefen. Er hatte sich an Nannar, den Gott des Mondes, und an Ea, den Weisen unter den Göttern, gewandt. Papsukkal war in Trauergewändern erschienen. Ischtar, die babylonisch-assyrische Göttin der Geburt, wurde im Totenreich festgehalten, einer düsteren Hölle, wo die Totengöttin Ereschkigal herrschte. Aber irgendwann kam Ischtar zurück: *Als sie aber mit Tammuz[3] durch das siebente Tor trat, erblickte sie den Himmel und das Licht, und fortan nahm alles Leben und Werden auf Erden wieder seinen geordneten Lauf. Ischtar war der Welt wiedergegeben, und Liebe und Fruchtbarkeit kehrten zurück.*[4]

Der Satan ist Haß und Zerstörung, aber nicht Liebe und Fruchtbarkeit. Wo der Leibhaftige hintrampelt mit seinem Bocksfuß, wächst sowieso nichts mehr. Wie könnte man ihn also mit einer so feurigen schönen Göttin vergleichen, die als Göttin der Geburt und der Liebe verehrt wird? Dennoch gibt es eine Parallele zwischen Satan und Ischtar, ein kosmisches Spiegelbild sozusagen, das auf ein gemeinsames Wesen zurückführt – auf Luzifer nämlich, den gefallenen Engel. Die Gemeinsamkeit fängt damit an, daß der Name Ischtar[5] genauso übersetzt wird wie der Name Luzifer – beide Namen sind Synonyme für die Venus, den Morgenstern. Es ist durchaus nichts Besonderes daran, wenn antike Götter das Geschlecht oder die Wesenszüge wechseln. Im Gegenteil, solche Irrungen sind häufig, gleich, ob innerhalb oder außerhalb gemeinsamer Kulturkreise. Wir wissen, daß Ischtar im biblischen Kanaan unter dem männlichen Götternamen Baal[6] verehrt wurde, später dann unter den weiblichen Formen Baalath beziehungsweise Belith. Die Gemeinsamkeit mit Luzifer setzt sich fort, wenn wir den Abstieg Ischtars in die Unterwelt dem Sturz des schwarzen Engels gleichsetzen, der die Erde zur Hölle machte: *Wie bist du vom Himmel gefallen, du schöner Morgenstern* ... Jesajas kosmisches Beispiel knüpft an den alten babylonischen Mythos von Ischtars Abstieg in Ereschkigals Hölle an, der alles Leben und Werden auf der Erde erstarren ließ. Es steckt etwas vom Fimbulwinter und von Ragnarök in diesem Verb *erstarren*, aber eben auch der sonnige Frieden eines neuen Weltzeitalters in Ischtars Rückkehr, wo *alles Leben und Werden wieder seinen geordneten Lauf* hat – man fühlt sich an Balder erinnert, den nordischen Lichtgott, der nach Ragnarök sein neues Leben begonnen hat, mit Hödur und den übrigen Göttersöhnen über das blühende Idafeld wandert und die goldenen Runentafeln im Gras wiederfindet. Ischtar ist nicht der Satan, das Böse an sich, in gewisser Weise ist sie sein ganzes Gegenteil. Aber ihre strahlende Göttlichkeit und ihr Abstieg in die Unterwelt wecken die Erinnerung an Luzifer, den gefallenen Engel – seine flammende Legende hat 100 Gesichter, schöne und häßliche, männliche und weibliche, babylonische und christliche.

Ischtar ist die Göttin der Geburt, aber auch Göttin des Krieges – sie tötet auch. Die Götter beschlossen die große Flut, um die Menschen zu vernichten, und auch Ischtar stimmte für die Sintflut. Nachher tat es ihr allerdings leid. Sie *schrie gewaltig wie ein Weib in Geburtsnöten* und klagte: *Wie konnte ich nur in der Versammlung der Götter diesem gräßlichen Plane zustimmen? Wie konnte ich mithelfen, meine Kinder so grausam zu vernichten, denen ich selbst zur Geburt ins Dasein verholfen habe?*[7] Auch Ischtar verursacht also Erdkatastrophen – sie ist kein Unschuldsengel in der kosmischen Dramaturgie, ebensowenig wie Luzifer. So sah es auch der Pförtner der Unterwelt, als er der Totengöttin Ereschkigal Ischtars Ankunft mitteilte: *Ischtar steht am Tore, sie, die die großen Freudenfe-*

ste feiert und die Fluten des Meeres aufwühlt.[8] Aber immerhin hat die schöne Göttin Gewissensbisse dabei, ein Wesenszug, der dem Satan fremd sein dürfte.

Die Göttin ist vollblütig und impulsiv – so hatte sie irgendwann den Halbgott Gilgamesch[9] baden sehen und sich in den jungen, gut gewachsenen König von Uruk verliebt: *Komm Gilgamesch, sei mein Geliebter! Komm, schenk mir deine Frucht. Du sollst mein Gatte sein, ich dein Weib.*[10] Gilgamesch aber wollte Ischtar nicht, was sie vor Wut kochen ließ. Ischtar stieg zum Himmel hoch zu ihrem Vater Anu, dem Himmelsgott und Göttervater, und zu ihrer Mutter Antum, um sich Luft zu machen in dieser delikaten Sache und für alle Zeit klare Verhältnisse zu schaffen: *Vater, schaffe mir den Himmels-Stier herbei, damit er Gilgamesch töte! Und weigerst du dich, so werde ich die Türen der Unterwelt zertrümmern und die Toten heraufführen, daß sie die Lebenden fressen.* Notgedrungen gab Anu ihr den Stier, der ein gewaltiges Tier war. Ischtar zog ihn an einer Kette vom Himmel nach Uruk hinunter. Sein Anblick verbreitete furchtbaren Schrecken unter den Menschen, und sogleich fielen 600 Männer seinem Schnauben zum Opfer.[11] Der gewaltige Stier, der vom Himmel gezogen kommt, furchtbaren Schrecken verbreitet und im ersten Anlauf 600 Männer totschnaubt, ist ein ebensolches apokalyptisches Ungeheuer wie Typhon, Fenrir oder Ananta – Luzifer läßt grüßen. Und wenn man an Ischtar denkt, die schöne Göttin, die diesen Stier auf die Menschheit losläßt – denkt man dann nicht auch an den nordischen Loki, den Schwarzalfen, der das ja so ähnlich gemacht hat, als er Ragnarök inszenierte? Eine faszinierende Göttin – sieht man sie ihre Rolle mit dem Himmels-Stier spielen, möchte man meinen, Loki in einer seiner betörendsten Verwandlungen zu sehen – weit entfernt von Asgard und Midgard, in einem Gastspiel in Mesopotamien, dem Land der zwei Ströme.

Dieser Himmels-Stier ist ein uraltes Symbol für die Venus/Luzifer, für jenen satanischen Planeten, der sich daran gemacht hatte, die Welt auf die Hörner zu nehmen. Sanchoniaton berichtet, Ischtar/Venus habe einen Stierkopf besessen. Bei den Phöniziern und Syrern hieß der Planet Aschteroth-Karnaim, was *Ischtar mit Hörnern* heißt. Ein Name, den man auch einer kanaanäischen Stadt gegeben hatte, um Aschteroth/Ischtar zu ehren. Wir erinnern an das sprichwörtliche *Goldene Kalb,* dem Aaron und das Volk Israel am Berg Sinai huldigten: *Und er [Aaron] ... bildete das Gold in einer Form und machte ein gegossenes Kalb. Und sie sprachen: Das ist dein Gott, Israel, der dich aus Ägyptenland geführt hat! ... Und sie ... opferten Brandopfer und brachten dazu Dankopfer dar. Danach setzte sich das Volk, um zu essen und zu trinken, und sie standen auf, um ihre Lust zu treiben.*[12] Dies ist aber nicht das einzige goldene Kalb, das in der Heiligen Schrift überliefert ist. Ein anderes Beispiel: *Und der König* [Jerobeam[13]] *hielt einen Rat und machte zwei goldene Kälber und sprach zum Volk: ... siehe, da ist dein Gott, Israel, der dich aus Ägyptenland geführt hat. Und er stellte eins in Bethel auf, und das andere tat er nach Dan.*[14] Diese goldenen Kälber waren Standbilder der Ischtar, die die Venus ist. Und weil die Venus Luzifer/Satan ist, haben wir, wenn man so will, im Bericht der Genesis einen ersten biblischen Beleg für die Anbetung des Leibhaftigen – der bacchantisch-erotische Charakter dieser Riten führt in direkter Linie zum Satanskult späterer Generationen.

Auch in der Awesta läßt sich Luzifer/Ischtar kurz einmal blicken – dort wird von Tystria berichtet, dem Stern, der die Planeten angreift: *Der helle und prächtige Tystria vermengt seine Gestalt mit Licht, während er in der Gestalt eines goldgehörnten Stiers dahinzieht.* Tystria ist mit Mithra identisch, der vom Himmel niederstieg: Er *ließ einen Strom von Feuer auf die Erde herabfließen, was bedeutet, daß ein lodernder Stern auf irgendeine Weise hienieden anwesend war und unsere Welt mit seiner verzehrenden Hitze erfüllte.* Und auch an anderer Stelle, wo von der Venus gesprochen wird, *die aussieht wie ein mit Rauch versehenes Feuer.*[15] Auch die Weden lassen Luzifer als Stier erscheinen: *Als Stier schleuderst du dein Feuer auf Erde und Himmel.*[16]

Ebenso die Ägypter zeichnen ein ähnliches Bild der Venus und beten sie in Gestalt des Stieres[17] an. Im griechischen Mykene wurde ein goldener Kuhkopf ausgegraben, der einen Stern auf der Stirn trägt.[18] Solche Stier-Luzifer-Assoziationen sind weltweit zu finden, man täte sich schwer, sie alle aufzuzählen.

Ein letztes Beispiel, diesmal aus den polynesischen Samoainseln: *Der Planet Venus wurde wild*, wird überliefert, *und ihm wuchsen Hörner aus seinem Kopf hervor.* Eine bemerkenswerte kosmische Beobachtung eines Naturvolkes, das weder Teleskop noch Schrift kannte und dieses astronomische Phänomen dennoch beobachtet und über Jahrtausende überliefert hat.

Wenn etwas ganz Unglaubliches oder Unverzeihliches geschieht, sagt man manchmal *Das geht auf keine Kuhhaut*. Auch dieses Sprichwort steht im Zusammenhang mit Luzifer und dem Himmels-Stier: In alter Zeit schrieb man auf präparierter Tierhaut, und man glaubte, daß der Satan, der ja angeblich das menschliche Sündenregister führt, es auf einer Kuhhaut notiert. Waren es besonders viele Sünden, reichte auch die größte Kuhhaut nicht.

Für die Venus-Hörner gibt es eine astronomische Erklärung: Kurz vor und nach der unteren Konjunktion zeigt der Morgenstern häufig weit über 180 Grad hinausgreifende Sichelspitzen. Dieses optische Phänomen entsteht, weil auch Außenteile der an die Tagseite angrenzenden Nachtseite erhellt sind – ein Streulicht- beziehungsweise Dämmerungseffekt, wie er nur bei Planeten eintreten kann, die eine Atmosphäre besitzen. Die Ähnlichkeit mit einer gehörnten Stierstirn ist recht deutlich. Es sieht weiter danach aus, als habe Luzifer/Venus in seiner wilden Zeit der Erdnähe Ausstülpungen entwickelt, die dem Schweif von Kometen ähneln, und gegen die Erde gerichtet – so wie der Stier die Hörner senkt, bevor er sie gebraucht. Die Alten müssen sie gesehen haben – in babylonischen Überlieferungen liest man Beschreibungen der beiden Venus-Hörner, von denen eines manchmal stärker hervorgeragt sein soll als das andere. So liefert uns Ischtar, die liebeskranke Göttin mit dem Himmels-Stier, so ganz nebenbei einen Hinweis, wie es dazu kommt, daß Satan/Luzifer als Gehörnter durch die Sagenwelt hinkt.

Es gibt rabbinische Deutungen, daß die israelische Spielart des Stierkults mit Himmelsvisionen zu erklären ist, die während des Durchgangs durch das *Schilfmeer* eintraten – Schreckensbilder einer Beinahe-Kollision mit einem drohend nahen Himmelskörper: Die Flüchtlinge des Exodus hatten gemeint, den feurigen Himmelsthron zu erblicken und unter den flammenden Himmelswesen, die um ihn herumstanden, sei der Stier am deutlichsten zu erkennen gewesen. Venus, Ischtar/Baal, Luzifer – für das Volk Israel war der apokalyptische Höllensturz ein kosmischer Befreiungsschlag. Die vorbeistreifende Venus löste das höllische Inferno auf der Erde aus, dem Volk Israel aber wurde die planetare Urgewalt zum unverhofften Diener, denn *die Wasser teilten sich. Und die Kinder Israel gingen hinein mitten ins Meer auf dem Trockenen. Und das Wasser war ihnen eine Mauer zur Rechten und zur Linken ... Und das Meer kam gegen Morgen wieder in sein Bett, und die Ägypter flohen ihm entgegen. So stürzte der Herr sie mitten ins Meer ... Und sie* [die Kinder Israel] *sahen die Ägypter tot am Ufer des Meeres liegen.*[19] Es kann nicht überraschen, wenn das Volk Israel hin- und hergerissen war zwischen dem Glauben an den einzigen Gott und dem Luzifer-Kult an den Altären der goldenen Kälber. Venus/Luzifer/Ischtar/Baal hatte man gesehen, den feurigen Stierkopf mit den flammenden Hörnern, der am Himmel gewütet, das Wasser geteilt und die nachdrängenden feindlichen Ägypter getötet hatte – aber den einzigen Gott? Den hatte niemand gesehen, Mose ausgenommen. So wurde Baal/Ischtar, die babylonische Venus-Gottheit, zum konkurrierenden Kult-Idol – im Land

Kanaan, im nördlichen Königreich von Israel[20], im Land Juda selbst, oder im Land der Philister, wo in Ekron dem Baal-Zewuw gehuldigt wurde, dem Beelzebub[21] der Bibel. Baal ist Ischtar, so steht es in der Bibel: *Und die Leibwache und die Ritter warfen die Leichname hinaus und drangen in das Innere des Hauses Baals und brachten hinaus die Bilder der Aschera.*[22] So geschehen unter Jehu[23], König von Israel, der in Samaria alle Baals-Priester versammeln und töten ließ.

In den babylonischen Psalmen wurde Ischtar, die Venus-Göttin, zum göttlichen Sternbild, zur Himmelskönigin: *Ich bin Ischtar. Hoch fahre ich dahin ... Die Himmel lasse ich erbeben, die Erde lasse ich wanken ... Das ist mein Ruhm ... sie, die am Horizont des Himmels aufleuchtet, deren Name geehrt ist in den Wohnstätten der Menschen, das ist mein Ruhm. ›Königin des Himmels oben und unten‹ soll es heißen, das ist mein Ruhm. Die Berge überwältige ich alle zusammen, das ist mein Ruhm.* So war Ischtar also die Fackel Mesopotamiens, eine Lichtbringerin wie Luzifer, die Astarte in Palästina, die Aphrodite in Griechenland, die Venus in Rom, die Himmelskönigin schlechthin.

Aber Mesopotamien selbst, das alte Land zwischen Euphrat und Tigris, war den antiken Geographen ein dunkles Rätsel, ein weißer Fleck: *Hic sunt leones*, hieß es nur, *hier gibt es Löwen*. Und doch war das Zweistromland ein Kulturzentrum, das der alten Welt viele Impulse gegeben hat. Schon um 6300 vor Christus gab es hier Webstühle und begannen die Sumerer, Rinder zu züchten. Um 3700 hört man von den ersten sumerischen Stadtstaaten, um 3400 wurde dort das Rad erfunden und um 3100 die Schrift. Es ist sicher, daß unsere moderne Astronomie in Mesopotamien ihren Anfang nahm. Über die Herkunft der Sumerer wird gerätselt. Zum arisch-indo-europäischen Sprachstamm gehören sie nicht. Herrschaften und Grenzen wechselten wie die Gezeiten am Meer: Der sumerischen Herrschaft folgte eine semitische, dann kamen die

Gutäer, die von einer sumerischen Dynastie abgelöst wurden. Dieses Reich zerfiel in zwei Hälften, die eine semitisch (Babylon), die andere assyrisch (Assur). Dann kam Hammurabi, der Babylonier, und einigte das Reich. Es brach wieder in zwei Teile. Nun kamen die Meder und besetzten Assur, während in Babylon die Chaldäer herrschten. Ihr bekanntester König war der biblische Nebukadnezar. Babylonien war schließlich nur noch eine persische Provinz, bis 330 vor Christus Alexander der Große, der Makedone, sich dort zum Herrscher machte. In diesem Wechselspiel von Macht und Schwäche, Krieg und Frieden entstand eine komplizierte, aber einheitliche Glaubenslehre, die wie eine Fessel einte. Schuld und Sühne heißen ihre Koordinaten, Sünde und Erlösung. Auch der Satan läßt sich dort sehen, wenn auch verzettelt in diversen Dämonen und Lichtgestalten. Viele babylonisch-assyrische Lehren sind Wurzeln des jüdischen oder christlichen Glaubens.

Herunter, Jungfrau, du Tochter Babel, setze dich in den Staub ... du Tochter der Chaldäer ... es wird in vollem Maße über dich kommen, trotz der Menge deiner Zaubereien.[24] Seit jeher, wie wir wissen, haßten die Juden Babylon, schon vor Judas Unterwerfung (537 vor Christus) durch Nebukadnezar unter König Joakim und mit der babylonischen Gefangenschaft. Und die dortige Vielgötterei und Magie bot natürlich eine breite Angriffsfläche für die religiöse Auseinandersetzung. Den monotheistischen Juden war die Verehrung so zahlreicher Götter eine abscheuliche Gotteslästerung. In Mesopotamien gab es tatsächlich eine Unzahl von Götterwesen, deren gesamte Ordnung oder Logik ganz unmöglich nachvollzogen werden kann. Wollte man wirklich darangehen, die Geheimnisse der ursprünglich rund 4000 Gottheiten zu lüften, müßte man alles Wissen von damals haben und sich dann der elektronischen Datenverarbeitung bedienen. Zwar hatte sich mit der Zeit die enorme Götterzahl verringert. Dennoch werden im *Schöpfungsgedicht*, das etwa um 1200 vor Christus entstanden ist, immer noch an die 600 aufgeführt. Es ist ganz schwierig, diesen Götterwesen nachzuspüren: Die vielen Kriege brachten einen Zuwachs oder Austausch von Gottheiten, wobei sich oft genug ihre Namen, das Wesen oder ihr Geschlecht änderten. Jede Stadt, das kam hinzu, hatte ihre besondere lokale Göttergestalt. Ein Heer von Göttern: Nicht nur ihr Wesen, die Namen, ihre Kulte schwammen, selbst ihre Identitäten. Für Nintud, die ledige Muttergöttin, sind immerhin rund 40 verschiedene Namen belegt. Nintud gehörte zu den Hauptgottheiten. Zu ihnen zählten weiter Anu, Himmelsgott und Göttervater, Innini, die himmlische Jungfrau, Enlil, der Erdgott und Herr des Luftraums, und Ninlil, seine Göttergattin. Weiter Ea, der Wassergott, und seine Gemahlin Damkina. Dann Marduk, Sonnengott und Schutzgott Babylons, der Sohn Eas, und dessen Braut Lachamu. Und natürlich Ischtar, der weibliche Luzifer, Göttin der Geburt und Himmelskönigin.

Zwischen den babylonisch-assyrischen Hauptgottheiten und den Gestirnen gab es geheimnisvolle Verknüpfungen. Der Grund für solche Sternkulte war der feste Glaube an eine universelle kosmische Ordnung, worin Himmel und Erde keine Gegensätze sind, sondern Teile des Ganzen. Der Himmel versteht sich als Urbild, die Erde als Abbild. Was auf der Erde geschieht, hat seinen Ursprung im Himmel – der Himmel ist die Idee, die Quelle, der Samen, die Schöpfung; die Erde die Tat, der Strom, das Korn, das Sein. Alles was sich im oder am Himmel ereignet, setzt sich auf der Erde in vielfältiger Weise um, bewirkt das irdische Sein, Werden und Vergehen. So wurde zwischen Euphrat und Tigris eine weltliche Ethik mit den Gesetzen des Himmels verknüpft. Die Könige Mesopotamiens haben mitgewirkt, daraus eine Religion abzuleiten und zu etablieren, die machtpolitisch Nutzen brachte. Sie schuf ein Volk, das sich knechten und ducken ließ. Im Land der zwei Ströme wurde das metaphysische Böse erfunden, die finstere Vision einer Urschuld, die Demut und Unterwerfung erzwingt. Dieser Glaube war ohne Hoffnung, geschaffen von einer theokratischen Obrigkeit, die Untertanen mit gebeugten Rücken züchtete. Die Priester im alten Mesopotamien waren die Erfüllungsgehilfen der Mächtigen. Ihnen war aufgetragen, den Mythos von der Schuld wachzuhalten und die Vorstellung, daß allem Sein das Böse innewohnt. Sie waren gehalten, die Zusammenhänge und Wechselwirkungen zwischen Himmel und Erde zu erforschen, zu deuten und zu lehren. Auf dieser erhabenen Basis gewann die mesopotamische Geistlichkeit legislative und exekutive Bedeutung, ähnlich wie im alten Persien die Magier und der Religionsstifter Zarathustra.

Die Transzendenz eines Glaubens, der Götter den Gestirnen gleichsetzt und Himmel und Erde als Wechselwirkung begreift, wirkte tief hinein ins Menschenleben. Sein Sinn erfüllte sich im Götterdienst und im Gehorsam gegen die göttlichen Gebote. Im alten Mesopotamien war die Religion wie ein dunkler Kerker – wohin man sich auch wendete, überall waren Gitter aus Schuld und Mauern aus Sühne. Unterwerfung oder Verdammnis, das waren das kleine und das große Übel des dortigen Glaubens. Drei Glaubensfragen bewegten die Babylonier/Assyrer besonders, sie ziehen sich wie ein roter Faden durch die Mythen und finden dort ihre Antwort: Erstens – worin hat das Universum seinen Ursprung und mit ihm die Weltordnung? Zweitens – wie gelingt es dem Menschen, sein Leben nach der Weltordnung zu richten, die Sünde zu meiden und demütig zu sein? Drittens – wie kann man es den Göttern gleichtun und ewig leben?

Es lag eine düstere Strenge im babylonisch-assyrischen Glauben – die Mesopotamier machten sich ein höchst bedrückendes Bild von ihren Göttern. Man führte jedes Unglück auf Ungehorsam und Pflichtversäumnis im Glauben zurück – es scheint so, als sei in Mesopotamien unsere Vorstellung von der Sünde in die Welt gekommen. Zwischen Euphrat und Tigris trug man schwer an der Schuld, die man sich gegenüber den Göttern und dem Universum aufgeladen zu haben meinte. Jeder Götterdienst enthielt einen feierlichen Gesang an das

Zorneswort der Gottheit. Es gab Litaneien, wo die vielen Götter aufgezählt wurden – man flehte sie um Gnade an, und wenn ihr Name ausgesprochen wurde, folgte ein klagender Refrain. Man begnügte sich nicht mit öffentlichen Götterdiensten. Es waren auch häusliche Gebete verordnet, Psalmen zur Buße und Einkehr. Auch Psalmen zur Beichte fehlten nicht, zum Götterlob oder zur Fürbitte. Nicht nur die Vorstellung von der Sünde, sondern auch der Beicht-Ritus ist in Mesopotamien entstanden.

Wo sonst finden wir in der Antike eine ähnlich bedrückende Glaubenslehre wie dort? Das Volk, das die Schrift und das Rad erfunden hat, hatte eine Religion dunkelster Verzweiflung. *Das Leben, das du suchst, du wirst es niemals finden. Die Götter bestimmten den Tod dem Menschen zum Ende des Lebens, als einst sie den Menschen erschufen. Das Leben behielten sie sich.*[25] So führte Siduri, eine Meeresgöttin, Gilgamesch den Sinn sumerischer Existenz vor Augen. Was Sünde und Buße betrifft, haben die babylonisch-assyrischen Glaubenslehren auffallende Entsprechungen in den Offenbarungsreligionen, besonders in der jüdischen und christlichen. Selbst die Vorstellung der Erbsünde entstand zwischen Euphrat und Tigris – in akkadischen, altsemitischen Bittschriften, worin Sünden gegen Sittlichkeit und Ritus gebeichtet werden, wird eine Sünde erwähnt, die nicht der Bittsteller selbst getan hat, sondern einer seiner Ahnen.

Anders als die alten Perser, wo Zarathustra das Gute in Ahura Mazda und das Böse im Ur-Satan Ahriman fokussiert hatte, hingen die Mesopotamier an der Vielgötterei, einer Welt hoher Wesen, zu denen eben auch Dämonen zählten. Unter den Dämonen müssen wir Umschau halten, woher die Vorstellung drückender Schuld stammt, der Grundzug der dortigen Glaubenslehre. Wir finden eine üble Schar von Ungeheuern, die, wie der Satan oder Ahriman, das Böse verkörpern und über die Menschen bringen – Sumerer und Semiten waren fest überzeugt, daß das Treiben solcher Dämonen Ursache allen menschlichen Unglücks und aller menschlichen Schuld ist. Dabei hatten die Menschen nach dortigem Glauben von Geburt an eine Art Schutzengel: Er ist ein gütiger Hütergott, der den Menschen an Tugend weit übertrifft. Er lebt tief im Innern des Sterblichen, doch sündigt dieser, verläßt ihn der Schutzgott und überläßt den Ort den Dämonen. Die alten Mesopotamier hatten nicht nur ihre beispielgebenden Vorstellungen von der Sünde, sondern identifizierten auch die Dämonen als ihre Verursacher – Sünder ist, wen der Dämonenfluch trifft. Mit diesem Fluch ergreift der Dämon Besitz am Menschen mit der Folge, daß dieser fortfährt, die religiösen Gebote zu mißachten und ihre Tabus zu brechen. So reifte schon im alten Sumer das Dogma, daß es vorzugsweise notorische Sünder sind, die von Dämonen heimgesucht sind. Sie wurden als *besessen* apostrophiert, und diese *Besessenheit* galt als Indiz ihrer Verworfenheit und sündhaften Perversion. Es waren dies Vorstellungen, die sich in assyrischen und babylonischen Lehren fortentwickelten und über das Judentum auch das Christentum erreichten.

Im alten Babylonien war es so: Ob man das Seelenheil erreichte, hing vom Eingreifen der Geistlichkeit ab. Es gab einen rituellen Exorzismus, der auf eine Erlösung am Jüngsten Tag zielte, auf eine Erlösung also, die christlichen Vorstellungen vorgreift. Die Austreibung von Dämonen war in erster Linie den babylonisch-assyrischen Magiern vorbehalten, sie wurde in einer komplizierten, zeitaufwendigen Prozedur vollzogen. Da gab es magische Beschwörungen, das teuflische Unwesen der Dämonen wurde geschildert, es wurden die Namen der Dämonen gerufen – aller Dämonen, weil auch die Magier nie so recht wissen konnten, welche Dämonen es nun genau waren, die in den Sünder gefahren waren. Man benetzte dessen Körper mit Flüssigkeiten, man salbte ihn, bestrich ihn mit Kräuterextrakten, brachte ihm Teig, Pflanzen oder Salz auf die Haut. Die Zauberformeln der Magier sollten die

Dämonen austreiben und in jene Substanzen fahren lassen, die man schließlich von der Haut entfernte und vernichtete. Symbole eines solchen Exorzismus waren bunte Bänder, die am Lager befestigt waren, worauf der Sünder ruhte. Man zerschnitt sie, um deutlich zu machen, daß die dämonisch-menschliche Symbiose nun zertrennt war. Diese Zeremonie nannten die Babylonier und die Assyrer *Reue*, ein Ritus, der erstmalig in den Religionen erscheint – das Judentum hat ihn zu späterer Zeit übernommen. Der Ritus des religiösen Exorzismus hatte auch eine medizinische Komponente. Er wurde ja auch am Krankenbett vollzogen, wohin man dann den Asu holte, der Arzt war und kein Geistlicher. Auch wenn der Asu den Aberglauben der Kranken beschwor, so ist doch überliefert, daß die mesopotamischen Ärzte eine ganze Menge über die Heilkraft der einschlägigen Mineralien oder Heilpflanzen wußten. Sie trieben die Dämonen auf ihre Weise aus – durch Drogen, Brech- und Abführmittel, Wundsalben und Fieberkräuter. Auch wenn die Asu keine Priester waren – letztlich standen sie ebenso im Dienst einer düsteren Religion wie die Priester, die voller Furcht steckten vor Göttern und Dämonen, die den Menschen immer neue Lasten aus Schuld und Sühne auf die Schultern packten.

Ein kurzer Blick auf die mesopotamische Dämonenwelt: Es gab sieben Dämonenfürsten – halb Mensch, halb Tier, monströse Zwitter mit Löwen-, Panther-, Hunds-, Schafs-, Widder-, Vogel- und Schlangenkopf. Hinzu kamen weitere höllische Ausgeburten: Der assyrische Pasussu zunächst, der vier Flügel hatte, den Kopf einer Fledermaus und den Schwanz eines Skorpions – dieses Monster symbolisierte das Schreckensbild der Südostwinde; dann Lamschtu, die Dämonin des Kindbettfiebers – an der einen Brust, bezeichnenderweise, säugt sie einen Hund, an der anderen ein Schwein. Lamschtu gilt als Reinkarnation der sumerischen Dimme, immerhin Tochter des Himmelsgottes Anu. Es scheint so, als habe Anu nicht immer Freude an seinen Kindern gehabt – Dimmes Bruder ist der Dämonenherrscher Uttuku Limnu – der Herr der Dämonen, ein teuflischer Unhold, der haarsträubende Taten auf dem Register hat. Dann gibt es noch den Erzdämon Namtar, den Boten Ereschkigals, der Todesgöttin – er ist ein Sohn des Enlil, des Gottes der bewohnten Welt, der an diesem höllischen Sohn ebenso wenig Freude haben kann wie Anu an Uttuku Limnu. Solche dämonische Deszendenz nannten die Mesopotamier bezeichnenderweise *bitteres Gift der Götter*.

Die sumerische Unterwelt, Ereschkigals Reich, präsentiert sich zunehmend als ein höllisches Ambiente, wie es sich zu späterer Zeit in der Hölle der Offenbarungsreligionen spiegelt, ganz besonders der jüdischen: *Ich kann es dir nicht sagen, mein Freund, ich kann es dir nicht sagen. Würde ich es dir sagen, so müßtest du den ganzen Tag weinen. Gewürm frißt meinen Leib wie ein altes Kleid.*[26] Das sagte Enkidu, der verstorbene Freund, zu Gilgamesch. Nergal, der Herr des Totenreiches, der Gott der sengenden Mittagshitze und der Gatte Ereschkigals, stand neben Enkidu und blickte säuerlich drein. Der Gott hatte Enkidu nur deshalb heraufgebracht, weil Ea, der Wassergott, es ihm befohlen hatte. Gilgamesch erhielt diese Antwort Enkidus, weil er den Freund nach der Unterwelt gefragt hatte. In der Tat – die Unterwelt der Mesopotamier war ebenso finster wie die mesopotamische Glaubenslehre – es war ein Höllenland ohne Wiederkehr. In dieser trostlosen Wohnstatt lagen die Kronen im Staub, mußten sich die Bewohner von Lehm ernähren, und dicker Staub bedeckte Türen und Riegel. Ischtar selbst, die Himmelskönigin, hatte sich jener würdelosen Prozedur unterziehen müssen, die der Dämmerexistenz in Ereschkigals Reich vorausgeht: *So öffnete der Pförtner das erste Tor der Unterwelt und sprach zu Ischtar: »Tritt ein, Herrin, die Unterwelt wird sich über dein Kommen freuen!« Damit band er ihr das Kopftuch ab, und Ischtar fragte verwundert: »Warum bindest du mir mein Kopftuch ab?« Sie erhielt aber nur zur Antwort: »Tritt ein, Herrin, denn also lautet das Gebot der Herrscherin des Totenreiches!« Am zweiten Tor wurden Ischtar die Ohrgehänge abgenommen, am dritten der Halsschmuck, am vierten die Schmuckstücke an ihrer Brust, am fünften der Gürtel mit den magischen Steinen, die die Geburten erleichtern helfen, am sechsten die Spangen an ihren Armen und Füßen, und am siebenten und letzten Tor schließlich ihr Lendentuch. Immer wieder fragte Ischtar den Pförtner, warum er dies tue, und an jedem Tor erhielt sie dieselbe Antwort, daß es so der Wille der Herrscherin des Totenreiches sei. Es war nämlich ein Gebot, daß man das Reich der Toten nur nackt betreten dürfe.[27] Für normale Sterbliche – nicht für Ischtar – folgte dann die Einschließung und die Qual der 60 Strafen, als da sind Blindheit, Taubheit, Stummheit, Lähmung an Händen und Füßen, Angina Pectoris, Schädelfraktur ... das geht dann so weiter mit anderen 54 Strafen über den gesamten Leib.*

Es ist überliefert, wie Gott Nergal dazu gekommen ist, ausgerechnet die finstere Ereschkigal zu heiraten, die Göttin des Todes und der Kälte. Ereschkigal war zu einem Göttermahl geladen, und weil sie die Unterwelt nicht verlassen wollte, schickte sie Namtar, ihren dämonischen Boten, um ihre Mahlzeit zu holen. Als Namtar im himmlischen Speisesaal erschien, erhoben sich die Götter höflich. Nur Nergal, der Kahlkopf, blieb sitzen. Namtar berichtete Ereschkigal über die Ungebühr Nergals, und sie war so wütend über den Gott, daß sie sich schwor, diesen zu töten. Wieder schickte sie Namtar los, damit er ihr Nergal vorführe. Der Dämonenfürst fand Nergal nicht, denn der war ihm zuvorgekommen und schon in die Unterwelt gedrungen. Dort schlug er den Pförtner nieder, postierte je einen Dämon an die sieben Höllentore und zerrte Ereschkigal an den Haaren vom Höllenthron, um ihr das Haupt abzuschlagen. Ereschkigal flehte um ihr Leben: *Mein Bruder, töte mich nicht! Höre mich an! Höre mich an! Du kannst mein Gemahl sein, und ich deine Gemahlin, dir überlasse ich die Königsgewalt über die weite Erde! Ich werde dir die Tafeln der Weisheit in die Hände legen! Du sollst der Meister sein, ich deine Geliebte!*[28] Das gefiel Nergal, und er verschonte Ereschkigal. Er tröstete seine göttliche Schwester, trocknete ihre Tränen, und beide feierten Hochzeit. Seitdem herrschen Ereschkigal und Nergal gemeinsam über die Unterwelt, worin die Toten wohnen. Die Geschichte von Nergal und Ereschkigal zeigt zweierlei: Erstens – der Respekt der Götter vor der Macht des Todes und der Dämonen ist groß – würden sie sich sonst vor Namtar, dem Boten Ereschkigals und Dämonenfürsten, verneigen? Zweitens – der Tod ist böse, und damit letztlich auch die Sexualität, was sich in der tristen Unterwelt mit der Strafe der 60 Qualen und in Ereschkigal selbst zeigt, der Todesgöttin, die im Mythos wie folgt zitiert wird: *Nergal, mein wollüstiger Geliebter, noch nicht gesättigt bin ich von seinen Reizen.* Es deutet sich hier jene biblische Urschuld an, für die Babylon zum Pfand genommen wird: *Sie ist gefallen, Babylon, die große ... denn von dem Zorneswein ihrer Hurerei haben alle Völker getrunken, und die Könige auf Erden haben mit ihr Unzucht getrieben.*[29]

Nun gibt es im Land der zwei Ströme noch den Mythos von der Erschaffung des Menschen. In dieser Legende betritt Luzifer/Satan wieder die Bühne, in einer gänzlich anderen Rolle und in einem kosmischen Kostüm, als habe Ischtar, die Venusgöttin mit dem Himmels-Stier, einen Vorgänger gehabt: Tiamat, die Weltschlange, die die göttlichen Kinder vernichten will. Also gab es auch im alten Sumer etwas Ähnliches wie den mexikanischen Quetzal-cohuatl, den griechischen Typhon, die nordische Midgardschlange, die altindischen Weltschlangen Ananta und Naga – Luzifer hat Charisma, die ganze Welt erinnert sich an den gefallenen Engel, der mit Donnergetöse und Feuerwerk aus dem Kosmos kam. Der Fall Tiamats führt in ein neues Weltzeitalter – neue Erde, neues Meer, neuer Himmel, neue Ordnung der Sterne. Tiamat, der erste sumerische Luzifer, erzeugt eine Variante von Ragnarök: Sie schickte den Gott Kingu, ihren Gemahl, mit elf dämonischen Monstern gegen die jungen Götter in den Kampf; Kingu gewann, die jungen Götter mußten weichen. Kingu hatte sich vom Gott zum Erzdämon gewandelt – er war das Böse an sich, ganz wie der Satan –, nur das Böse konnte von Kingu Hilfe erwarten. Das mußte Kingu büßen: Aus seinem Blut wurden die Menschen erschaffen – wir sehen, wie zwangsläufig das Böse dem Menschen in die sumerische Wiege gelegt ist. Tiamat, die Weltschlange, ist im Ursprung das Salzwasser. Mit Apsu, dem Süßwasser, erzeugte Tiamat Mummu, die Urform des Seins. Sie war auch Mutter der jungen Götter, Anu zum Beispiel oder Ea, über die sie sehr zu klagen hatte: *Unerträglich ist mir ihr Benehmen. Bei Tag kann ich nicht ruhen, bei Nacht kann ich nicht schlafen. Ich will sie vernichten, um ihrem Treiben ein Ende zu setzen. So daß wir wieder Ruhe haben können, damit wir endlich schlafen können.*[30]

Marduk, der große Heldengott, hatte vier Augen und vier Ohren, damit er alles mitbekam. Seine Rede war wie leuchtendes, strahlendes Feuer, und er war größer an Gestalt als die anderen Götter. Auch wurde ihm der biblische *Turm zu Babel* erbaut. Er war ein Sonnenkind – der Sohn des Frühlings, der Überwinder der Finsternis. Tiamat, die ihre Ruhe haben wollte, war eine kosmische Gefahr für die Götter. So schickten sie Marduk ins Gefecht gegen den Weltdrachen: *Marduk erhielt von den Göttern das Zepter, den Thronsessel und das Beil zum Zeichen seiner Macht, und daß er die darin liegende Kraft gebrauche. Durch sein eigenes Wort schuf Marduk sich Bogen und Speere, Keulen und Köcher, den Blitz, ein Netz aus Licht, um Tiamat und ihre Dämonen darin zu fangen. Er schuf sich die Winde und Orkane, die Wasserflut und den Streitwagen. Marduk erhob sich zu fürchterlicher Gestalt und hatte ein Kraut in der Hand, das Tiamats Gift unschädlich machen konnte. Als Tiamats elf dämonische Ungeheuer Marduks Waffen sahen, befiel sie furchtbare Angst ... Marduk aber umfaßte den Zyklon, seine Waffe ... Die Drachengöttin stieß mit weit aufgerissenem Rachen ihre Zauberformeln aus, doch Marduk ließ ihr den Sturmwind in den Rachen fahren, daß sie das Maul nimmer zu schließen vermochte, blähte ihren Leib mit schweren Stürmen, verstrickte sie in sein Lichtnetz und schoß ihr den Pfeil in den Schlund, der ihr Inneres zerfetzte und ihr Herz mitten durchbohrte. Dann fesselte Marduk Tiamat, warf sie nieder und stieg als Sieger auf ihren Körper. Tiamats Ungeheuer erschraken gewaltig und ergriffen rasch die Flucht. Marduk aber holte sie alle ein, zerbrach ihre Waffen und fing sie mit seinem Netz. Dann spaltete er Tiamats Leib in zwei Hälften und erschuf daraus den Himmel, die Erde und das Meer ... Weiter schuf und ordnete Marduk die Sternbilder und bestimmte den Weg der Himmelskörper ... Als die Götter sich bei Marduk beklagten, es gebe keine Wesen, die ihnen huldigten und ihnen Opfer darbrächten, beschloß Marduk, ihren Wunsch zu erfüllen ... Kingu wurde herbeigeholt und getötet, und Marduk erschuf aus seinem Blute den Menschen, den er zum Dienst für die Götter verpflichtete ... Die Götter der unteren Welt waren von Dankbarkeit gegen Marduk erfüllt und gelobten, ihm einen Tempel zu bauen. Marduk ... bestimmte Babel zum Ort des Tempelbaues ... Nach einem Jahr war der Tempel vollendet, dessen Spitze bis zum Himmel ragte*[31] *... Da sprach Marduk zu den Göttern: »Dies ist Babel, das Tor Gottes, der Ort unserer Wohnung«.*[32]

Und wenn ich meine Augen schliesse, wird es dunkel auf der Welt: Das alte Ägypten

Kaum hatte er dieses Wort ausgesprochen, da wurde er zum Stier.

Altägyptischer Mythos von den beiden Brüdern

Die Göttin Nuth[1] war von Geb[2] heimlich schwanger geworden. Gott Re[3] bemerkte es und verwünschte sie, daß sie in keinem Jahr ein Kind zur Welt bringen werde. Aber Toth[4] fühlte Liebe zu Nuth, und als er einmal mit Jah ein Brettspiel spielte, gewann er ihr ein Siebzigstel jedes Tages ab. Daraus bildete er fünf neue Tage, die er an das Ende des Jahres stellte. Am ersten dieser fünf Tage wurde Osiris[5] geboren.[6]

Diese alte ägyptische Rechnung um den Geburtstag des Osiris geht auf. Zwischen den Apokalypsen (etwa 1500 bis 700 vor Christus) hatte man das Jahr mit nur 360 Tagen gerechnet, dieses Phänomen wird später zu erläutern sein. Teilen wir 360 durch siebzig Tage, ergeben sich ziemlich genau fünf Tage; wenn man diese fünf Tage zu den 360 Jahrestagen addiert, ergeben sich die 365 Jahrestage heutiger Rechnung.

Die Götterwelt im alten Ägypten ist schwer zu fassen. Die meisten Götterwesen waren in ihrem Ursprung Lokalgötter – jede Stadt hatte ihre ganz spezielle Gottheit. Im Laufe von Jahrtausenden, im Zuge der Zentralisierung des Reiches, wuchs diese schillernde Vielfalt in ein Pantheon hinein. Man machte sich ein menschliches oder animalisches Bild von den Göttern, wobei die Symbiose von Mensch und Tier typisch war. Man wollte die Götter vom Gewöhnlichen optisch unterschieden wissen – so war Re, der Sonnengott, mehr als eine heiße Scheibe am Himmel – er lebte als Vogel mit mächtigen Schwingen in der Glaubenswelt, als Gans oder Käfer. Seit 3150 vor Christus ist diese Götterwelt überliefert. Aus dieser alten Zeit stammen der Ur-Horus[7] mit dem Falkenkopf, die Ur-Hathor[8] mit den Stierhörnern oder Götter mit

Elefantenköpfen, wie sie im späteren Ägypten nicht mehr verehrt wurden. Die Göttin Selkis, Beschützerin des Körpers des Osiris, hatte den Kopf eines Skorpions, und Ermutis, die Göttin der Ernte, gar ein Schlangenhaupt – ebenso Meresger, die mit Isis identisch ist. Die Götterwesen kamen mit unzähligen Namen daher, wechselten nach Belieben das Geschlecht oder ihr Profil. So war die Göttin Neith, die Schöpferin der Welt, ein Mann, der sich wie eine Frau gebärdete, und eine Frau, die sich wie ein Mann gebärdete. Gott Aton war bald Vater, bald Mutter. Sobek hatte einen Krokodilskopf – er war der Gott der Furcht, der Fruchtbarkeit, der Krokodile und der Wassertiere – gelegentlich mutierte er in Sobek-Re, den Gott, der den Sonnenlauf regelte. Gar nicht so einfach: *Am Morgen bin ich Chepra*, bringt der Sonnengott Re höchstselbst die Verwirrung auf den Punkt, *am Mittag bin ich Re, am Abend bin ich Atum*[9] – Re hat zu erwähnen vergessen, daß er auch den Namen Osiris trägt und sich damit mit seinem eigenen Enkel identifiziert. So heben sich die Göttergestalten nur undeutlich voneinander ab, zahlreiche Eigenheiten sind mehreren gemeinsam, und ihr Wirkungskreis ist weder abgegrenzt noch unabänderlich.

Die ägyptischen Götter waren nicht ewig. Es ist wohl so, daß sie ihr Leben den Kulten und der Verehrung der Menschen verdankten, besonders aber der priesterlichen Definition und dem machtpolitischen Kalkül. Letzlich war die ägyptische Götterwelt in ihrer bunten Viefalt das Idol der Natur und Produkt menschlichen Wollens. Aus ägyptischer Sicht waren die Götterwesen Teil der Welt und vergänglich wie diese. Die Welt am Nil war nur ein Übergang: *(Ägyptens) Priester indes erzählten, daß die Leiber nicht nur dieses, sondern auch der übrigen Götter, die weder ungezeugt noch unvergänglich seien, nach ihrem Tode bei ihnen ruhen und verehrt werden, daß ihre Seelen hingegen als Sterne am Himmel leuchten.*[10] Aber die Toten lebten nur, solange sie verehrt wurden, auch posthum. Versagten sich die Könige, die Priester und das Volk den Götterwesen, indem ihr heiliger Kult verstummte, so verkümmerten die Gottheiten, sie wurden senil und versteinerten.

Am Anfang war Re – später Amon-Re genannt – der Schöpfergott, der sich selbst zeugte und sich als *Urwesen aus dem Urstoff* bezeichnete. In den Mythen liest sich das so: *Ich war der Herr über alle Welt, und die ganze Welt war von mir erfüllt, denn ich war allein. Die Götter waren noch nicht entstanden. Es gab auch sonst noch keine anderen Geschöpfe und Wesen, ich war ganz allein, und ich erschuf alles, was erschaffen ist. Kein Wesen half mir, ich allein erschuf alles ... In meinem Herzen formte ich ein herrliches Urbild, den Uranfang legte ich für mich. So erschuf ich alles Lebendige, und es entstanden viele Wesen, die wiederum andere Wesen erzeugten. Ich spie die Gestalten von Schu*[11] *und Tefent aus und wurde damit aus einem Gott zur dreifachen Gottheit, ja, aus mir selbst kamen zwei Götter zum Leben. Schu und Tefent wurden aus dem Urwasser, aus mir selbst, hervorgehoben, und dann entstand die Pflanzenwelt. Als ich weinte, entstanden die Menschen aus meinen Tränen. Schu und Tefent gaben Geb und Nuth das Leben. Geb und Nuth erweckten die anderen Götter, und diese riefen unzählige Wesen auf der Erde ins Leben. Sie alle rufen meinen Namen an.*[12] Jeder ägyptische König[13] wurde als Nachkomme des Re gesehen und besaß dessen göttliches Profil – es hieß in den Königskulten, er sei *von Re geformt* und *dessen Schoß entstiegen*. So ist es folgerichtig, daß Re, der Vater aller Götter, als erster Herrscher Ägyptens verehrt wurde. Nach ägyptischem Glauben folgte ihm sein Sohn Schu nach, der als guter König gepriesen wurde – Schu herrschte über Himmel und Erde, über die Unterwelt, den Wind und den Ozean, über die Berge und das Meer. Auf Schu folgte dessen Sohn Geb. So ist Re der oberste der Götter und Schöpfergott, auch wenn er an anderer Stelle dem rätselhaften Nun die Ehre gibt und sagt: *O du erstgeborener Gott, aus dem auch ich hervorgegangen bin.* Wie wir wissen, ist in der ägyptischen Mythologie und Götterwelt alles möglich, selbst daß Nun, der Vater, mit Re, dem Sohn, identisch ist und sich beide leibhaftig gegenüberstehen beziehungsweise über ihre gegenseitige Schöpfung unterhalten. Es wundert nicht, wenn Re auch in Ptah einen weiteren Schöpfungskonkurrenten hat, dem bedeutendsten Gott in der königlichen Residenz Memphis, der auch den Namen Ta-tenen[14] führte. Ptah schützte die Handwerker und Künstler, aber auch ihm sagte man die Erschaffung der Welt nach. Es macht keinen Sinn, an dieser Stelle einen umfassenden Überblick aller ägyptischen Götter zu geben. Als partes pro toto seien erwähnt Anubis, der Gott mit dem Schakalkopf, der in Mittelägypten als Schutzgott der Totenstädte galt und später zum Zeremoniengott der Beisetzungen wurde; Khonsu, der *Gott, der kommt und geht*; Upuaut, der Mondgott in Hundsgestalt, der als Kundschafter-Gott galt und *Wegöffner*; die Göttinnen Pakhet und Sekhmet, die als Löwinnen dargestellt sind; Amun, der Verborgene. Von besonderer Bedeutung waren Osiris, der Totengott, und Isis, die Himmelsgöttin, worin sich Nuth und Hathor neu verkörperten, Seth[15], der Mörder des Osiris, und Horus, Sohn des Osiris und der Isis, der Seth besiegte.

Im Gott Seth zeigen sich sadistische Wesenszüge, nämlich diabolische Heimtücke und Mordlust:

Aber als Osiris zurückkehrte, heißt es im altägyptischen Mythos von Isis und Osiris, *sann Seth auf eine List. Er verschwor sich mit 72 Männern und zog auch die gerade anwesende Königin Aso aus Äthiopien ins Vertrauen. Heimlich verschaffte er sich das Körpermaß des Osiris, fertigte danach einen schönen Schrein und ließ diesen bei einem gemeinsamen Mahl hereinbringen ... »Wer genau hineinpaßt* (sagte Seth), *der bekommt ihn zum Geschenk.« Alle Gäste versuchten es der Reihe nach, aber keiner hatte das rechte Maß. Zuletzt stieg Osiris hinein und legte sich darin nieder. Da eilten die Verschwörer herbei, legten den Deckel darauf, nagelten ihn fest, gossen geschmolzenes Blei darüber, schafften den Schrein an den Fluß und ließen ihn ins Meer treiben.*

Isis war voll Trauer. Sie erfuhr von Seths Untat, suchte nach dem Schrein, suchte lange erfolglos. Schließlich fand sie ihn im kanaanitischen Byblos. Sie öffnete den Schrein, küßte das Gesicht des toten Geliebten und weinte. Nur der Knabe Anubis stand in ihrer Nähe, ein Sohn des Osiris, den der mit der Schwester der Isis gezeugt hatte. Isis wollte allein sein mit ihrem toten Gatten und ihrem Schmerz. Anubis aber trat heran und sah die Tränen der Himmelsgöttin. Sie war voller Zorn über diese Störung, und ihr vernichtender Blick traf Anubis. Der Knabe sank tot zu Boden. Isis ließ den Schrein zurück und suchte nach Horus, ihrem Sohn. So fand Seth, der nachts bei Mondschein jagte, den Schrein. Seth zerhackte die Leiche des verhaßten Osiris in 14 Teile und verstreute sie. Als Isis dies entdeckte, fuhr sie in einem Kahn durch die Sümpfe und suchte. Sie fand alle Teile und begrub diese jeweils dort, wo sie sie entdeckt hatte. Schließlich fuhr Osiris aus der Unterwelt herauf zu Horus, seinem Sohn, um ihn für den bevorstehenden Kampf mit Seth zu stärken: *Als nun Osiris dem Horus die Frage stellte, was er wohl für besonders erstrebenswert in seinem Leben halte, gab Horus zur Antwort: »Das Unrecht zu rächen, das meinem Vater und meiner Mutter angetan worden ist.« Darauf fragte ihn Osiris, welches Tier ihm am nützlichsten in diesem Kampf erscheine. Horus erwiderte: »Ein Pferd.« Da wunderte sich Osiris und bemerkte, ob nicht der Löwe nützlicher sei. »Nein«, war die Antwort, »der Löwe ist nützlich, wenn der Mensch sich eines Gegners erwehren muß; das Pferd aber ist nützlich, wenn es gilt, den Feind zu verfolgen.« Daran erkannte Osiris, daß Horus genügend gerüstet war. Immer mehr Leute schlugen sich auf die Seite des Horus. Der Kampf zwischen Horus und Seth dauerte viele Tage. Endlich aber siegte Horus. Seth wurde gefesselt und der Isis ausgeliefert. Sie tötete ihn nicht, sondern befreite ihn von den Fesseln und schickte ihn fort. Darüber geriet Horus in Zorn, trat auf seine Mutter zu und riß ihr die Krone vom Haupt. Statt ihrer erhielt sie einen Helm mit einem Stierkopf. Vor Gericht warf*

Seth dem Horus außereheliche Geburt vor. Horus aber wurde von den Göttern als rechtmäßiger Sohn des Osiris anerkannt.[16] Die Milde der Isis wundert sehr, aber der Mythos nennt die Gründe nicht. Was vom Helm mit dem Stierkopf zu halten ist, wird an anderer Stelle zu erörtern sein. Dieser Seth jedenfalls erscheint als schillerndes Rabenaas, das man durchaus für einen ägyptischen Ur-Satan halten könnte. Aber man kann wohl nicht umhin, den Osiris-Mythos als Legende mit historischem Hintergrund zu interpretieren. Da wird, wie wir wissen, unter anderem von zwei ägyptischen Gottkönigen berichtet – von Horus, dem Herrscher über Oberägypten, und von Seth, dem Herrscher über Unterägypten. Beide waren Söhne von Osiris und Isis. Seth tötete Osiris, seinen Vater, um Horus sein Erbe streitig zu machen. Das mißglückte Seth, weil er dem Horus schließlich unterlag. Seth verlor all seine Macht, und Horus war es, der schließlich über beide Reiche herrschte. Horus war der gute Sohn, Seth der böse. Daß Seth am Leben blieb, mag seinen Grund in Isis' Gefühlen haben, weil sie ja seine Mutter war. Und Seth mag auch ein einflußreicher Gottkönig gewesen sein, den man nicht so einfach töten wollte – immerhin bedurfte es ja eines göttlichen Schiedsspruchs, ehe Horus sein Erbe antreten konnte. Also ist dieser Machtkampf im Kern keine Götterlegende: Im Mythos von der Ermordung des Osiris und vom Kampf des Horus gegen Seth spiegelt sich ein uralter dynastischer Konflikt, der weit ins zweite Jahrtausend vor Christus zurückreichen mag. Wenn es um die Königsmacht geht, sind Vatermord und Bruderkrieg in der Geschichte nichts Ungewöhnliches, und Ägypten bildet da keine Ausnahme. Insoweit gibt es Indizien, daß dieser Kampf zwischen Horus und Seth, der Sieg des Guten über das Böse, wenig mehr als die theologische Verklärung eines antiken Erbfolgestreits in Ägypten sein dürfte. Seth ist also kein ägyptischer Ur-Satan. Im Gegenteil: Seth ist sogar als alter Schutzgott[17] überliefert, der in vorgeschichtlicher Zeit in Eintracht neben Horus gestellt war. Um Horus zu erhöhen, hat man Seth dann in die Rolle des perversen Vatermörders gedrängt. Seth trug nun die Maske des Bösen – so, wie sie ihm die geistliche Überlieferung aufgesetzt hatte.

Auch ist der ewige Satan in der ägyptischen Kultur grundsätzlich undenkbar: Nichts dort war unsterblich, alle Wesen und Dinge gingen dem Tod entgegen, der unausweichlich ist. Man kannte das Seelenheil, und man glaubte an ein Leben nach dem Tode: *Göttliche Geister, die die geläuterten Seelen zu Osiris' geheiligter Wohnstatt geleiten, erlaubt mir, an eurer Seite zu schreiten, geläuterte Seele auch ich! Laßt in Osiris' geheiligte Wohnstätte mich ein!*[18] Den Ägyptern war klar, daß ein toter Körper zerfällt. Sie hatten eine tiefgründige Sehnsucht nach der Erhaltung des Leibes für das Nachleben im Totenreich des Osiris – sie macht sich im Kult der Mumifizierung deutlich: *Sei gegrüßt, mein Vater Osiris! Ich bin gekommen, um dich zu behandeln – mögest du auch dieses mein Fleisch behandeln! Dieser Körper von mir soll nicht vergehen, denn ich bin vollständig wie mein Vater Chepri, er ist meinesgleichen – einer, der nicht vergeht ... Mögest du mich in dein Gefolge nehmen, daß ich nicht verwese ... mein Körper besteht, er geht nicht zugrunde, er vergeht nicht in diesem Land.*[19] Aber man wußte auch um das Verderben: *Daß meine Seele auflebe! ... Daß sie, zurückgewiesen am Eingang, nicht werde gezwungen, umzukehren!*[20] Unumstößlich war, trotz des Nachlebens im Reich des Osiris, der Glaube, daß alles irgendwann ins Urchaos zurückkehren wird: *Diese Welt wird wieder in das Urgewässer zurückkehren, in die Urflut, wie bei ihrem Anbeginn.*[21] Doch hatten auch die alten Ägypter eine recht tröstliche Vision von den letzten Dingen: Mit dem Ende der Zeit werde schließlich das *Goldene Zeitalter* beginnen, eine neue und beständige Welt – eine Vorstellung, die über die griechische Mythologie auch das Christentum erreichte.

Wie im Osiris-Mythos exemplarisch belegt ist, waren auch die Götter sterblich. Auch der Gott Schu würde sterben, irgendwann – jener Gott, der mit seinen ausgestreckten Armen das Himmelsgewölbe stützte, das man mit der Wölbung des gewaltigen Körpers der Göttin Nuth assoziierte. Wenn Schu starb, würde auch der Himmel einstürzen und im Urchaos versinken. Niemand und nichts ist ewig im ägyptischen Glauben. Wie kann Seth denn Satan sein, wenn sogar der Schöpfergott Re sterben muß, der in seiner goldenen Sonnenbarke sitzend das Weltall regierte?

Der ägyptische Glaube hatte seine eigene Interpretation von Gut und Böse – eine andere Interpretation als das Christentum. Das Böse war für die alten Ägypter jenes Unheil, das sich aus dem Einfluß des Urchaos in die Schöpfung ergibt. In ihrer Gesamtheit wurde die Schöpfung als gut betrachtet. Das Böse hatte auch keinen unbedingt anrüchigen Charakter. Man begegnete solchen störenden Kräften mit Demut, stammten sie doch aus jenem machtvollen Durcheinander, das der Schöpfung vorausgegangen war. Das Böse entzog sich der ethischen Wertung. Gutes und Böses konnte sich nur auf Erden entfalten, und es gab eine unergründliche Kraft, irgendwo dort oben, die beides im Gleichgewicht hielt. Natürlich hatte man Gesetze gemacht, die der altägyptischen Gesellschaft Normen gab. Insoweit war die königliche Macht Vollstrecker der Naturkraft und der göttlichen Schöpfungsidee. Es waren jedoch Gesetze, deren Ursprung weltlich war und die sich nicht aus dem Glauben rechtfertigten. Erst im neuen Reich begann man damit, aus der Glaubenslehre ethische Forderungen abzuleiten – die Priester lehrten nun, daß die Quelle jeder Tugend die Furcht vor den Göttern sei.

Aber die Furcht vor den Göttern war das kleinere Übel. Denn es gab auch im alten Ägypten Schwadronen von Dämonen, die Angst und Schrecken verbreiteten. Dämonen waren das leibhaftige Böse und insoweit Satans halbstarke Brüder. Die ägyptischen Dämonen brachten Krankheit und Unglück, sie lauerten den Verstorbenen auf, wenn diese auf unsicheren Wegen dem Totenreich des Osiris zustrebten. Sie streiften gern, so wird überliefert, zu siebt umher, auch in Schwärmen, die ein vielfaches von sieben betragen – auf diese Weise brachten sie Pocken und Fieber unter die Menschheit. Es waren scheußliche, ekelhafte Unwesen, die sich nicht von den vielen Teufeln christlicher Vorstellung unterschieden. Bezeichnende Namen sind in Ägypten überliefert: *Der mit dem abstoßenden Gesicht*, *Der seinen Kot ißt* oder *Der von Würmern lebt*. Es ist merkwürdig, daß auch Götter, Göttinnen und deren Diener zu den Dämonen gezählt werden – Nefertum zum Beispiel, der Sohn des Gottes Ptah und der löwenköpfigen Göttin Sekhmet, die wie alle 40 löwenköpfigen Gottwesen selbst zu den Wesen des Finsternis gehört.

Als der Gottkönig Schu seine Herrschaft angetreten und den Thron seines Vaters Re bestiegen hatte, erschienen plötzlich die Söhne des Schlangendämons Apophis, die Söhne der Wüste, die Feinde der Götter und Menschen, verwüsteten alles Land, wohin sie kamen, und rotteten alle seine Bewohner aus. Schleunigst verstärkten Schu und die ihm untergebenen Götter die Befestigungen der Städte, und die Beherrscher der östlichen Berge retteten Schu vor Apophis. Man nannte solche Dämonen Akhu und, wie die Legende um Schu zeigt, man traf sie im Unzugänglichen – in der Finsternis, in der Wüste, in den Flüssen, im Sturm, in der Fremde. Aus dieser Sicht sind die ägyptischen Dämonen, die man auch *Untergebene des Chaos* nannte, Ahnen unserer biblischen Teufel, die eine vergleichbare Vorliebe für abgeschiedene Orte haben – solche Dämonen lebten in der jüdischen Überlieferung als Teufelswesen weiter, und auch in den anderen großen daraus erwachsenden Religionen.

Der erwähnte Schlangendämon Apophis stinkt ziemlich nach Schwefel. Die alten Ägypter überliefern, die goldene Sonnenbarke des Re sei auf Apophis' Sandbank gestrandet. Apophis entstand aus dem Auswurf des Weltbaumeisters

Enith – schon wieder ein ägyptischer Schöpfergott, man weiß kaum mehr, wohin damit. Apophis brachte Unglück über die Welt – Hunger, Überschwemmungen, Finsternis, Heuschreckenschwärme, Brand, Tod. Apophis war das leibhaftige Urchaos, sein Erscheinen erzeugte eine einzigartige Endzeitstimmung – Apophis war das metaphysisch Böse an sich. Ausgerechnet Seth, der Kanaille des Osiris-Mythos, wurde von Re befohlen, den Schlangendämon zu unterwerfen und die alte Ordnung zu etablieren. In vielen Varianten, oft ohne ausdrückliche Identität, reckt sich Apophis aus dem Dunkel der ägyptischen Mythologie: *Im Schlangentempel bewahrte man in einem Kasten solch eine Schlange auf. Als jedoch Geb seine Hand danach ausstrecken und sie ergreifen wollte, richtete sie sich empor und blies ihm ihren feurigen Atem ins Gesicht. In der Glut dieses Schlangenatems sanken die Höflinge sterbend dahin, und Geb selbst wurde mit schlimmen Brandwunden über und über bedeckt ... Nach einer Weile wurde diese Schlange Gebs an den großen See beim Schlangentempel von Hatnub überführt, wo sie sich in ein Krokodil verwandelte und zum Krokodilgott Sobek wurde, der als höchst gefährlich galt.*[22] Apophis hat viele mythologische Geschwister – den Quetzal-cohuatl aus Mexiko, den Typhon aus Griechenland, die Midgardschlange aus dem germanischen Norden, Ananta und Naga aus Indien, Tiamat aus dem alten Sumer. Auch dieser ägyptische Schlangendämon steht also in der feurigen Tradition Luzifers, der als Unglücksengel über die Menschen kam, als er mit Getöse vom Himmel fiel und krachend auf seinem Höllenthron landete.

Die Apokalypse hat viele Gesichter, geheimnisvolle Masken, die ihr die Legenden der Völker aufgesetzt haben. Es lohnt sich, in den alten ägyptischen Papyri zu blättern und die Geschichte von der *Vernichtung der Menschen* zu lesen: *Der Urgott ... befahl seinem Sohn Schu, der zwischen Himmel und Erde wohnt und jeden Morgen die Himmelsgöttin Nuth em-*

porhebt, damit es hell werde, die Himmelsgöttin Nuth aufzuheben und Re auf ihren Rücken zu setzen. Die Himmelsgöttin verwandelte sich in eine Kuh, und Re setzte sich auf ihren Rücken ... so war Re der Erde fern, daß es dunkel wurde.[23] Und an anderer Stelle: *Re antwortete: »Die Menschen sind ins Gebirge geflohen, denn die Angst ist über sie gekommen wegen der bösen Worte, die sie gesprochen haben.« Da gaben die Götter Re den Rat, sein Auge in der Gestalt der Göttin Hathor auszuschicken, um die Menschen, die Böses von ihm gesprochen hatten, zu töten. Hathor begab sich zur Erde und streckte Männer und Frauen im Gebirge nieder.*[24] Im Ursprung war Hathor die große Himmelsgöttin, die alle Feinde des Re bekämpfte. Meist wurde sie als Kuh abgebildet, und trat sie in menschlicher Gestalt auf, trug sie Kuhhörner. Sie hieß auch *Sonnenauge,* und man sagte, daß die Sonne abends in ihr verschwand und sie diese jeden Morgen neu gebar. Der Helm mit dem Stierkopf, den Horus seiner Mutter Isis aufsetzte, ist eines der vielen Indizien, daß Hathor und Isis göttliche Synonyme sind. Auch in Nuth ist Isis verkörpert, Nuth, die als Himmelsgöttin erscheint und sich in eine Kuh verwandelt – *Die Himmelskuh,* sagt Re, *habe ich erschaffen.*[25] Es ist hier nicht zu erörtern, warum der Himmels-Stier Symbol der Apokalypse ist und die Hörner direkt auf den Planeten Venus zeigen – das ist an anderer Stelle geschehen. Es ist allerdings wichtig festzuhalten, daß Isis in direkter Linie mit den göttlichen Lichtbringern Schakti, Ischtar[26], Astarte, Aphrodite, Venus verwandt ist. So ist Isis der ägyptische Schlüssel zum Geheimnis Luzifer/Satan, ganz ähnlich wie Apophis, die apokalyptische Schlange. Das ferne Feuer der Apokalypse schimmert durch die alten Papyri, auch wenn Isis oder Apophis nicht immer an der Handlung beteiligt sind: *Schu herrschte als ein mächtiger König ... niemand wagte es, ihm Widerstand zu leisten ... Aber er wurde krank, und seine Augen wurden schwach. Da erhob sich Aufruhr und Tumult im Lande und sogar im Palast, denn selbst unter den Palastbewohnern be-*

fanden sich Bösewichte. Der Gott Geb nutzte diese Gelegenheit und versuchte, Blutschande mit seiner eigenen Mutter zu begehen. Schu hatte sich, um seine Sicherheit besorgt, in den Himmel geflüchtet, Tefent aber, Gebs Mutter, weilte in Memphis. Gegen Mittag begab sie sich in Schus Königspalast ... So traf Geb seine Mutter allein und fiel sie mit Gewalt an. Unter den im Palast Zurückgebliebenen erhob sich großer Lärm. Von diesem Augenblick an herrschte tiefe Finsternis im Palast, sie dauerte sieben lange Tage. Währenddessen wütete ein heftiger Sturm, und niemand konnte den Palast verlassen und keiner der darin Eingeschlossenen den anderen erkennen. Als es aber wieder hell wurde, sahen die Palastbewohner zu ihrem großen Erstaunen Geb auf dem Thron seines Vaters Schu sitzen. Sie taten das Klügste, was sie tun konnten, huldigten ihm und küßten ihm die Füße.[27] So steht es im Mythos über *die ersten Gottkönige*. Das Motiv der Blutschande gehört, wie wir wissen, auch zum Sündenfall in der Edda, der Ragnarök vorausging: *Brudersöhne brechen die Sippe; arg ist die Welt, Ehebruch furchtbar.*[28] Das ist nun eine wirklich erstaunliche Entsprechung, eine Parallele, wo man nicht an Zufall glauben mag. Das Knäuel roter Fäden ist dick, die sich durch die Legenden der Welt ziehen. Und oft haben sie mit Luzifer/Satan zu tun, den die ganze Welt seinerzeit stürzen sah. Auch das alte Ägypten hat den Herrn der Finsternis erlebt, volle sieben Tage lang. Und auch über das neue Zeitalter wird berichtet, das der Finsternis folgt: Einem neuen Gottkönig werden die Füße geküßt, dem Sohn des alten Schu, der sich *in den Himmel geflüchtet* hat.

Isis war die Venus der Ägypter – wenn sie zornig war, so wird berichtet, ließ sie den Fluß versiegen. Und der Mythos *Der wahre Name des Gottes Re* zeigt Isis in ihrer ganzen Tücke, die an Luzifers Hochmut und Kampf gegen Gott erinnert: *Da ersann Isis einen klugen Plan ... [Re] war nun alt geworden, so daß sein Mund zitterte und sein Speichel auf den Boden tropfte. Da kniete Isis vor ihm nieder, mischte diesen Speichel mit Erde und formte daraus in Gestalt eines Pfeiles eine Schlange, die sogleich lebte. Diese Schlange versteckte Isis am Rande des Weges, den Re täglich einherkam ... Als Re wiederum vorüberging, gefolgt von den Göttern in festlichem Zuge, biß ihn die Schlange. Da schwand die Lebenskraft des großen Gottes Re dahin ... Er zitterte am ganzen Leibe, indem das Gift in seinen Körper eindrang, wie der Nil das Land überschwemmt. Da nahm Re seine letzte Kraft angestrengt zusammen und sprach: »Ihr Götter, die ihr aus mir hervorgegangen seid! Hört, was geschehen ist! Etwas Bösartiges, Arges hat mich schwer verwundet.«* In diesem Mythos wendet Isis Gewalt an, um Res geheimen Namen zu erfahren – der Göttervater hat darüber geschwiegen, damit sich niemand über ihn erhebt. Und Apophis erscheint hier sogar als Geschöpf der Isis, als ihre zerstörerische Identität, als mächtige Waffe gegen den höchsten Gott. Denn Re ist die Sonne – sein täglicher Weg ist der Sonnenlauf, den sich die alten Ägypter als Halbkreise durch den Himmel und durch Osiris' Totenreich vorstellten. An diesem Weg lauerte Apophis – irgendwo am Himmel, dort, wo auch der verstoßene Engel einmal lauerte. Isis, die Himmelsgöttin, schuf mit Apophis, der Pfeil-Schlange, jene kosmische Gefahr, die ihren und Luzifers ganz persönlichen Namen trägt: Venus.

DIE BLUTIGE SICHEL UND DIE SCHAUMGEBORENE GÖTTIN: DAS ALTE GRIECHENLAND

DENN DER TOD, SO STARK SIE WAREN, DER SCHWARZE, RAFFTE
SIE WEG; SIE VERLIESSEN DAS LICHT DER LEUCHTENDEN SONNE.
Hesiod, Theogonie

Drüben stärkten gewichtig auch die Titanen die Reihen mutbeseelt. *Da zeigten die Wucht der Arme und Stärke beide Teile; es brüllte das wüste Weltmeer entsetzlich, dröhnend stöhnte die Erde, es seufzte das Himmelsgewölbe, wild geschüttelt ... Die schreckliche Flamme erhob sich bis in die göttliche Luft, und selbst der Gewaltigen Auge blendete das Geleucht und Funkeln der Blitze und Strahlen. Fürchterlich füllte die Glut das Chaos; man meinte gar deutlich mit den Augen zu sehen und den Schall mit den Ohren zu hören, so wie wenn sich die Erde und oben das Himmelsgewölbe näherten. Ja, so müßte das schlimmste Getöse entstehen, würde sie niedergeworfen und drüber stürzte der Himmel ... Dreihundert Felsenblöcke entsandten aus wuchtigen Händen prasselnd* [die Götter] *hinab und beschatteten alle Titanen mit den Geschossen; sie trieben tief unter die wegreiche Erde die Titanen und banden sie dort mit schmerzenden Fesseln.*[1] Die Titanen der griechischen Mythologie sind Kinder des Uranos und der Gaia, also Kinder der ersten göttlichen Generation auf Erden. Zeus, Sohn des Titanen Kronos, führte Krieg gegen Kronos und stürzte die besiegten Titanen in die Tiefen der unterirdischen Welten.[2] Anlaß dieser Götterschlacht soll der Tod des Zeus-Sohnes Zagreos gewesen sein, der nach einem orphischen Mythos von den Titanen geschlachtet, gekocht und verspeist worden ist. Eigentlich ging es aber um die Göttermacht über die Welt: Erstens – Kronos hatte Uranos, seinen Vater, mit der Sichel entmannt und sich selbst auf den Götterthron gesetzt; zweitens – aus Furcht vor einem ähnlichen Schicksal verschlang Kronos seine Söhne, sobald diese geboren waren; drittens – diesem Schicksal entging sein Sohn Zeus, weil Rheia, seine Titanenmutter, wenigstens diesen

Sohn behalten wollte und ihn gut versteckt hatte. Das Böse pflanzte sich fort in den Herzen der Generationen – Zeus wuchs zu einem starken Gott heran und machte schließlich der Herrschaft seines Vaters Kronos ein gewaltsames Ende.

Das Schicksal der Titanen in seiner kosmischen und göttlichen Dimension läßt sich mit dem Schicksal Luzifers vergleichen – wie oft beim Vergleich von Mythen stimmen nicht die Details, wohl aber das Grundsätzliche überein: Die infernalischen Visionen des Titanen-Sturzes in der griechischen Mythologie entsprechen den biblischen Schilderungen, etwa bei Jesaja oder in der Apokalypse. Auch wird man den feurigen Pfuhl, die Hölle also, der griechischen Unterwelt, wovon der Tartaros nur ein Teil ist, prinzipiell zur Seite stellen können.

Und auch die Genealogie der Titanen-Götter wird man nicht außer acht lassen dürfen: In der Geschwisterlinie des Titanen Kronos finden wir Typhon, das Himmelsungeheuer mit den 100 Drachenköpfen und der Donnerstimme, worüber an anderer Stelle berichtet worden ist. Hier greifen Luzifer/Satan und die Titanen Zahn in Zahn, und man wird dessen um so gewisser, wenn man die Nachkommenschaft Typhons betrachtet: Zunächst Kerberos, Sohn des Typhon und der Echidna (halb Frau, halb Schlange), der Höllenhund, der den Eingang des Hades bewacht, die Welt der Toten – er wird als Ungeheuer mit drei bis zu 100 Köpfen beschrieben, mit gewaltiger Stimme, Schlangenschwanz und Schlangen auf dem Rücken. Dann die Hydra von Lerna, Tochter des Typhon und der Echidna, jene gewaltige neunköpfige Schlange mit dem Pest-Atem, die Herakles, der Held, nur mit Hilfe seines Freundes Iolaos bezwingen konnte. Daß solche Schlangen oder Drachen Sinnbilder kosmischer Himmelsphänome sind, weiß man ja. So rückt Typhon in deutliche Nähe zu Luzifer, und auch der nordische Loki steht dem Titanen-Monster nahe, seiner riesischen Herkunft wegen, aber auch wegen seiner höllischen Verwandt- und Nachkommenschaft.

Dunkler, aber um so faszinierender ist die Rolle des Prometheus, der Sohn des Titanen Iapetos ist, also ein direkter Neffe des Kronos und Vetter des Zeus. Prometheus unterrichtete die Menschen in der Jagd, Metallverarbeitung, Kosmologie oder Heilkunde; als Zeus den Menschen das Feuer genommen hatte, schlich sich Prometheus zum Sonnenwagen, entzündete heimlich einen Fenchelzweig und trug den Menschen das Feuer zurück. Aus Zorn schickte Zeus die schöne Android-Göttin Pandora auf die Erde, der man eine Büchse mitgab, worin alle Schicksalsschläge und Übel versiegelt waren, die den Menschen heimsuchen können. Trotz aller Warnungen des Prometheus ließ sich Epimetheos, sein Bruder, verführen und heiratete die handgeschmiedete Olympierin. Neugierig wie er war, schaute er dann auch in die höllische Büchse, und die gesammelten Plagen verbreiteten sich wie ein Buschfeuer. Allein die Hoffnung blieb in der Büchse zurück und half den Betroffenen über das Schlimmste hinweg. Auch an Prometheus rächte sich Zeus, er ließ ihn durch seine Diener Kratos und Bia greifen und in den Kaukasus bringen. Hephaistos persönlich schmiedete ihn dort an den Felsen. Prometheus konnte in die Zukunft blicken und wußte, daß die Nereide[3] Thetis dem Zeus einmal einen Sohn schenken würde, der diesen genauso enthronen würde wie Zeus Kronos oder Kronos den Uranos. Zeus bemühte sich vergeblich, dem Prometheus dieses Geheimnis zu entlocken. Weil Prometheus beharrlich schwieg, rächte sich der Herr der Götter und schickte ihm täglich einen Adler vorbei, der ihm die Leber zerhackte. Doch blieb Prometheus standhaft. Dieser menschenfreundliche Titanen-Gott gleicht den Engelssöhnen der Apokryphen[4], deren Stammvater Semjasa geheißen haben soll und die als Wohltäter zu den Menschen kamen. Man weiß ja, daß Gott die mit den Menschen verkehrenden Engel ebenso fallen ließ wie Luzifer. Man weiß auch, daß solche menschenfreundlichen Götter durch 100 Mythen der Völker spuken.

Auch der Feuergott Hephaistos hat etwas vom Satan – es ist eigenartig in der griechischen Mythologie, wie sich der Herr der Finsternis auf diverse Wesen projiziert. Hephaistos ist der göttliche Schmied. Homer schildert ihn als den hinkenden Sohn des Zeus und der Hera. Die Ilias erklärt diese Behinderung auf verschiedene Weise. Zum Beispiel im Ersten Gesang heißt es, Zeus habe den jungen Hephaistos von der Höhe des Olymps geschleudert, weil dieser bei einem Ehestreit mit Hera nicht auf der Seite des Zeus gestanden habe. Das läßt an das Schicksal Luzifers denken.

In der Odyssee[5] ist Aphrodite Hephaistos' Frau, deren Name über Astarte/Ischtar direkt zu Luzifer und dem Morgenstern führt. Aphrodite ist insoweit die *Schaumgeborene*, als aus den abgesicherten Geschlechtsteilen des Uranos Samen ins Meer geflossen sei und Schaum gebildet habe, dem die Göttin dann entstiegen ist. Sie galt als *Mutter des Universums, die der Gruft, die Männermordende, die aus dem Meer Auftauchende, Göttin der himmlischen Liebe,* aber auch *die Schwarze*. Ihre Liebesabenteuer mit Ares, dem schönen Schlachtengott, von dem es hieß, er sei der *Gott ohne Gnade,* sind Legende – immerhin gebar ihm Aphrodite die drei Söhne Harmonia, Deimos und Phobos[6]. Zwar hinkte Hephaistos, Aphrodites Mann, aber blind war er nicht. Er fertigte ein unsichtbares, magisches Netz aus Bronze und brachte es so geschickt am Bett an, daß er das Liebespaar alsbald in eindeutiger Pose zusammenschnüren konnte. Hephaistos hatte die Göttinnen und Götter zu diesem Schauspiel zusammengerufen, und die Olympier hielten sich die Bäuche vor Lachen. Als man die Verstrickten schließlich befreite, hatte Hephaistos Aphrodite und Ares so vorgeführt, daß die sich mit roten Köpfen aus dem Staub machten.

Wie wir wissen, hängt Luzifer/Satan seit uralter Zeit der Ruf ungehemmter Erotik an, ebenso der Ischtar/Astarte beziehungsweise Aphrodite/Venus – dieser mythologische Zusammenhang liegt auf der Hand. Aber die enge Bindung der

Aphrodite an Ares hat auch eine kosmische Dimension, deren Symbol das magische Netz aus unsichtbarer Bronze ist: Es gab eine Zeit, als sich die Planeten Venus und Mars als infernalisches Paar gefunden hatten, um dann rund 800 Jahre lang (ungefähr von 1500 bis 700 vor Christus) als Flammensterne durch den Orbit zu irren. Es war eine kurze Zeit der Eintracht, der eine lange Zeit voller Furcht und Grauen auf der Erde folgte.

Noch ein Wort zur teuflischen Erotik: Es ist ja nicht Ischtar/Aphrodite allein, die diesen Ruf begründet. Die griechische Mythologie wartet im Gott Pan mit einem zweiten Wesen auf, wovon das Satansbild zehrt. Pan war zum Erschrecken häßlich – der Mythos sagt, nach seiner Geburt sei seine Mutter vor Schreck davongelaufen. Sein Vater Hermes, der Begleiter der toten Seelen und Bote der Götter, habe Pan in Felle gewickelt, bevor er ihn den Olympiern vorzustellen wagte. Diese seien so fassungslos gewesen, daß sie nur ungläubig gelacht hätten. Pan war bärtig und gehörnt – er sprang auf seinen Bocksbeinen durch die hellenistische Mythologie, um seine unstillbaren Triebe zu befriedigen. Pan ist eine sehr alte Gottheit, die aus Arkadien stammt, dem Berggebiet im Herzen der Peloponnes. Halb Mensch, halb Tier, war er der Gott der Hirten, ein lebhafter, fröhlicher Unhold, der ein Meister war auf seiner Syrinx[7] und die Tage damit verbrachte, den tanzenden Naiaden oder den Oreaden[8] nachzustellen. Er fühlte sich wohl in der Einsamkeit, wo die Natur wild und ungangbar ist, zwischen Felsen, Hängen, Schluchten. Man schrieb ihm aber auch die Macht zu, Mensch und Tier in entlegenen Gebieten aufzulauern und zu Tode zu erschrecken.[9] Pan galt als Anführer der Satyrn und Silenen. Während die Silenen als weise Naturgeister galten, standen die Satyrn im Ruf unsteter Erotik und wilder Instinkte. Sie waren ländliche Geister, perverse Lüstlinge mit demonstrativen Erektionen, die sich mit Menschen oder Ziegen paarten – gehörnt, bocksbeinig, unersättlich. Besonders diese Eigenarten wurden später Merkmale des christlichen Teufels. Doch war der Gott Pan nicht in gleicher Weise ein Unhold wie der Satan. Er war die Verkörperung einer lebensfrohen Sinnlichkeit, die unverkrampft und animalisch war, hellenistisch eben und nicht sündig – die Verknüpfung von Erotik und Sünde blieb anderen Glaubenslehren vorbehalten, auch der christlichen.

Der Hades, die hellenistische Hölle, ist von verschiedenen Flüssen abgeschirmt. Die Hauptflüsse heißen Styx und Acheron, träge sumpfige Gewässer, die die Toten im Nachen des Fährmanns Charon, eines fürchterlichen Alten mit dreckigem Graubart, überqueren müssen – den Toten wurden vor der Bestattung Geldstücke in den Mund gelegt, damit sie das Fährgeld bezahlen konnten. Dann gibt es den Kokytos, den *Fluß der Seufzer*, der kalt ist wie ein Gletscher – auch ihn durchqueren die Toten. Sein feuriges Gegenstück ist der Pyrophlegethon, ein strömendes Flammenmeer – besonders dieser Fluß erinnert an Satans Reich der Hölle. In homerischer Zeit vermutete man den Hades jenseits der Meere im Westen[10], dort, wo die Sonne untergeht – später glaubte man, das Totenreich befände sich in der Tiefe der Erde. Die Mehrzahl der Toten sammelte sich in der kargen Ebene der Asphodelos. Lichtlos, fahl, trostlos – das Totenreich war eine kahle, finstere Stätte voller Schrecken und Trauer. Die Toten waren blasse Schatten, leblos und wesenlos. In dieser Düsternis stand der triste Palast des Gottes Hades, des Herrn der Unterwelt. Das Gemäuer hatte Marmortüren und Bronzeschwellen, die jede Rückkehr verwehrten, wenn man erst hindurchgegangen war. Hades war einer der Söhne des Kronos und der Rheia, Bruder des Zeus und des Poseidon. Wie wir aus der Sage wissen, hatte Kronos die beiden sofort nach der Geburt verschlungen; er brach sie dann wieder aus, weil ihm der in Windeln gepackte Stein zu schwer im Magen lag, den Rheia ihm anstelle des neu geborenen Zeus serviert hatte.

Die Griechen glaubten, daß die Menschen aus eigenem Antrieb Gutes oder Böses tun, ohne jeden Einfluß eines lichten oder finsteren Geistes. So fürchteten die Griechen die Strafe der Götter nicht, auch nicht die des Hades. Solange man den Göttern diente und Auflehnung vermied, so glaubte man in Hellas, gäbe es keine Schuld, keine Sühne. Solche Auffassungen schlossen aus, daß ein Wesen wie der Leibhaftige in der Glaubenslehre der Griechen seinen finsteren Platz hätte finden können.

Nach dem Sieg über Kronos und die Titanen entschied das Los: Die Erde ward aller Götter Teil. Zeus wurde Herrscher über die Götter und den Himmel, Poseidon über das Meer mit seinen Küsten, Hades über die Unterwelt. Gott Hades hatte schwarze Haut und sah grimmig drein, war aber gerecht und unbestechlich – zumindest im Charakter unterscheidet er sich gründlich vom Satan. Hades war unendlich reich, weil er über alle Schätze seines unterirdischen Reiches gebot. Deshalb trug er den Beinamen Pluton.[11] Den Mythos von diesem abgründigen Reichtum hat sich die Satans-Überlieferung abgeschaut.

Dann beugte sie sich herab und berührte vorsichtig einen der blassen Kelche. Der schloß sich, die Pflanze bewegte sich leise, und der Stengel erzitterte bis zum Grunde. Im selben Augenblick versank die Erde zu ihren Füßen, eine breite Kluft gähnte unter ihr, und herauf stürmten vier rabenschwarze Pferde vor einem goldenen Wagen, auf dem als Lenker der finstere Hades stand ... [er nahm] sie in den Arm und hob sie auf den Wagen.[12] Das so entführte Mädchen ist Persephone, die spätere Frau des Hades, eine Zeus-Tochter mit Demeter. Persephone ist Göttin des Getreides. Deshalb lebt sie jährlich nur für vier Monate, zwischen Ernte und Aussaat, im finsteren Hades-Palast ihres Gatten. Irgendwann hatte sie sich auch mit Zeus eingelassen, der genealogisch ihr Vater war. Sie schenkte ihm den schon erwähnten Sohn Zagreos. Diesem Sohn galt Zeus' besondere Liebe, und er bestimmte, daß Zagreos eines

Tages über die Welt herrschen sollte. Hera, Zeus' rechtmäßige Frau, raste über den Seitensprung mit Persephone und haßte alle Beteiligten, auch den Zagreos. Mit den Titanen, die damals noch an der Macht waren, schmiedete sie den Plan, den jungen Gott zu töten. Sie lockten das Kind mit Geschenken und Leckereien. Daß sie ihn nicht nur töteten, sondern auch aßen, lag daran, daß die Titanen die Spuren der Untat beseitigen wollten. Athene gelang es aber, das Herz des Jungen zu retten. Sie brachte es Zeus, der es weinend verzehrte. Später machte er seinen Liebling Zagreos unsterblich, indem er ihn in der Gestalt des Gottes Dionysos[14] auferstehen ließ. Insoweit hat also Persephone indirekt etwas mit Luzifer/Satan zu tun, indem sie dem Zagreos das Leben gab, was ja Auftakt war zum Höllensturz der Titanen.

Dionysos ist einer der faszinierendsten Götter des griechischen Pantheon. Sein Kult scheint uralt zu sein und in Kleinasien zu wurzeln; in Griechenland breitete er sich seit 1000 vor Christus aus. Dionysos war eben nicht nur der Gott des Weines, sondern der Symbolgott der Lebenskraft von allem, was sich in der pflanzlichen und animalischen Welt entwickelt. Dionysos war der Gott der Ekstase und Verzückung. Man nannte ihn den *Jungen Gott*. Seine Verehrer waren meistens Frauen, die Hüterinnen der Fruchtbarkeit. Ihre Verzückung war rasend und ergab sich spontan, unaufhaltsam. Es war gefährlich, auf eine Frauenschar zu treffen, die von dionysischem Wahn befallen war. Die Rasenden waren zu allem fähig: Sie rissen Tiere und Kinder in Stücke und verschlangen sie, weil sie glaubten, sich so mit ihrem Gott Dionysos zu vereinen. Ein orgiastischer Kult: Diese Wild-Ergebenen hießen Mänaden[15], Silenen, Satyrn, Bassariden, sehr häufig Bacchantinnen; in der Kunst sind die Mänaden mit Thyrusstäben dargestellt, mit Dolchen und heiligen Schlangen auf Efeu im Haar. Besessene Frauen, wilde Prozessionen: Die Frauen trugen Masken, und ihr Junger Gott wurde in menschlicher Darstellung mitgeführt – eine Stange war mit Tierfellen verhüllt und mit einer Maske gekrönt. Es wundert nicht, daß der Junge Gott in der Gestalt eines Stiers verehrt wurde oder daß sein Symbol ein riesiger Phallus war. Friedrich Nietzsche hat sich einmal als Schüler des Dionysos bekannt und von der *glückseligen Ekstase gesprochen, die aus den innersten Tiefen des Menschen emporsteigt* und seine Persönlichkeit, sein Ich-Gefühl auflöst. Der Philosoph meint die sexuelle und magische Ekstase. In Dionysos sieht er das Grundprinzip der menschlichen Existenz; der Mensch müsse seine Persönlichkeit ablegen, die Traumblase, in der er lebt, durchstoßen und die ekstatische, totale Bejahung des Ganzen erfahren. *In diesem Sinne ist Dionysos im Grunde der Gott oder Schutzpatron der Magie. Der dionysische Geist durchzieht alle Magie, besonders die Schwarzmagie der späteren Hexenkulte, deren orgiastischen Hexensabbate den Orgien der Dionysos-Anhängerinnen so ähnlich waren – bis hin zum Ziegenbock, des Dionysos heiligem Tier (ist es nicht bezeichnend, daß Dionysos ein gehörnter Gott ist wie der Teufel der Christen?).*[16]

Hekate war Göttin der Nacht und wohnte auch in der Unterwelt. Als Aeneas mit Sibylle in den Hades herabstieg, brachte er Hekate vier schwarze Rinder als Opfer. Sie ist die Göttin mit der Brandfackel, die ihr als Waffe gegen die Giganten nützlich ist. Sie ist eine wohlwollende Göttin, die den lohnenden Fischzug bringt, den Sieg im Kampf, das Gedeihen der Herden, den Reichtum. Aber sie ist auch Göttin der Mondschatten und Kreuzwege und identifiziert sich mit den finsteren Seiten des Lebens: Nachtspuk, Zauberei, Grabspuk, schwarze Magie. Sie erscheint dann mit zwei schwarzen Fackeln oder in tierischer Verwandlung, als Hund etwa, Stute, Wölfin. Sie gilt als Königin der Gespenster und der Schatten. Als Statue findet man sie auch schon mal mit drei weiblichen Köpfen. Empusa, das Gespenst, gehört zu Hekates Gefolge. Es hat einen Fuß aus Bronze, kann sich aber in eine schöne Frau verwandeln und Frauen und Kinder in den Hinterhalt lokken; es nährt sich von Menschenfleisch. Das tut auch Eurynome, der Dämon, der das Fleisch frisch Begrabener verschlingt und nur die blanken Knochen überläßt. Die dritte Menschenfresserin ist Echidna, als Mutter des Kerberos und der Hydra von Lerna schon erwähnt. Echidna ist ein apokalyptisches Monstrum, halb Frau, halb Schlange.

Auch die gefürchteten Erinyen wohnen in der Unterwelt. Es sind die drei Schwestern[17] Aleto, Tisiphone und Megaira, die man Eumeniden[18] nennt, um sie zu besänftigen. Es sind Götterwesen, die aus dem Blut des Uranos entstanden[19] und Töchter der Nacht und des Tartaros[20] sind. Es sind geflügelte Rachegöttinnen mit Fackeln und Peitschen, auf deren Häuptern 100 Schlangen züngeln; sie sind auf der Jagd nach Mördern, stöbern sie in ihren Verstecken auf, hetzen sie durch die Welt, bemächtigen sich ihrer, treiben sie zum Wahnsinn.

Schließlich sind da auch die Keren[21]. Es sind Götter, die es aus der Tiefe auf die Schlachtfelder zieht – es sind geflügelte schwarze Wesen mit mächtigen weißen Zähnen und langen Fingernägeln, die sich die Toten und Sterbenden packen und ihnen das Blut aussaugen. Hekate und ihre höllischen Geschöpfe haben in ihren finsteren Rollen mit Satan und seinen 1000 Teufeln ein gemeinsames Metier.

Minos, der Sohn des Zeus und der Europa, war König von Kreta. Er galt als weiser und gerechter Herrscher. Mit seinem Tode, so geht die Sage, wurde er einer der drei Richter im Hades. Bevor Minos König werden konnte, hatte es den üblichen Erbfolgestreit gegeben. Minos verbündete sich mit Poseidon in dieser Angelegenheit, der ihm schließlich einen Opferstier schickte. Doch der Stier, der aus dem Meer stieg, war so schön, daß Minos sich nicht entschließen konnte, ihn zu opfern. Der König versteckte das Tier in seinen Herden. Poseidon schüttelte den Dreizack vor Wut und ließ die Erde beben. Dann rächte er sich auf besondere Weise an König Minos: Er ließ Pasiphae, die Gattin des Minos, sich in den Stier verlieben. Die Leidenschaft war so groß, daß die Königin schließlich mit dem Minotauros niederkam, einem Monster, das halb Stier, halb Mensch war. Der Minotauros war ein solches Scheusal, daß Minos ihn in den unterirdischen Katakomben seines Palastes gefangenhalten mußte, den der Architekt Daedalos gebaut hatte – Katakomben, deren Gänge unentrinnbar waren. Alle neun Jahre wurden jeweils sieben athenische Mädchen und Jungen in dieses Labyrinth getrieben und dem Minotauros zum Fraß vorgeworfen. Dies geschah zur Sühne, weil Androgeos, ein Sohn des Minos und Sieger der Spiele von Athen, dort vom König Aigeus aus Mißgunst erschlagen worden war. Es war Theseus, der Held aus Athen, der den Minotauros schließlich tötete. Ariadne, die Tochter des Minos, hatte sich in den schönen Athener verliebt. Sie gab ihm ein Garnknäuel und ein gutes Schwert in die Hand, bevor Theseus in das Labyrinth eindrang. Ariadne hatte das Ende des Garns am Türrahmen befestigt, und Theseus wickelte das Knäuel ab, während er durch die Dunkelheit stolperte. Theseus traf auf den Minotauros und tötete ihn. Auch die 14 jungen Athener, übrigens die dritte Opfergesandtschaft, kehrten wohlbehalten mit Theseus zurück.

Es wäre ohne Belang, diese Sage zu Ende zu erzählen – denn was den Satan betrifft, ist das Wesentliche gesagt. Im Minotauros stoßen wir auf ein menschenfressendes mythologisches Stierwesen, das seine Entsprechung im Himmels-Stier der sumerischen Ischtar findet und unmißverständlich auf den Planeten Venus weist, der mit Luzifer identisch ist.

DASS ALSO DER BOCK ALLE MISSETATEN AUF SICH NEHME: DAS VOLK ISRAEL

Und der dritte Teil der Erde verbrannte, und der dritte
Teil der Bäume verbrannte, und alles grüne Gras
verbrannte.
Neues Testament, Die Offenbarung des Johannes, 8

Als aber die Menschen sich zu mehren begannen auf Erden und ihnen Töchter geboren wurden, da sahen die Gottessöhne[1], wie schön die Töchter der Menschen waren, und nahmen sich zu Frauen, welche sie wollten ... Zu der Zeit und auch später noch, als die Gottessöhne zu den Töchtern der Menschen eingingen und sie ihnen Kinder gebaren, wurden daraus die Riesen auf Erden. Das sind die Helden der Vorzeit, die hochberühmten.*[2]* Eine sagenhafte Geschichte – Gottessöhne steigen zu den Menschentöchtern herab, um Riesen und Helden zu zeugen. Das klingt nach Homer oder Herodot, und doch ist es ein alttestamentarischer Bibeltext. Auch der Satan wird zu diesen Gottessöhnen gezählt, das wissen wir aus dem Buch Hiob. Und die Engel natürlich auch. Nun sagt man den Engeln nach, daß sie geschlechtslose Wesen seien, auch der Satan also: *Auch die unreinen Teufel, die Übeltaten vollbringen und den Ehebruch lieben, haben dies nicht in ihrer Natur; denn es gibt unter ihnen keine männlichen und weiblichen Geschlechter.*[3] Ein vertrackter Widerspruch, wenn man die Fruchtbarkeit solcher Visiten dagegenhält. Eine abartige Variante solcher Erdbesuche finden wir im Bericht über den Untergang von Sodom und Gomorrha.[4] Zwei Engel waren gekommen, die Lot mit *liebe Herren* ansprach und in sein Haus bat – dort wusch Lot ihnen die Füße und stärkte sie mit ungesäuerten Kuchen. *Aber ehe sie sich legten*, so heißt es dann wörtlich, *kamen die Männer der Stadt Sodom und umgaben das Haus, jung und alt, das ganze Volk aus allen Enden und riefen Lot und sprachen zu ihm: Wo sind die Männer, die zu dir gekommen sind diese Nacht? Führe sie heraus zu uns, daß wir uns über sie hermachen. Lot ging heraus zu ihnen vor die Tür und schloß die Tür hinter sich zu und sprach: Ach, liebe Brüder, tut nicht so übel! Siehe, ich habe zwei Töchter, die wissen noch von keinem Manne; die will ich herausgeben unter euch, und tut mit ihnen, was euch gefällt; aber diesen Männern tut nichts, denn darum sind sie unter den Schatten meines Dachs gekommen ... Und sie drangen hart ein auf den Mann Lot. Doch als sie hinzuliefen und die Tür aufbrechen wollten, griffen die ... [Engel] hinaus und zogen Lot herein ... und sie schlugen die Leute vor der Tür des Hauses ... mit Blindheit, so daß sie es aufgaben, die Tür zu finden.* Nach Enoch heißen die Führer der Engel, die das Liebesbedürfnis zu den Menschen trieb, Akibeel, Ananel, Anani, Aramael, Arasjal, Arestigifa, Armen, Armers, Asasel, Baraquel, Basasael, Batarjal, Danel, Ezequeel, Iseseel, Jetarel, Jomjael, Kakabael, Ramuel, Rumjal, Ruquael, Sammael, Samsaveel, Saraquajal, Sartael, Seriel, Simapisiel, Tarel, Tamuel, Turjal, Urakib, Zaquebe – ihr Oberster ist Semjasa. *Es waren ihrer im Ganzen zweihundert*, schreibt Enoch.[5] Semjasas Engel waren *Outlaws* – Gottessöhne, die Gottes Ordnung störten. Enoch berichtet, daß solche Liebesengel mit den Menschentöchtern *dreihundert Ellen lange* Riesen und Dämonen gezeugt hätten. Diese himmlischen Besucher sollen sich den Menschen als Wohltäter erwiesen haben: Baraquel lehrte sie Astronomie, Kakabael Astrologie, Ezequeel Meteorologie, Aramael Geographie, Samsaveel Sonnenlehre, Seriel Mondkunde, Armers die Lösung von Beschwörungen; Semjasa selbst lehrte besagte Beschwörungen und das Schneiden der Wurzeln, was ihn als Vater der Ärzte und Hexen qualifiziert. Besonders soll sich der biblische Asasel hervorgetan haben. Er wirkte als eine Art Prometheus im Land Israel und lehrte *die Menschen Schlachtmesser, Waffen, Schilde und Brustpanzer ... zu fertigen und zeigte ihnen die Metalle samt ihrer Verarbeitung und die Armspangen und Schmucksachen, den Gebrauch der Augenschminke und das Verschönern der Augenlider, die kostbarsten und auserlesensten Steine und allerlei Färbemit-*

tel. So herrschte viel Gottlosigkeit. Enoch berichtet dann, wie Gott über Asasels Taten die Stirn runzelte: *Du hast gesehen, was Asasel getan hat, wie er ... die himmlischen Geheimnisse der Urzeit offenbart hat, die die Menschen kennenzulernen sich haben angelegen sein lassen.* Gott habe dem Erzengel Raphael befohlen, heißt es weiter, Asasel zu fesseln, zu steinigen und in die Finsternis zu werfen, bis man ihn am Ende der Zeit und nach dem Jüngsten Gericht in den feurigen Pfuhl stoßen würde. Der strenge Herrgott, dessen Namen das Volk Israel nicht auszusprechen wagte, hat diesen Asasel dann doch wohl entschlüpfen lassen – irgendwann treffen wir Asasel zu Moses Zeiten in der Wüste wieder, wohin ein Dämon, nach alter ägyptischer Lehre, auch gehört. Asasels biblische Geschichte ist auch die des *Sündenbocks*: *Und Aaron soll ... danach zwei Böcke nehmen und vor den HERRN stellen an der Tür der Stiftshütte und soll das Los werfen über die zwei Böcke; ein Los dem HERRN und das andere dem Asasel und soll den Bock, auf welchen das Los für den HERRN fällt, opfern zum Sündopfer. Aber den Bock, auf welchen das Los für Asasel fällt, soll er lebendig vor den HERRN stellen, daß er über ihm Sühne vollziehe und ihn zu Asasel in die Wüste schicke ... Dann soll Aaron seine beiden Hände auf ... [des Bocks] Kopf legen und über ihm bekennen alle Missetat der Kinder Israel ... und soll ... ihn durch einen Mann ... in die Wüste bringen lassen, daß also der Bock alle ihre Missetaten auf sich nehme und in die Wildnis trage; und man lasse ihn in der Wüste ... Der Mann aber, der den Bock für Asasel hinausgebracht hat, soll seine Kleider waschen und sich mit Wasser abwaschen und erst danach ins Lager kommen.*[6] Es gibt irritierende Widersprüche in Enochs Bericht und der biblischen Geschichte vom Sündenbock. Bei Enoch ist der Herrgott grimmig und will, daß Asasel vernichtet wird; im dritten Buch Mose aber fordert Gott ein Bockopfer für eben diesen Asasel. Hinzu kommt das griechisch anmutende mythologische Motiv von der göttlichen Berührungsangst, den Menschen zuviel wissen zu lassen. Dieser Gott des Alten Testamentes erscheint hier nicht so sehr als Gott der Allmächtige. Er wirkt eher weltlich, wie ein alternder Gottkönig mit zusammengekniffenen Lippen und mißtrauischen Augen, der sich immer wieder neu gegen die Opposition seines eigenwilligen Hofstaates durchsetzen muß, und jetzt auch noch gegen das wachsende Gewicht der Menschen. Gott weiß nicht so recht, was er tun soll, er schwankt in seinen Konsequenzen – soll er strafen, soll er lohnen? Er kann sich nicht so recht entscheiden, und so kommt es, daß Asasel eben beides über sich ergehen lassen muß, die Steinwürfe des Erzengels Raphael und den Sündenbock, den man zu ihm in die Wüste zerrt. Asasel, Semjasa oder Baraquels Generation – sie scheinen Ausgestoßene zu sein wie Luzifer/Satan, allein schon deshalb, weil sie als Dämonen oder Teufel durch etliche Legenden spuken. Es ist schwer zu entscheiden, ob man sie Teufel nennen soll, Dämone oder schwarze Engel. Man vermag nicht so recht auszumachen, daß sie dem Menschen feindlich sind. Eher das Gegenteil, denn sie kommen, wenn man so will, als Liebesengel oder Kulturbringer daher. So wundert es nicht, wenn der jüdische Glaube viele Jahrhunderte lang die Furcht vor dem Satan oder seinen Teufeln nicht kannte. Man sah die schwarzen Engel als Diener Gottes und nicht als dessen Widersacher, man sah in ihnen auch keine Feinde. Der Satan und auch die übrigen *Outlaws* waren Werkzeuge Gottes, auch wenn sie zwischendurch ihren eigenen Liederlichkeiten nachgegangen sein mochten. Wir erinnern an die Leidensgeschichte des Hiob, wie sie an anderer Stelle dargelegt wurde. Zwei weitere Beispiele werden hier aufgeführt.

Da ist zunächst die Vision des Propheten Micha, der König Ahab[7] von einem Feldzug gegen die Aramäer abrät: *Ich sah den HERRN sitzen auf seinem Thron und das ganze himmlische Heer neben ihm stehen zu seiner Rechten und Linken. Und der HERR sprach: Wer will Ahab betören, daß er hinaufzieht und vor Ramoth in Gilead fällt? Und einer sagte dies, der andere das. Da trat ein Geist vor und stellte sich vor den HERRN und sprach: Ich will ihn betören. Der HERR sprach zu ihm: Womit? Er sprach: Ich will ausgehen und will ein Lügengeist sein im Munde aller seiner Propheten. Er sprach: Du sollst ihn betören und sollst es ausrichten; geh aus und tu' das. Nun siehe, der HERR hat einen Lügengeist gegeben in den Mund aller deiner Propheten; und der HERR hat Unheil gegen dich geredet.*[8] Satan, simpel als *ein Geist* tituliert, in seiner typischen Rolle – als Vollstrecker Gottes, der Ahab vernichten will, und als Herr der Lüge.

Und zum zweiten die Geschichte von König Abimelech[9], der Sohn einer Sklavin war und dem die Sichemiten, Verwandte seiner Mutter, auf den Thron geholfen hatten: *Als nun Abimelech drei Jahre über Israel geherrscht hatte, sandte Gott einen bösen Geist zwischen Abimelech und die Männer von Sichem. Und die Männer von Sichem wurden Abimelech untreu, damit der Frevel an den siebzig Söhnen Jerubbaals und ihr Blut käme auf Abimelech.*[10] Abimelech rächte sich, wütete gegen die Männer von Sichem, zerstörte deren Stadt und streute Salz über die Ruinen, um sie unfruchtbar zu machen. Auch Magie war also im Spiel – nicht nur Gottes Wille und Satans Mission.

Wie man heute weiß, ist das erste Buch Mose ungefähr im sechsten Jahrhundert vor Christus verfaßt worden – es könnte sein, daß das ohne Asasel nicht geschehen wäre, hatte dieser eigenwillige Geist die Menschen doch auch schreiben gelehrt. In den *Büchern der Chroniken*, die aus dem dritten Jahrhundert vor Christus stammen, verfinstert sich dann das Wesen des Satans und seiner schwarzen Engel: *Und der Satan stellte sich gegen Israel und reizte David*[11], *daß er Israel zählen ließe.*[12] Diese Zählung brachte das Fiasko, insoweit, als sich die Pest ausbreitete. Das Bild vom Satan hatte sich gewandelt – ein theologisches Phänomen, kein chronologisches. Der Satan handelte nun auch auf eigene Rechnung, nicht nur als Werkzeug Gottes, und Gut und Böse, was Gott selbst im Gleichgewicht gehalten hatte, begann sich zu spalten, sich selbständig zu machen. Nun wurde der Satan zum Bösen an sich, zur eigenen rabenschwarzen Größe. Dieser Dualismus steigerte sich, denn etwa um 100 vor Christus zählt man den Satan nicht mehr zu den Gottessöhnen. Man hatte ihn aus dem Gefolge Gottes gestrichen, ebenso die übrigen *Outlaws* – die Liebesengel, schwarzen Engel, Dämonen, Kulturengel – und führte sie nun einheitlich als Teufel auf, als mehr oder minder mächtige Herren der Finsternis. Es ist nicht so recht ersichtlich, inwieweit Satan/Luzifer der Herrscher über dieses Heer von Teufeln ist. Es ist jedoch anzunehmen, weil ja die Bibel ihn als *Fürsten dieser Welt* apostrophiert. Weiter ist dem Buch Enoch, das viele jüdische Traditionen darlegt, zu entnehmen, daß der Fall Luzifers und der Engel auch auf *die Sünden des Fleisches* zurückging, aus denen seinerzeit die Riesen und Dämonen hervorgegangen waren. Aber es scheint noch einen weiteren Konflikt zu geben, der dazu beitrug, den Satan zu stürzen – diesen entnehmen wir den Heiligenlegenden: *Und aufseufzend sprach der Teufel: Adam, meine ganze Feindschaft, Neid und Schmerz geht gegen dich, weil ich deinetwegen vertrieben und entfremdet ward von meiner Herrlichkeit, die ich im Himmel inmitten der Engel hatte, und deinetwegen auf die Erde hinabgestoßen ward ... als du gebildet wurdest, ward ich von Gottes Antlitz verstoßen und aus der Gemeinschaft der Engel verbannt ... und Michael kam herauf und rief alle Engel so: Betet Gottes, des Herrn, Ebenbild an, wie Gott der Herr es befohlen! ... Dann rief er mich und sprach: Bete an das Ebenbild Gottes. Und ich antwortete: Ich brauche Adam nicht anzubeten ... Warum drängst du mich? Ich werde doch den nicht anbeten, der geringer und jünger ist als ich. Ich bin vor ihm erschaffen worden. Ehe er erschaffen ward, war ich erschaffen. Er sollte mich anbeten.*[13] Der Kern dieser Legende zeigt das Motiv der Hoffahrt und Mißgunst Satans gegenüber dem Menschengeschlecht, zu deren Symbolfigur, chronologisch verwirrend, Adam stilisiert wird. Auch das

Ende des Satan wurde prophezeit – im apokryphen *Buch der Jubiläen* steht es zu lesen: Am Ende der Zeit, wenn die 49 Jubiläen vergangen sind, werde es Satan und das Böse nicht mehr geben, und Israel von allen Sünden gereinigt sein. Die Propheten setzten die Dauer der Welt mit sechs Jahrtausenden an. Im Glauben an den Untergang des Bösen spiegelt sich die ewige Größe des einen Gottes, der einer temporären Größe wie dem Satan irgendwann den Garaus macht. Der Schöpfer ist der Pol der Welt und hat diese Welt insoweit im Gleichgewicht geschaffen, als Gut und Böse sich die Waage halten. Satan, der Herr der Finsternis und der Widersacher Gottes, füllt niemals mehr als einen vorgegebenen Teil der bösen Schale. Alles, was er tut, ist im Einklang mit Gottes Willen. So ist Satan zwar das Böse an sich, aber letztlich niemals mehr als das von Gott gewollte Leid. Satan wird nicht Gott richten – nein, Gott wird Satan richten und dessen Geschöpfe.

Ungefähr um 200 vor Christus zogen die leibhaftigen Teufel in die jüdische Glaubenslehre ein. Im Alten Testament waren es nicht viele, Satan natürlich, der leibhaftige Herr der Finsternis, und Asasel, der Dämon der Wüste, Dever, der Krankheitsdämon, Lilit, die Dämonin für den Kindesraub und Reschef, der Dämon der Pest. In den Höhlen von Qumran hat man die sogenannten *Handschriften vom Toten Meer* gefunden. Dort und in allen Pseudepigraphen[14] findet man diverse Hinweise auf den Satan oder auf Belial.[15] Insgesamt sind es immerhin 26 Hinweise auf Satan beziehungsweise 70 auf Belial, hinzu kommen vier auf Baal und acht auf Mastema. Belial ist ein Pseudonym Satans, was nicht verwundert, sondern bestätigt, denn es gibt eine synonyme Kette von Luzifer über Ischtar und ihren Himmels-Stier zum *goldenen Kalb* und Baal beziehungsweise Baal-Zeewuw, sprich Beelzebub. Ob wir über den Satan nachlesen oder über Belial, immer werden wir diesen Oberteufel als Widersacher Gottes und Geist des Bösen vorgestellt finden. Ein Fluch liegt auf Belial, so lesen wir in der Rolle der *Hymnen*, der Rolle der *Regel*, der Rolle *Bestim-*

mung für den Krieg, in der *Damakusschrift* – Belial ist ein Verdammter, bei der Ankunft des *Fürsten des Lichtes* muß er, der *Fürst des Bösen,* verschwinden. Belial – er ist der *Geist der Täuschung, der Engel der Finsternis, der Feind.* Unter den Aufschriften der Fahnen und Hörner findet man eine, die ins Schwarze trifft: *Wütender Zorn Gottes gegen Belial und gegen alle Menschen seines Loses, ohne einen Rest.*[16]

Es ist ganz unmöglich, alle schwarzen Engel, Dämonen oder Teufel Satans aufzuführen. Dies zeigen folgende Beispiele: Jesaja teilt Hiskia, König von Juda mit, daß dessen Sohn Manasse dem Bösen unterliegen werde, und zwar dem bösen Engel Sammael. Dies geschieht dann auch, und Manasse dient nun *dem Satan, seinen Engeln und Mächten ... Auch änderte Manasse seinen Sinn, so daß er dem Belial diente; denn der Fürst des Unrechts, der diese Welt beherrscht, ist Belial, dessen Name Matanbukus ist.*[17] Wer ist hier wer? Wie viele Namen hat Satan? Niemand weiß es letztlich. Die Symbiose von Belial und Manasse wird dann dem Propheten Jesaja zum Verhängnis: *Belial aber besaß das Herz Manasses ... wegen dieser Gesichte und Weissagungen zersägte Sammael Satan durch die Hand Manasses den Propheten Jesajas.*[18]

In den *Jubiläen* lesen wir über die Nachfahren Noahs: *Und in der dritten Jahrwoche dieses Jubiläums begannen unreine Dämonen, die Kinder der Söhne Noahs zu verführen und sie zu betören und zu verderben.* Man wandte sich daraufhin an Noah, damit dieser an Gott heranträte, die Enkel von den Dämonen zu befreien – der Fürst dieser Geister hieß Mastema. Ausgerechnet Satan, dessen Pseudonym Mastema ist, schlug Gott einen Kompromiß in dieser Sache vor: *O Herr, Schöpfer, laß einige von ihnen übrig vor mir, daß sie auf meine Stimme hören und alles tun, was ich ihnen sage; denn wenn nicht einige von ihnen übrig bleiben, kann ich die Herrschaft meines Willens an den Menschenkindern nicht ausüben.*[19] Satan wurde erhört. So sehr diese Entscheidung auch verwundert, so ernst ist es Gott, dem Satan zu wehren – das Strafgericht ist vorgeplant: *Im* [dritten] *Himmel sind die Mächte der Heerlager, die verordnet sind auf den Tag des Gerichts, Rache zu üben unter den Geistern des Irrtums und Belials.*[20] Satan/Belial ist nicht zu beneiden in seiner Eigenschaft als Gottes Berater und Sachwalter in Sachen Bosheit auf Erden. Und das Böse, wir sehen es auch an den Noah-Enkeln, hatte oft etwas mit Erotik zu tun, bis hin zur Gewalt und Hurerei – ein Grundglauben, der auch am überlieferten Bild vom Satan haften blieb. Ein apokryphes väterliches Vermächtnis im Testament Rubens trifft den Kern der Sache: *Achtet nicht auf den Blick eines Weibes und seid nicht allein mit einer verheirateten Frau und gebt euch nicht ab mit der Beschäftigung der Weiber ... Denn ein Verderben für die Seele ist die Hurerei, indem sie von Gott trennt und zu den Götzenbildern* [Belial] *hinführt.*[21]

Die *Schriften vom Toten Meer* markieren einen Wandel im jüdischen Glauben: Satan/Belial wurde zum grimmigen Widersacher Gottes aufgebaut, bis hin zum krassen Dualismus: Materie ist böse, heißt es, nur der Geist ist gut. Es war etwas in die jüdische Religion eingeflossen, was an die altpersische Konstellation von Ahura Mazda, den *Guten Gott*, und Ahriman, den *Bösen Gott,* erinnert – zwei Pole also, die sich unvereinbar abstoßen, und zwei grundverschiedene Wesen, deren Haß aufeinander Sinnbild ist für den Antagonismus von Gut und Böse. Ahriman, der Gott des Bösen – er ist, das wissen wir, das Urbild des Satans. Auch die Vorstellung von den Gottessöhnen, den Engeln also, hat keine typisch jüdische Wurzel. Das Volk Israel hatte seit jeher Zarathustras monotheistische Lehre sorgfältig studiert und aus ihr auch die Vision von den Engeln extrahiert: Ihr Urbild sind jene sechs Geister des lieben Gottes Ahura Mazda, die *Gute Gesinnung* hießen, *Beste Frömmigkeit, Gewünschte Herrschaft, Heilige Ergebung, Heil und Gesundheit* und *Unsterblichkeit.* Sie umkreisen Ahura Mazda und waren in einem hierarchischen Gefüge vereint. Sie wurden in das apokryphe Buch Enoch[22] übernommen, aber umbenannt und geändert. Hier zeigt sich, wie konsequent das Judentum Glaubenslehren des monotheistischen Mazdaismus übernommen hat. Nun war der Glaube an den einen Gott nicht der einzige Grund für solche Anleihen. Da war auch noch Politik im Spiel, insoweit, als die Perser das Schicksal des Volkes Israel zum Besseren gewendet hatten. Die Juden saßen als Gefangene in Babylon, und als die Perser kamen und die Stadt eroberten, hießen die Juden sie als Befreier willkommen – König Cyrus, der 539 vor Christus in Babel einzog, sahen sie als *Gesalbten* und *Messias*, als Befreier vom babylonischen Joch und von den heidnischen Göttern. Als Darius I.[23] die goldene Statue des Marduk einschmelzen und die babylonischen Priester töten ließ, war dies den Juden eine Bestätigung ihres alten Glaubens. In der Tat behandelten die Perser die Juden wohlwollend – unter Artaxerxes[24] wurden die Tempel und Mauern Jerusalems aufgebaut.[25]

Hatten die alten Semiten an ein Weiterleben nach dem Tod geglaubt, ging Zarathustras Lehre weiter: Hier setzte der Glaube an die Unsterblichkeit der Seele ein. Dieser Gedanke lebt in der jüdischen Glaubenslehre fort, und auch die christliche Theologie führt dieses mazdaistische Dogma fort. So hat also die jüdische Religion tiefe Wurzeln im Wedismus und in Zarathustras Mazdaismus, die ja auch wesentlich älter sind als die damaligen Glaubenslehren der Juden. Aber auch andere Vorstellungen der jüdischen Religion sind von außen hereingewachsen: zum Beispiel mesopotamische Inspirationen – die Zehn Gebote etwa, die Vorstellungen von Schuld und Sünde, der Glaube an Dämonen oder die Vorstellung vom Reich der Toten. Der altjüdische Ort, wohin die Toten gelangen, heißt Scheol – er wird ähnlich beschrieben wie das assyrisch-babylonische Totenreich Arallu: Ein *Land des Schweigens und Vergessens* erwartet den Toten, ein *Ort der Substanzlosigkeit und der Leere; er ist gekennzeichnet durch Finsternis und Staub*, ein *Land ohne Wiederkehr*. Im Alten Testament steht es so: *Denn ich weiß, du wirst mich zum Tod gehen lassen, zum Haus, da alle Lebendigen zusammenkommen.*[26] Im Alten Testament finden wir nur diesen Hinweis des Hiob auf ein Leben nach dem Tod. Erst in der hebräischen Bibel, rund 200 vor Christus, lesen wir die Verkündung von der Auferstehung der Toten. Scheol ist ein Totenreich für die Guten und Schlechten, für die Sklaven und Könige. Mit der christlichen Hölle hat der Ort kaum etwas gemeinsam – das höllische Fegefeuer ist eine spätere christliche Vorstellung.

Aber verflucht sei Belial im Plan der Feindschaft, und verwünscht sei er in der Herrschaft seiner Schuld. Und verflucht seien alle Geister seines Loses in ihrem ruchlosen Plan, und verflucht seien die im Dienst ihrer abscheulichen Unreinheit. Denn sie sind das Los der Finsternis.[27] Der alte jüdische Satan konnte nicht Ahriman heißen wie bei den Persern. Sein Name mußte vom babylonischen Baal abgeleitet werden, jenem verhaßten Götzen, dessen Standbild das *goldene Kalb* war. Baal war das Synonym für Gefangenschaft, Sünde, Unzucht, Schande. So wurde Ischtar, die mesopotamische Himmelsgöttin, im jüdischen Glauben zur satanischen Megäre degradiert – einer bösartigen Welthure, die nur aus Hirn und Vagina besteht. Es ist dies ein spezieller erotischer Aspekt, der auch unser modernes Teufelsbild weiterprägt – Hexensabbat, Lust an der Sünde, Vereinigung mit dem Leibhaften. Dabei hatte es Zeiten bei den Juden gegeben, worin die alten Könige auch der Ischtar huldigten. Zum Beispiel Salomo[28]: *So diente Salomo der Astarte, der Göttin derer von Sidon, und dem Milkom, dem greulichen Götzen der Ammoniter. Und Salomo tat, was dem HERRN mißfiel, und folgte nicht völlig dem Herrn wie sein Vater David.*[29] König Josias[30] bereinigte die Sache auf seine Art: *Auch die Höhen ..., die Salomo ... gebaut hatte der Astarte, dem greulichen Götzen von Sidon, und Kemosch, dem greulichen Götzen von Moab, und Milkom, dem greulichen Götzen der Ammoniter, machte der König unrein und zer-*

brach die Steinmale und hieb die Ascherabilder um und füllte ihre Stätte mit Menschenknochen.[31] Immerhin rund 300 Jahre mögen diese Ischtar-Tempel auf den Höhen um das heilige Jerusalem gestanden haben. Welch ein Niedergang für Ischtar, die ja der geheimnisvolle Morgenstern war und die mit dem Himmels-Stier gegen die Erde gezogen ist! – Ischtar, die Venus, die Gewalt brachte, weil Gilgamesch, der König von Uruk, ihre Liebe verschmäht hatte. Auch im jüdischen Glauben zieht die Apokalypse ihre blutige Spur, hören wir das Krachen und Bersten, das den Fall Luzifers und seiner schwarzen Engel begleitet: *Und als sie* [die Amoriter und ihre Verbündeten] *vor Israel flohen den Weg hinab nach Beth-Horon, ließ der HERR große Steine vom Himmel auf sie fallen bis Aseka, daß sie starben. Und von ihnen starben viel mehr durch die Hagelsteine, als die Kinder Israel mit dem Schwert töteten. Damals redete Josua*[32] *mit dem HERRN an dem Tage, da der HERR die Amoriter vor den Kindern Israel dahingab, und er sprach in Gegenwart Israels: Sonne steh still zu Gibeon, und Mond, im Tal Ajalion! Da stand die Sonne still und der Mond blieb stehen ... Und es war kein Tag diesem gleich, weder vorher noch danach.*[33] Das Poltern solcher *Hagelsteine* führt uns zurück zu Asasel, dem armen Teufel, dem Gott einen Erzengel auf den Hals schickte und dem er auch den Sündenbock in die Wüste bringen ließ. Hatte der Schöpfer nicht seinerzeit dem Erzengel Raphael aufgetragen, Asasel zu fesseln, zu steinigen und in die Finsternis zu stoßen? Wenn ein Erzengel Steine wirft, sind diese aus kosmischem Stoff. Sie fallen dicht wie Schwärme von Sternschnuppen, sie hageln Tod und Verderben auf die taumelnde Erde, die in Finsternis getaucht ist.

DIE GESCHICHTE VOM SCHEITAN UND DER GEHÖRNTEN GÖTTIN: DER ISLAM

WENN DIE STERNE SICH ZERSTREUEN.
Koran, 81

So nimm deine Zuflucht zu Allah, daß er dich vor dem gesteinigten Scheitan[1] schütze.[2] Man möchte meinen, die Geschichte vom armen Teufel Asasel stecke hinter dieser Sure. Nirgendwo im Islam wird die Apokalypse real geschildert, auch nicht im Koran, überall deutet sie sich nur in Bildern an. Es sind dies Visionen von fliegenden Steinen, die Menschen erschlagen, von Feuerdrachen, die am Himmel kämpfen, von Ungeheuern, die die Sonne verschlingen, von Weltschlangen, die die Erde erwürgen. Es ist, als fürchte man, mit der nüchternen Beschreibung der Wirklichkeit den infernalischen Geist zu beschwören, daß er leibhaftig niederfährt und die Erde zur Hölle macht. Die apokalyptischen Schrecken offenbaren sich deshalb in dunklen Gleichnissen, sie kommen verschleiert daher, verhüllt im Stoff kollektiven Vergessens. Das Bild vom gesteinigten Scheitan ist die Geschichte Luzifers, der mit dem Heer der abtrünnigen Engel vom Himmel stürzt. Engel sind Lichtwesen, als deren Sinnbilder die Sterne am Himmel leuchten, die Abtrünnigen sind ein Hagel von Sternschnuppen, die auf die Erde stürzen und im Diesseits zu schwarzen Engeln werden. Luzifer ist der Fürst der schwarzen Engel, ist der Leibhaftige, ist der Scheitan, der im Islam als *gesteinigt* gebrandmarkt ist.

Der Name Scheitan ist durchgängig im Koran, in einem einzigen Fall taucht das Synonym Malik[3] auf. Malik ist ein Wortecho auf den kanaanitischen Moloch[4] – ein Feuergott, dem Menschen, besonders Kinder, in den Flammen geopfert wurden. In der Tat – im alten Orient gab es 1000 Dämonen. Die Wüste ist eben ein ganz besonderer Ort für böse Geister. So wundert es nicht, wenn der muslimische Scheitan eine Vielfalt von Ahnen hat. Da sind zunächst einmal die Dschinn[5],

Dämonen, deren Ursprung die Naturgeister der vorislamischen Wüstenregionen sind – es scheint unmöglich, die Trennlinie zwischen Dschinn und Scheitan zu ziehen, hier sind beduinische und christliche Überlieferungen verschmolzen. Die Dschinn sind bösartig, selbst Mohammed, den Propheten, hätten sie *fast erdrückt*.[6] In islamischer Sicht sind sie Luft- oder Feuerdämonen, unsichtbar und schlau. Sie haben Kräfte, die die der Sterblichen in den Schatten stellen. Die Menschen sind aus Ton erschaffen, die Engel aus Licht, die Dschinn aus *hell loderndem Feuer*.[7] Es gibt also drei Wesensarten im Islam, wobei die Dschinn die dritte sind; sie können sogar gerettet werden, weil Mohammed auch zu ihnen geschickt worden ist. Die Dschinn fahren in die Menschen und werden gemeinsam mit den Besessenen vor Allahs Gericht kommen. Einige Stellen im Koran deuten an, die Dschinn schlichen sich in den Himmel, um die Engel zu belauschen. Dann wurden sie von den Engeln mit Sternschnuppenwürfen verscheucht: *Wir haben den unteren Himmel mit dem Schmuck der Sterne versehen und zum Schutz vor jedem rebellischen Scheitan. Die Scheitane können* [auf diese Weise] *dem oberen Rat nicht zuhören. Vielmehr wirft man von überall her* [mit Sternen] *nach ihnen, um sie zu verjagen. Und sie haben* [dereinst] *eine* [ewig] *dauernde Strafe zu erwarten.*[8] Hier haben wir wieder das Motiv des kosmischen Bombardements: Luzifer und seine gefallenen Engel sind überall.

Es ist berechtigt, im Islam wichtige Einflüsse jüdisch-christlicher Glaubenslehren zu vermuten – immerhin identifiziert sich Mohammed mit der jüdischen Thora[9] und sieht sie als Gesetz Allahs. Wenn dies so ist, kann man auch die Vision vom Scheitan aus Satans-Vorstellungen des Neuen Testamentes herleiten. Der islamische Scheitan wird nämlich nicht im Sinne des Alten Testaments als Gottessohn und Diener Gottes definiert, sondern als haßerfüllter Rivale des Schöpfers. Desungeachtet ist auch im Islam unstritten, daß der Scheitan und seine bösen Geister Geschöpfe Allahs sind. Allerdings gibt es keine Liebesengel im Islam, die mit den Menschentöchtern Riesen und Dämonen zeugten. Aber der Satan und seine Dämonen sind im Islam präsent. Es fehlen allerdings Schilderungen, ob sie Hörner tragen oder Fledermausflügel, ob sie zehn Häupter haben mit sieben Kronen, ob sie wie der Drache reden oder ob sie nach Schwefel riechen. Der islamische Scheitan und seine Dämonen sind leibhaftig und dennoch wesenlos, nur faßbar in ihrer Affinität zum Bösen und in ihrer Feindschaft zu Allah und seinen Engeln.

Der Scheitan und seine Dämonen sind nicht in ihrer Individualität greifbar, wohl aber in ihrem höllischen Wohnsitz, der Gehenna heißt. Diese islamische Hölle ist ein Zwilling der Hölle des Neuen Testaments. Die Gehenna ist *eine Strafe Allahs*[10]: Die Seelen schmachten dort nicht nur alttestamentarisch vor sich hin, sondern werden von 1000 Teufeln und Dämonen geschunden und gequält. Es ist ein Ort des Feuers und des Abgründigen, das Reich des Scheitan ist von 1000 Schatten umgeben – die Gehenna ist eine Hölle, wie wir sie kennen. Immer wieder versichert der Koran, daß das Feuer der Gehenna ewig brennen wird. Dort finden die Verdammten ihr höllisches Schicksal, nachdem Allah die Sterblichen gerichtet und in Gut und Böse geteilt hat. Es führt ein gerader Weg von Ahrimans Hölle über den feurigen Pfuhl zur Gehenna des Koran. An die dreißigmal findet man im Koran Hinweise auf die Gehenna – auf Gan'Eden[11], den Garten Eden beziehungsweise das Paradies, nur drei. Gan'Eden liegt der Gehenna diametral entgegen. Er ist ein Abbild des alttestamentarischen Paradieses: Vier Flüsse prägen ihn, sie führen reines Wasser, Milch, Honig und Wein. Das Nachleben dort steckt voller Wonnen – schwarzäugige Jungfrauen und unsterbliche Jünglinge kredenzen alle Genüsse der Welt, bringen Pokale voller Wein. Aber 30 Drohungen mit der Gehenna, wie gesagt, stehen nur drei Lockungen mit Gan'Eden gegenüber – dies zeigt, daß Mohammed die Psyche des Menschen kannte und dem Druck mehr traute als der Verheißung: *Wer sich von der Ermahnung des Allerbarmherzigen abwendet, dem gesellen wir einen Scheitan zu, und er sei ihm ein unzertrennlicher Gefährte – denn die Scheitane führen sie vom rechten Wege ab, wenn sie auch meinen, recht geleitet zu sein – bis er einst vor uns kommen und dann* [zum Scheitan] *sagen wird: »O wäre doch ein Abstand zwischen mir und dir so weit wie der Aufgang vom Untergang der Sonne! O, welch ein unglückseliger Gefährte bist du!« Doch dies alles kann euch an jenem Tag nichts helfen, da ihr vorher Frevler ward; ihr müßt gleichen Teil nehmen an der Strafe. Kannst du den Tauben hörend machen oder den Blinden sehend oder den, welcher im offenbarsten Irrtum ist?*[12]

Der Prophet Mohammed predigt nachdrücklich, bezeichnenderweise ganz im Sinne Jesu Christi, man solle sich nicht den Einflüsterungen des Scheitan hingeben. Die muslimische Sekte der Mutalziliten geht mit dem Scheitan hart ins Gericht und sieht ihn sogar als *Vater aller Verdammnis*. Die islamische Glaubenslehre hat ihren Scheitan aber auch nach Ahriman geformt, dem altpersischen Ur-Satan – denn Mohammed schuf einen Monotheismus nach dem Rezept des Zarathustra. Wie es der persische Prophet vorgemacht hatte, vereinigte Mohammed die 1000 Heidengötter und Dämonen der alten arabischen Religionen im Scheitan, dem islamischen Leibhaftigen, und in dessen Dämonen. Das hatte durchaus auch politische Gründe: Mohammed hatte die Vision, die Welt unter dem Dach des Islam zu einen. Eine solche Zentralreligion brauchte eine handliche Glaubenslehre, das Bild von dem *einen* Allah und dem *einen* Scheitan. Diese Sicht der Dinge erinnert sehr an Zarathustra, den Perser, der mit der Lehre von Ahura Mazda, dem *guten Gott*, und von Ahriman, dem *bösen Gott*, die Tore zu den persischen Weltreichen weit geöffnet hatte – das lag lange zurück zu Mohammeds Zeiten, immerhin mehr als 1000 Jahre, und dennoch war Zarathustras Reformation beispielhaft für den Islam. Man kann sagen, daß im alten Persien Ahriman zum Großinquisitor erhoben wurde, insoweit, als ihm die Schuldigen verfielen, jene, die sich gegen die Gebote und damit gegen das Reich gestellt hatten. Im Islam sieht es ähnlich aus: Der Scheitan war zum Wächter über die islamischen Gesetze bestellt – jeder, der sie brach, war dem Scheitan verfallen.

Wie war das noch mit Luzifer? *Wer zugrunde gehen soll*, so schreibt es ihm Salomon ins schwarze Gewissen, *der wird zuvor stolz; und Hochmut kommt vor dem Fall.*[13] Hochmut ist Luzifers ganz spezifische Schuld. Sie löste alles das aus, was Himmel und Erde beben und taumeln ließ: Verschwörung, Aufruhr, Krieg, Niederlage, Racheengel, Höllensturz. Der Hochmut gilt im Islam als kapitale Schuld – man möchte deshalb meinen, Luzifers Tragödie sei auf subtile Weise auch in dieser Glaubenslehre lebendig. Nicht von ungefähr gilt die Gehenna als *böser Aufenthalt der Hochmütigen.*[14] Der Hochmütige stellt sich auf Luzifers Stufe – so ist es aus islamischer Sicht folgerichtig, wenn der Hochmütige des Scheitans sichere Beute ist. Hochmut hat im Islam seine eigene Definition – jede Individualität ist Hochmut, weil innere Freiheit als Lösung von den Gesetzen Allahs gedeutet wird. Individualität ist die Ursache alles Bösen. Das Bedürfnis, *Ich* zu sein, ist vom Scheitan – wer sich aus seiner Individualität nicht lösen will und sich Allah nicht unterwirft, gehört dem Scheitan. Diese Lehre findet sich auch im Christentum, aber nur zwischen den Zeilen des Neuen Testaments. Der Islam dagegen findet klare Worte und verurteilt jede Individualität, weil ihr Anfang und Ende der Scheitan ist.

Das war ein Schlag gegen den byzantinischen Geist, der damals prägend war. In mancherlei Hinsicht treffen sich der Islam und der Katholizismus in dieser Definition der Schuld, und damit in der Dämonisierung der Individualität. Auch die Wissenschaft fällt dem Satan/Scheitan zum Opfer, wird sie doch als Sonderform individueller Abweichung und als vermessene Herausforderung des Schöpfers gedeutet. Dieser verneinende Geist kündigte sich schon im Buch Enoch an, das rund 200 Jahre vor Christus alle auf die Hörner nahm, die es wagten, den Lauf der Gestirne zu berechnen. Es ist der gleiche Geist, der Papst Silvester II.[15] den Pakt mit dem Satan vorwarf, weil er eine Uhr erfand, die er mit Gewichten antrieb. So mußte René Descartes[16], Franzose, Jesuitenschüler, Philosoph und Begründer der analytischen Geometrie, nach Schweden auswandern, weil ihm die Inquisition nachstellte. Es ist bekannt, daß auch Galileo Galilei[17], Italiener, Naturforscher, Konstrukteur, Physiker und Astronom, seine Schwierigkeiten mit dieser Institution hatte, die ihn zum Widerruf seiner Erkenntnisse zwang. Der Islam und der Katholizismus teilen sich den zweifelhaften Irrweg, bis heute dem Fortgang der Wissenschaften den Satan/Scheitan in den Weg gesetzt zu haben.

Mohammed, der Prophet, ist irgendwann zwischen 567 und 579 in Mekka geboren, möglicherweise 571. Seine Eltern starben früh, und als Junge wurde er in der Verwandtschaft herumgereicht. Mit acht Jahren geriet er an Abu Taleb, seinen Onkel, der ein wohlhabender Händler war und sein Adoptivvater wurde. Diesen begleitete Mohammed auf verschiedenen Reisen, und der frühreife Jugendliche lernte in Syrien den Glanz der byzantinischen Oberherrschaft kennen. Es mag in diesen jungen Jahren gewesen sein, daß Mohammed die Faszination der weltlichen Macht am Beispiel Byzanz verinnerlichte, die sich auf einen einheitlichen Glauben und dessen monumentale Kultur stützte. Mohammed war Araber. Er kannte seine Heimat zwischen dem Roten Meer und dem persischen Golf – er sah die Zerissenheit dieses Landes, das dennoch eine lange Kulturgeschichte hatte. Das mināische[18] Reich zum Beispiel, das bis ins zweite Jahrtausend vor Christus zurückreichte; dann das der Sabäer – wir denken an die legendäre Königin von Saba, die den weisen König Salomo[19] bewunderte und besuchte[20]; auch die Kultur der Himjariten, die im ersten Jahrhundert vor Christus auf die der Sabäer folgte; dann die Kultur der Hiriten, die in den Königreichen Ghassan und Kinda blühte. Die arabische Halbinsel war ein Umschlagplatz für den damaligen Welthandel. So hatte dieses öde Land alle kulturellen Einflüsse aufgenommen, die sich denken lassen – ägyptische, babylonische, christliche, jüdische, persische. Ein besonderer Kreuzpunkt war Mekka. In Mekka und auf der ganzen arabischen Halbinsel gab es 1000 Sekten, Randgruppen, Religionen, Gläubige, Abtrünnige. Es mag diese Zerissenheit gewesen sein und das byzantinische Gegenstück, daß Mohammed sich auf den Weg machte, den Islam zu gründen und zu verbreiten.

Alles begann mit der göttlichen Erleuchtung durch die erste Offenbarung Allahs. Die erste *wahre Vision* des Propheten trug sich in einer Grotte auf dem Hügel Dschabal an-nur[21] zu, ganz in der Nähe von Mekka. Mohammed hörte die Stimme des Erzengels Gabriel: *Im Namen Allahs des Allerbarmherzigsten. Lies im Namen deines Herrn, der alles geschaffen hat und der den Menschen aus geronnenem Blut schuf.*[22] Dies geschah um das Jahr 610, in der Nacht vom 26. zum 27. Ramadan[23], die Leilat al-gadar[24] heißt. Der Prophet mußte Gabriels Botschaft nachsprechen, sie steht am Anfang einer neuen Kultur und einer Glaubenslehre, die sich wie ein Flächenbrand ausbreitete und die heute 450 Millionen Anhänger zählt. Was Mohammed so über alle erhebe, so hat es Napoleon einmal gesagt, sei die Tatsache, daß er innerhalb von zehn Jahren den halben Globus erobert hat, während das Christentum 300 Jahre gebraucht hat, um sich durchzusetzen. Mohammed war Reformator und Politiker zugleich. Er schuf eine Religion und gleichzeitig einen Völkerbund, und dieser Völkerbund vermehrte sich über seine Grenzen, indem er aus sich selbst andere Völkerbünde schuf. Man muß wissen, daß der heutige Islam nicht als Einheit verstanden werden darf, als ein monolithischer Block etwa, der aus festem Urstoff gemacht ist. Er wird ganz unterschiedlich verstanden, gelehrt, gelebt in den islamischen Ländern. Er hat 1000 Gesichter.

Der Islam ist streng. Allah fordert verschiedene Tugenden von den Gläubigen – an erster Stelle steht die Freigebigkeit, zusammen mit der Pflicht, Almosen zu geben. Solche Pflichten stehen den arabischen Traditionen nahe, waren die Araber doch seit jeher Nomaden, die durch Wüsten und karge Berge zogen. Auch die Christenpflicht der Barmherzigkeit erscheint hier in islamischer Tracht. Als weitere Tugenden werden im Koran herausgehoben: Rechtschaffenheit, Maßhalten, Scham, Menschenachtung. So steht es außer Frage, daß die Basis des Islam ein tiefgründiger Humanismus ist. Diese Tugenden sind von Allah verordnet, sie sind der Maßstab aller Dinge, sie sind Allah selbst. So herrscht Allahs unendliche Macht, Herrlichkeit und Güte über alles. Sich den Geboten Allahs zu widersetzen oder sie nicht zu halten, bedeutet, daß man sich in die Macht des Scheitans begibt und der ewigen Qual in der Gehenna gewiß ist.

Bemerkenswert ist die islamische Deutung der Evangelien von der Geburt des Johannes, von Mariä Verkündigung und von der Geburt Jesu. *O Herr, ich gelobe dir die Frucht meines Leibes*, so läßt Mohammed Anna beten, die schwangere Mutter der Maria, *sie sei dir geweiht*.[25] So ist Maria Allah übereignet und entgeht jeder Erbsünde, was sie immun macht gegen alle Macht des Scheitan. Für Mohammed ist Jesus der Messias, der *herrlich ... in dieser und in jener Welt sein und zu denen gehören* [wird], *denen des Herrn Nähe gewährt wurde*.[26] Auch wenn er Jesus nicht als Allahs Sohn definiert, benennt er ihn als Propheten, bejaht dessen Vorbestimmung und rückt ihn in die unmittelbare Nähe des Herrn. Sich selbst stellt Mohammed auf eine bescheidene Stufe. Er gibt sich weder als Erlöser aus noch als übernatürlich, und er schließt auch nicht aus, daß er dem Scheitan in die Hände fallen könnte.

Mohammed definiert sich als Prophet in der Nachfolge

Moses. Er habe Allah auf dem Berg Sinai gesehen, verkündet er, auf jenem Berg, wo Mose der Herrlichkeit des Schöpfers begegnet ist.[27] Sein Stab, sagt der Prophet, sei der Stab Moses.[28] Bahira, der Mönch, hatte schon in Mohammeds Jugendzeit dessen Prophetentum erkannt – als Abu Taleb und Mohammed den Schatten des Waldes für eine Rast suchten und auf den frommen Mann trafen, *verneigten sich die Zweige eines Baumes vor Mohammed*, und der Mönch erkannte *das Mal der Prophezeiung* auf Mohammeds Schulter; *Rassul Allah*[29] nannte ihn der Eremit. Trotz solcher Wunder hatte es Mohammed zunächst schwer, seine Religion publik zu machen. Man warf ihm vor, der Koran stamme aus der Feder von Juden und Christen. *Auch sagen sie: »Er enthält nur Fabeln der Vorfahren, welche ... [Mohammed] abschreiben läßt«*[30]. Man machte sich lustig über Mohammed, als er zu predigen begann. Und man verbreitete über ihn, daß er *verhext* sei.[31] Und immer wieder der Angriff, er leide unter Wahnvorstellungen, er sei *von einem Geist besessen wie die Kahim*[32], *die Magier, die Dichter*.[31] Man darf eben nicht vergessen, daß Mohammed sich daran machte, 1000 uralte Religionen auszurotten und umzudeuten.

Wenn die Sonne verhüllt wird und die Sterne herabfallen und die Berge sich fortbewegen, und die schon zehn Monate trächtige Kamelstute der Milch entbehrt, und die wilden Tiere zusammenlaufen und die Meere in Flammen aufgehen ... Wenn die Himmel die Zerspaltung zeigen, die Sterne sich zerstreuen, die Meere sich vermischen, auch die Gräber sich leerend umkehren, dann wird jede Seele wissen, was sie getan und was sie versäumt hat ...[34]

Also doch: Auch der Koran hat seine Apokalypse, sein Jüngstes Gericht, seine fallenden Sterne – auch der Islam erzählt die Geschichte vom gestürzten Luzifer und seinen schwarzen Engeln. So muß man sich die Frage stellen, inwieweit Scheitan und Luzifer zusammenpassen. Es zeigt sich tatsächlich eine Spur, wenn wir im uralten arabischen Kulturboden schürfen. Wir stoßen nämlich auf den minäischen Gott Attar[35], einen Himmelsgott, der mit der Venus assoziiert ist. Schon im Namen finden wir die gewohnten Laute, die zu Astarte/Astaroth/Ischtar hinführen, jener Göttin der Phönizier/Babylonier/Sumerer, die genauso heißt wie Luzifer und Venus. Astaroth zum Beispiel wurde in vielen mittelalterlichen Satanstexten zum Synonym des Leibhaftigen, weil sie als erotische Fruchtbarkeitsgöttin der Antike der heiligen Prostitution in den orientalischen Tempeln vorgestanden hatte. In Abessinien mutierte der arabische Attar zur Himmelsgöttin Astar. Sie wurde mit Stierhörnern dargestellt. Nun ist die ägyptische Mythologie älter als die minäische. Wir erinnern an die ägyptische Göttin Hathor, die später in der Isis aufging. Schon Hathor trug die Kuhhörner, zwischen denen die Mondscheibe ruhte. Niemand kann ausschließen, daß die Götterwelt auf dem kleinen arabischen Archipel ägyptische Ahnen hat. Es ist jedoch unmöglich herauszufinden, ob der minäische Attar, der Gehörnte im alten Arabien, aus Ägypten gekommen ist, aus Babylon oder aus Phönizien. Vielleicht war es auch umgekehrt. Wer will das wissen, wenn uns bisher verschlossen ist, was vor der minäischen Kultur war? So wissen wir nicht, welchen Gehörnten sich der Prophet zum Vorbild genommen hat, wo er doch soviel Auswahl hatte: Den persischen Ahriman, den jüdisch/christlichen Satan, den minäischen Attar, der ja nur eine Spielart der allgegenwärtigen Ischtar ist, oder Ischtar selbst. Es ist müßig, darüber zu spekulieren, zumal die verschiedenen Gehörnten in einem geheimnisvollen erd- und glaubensgeschichtlichen Kontext stehen. Sicher ist eines – immer wieder wird Luzifer im Koran sichtbar, im flammenden Blitzlicht apokalyptischer Ereignisse: *Wenn die Erde heftig erschüttert wird und Stücke zerschmettert und wie dünner zerfliegender Staub werden, dann werdet ihr in drei Klassen geteilt: Gefährten der rechten Hand (und wie glückselig sind die Gefährten der rechten*

Hand!), und Gefährten der linken Hand (und wie unglückselig sind die Gefährten der linken Hand!), und die zuvorderst anderen im Guten vorangegangen sind, die werden allen auch in das Paradies vorangehen. Diese werden Allah am nächsten sein und in wonnevollen Gärten wohnen.[36]

Wenn die Erde erschüttert wird und Erdteile zu Staub werden, ist Luzifer dabei, der auch Scheitan heißt. Ihm werden endlose Züge trostloser Gestalten folgen – die Gefährten der linken Hand.

Der krumme Weg des Schwarzen: Das Christentum

Und es war verfinstert die Sonne und die Luft von dem
Rauch.
Neues Testament, Die Offenbarung des Johannes, 8

Die Kirchenväter[1] hatten zwei besondere Probleme: Erstens, im Existentiellen, das Christentum durch vier Jahrhunderte der Verfolgung zu führen; zweitens, im Dogmatischen, zu erklären, ob der Satan die Ursache des Bösen sei oder seine Folge. Das erste Problem begann sich zu lösen, nachdem Kaiser Konstantin im Jahr 312 Christ geworden war.

Das zweite Problem lösten die Kirchenväter nie. Das Dilemma: Am Anfang steht die Überzeugung, der Satan sei das Oberhaupt der Teufel, Dämonen und bösen Geister, gleichzeitig aber ein Geschöpf Gottes, ein Engel sogar, der in deren Hierarchie ganz oben einzuordnen sei – die Tatsache, daß der abtrünnige Satan und seine Putschengel von Gott verstoßen waren, änderte nichts an ihrem Status. Nun stellte man sich die Frage, was den Luzifer/Satan und seine schwarzen Engel bewogen habe, sich gegen Gott aufzulehnen. Konnte es das Böse gewesen sein? Wenn das so wäre, folgerte man, dann ist das Böse eine vom Satan unabhängige Größe, so eine Art Naturgesetz, das auch in den Herrn der Finsternis gefahren war – sei der Satan dann letztlich nicht unschuldig an seiner Schuld, könnte nicht auch er dann auf Erlösung hoffen am Jüngsten Tag? Man drehte und wendete sich. Verschiedene Theorien wurden debattiert. So unterstellte man zum Beispiel ein Eifersuchtsdrama: Luzifer, nur ein *Geschöpf* und Gefolgsmann Gottes, sei auf den Heiland neidisch gewesen, der mehr war, nämlich *Sohn* Gottes; diese Eifersucht habe Luzifers Auflehnung gegen Gott und den Höllensturz der Satansbande bewirkt. Diese These führte zum spirituellen Ansatz, Gott habe in seiner Schöpfung den Dualismus zweier widerstrebender Kräfte verwirklicht, das Prinzip des Guten, verkörpert in Christus, und das des Bösen, verkörpert im Satan. Aus heutiger

Sicht ist diese These anfechtbar, allein deshalb, weil Luzifers Auflehnung und Fall mindestens rund sieben bis fünfzehn Jahrhunderte vor Christi Geburt anzusetzen ist.

Dann gab es die Lehre, Luzifer und seine bösen Engel seien gefallen, weil sie ihren sinnlichen Begierden nachgegeben und sich mit den Kindern Noahs eingelassen hätten. Sie hätten mit den Sterblichen geschlafen, so wurde diese These schließlich weitergesponnen, und aus ihrer Vereinigung seien die Riesen hervorgegangen. Es kam so weit, daß man diese Dämonenengel zu beschreiben begann, als habe man sie selbst ertappt bei solchen Sachen und identifiziert: Sie seien dunkel und finster, ihre Leiber seien aus feinerer Materie als die der Menschen, aber gröber als die der Engel. Sie wüßten, auf welche Weise die Bewegungen der Gestirne das Schicksal der Menschen steuern. Am Ende aller Zeit würden diese Dämonenengel wie die übrigen Verdammten bekehrt und erlöst werden. Diese urchristliche Teufelslehre war aber nicht allgemeine Auffassung. *Der Weg des Schwarzen aber ist krumm und voll Fluchs,* heißt es anderweitig.[2] *Denn er ist ein Weg ewigen Todes mit Strafe.*

Die fantastischste These – von Gregor von Nyssa – stammt aus dem vierten Jahrhundert: Die Erbsünde habe die Menschen in Satans Hand gegeben. Dies habe Gott mißfallen und veranlaßt, sich einer List zu bedienen. So habe Gott mit dem Satan einen Vertrag geschlossen, worin dem Satan Jesus Christus anstelle der Menschen versprochen wurde. Das sei ein Vorschlag gewesen, den Satan unverzüglich annahm, da er der Ansicht gewesen sei, der Besitz eines so reinen, so heiligen Wesens wie Jesus sei für ihn wertvoller als der Besitz aller Menschen zusammen. Nun hätten dann Tod, Auferstehung und Himmelfahrt Jesu dessen Göttlichkeit erwiesen, und der Satan hätte machtlos zur Kenntnis nehmen müssen, daß Gott ihn getäuscht hatte. Es sieht so aus, als habe man zu jener Zeit Gott, Jesus oder den Satan als Wesen wie du und ich gesehen, mit aller Gutheit und allen Tücken, natürlich auf einem himmlischen Niveau. Auch Ambrosius, Leo der Große und Gregor der Große schlossen sich dieser These an. Bis dann Gregor von Nazianz kam und sie verwarf; aber auch der Heilige Gregor wußte keine Antwort auf die Frage, ob der Satan nun Opfer des Bösen oder das Böse an sich ist.

Im zweiten Jahrhundert wurde das Bild des Satans um etliche Facetten reicher. Das verdankte das Urchristentum Klemens von Alexandrien, einem Athener, der recht spät zum Christentum gefunden hatte. Dieser Kirchenvater erklärte die griechische Philosophie als *Weg zu Christus*. Er war der erste, der die Götter anderer Religionen verteufelte. *Alle Götter der Heiden sind Trugbilder der Dämonen*, sagte er. Gewiß steckt insoweit politische Absicht in Klemens' Worten, als man in den Jahrhunderten der Verfolgung die anderen Religionen entkräften und durch die christliche Glaubenslehre ablösen wollte. Ebenso gewiß ist auch das Bemühen, den Satan neu zu definieren, weil dessen verzwicktes Verhältnis zum Bösen so schwierig auszulegen war. Immer wieder disputierte man über dieses Thema, beschloß kirchenamtliche Dekrete. Das erste Konzil, von Kaiser Konstantin nach Nizäa[3] einberufen, bestätigte des Satans leibhaftiges Profil eines gefallenen Engels, wucherte es aus, klärte aber nicht die Grundfrage nach Ursache und Wirkung des Bösen. Auf dem Konzil von Konstantinopel[4] bestimmten die Bischöfe den neuen Kurs der christlichen Dämonologie: *Wer behauptet, es gebe zwei Gattungen von Dämonen – die eine bestehe aus Menschenseelen, die andere aus höheren, so tief gefallenen Geistern, und aus dem ganzen Komplex der Vernunftwesen sei nur ein Geist unverändert – verharrt in der göttlichen Liebe und Anschauung.*[5]

Ein konservatives Statement, ohne Klärung der latenten Grundfrage. Dabei blieb es für Jahrhunderte. Noch die Kirche des Mittelalters[6] zögerte nicht, die Frage nach der Identität des Leibhaftigen mit der Erklärung zu beantworten, der Satan sei ein gefallener Engel: *Auch die Teufel* [sind] *von Gott, und zwar gut erschaffen, aber durch sich selbst schlimm geworden und Verführer von Menschen.*[7] Es war der Heilige Thomas von Aquin, der über das Wesen der Teufel und Dämonen Eckpunkte formulierte[8], die zur Grundlage aller weiteren Exegesen wurden: Als Satan/Luzifer und seine Engel sich auf die Stufe Gottes erheben wollten, hätten sie die Sünde des Hochmuts und des Neids begangen und seien schuldig geworden. Sie seien nicht von Natur böse gewesen, sondern es durch freien Willen geworden – es gäbe eine sündenfreie Zeit zwischen ihrer Erschaffung und ihrem Sündenfall, denn Gott habe sie nicht sündig erschaffen. Satan sei einmal der Höchste unter Gottes Engeln gewesen, durch seine Sünden habe er die anderen Engel verführt, er habe sie aber nicht zur Sünde gezwungen. Es seien weniger Engel von Gott abgefallen als ihm treu geblieben sind. Der Geist der Teufel sei dunkel, sie besäßen natürliches Wissen, aber nicht das Wissen um die letzte Wahrheit. Den guten Engel sei in der Seligkeit das Gute bestimmt, den Teufeln, deren Wille dem Bösen gilt, das Böse. Auch die Teufel litten Qualen, die jedoch andere als körperliche sind. Die Teufel lebten in zwei Sphären – in der Hölle, worin sie die Verdammten quälen, und in der Luft, von wo aus sie in die Menschen fahren und das Böse bringen.

Die Kernfrage blieb weiter offen. Wie können der Satan und sein Gefolge *durch sich selbst* böse werden? Und dann die allgegenwärtige Inquisition – als Prozeß- und Urteilsinstanz brauchte sie einen detaillierten Katalog über Dämonenart und Teufelswerk. So wuchsen aus der Auslegung des Thomas von Aquin absonderliche Ranken, die strittigsten Behauptungen wurden mit feierlichen Mienen in Folianten geschrieben und daraus verlesen. Satan und seine Teufel und Dämonen gehörten zum Alltag wie Essen, Trinken und Arbeit. Die Präsenz des Herrn der Finsternis wurde immer bedrückender: Er hockte auf Galeriesäulen, Portalen, Kapitellen, Giebeln – in Stein gehauen als Fratzengeist, in Kupfer gegossen als Wasserspeier, in Holz geschnitzt als Drohrelief. Der Glaube an seine leibhaftige Allgegenwart war pathologisch, selbst in und um das Gotteshaus verbreitete er seinen Schwefeldunst.

Bizarr waren die Interpretationen der 1000 teuflischen Erscheinungen: Ihre Vielfalt sei ungeheuerlich, ließ der gelehrte Isidor von Sevilla laut werden, es seien Inkubi[9] und Sukkubi[10], gezeugt durch die Unzucht und Wollust der gefallenen Engel. Solche Buhlteufel setzten sich aus sehr feinen Luftkörpern zusammen und brächten ihre Opfer zu endlosen Orgasmen. Eine verblüffende These, aber Isidor von Sevilla nahm sie zum Anlaß, gegen die satanische Liebe der *Böhmischen Brüder,* eine Gruppe religiöser Eiferer, zu klagen. Die These von den Buhlteufeln pflanzte Angst und Schrecken in die gläubigen Herzen, nährte Neurosen, zeugte Psychosen: Magdalena vom Kreuz, Äbtissin von Cordoba, von deren Heiligkeit jedermann überzeugt war, beichtete, sie paare sich seit ihrem 12. Lebensjahr mit zwei Inkubi, die Balban und Patonio hießen. Auch schlafe sie mit einem üblen Dämonen, dessen Unzucht grausig sei. Er sei ein Geist, der ihr mit Bocksbeinen, Menschentorso und dem Gesicht eines Fauns erscheine. Dabei ist die Lehre von solchen Sukkubi und Inkubi nicht die Erfindung des Isidor von Sevilla. Auch der Heilige Augustinus[11] kannte sie und hat darüber geschrieben.[12] Gott Pan sowie seine Dryaden und Nymphenwesen wurden durch Augustinus zu Buhlteufeln. Er sah sie durch die mythologische Brille, umgewandelt in christliche Teufel: *Da nun häufig die Rede geht und viele versichern, es selbst erlebt oder von glaubwürdigen Leuten, die es selbst erlebt, vernommen zu haben, daß Silvane und Pane, die im Volksmund incubi heißen, Frauen belästigt und mit ihnen in Geschlechtsverkehr zu treten begehrt und es auch erreicht haben, da ferner gewisse Dämonen, von den Galliern Drusii geheißen, unablässig solch unzüchtigem Treiben ergeben sind – so viele und gewichtige Stimmen bekräftigen es, daß Leugnung hier Dreistigkeit wäre.*[14] Das Abendland war damals voll von Märchen über böse Wesen, die Mädchen Gewalt antaten und scheußliche Ungeheuer zeugten. Aber nicht nur das. Man sagte, Kain, Alexander der Große, Platon, die Meerfee Melusine, Luther und das ganze Hunnenvolk seien Nachkommen von Inkubi und Sukkubi.

Yves de Chartres, ein französischer Scholastiker, machte sich Gedanken über die Grundgeschwindigkeit böser Geister und kam zur Erkenntnis, daß sich die Dämonen deutlich schneller als die Vögel fortzubewegen pflegen. Über die Methode, solche Geschwindigkeiten zu messen, ist nichts überliefert. Hildebert von Mans überlegte[15], wo sich denn nun die Teufel wirklich aufhalten, und kam zur Überzeugung, daß ihr Ort die Luft sei – dies entsprach ganz der Lehre des Thomas von Aquin, wie wir wissen, aber auch der des Heiligen Bruno.[16] Auch Pierre de Poitiers sah es ähnlich – erst mit dem Jüngsten Gericht werde der Satan in die Hölle geworfen, bis dahin bewege er sich durch die Lüfte. Andere ließ der Gedanke nicht los, daß das Verhältnis Gottes zum Satan einst sehr eng gewesen war. Rupert, Abt zu Deutz, äußerte deshalb die These, Gott habe dem Satan vor dessen Sturz Gelegenheit gegeben, Reue zu zeigen, um den anderen Engeln damit ein Beispiel zu geben; davon habe der Satan aber nichts wissen wollen. Abelaerd schließlich mochte den Satan nicht zu arg verdammen und räumte ein, dem Herrn der Finsternis könne die Eigenschaft der Barmherzigkeit nicht grundsätzlich abgesprochen werden; auch sei es den bösen Geister nicht möglich, auf direktem Wege gegen den Menschen zu handeln. Dies ginge nur auf dem Umweg über die Zauberei, die Elemente und die Pflanzen. Guillaume d'Auvergne, Bischof von Paris, hatte eine abschätzige Meinung von den Dämonen – er erklärte sie schlicht für wahnsinnig. Eine besondere Variante des Sturzes Luzifers stellte der Heilige Bonaventura zur Diskussion, indem er meinte, Luzifer sei verstoßen worden, weil er sich seiner Schönheit bewußt geworden sei. Der Heilige Hyronimus hielt den Satan und sein Gefolge sogar grundsätzlich für erlösungsfähig.

So kann man zusammenfassend sagen, daß es keine einheitliche Deutung des Satan und seiner Unwesen gegeben hat und gibt. Satans Identifizierung mit dem Bösen steht theologisch auf weichem Grund, seine Leibhaftigkeit ist Lehrmeinung, aber umstritten, und keiner weiß so recht, ob der Satan aus sich selbst Unrecht tut oder als Werkzeug Gottes. Da hatte die Sekte der Katharer[17] vergleichsweise Klarheit geschaffen. Sie nannte sich *die guten Leute*, kam vom Balkan und hatte schnell in Oberitalien, Sizilien, Spanien, Südfrankreich und Deutschland Fuß gefaßt. Gründer der Sekte war der Pope Bogumil, so daß man seine Anhänger auch Bogumilen nannte. Im Katharismus war der Satan ein göttliches Wesen und Fürst der Welt. Er habe die Gewalt über alles Irdische, sagten sie – die Erde sei das Fegefeuer, worin der Mensch für seine Sünden solange büßt, bis das Königreich Jesu kommt. Dorthin gelange der Sterbliche nur, wenn er vor seinem Tode einen *neuen Adam* aus sich gemacht hat, das heißt, den Status der Unschuld erreicht. Gelänge ihm das nicht, tritt er durch Wiedergeburt in ein neues Leben ein. Die *guten Leute* mußten in ihrer *Zeremonie der Entsagung*[18] nicht nur feierlich dem Satan und seinen Dämonen abschwören, sondern auch der *entehrten Kirche seiner Verfolger*. So geriet der Katharismus ins Kreuzfeuer der Kirche: *Sie ziehen kreuz und quer im ganzen byzantinischen Staat herum und treten mit allen Christen unter der Sonne in Verbindung,* schreibt der Mönch Euthymius Zigabenus, *um ihre Seelen zu täuschen, sie Gottes Händen zu entreißen, und sie denen ihres Vaters, dem Teufel, auszuliefern. Die Phundaiten sind in Wahrheit Ungläubige und dienen heimlich dem Teufel*. Oder Cosmas, der Priester: *Von außen betrachtet ähneln die Ketzer den Schafen – sanft, bescheiden, schweigsam. Ihre Gesichter sind bleich vom heuchlerischen Fasten. Sie sagen kein Wort, wagen nicht, die Stimme zu erheben, zeigen keine Neugier und meiden die Blicke Fremder ... aber im Innern sind sie Wölfe, wilde Tiere.* Kaiser und Kirche bekamen Angst vor diesem sanften Gegenstrom und handelten. Der Kaiser hatte Basilius, den *Erzsatrapen des Satans*, wie man ihn nannte, an seine Tafel geladen. Basilius war Mönch und Oberhaupt der Bogomilen. Er stand freimütig Rede und Antwort zu seinem Glauben. Als das Mahl und die Gespräche beendet waren, ließ der Kaiser den Vorhang zum Nebengemach aufziehen; Basilius sah dort die vollzählige Kirchensynode, sämtliche Militäroberhäupter und den komplett versammelten Senat sitzen. An Ort und Stelle wurde Basilius des Satansdienstes angeklagt und zum Scheiterhaufen verurteilt. Der Katharismus blieb standhaft, seine Jünger standen deshalb weiter im Fadenkreuz der Inquisition. Der Katharismus erlosch in Frankreich erst im 14. Jahrhundert, als man 1325 seinen letzten Bischof in Carcassone lebendig verbrannte. Ihm war fünf Jahre zuvor der letzte italienische Katharer-Bischof vorangegangen.

Die mittelalterliche Inquisition war in Dimensionen entartet, die satanische Züge trugen. Europas Himmel war schwarz vom Qualm der Scheiterhaufen, schwarz wie der Herr der Finsternis. Krone und Mitra führten Jahrhunderte lang einen Kreuzzug gegen den Satan, wobei dieser ihnen der treueste Verbündete war. Weil der christliche Glaube Staatsreligion war, kam es zur Allianz der Kaiser und Päpste, der Fürsten und Bischöfe gegen die Ungläubigen, die als Feinde Gottes und des Staates galten. Die Inquisition mißglückte als Instrument der Reinigung, wie auch ihre Schwester, die Hexenverfolgung. Es blieben die Mißliebigen auf der Strecke, die Kranken, die Verleumdeten – am wenigsten die Schuldigen. Willkür warf zigtausend Opfer in die Folter, die Kerker, auf die Scheiterhaufen, nicht Gerechtigkeit. Katharer, Protestanten, Mauren, Juden, Sektierer, fahrendes Volk, Freidenker oder Individualisten wurden in dieser Satansmühle geröstet – im Namen des einzigen Gottes, im Namen Jesu Christi. Der Eifer und die Selbstsucht des Menschen tragen schwarze Blüten – es sind Satans Blüten, und sie duften nicht, sie stinken nach Schwefel.

Und ich sah ein Tier aus dem Meer steigen, das hatte zehn Hörner und sieben Häupter und auf seinen Hörnern zehn Kronen und auf seinen Häuptern lästerliche Namen.[19] Dieses siebenköpfige Monstrum ist ein Bild des Luzifer/Satan, die apokalyptische Vision vom leibhaftigen *Antichristen* – ein Ungeheuer, von dem gesagt wird: *und alle, die auf Erden wohnen, beten es an.* Es ist ein kosmischer Dämon, der in verschiedenen Varianten über die Menschheit kommt, und *dessen Schwanz ... den dritten Teil der Sterne des Himmels ...[hinwegfegt] und ... sie auf die Erde ...* [wirft].[20] Hier schimmert nicht nur die Legende von Luzifer und seinen Putschengeln durch, deren Anzahl die Exegese mit einem Drittel aller Engel ansetzt. Auch Luzifers wahres Ich taucht aus dem kollektiven Vergessen auf und versetzt der Erde jenen Stoß, der sie taumeln und kippen läßt, was die Überlebenden dort zum Irrtum verleitet, die Sterne würden stürzen. Die Definition des Antichristen ist ganz unterschiedlich. Der kosmische Katastrophen-Aspekt ist am besten in den Orakeln der tiburtinischen *Sybille* spürbar, deren griechisches Original verschollen, aber in einer lateinischen Übersetzung aus dem vierten Jahrhundert erhalten ist. Dort ist von einem Traum römischer Senatoren die Rede, der die Zukunft Roms und der Welt offenlegt: Die Welt gehe in einer kosmischen Apokalypse unter, deren Endzeit vom Antichristen beherrscht wird; dem folge eine neue Welt und ein neuer Herrscher. Vielfach wird der Antichrist nicht apokalyptisch gedeutet, sondern mit dem leibhaftigen Bösen gleichgesetzt: Er mag der Satan persönlich sein oder der sogenannte *Sohn des Teufels*, durchaus auch ein Mächtiger der Erde, der ganz dem Bösen dient, schließlich ein beliebiger Mensch, in den der Teufel gefahren ist. Der Antichrist ist in jedem Fall die Inkarnation des Bösen, die das Ende der Welt einläutet. Immer folgt, das ist dem altpersischen Dualismus zwischen Ahura Mazda und Ahriman abgeguckt, der Sieg Jesu Christi über den Antichristen. Der Antichrist erscheint in spektakulären Varianten. Hildegard von Bingen[21], eine Nonne, beschreibt den Antichristen in ihren *Enthüllungen*: Er sei eine Bestie mit riesigem, kohlschwarzem Kopf, habe Augen, die Flammen werfen, Eselsohren und ein weit aufgerissenes Maul voller eiserner Stoßzähne. Selbst im Islam gibt es eine Parallele: Dort kennt man die Dämonen Daggial und Dabbart' al-ard[22], die letztlich identisch sind und die Züge des Satans tragen. Dieses Monster erscheint dem muslimischen Heer, während die Sieger sich gerade um die Beute streiten, die ihnen die Plünderung Konstantinopels eingebracht hat: Es sei rot gewesen, mit krausen Haaren und riesigem Schlund, es habe auf der Stirn nur ein einziges Auge gehabt und sei ein großer Versucher gewesen – es habe Kafir[23] geheißen, eine Bezeichnung, die man gern für die Christen bereithielt. Dem waren klare Worte des Papstes Urban vorausgegangen, der äußerte, der Christenglauben habe in Jerusalem wieder Fuß gefaßt, weil christliche Heere kurz vor dem Jüngsten Gericht den Endkampf gegen den Antichristen unterstützt hätten. Auch der Heilige Bernhard ließ verlauten, die Zeit des apokalyptischen Drachens sei gekommen, und die Sarazenen, die während des zweiten Kreuzzuges Jerusalem bedrohten, stellten dem Antichristen das Heer für den Endkampf.

Die Zahl der Interpretationen war groß: Sektierer glaubten, dies überliefert Adson von Montier[24], der Antichrist sei der Sohn eines Bischofs und einer Nonne, und das Jahrhundert würde sich nur vollenden, wenn zuvor die Geistlichkeit vernichtet sei. Selbst der Heilige Bernhard führte einen polemischen Kreuzzug gegen weite, verdorbene Kreise des Klerus und zählte sie zu den Heerscharen des Antichristen. Auch Wilhelm der Goldschmied, ein einfacher Handwerker, gab der Welt nur noch fünf Jahre und ortete den Papst als Antichristen und die Prälaten als dessen Mitstreiter; wegen solcher Prophezeiungen und Vorwürfe starb er 1209 in Paris auf dem Scheiterhaufen. So war es im Mittelalter beliebt, den Antichristen am Gegner festzumachen. Die römische Kurie am Kaiser, die Kaiser am Papst, die Welfen an den Ghibellinen, die Protestanten an den Katholiken, die Katholiken an den Protestanten, oder die Spiritualen an den reformierten Franziskanern. Martin Luther setzte den Satan nicht nur dem Antichristen gleich, sondern sah im Papst sogar die Leibhaftigkeit des Satan.[25] Gern und häufig bekräftigte Luther diese These: *Der Papst ist der wahre Antichrist, weil er sich über Christus erhebt und nicht nach seinem Vorbild lebt.*[26] Diese Sicht fand Verbreitung. Der Papst sei der wahre Antichrist, sagt auch Philipp Melanchthon, und die Christen seien nicht verpflichtet, ihm zu gehorchen, *weil sie den Papst und seine Anhänger als das Reich des Antichristen im Stich lassen und verfluchen müssen.*[27] Diese Sicht Luthers oder Melanchthons ist überhaupt nicht neu, sie geht zurück auf wesentlich ältere Verteufelungen des Klerus: *Der Dämon beneidet Christus und die,* so hieß es schon lange vor der Reformation, *die ihm folgten, und er versuchte die Priester zur weltlichen Herrschaft ... mit List und Betrug hat er dem Klerus die Herrschaft gegeben, so daß nun ein großer Teil dieser Welt für den Antichrist Partei ergreift, denn viele beteuern, der Papst müsse der weltliche Herrscher über die ganze Welt sein. Das Werk des Dämons ist in dieser Hinsicht so gewaltig und durch so viel Täuschung überdeckt, daß nur wenige Menschen es wagen, hervorzutreten und zur Verteidigung Gottes zu sprechen ... der Dämon hat im Papst alle weltlichen Eigenschaften zusammengefaßt, die der Macht und die der eitlen Weltlichkeit.*[28]

Wird am Thron der Amtskirche gekratzt, ist dies Anlaß, die Versuchung der Gegenseite durch den Satan zu unterstellen. Beispiel: Die weltliche Macht des Papsttums hatte ein Ende, als am 18.3.1861 das Königreich Italien gegründet war. In dieser Zeit des Umbruchs war die öffentliche Meinung von antikirchlichen Strömungen nicht frei. Die römische Kirche argumentierte mit unmißverständlichen Worten – Freidenker, Patrioten, Militärs, die das Land geeinigt hatten, wurden als Teufel in Person bezeichnet. Die Gesellschaft der Freidenker, verlautbarte 1871 die katholische Kirche, sei die neue *Schule*

Satans, begründet in Rom unter der Schutzherrschaft jener Freiheit, die von den Kanonen Cadornas und Bixios verkündet wurde. Daraus ist zu ersehen, daß der Teufel, würdig repräsentiert durch diese Jünger der Freidenkerei, hier erneut seine Herrschaft errichten und seine Gesetze diktieren will, da Rom das Zentrum des Katholizismus und die Stadt Gottes war und ist ... Diese Jünger Satans haben bereits einige Zustimmung innerhalb des plebejischen Abschaums der Sektierer gefunden. Es sieht so aus, als habe der Satan bis in die Neuzeit seine Leibhaftigkeit bewahrt. Die offizielle Kirche schickt ihn hier in seiner Rolle als weltlicher Staatengründer auf die Bühne. Das neu eröffnete italienische Parlament und andere Kreise bemühten sich um die Versöhnung zwischen Kirche und Freidenkern. Doch der Papst winkte ab und antwortete mit hoheitlichem Nachdruck: *Eine Versöhnung zwischen Christus und Belial, zwischen Licht und Schatten, zwischen Wahrheit und Lüge* [wird] *niemals möglich sein.* Die Verteufelung weltlicher Macht setzt also spätestens dort ein, wo der Kirche die Macht genommen wird. Die Gründung des neuen Italiens wird expressis verbis als ruchloses Ereignis gesehen, wo der Hölle die Macht übergeben wird: *Zweifellos hat der Dämon zu allen Zeiten danach getrachtet, diese Stätte des Katholizismus und diesen Stuhl der Wahrheit zu bedrängen. Doch scheint es in unseren Tagen, als habe der Fürst der Finsternis von Gott die Erlaubnis erhalten, sie von allen Seiten und auf jede nur mögliche Weise anzugreifen ... Diese Kinder und alle jungen Leute sind gefährdet, der Dämon der Revolution will ihre Seelen zerstören, durch falsche Grundsätze, die er ihnen einflüstert, durch die Unmoral, die er in ihnen weckt, durch den infernalischen Geist des Unglaubens, mit dem er ihnen das kostbare Geschenk des Glaubens aus der Seele zu reißen versucht.*

Geheimgesellschaften waren bevorzugte Zielscheiben der Kirche. Beispielhaft für viele stehen die *Freimaurer, Palladisten, Rosenkreuzer* oder Anhänger der *Goldenen Morgenröte*.[29] Immer wieder wurden ihnen Teufelskulte vorgeworfen, vor allem der Pakt mit dem Satan. Besonders die Freimaurerei geriet in die Schußlinie. In den letzten Jahrzehnten des 19. Jahrhunderts und Anfang des 20. galt sie als Sitz Satans. Die Welt und die Menschen zerfielen eben in zwei Reiche: Die katholische Kirche und das Papsttum standen für das Reich des Lichts, ins Reich der Finsternis wurden alle Gruppen gewiesen, die sich die Freiheit eigenen Denkens nahmen. Die Verteufelung der Freimaurerei reicht bis in das 18. Jahrhundert zurück. Ihr Höhepunkt nach der italienischen Reichsgründung zeigt das deutliche Bestreben der Kirche, das wachsende demokratische Denken oder den Ruf nach Freiheit und nationaler Einheit anzuhalten. Die Freimaurerei hatte die innereuropäische Unabhängigkeit angeregt und die Gedankenfreiheit verteidigt; dafür mußte sie sich damals von der katholischen Kirche als *Synagoge Satans* verteufeln lassen. Die Kampagnen gegen die Freimaurer beschränkten sich nicht auf Italien. Da war zunächst Gabriel Jogand aus Marseille, der mit einer bombastischen Kampagne gegen die Freimaurer hetzte. Er schrieb seine Polemiken unter dem Pseudonym Leo Taxil. Jogand behauptete, der Satan erscheine dort als geflügeltes Krokodil und nehme persönlich an Sitzungen der Freimaurer teil; auch pflegten die Logenbrüder regelmäßig Kinder zu foltern und zu opfern. Der Deutsche C. Hacks veröffentlichte unter dem Pseudonym Bataille eine viel beachtete Schrift, in der er behauptete, daß die Freimaurerei in ihrem Kern eine satanische Sekte von Teufelsanbetern sei; ihre Mitglieder bezeichneten sich als Luziferaner oder Palladisten. Sie hätten Satan zum Gott des Lichts verklärt, den einzigen Gott als Gott der Finsternis verstoßen. Ihr Götze sei der geheimnisvolle Baphomet[30], sie leugneten den christlichen Glauben, huldigtem dem Satan, feierten schwarze Messen und gäben sich dabei allen Obszönitäten hin. Jogand und Hacks fanden Beachtung beim Klerus, und ihnen war dort breite Unterstützung sicher. Doch fand dieses Hand in Hand ein peinliches Ende: Die Freimaurer wiesen den Vorwurf des Satanismus energisch zurück, erklärten solche Veröffentlichungen für erlogen, forderten Beweise. Diese konnten nicht erbracht werden. Hacks schrieb schließlich eine Erklärung, daß seine Vorwürfe frei erfunden seien. Auch Jogand gestand dies 1857 ein; maliziös dankte er der katholischen Kirche und verschiedenen Bischöfen für deren Hilfe, seine Fantasiegeschichten zu verbreiten.

In neuerer Zeit geriet die Naturwissenschaft in einen deutlichen Antagonismus zur Religion; man begann, sich vom Unbegreiflichen abzuwenden und das Erklärbare zu suchen. Der Satan, seine Teufel und Dämonen verloren ihre Glaubhaftigkeit und damit ihren Schrecken, sie stießen auf Achselzucken. Die Kirche konnte aber kein Interesse daran haben, diesem Zeitgeist zu folgen und den Satan aus dem Gedächtnis zu streichen. Man wollte ihn nicht opfern, weil auch der brüchigste Grundstein beiträgt, ein altes Bauwerk zu tragen. So hat Papst Paul VI. am 29. Juni 1972 anläßlich des neunten Jahrestages seiner Krönung und des Festes der Heiligen Peter und Paul eine Predigt an die Gläubigen gerichtet, worin er keinen Zweifel läßt, daß die Welt von Satan besessen sei: Im Hinblick auf die Situation der heutigen Kirche, sagte der Papst, habe er das Gefühl, daß durch irgendeinen Riß der Rauch Satans in den Tempel Gottes eingetreten sei. Dies sei auf das Vorgehen einer widrigen Macht zurückzuführen, Teufel sei ihr Name, jenes geheimnisvolle Wesen, von dem schon im Brief des Heiligen Petrus die Rede ist. Zum anderen finde sich auch im Evangelium der Beweis, daß Christus selbst diesen Feind der Menschen häufig erwähnte. Man müsse glauben, ergänzte der Heilige Vater, daß da etwas Außernatürliches sei, eben darum in die Welt gekommen, um den Erfolg des Ökumenischen Konzils zu trüben und zu unterdrücken. Im selben Jahr bekräftigte der Papst nachdrücklich, daß sich die derzeitige römisch-katholische Kirche zum Glauben an die Existenz des Leibhaftigen bekenne: Das Böse in der Welt, verlautbarte er, sei das Vorhandensein und Wirken eines dunklen Feindes,

des Teufels, im einzelnen und in der Gesellschaft. Das Böse sei nicht allein ein Mangel, sondern es sei ein lebendiges, geistiges, pervertiertes und pervertierendes Wesen, furchtbare Realität, geheimnisvoll und erschreckend. Wer sich weigere, seine Existenz anzuerkennen, stelle sich außerhalb von Bibel und Kirche; auch, wer ihn zu einem Prinzip an sich erhebe, das seinen Ursprung nicht, wie jede Schöpfung, in Gott hat; oder wer ihn zur Pseudorealität erkläre, zu einem personifizierten Fantasiegebilde der unbekannten Ursachen unserer Übel. Der Teufel sei der Feind Nummer eins, der Versucher schlechthin. Man wisse somit, daß dieses dunkle, verwirrende Wesen tatsächlich existiere und noch immer tätig sei. Mit Trug bedrohe er das moralische Gleichgewicht des Menschen; er sei der falsche Zauberer, der sich in jeden Menschen einzuschleichen verstehe, um ihn vom rechten Wege abzubringen. Der Teufel und der Einfluß, den er auszuüben vermag, wäre ein sehr wichtiges, von der katholischen Doktrin erneut zu studierendes Kapitel, was heutzutage aber nur selten geschehe.

Es gibt also eine Rückwendung der heutigen römisch-katholischen Amtskirche, die nicht dem allgemeinen Zeitgeist folgt, sondern insoweit einem paradoxen Dogma, als die Frage nach der Existenz des Satans immer auch die Wesenhaftigkeit Gottes berührt – fort vom Heiligen Augustinus, der den Satan als *die Abwesenheit des Guten* beschrieb, hin zum realen Wesen, dem *Leibhaftigen* eben, wie es in der Apokalypse oder den mittelalterlichen Teufelsbildern erscheint. Auch Papst Johannes Paul II. folgt dieser Rückwendung, so, als trügen die Menschen 1000 leibhaftige Teufel in sich. 1986 bekennt er sich zur Mythologie von den Engeln und den Teufeln. Satan, so führt er aus, sei ein gefallener Engel, und Satans Sünde sei es, daß er die göttliche Wahrheit ablehnt. Als Folge der Erbsünde habe jeder gefallene Engel in gewissem Maße die Herrschaft über den Menschen errungen. Diese Doktrin finde ihren Ausdruck in der Liturgie zur Taufe, wenn die Forderung ergeht, dem Teufel und seinen Verführungen zu entsagen. Als Person und böser Geist nähme Satan nicht allein auf die materiellen Dinge Einfluß, sondern auch auf den Körper des Menschen, so daß man sehr wohl von teuflischer Besessenheit sprechen könne. Es sei nicht ganz einfach zu unterscheiden, was in diesen Fällen an Außernatürlichem geschähe. Grundsätzlich müsse man aber davon ausgehen, daß Satan in seinem Bestreben, dem Menschen zu schaden und ihn zum Bösen zu verführen, zu dieser äußersten Manifestation seiner Überlegenheit greifen könne. Satans geschicktester Plan, sagte Johannes Paul II. 1986 an anderer Stelle, bestehe darin, die Menschen zu veranlassen, seine Existenz zu leugnen, im Namen der Rationalität oder auch jeden anderen Denksystems, das zu allen nur möglichen Ausflüchten greift, um nur sein Wirken nicht eingestehen zu müssen.

DER BRENNENDE DOTTER UND DIE EWIGE NACHT: LUZIFER IST ÜBERALL

Der erste Mann hieß Kuksu und das erste Weib Laidam-
lülüm Kule, das bedeutet Morgensternfrau.
Indianer-Mythos aus dem Stamm der Maidu in
Nord-Kalifornien

Myriaden böser Geister lärmten herum: Susanowo no Mikoto

Der Große Gott Izanagi no Kami[1] ging an einen Fluß und legte dort alles ab, was er an seinem Leibe trug, und daraus wurden sofort zwölf Gottheiten. Dann reinigte er sich am Flusse, und bei der Reinigung seines erlauchten Körpers entstanden weitere vierzehn Gottheiten. Darunter vor allem: Amaterasu Ohomikami[2], die beim Waschen seines rechten erlauchten Auges entstand, und Takehaya Susanowo no Mikoto[3], der beim Waschen seiner erlauchten Nase entstand.[4]

Izanagi no Kami legte fest, daß Amaterasu Ohomikami fortan die *Gefilde des Hohen Himmels* regieren sollte, Susanowo no Mikoto aber das *Meergefilde*. Während Amaterasu Ohomikami gehorchte, verweigerte sich Susanowo no Mikoto: *Er weinte und wehklagte, bis sein acht Handbreit langer Bart ihm bis über die Brust herabreichte. Er heulte derart, daß durch sein Heulen die grünen Berge zu dürren Bergen verdorrten, und die Flüsse und Meere auszutrocknen begannen.* Der Große Gott erfuhr dann den Grund: Takehaya Susanowo no Mikoto hätte es vorgezogen, sich in das *untere entlegene Land*[5] zu begeben. Das konnte dem Großen Gott überhaupt nicht recht sein, weil dort seine Schwestergattin hauste, von der er sich durch Aussprechen der Ehescheidungsformel getrennt hatte. Wenn das so ist, verfügte Izanagi no Kami, dürfe Takehaya Susanowo no Mikoto nicht bleiben. Der Große Gott strafte ihn mit *göttlicher Verbannung*.

Takehaya Susanowo no Mikoto machte sich daraufhin auf den Weg zu seiner Schwester, der Sonnengöttin, angeblich, um sich von ihr zu verabschieden: *Während er zum Himmel emporstieg, gerieten Berge und Flüsse allesamt in Bewegung, und Land und Erde bebten sämtlich, so daß Amaterasu Ohomikami sehr erschrak und meinte: »Seine Hoheit, mein älterer Bruder, kommt sicherlich nicht aus einem wohlmeinenden Grunde! Er wird mich meines Reiches berauben wollen«.* Es wurde in der Tat ein Besuch der gemischten Gefühle. Einerseits zeugten die Geschwister auf wunderbare Weise *drei göttliche Mädchen* und *fünf göttliche Knaben*. Man einigte sich und teilte den Nachwuchs auf. Doch war Takehaya Susanowo no Mikoto andererseits eine rechte Plage, denn er zerstörte die Dämme der von seiner Schwester angelegten Reisfelder und verstopfte die Wassergräben. Die Sonnengöttin hatte Angst und schloß sich mit ihren Hofgöttinnen ein – das war in der himmlischen Weberei, wo die lichten Gewänder der Götter gefertigt werden. Takehaya Susanowo no Mikoto war rabiat und schamlos genug, den Fluchtort der Göttinnen zu stürmen, die seine Zügellosigkeit kannten und das Schlimmste befürchteten. Um sich zu schützen, steckten sie sich Webwerkzeuge in die Scheiden. *Amaterasu Ohomikami schalt den Bruder nicht, aber, obgleich sie seine schlechten Taten verabscheute, trieb er es immer schlimmer, bis sie zuletzt die Tür der himmlischen Felsenwohnung hinter sich verschloß, sie verriegelte und sich eingeschlossen hielt. Da ward das ganze Gefilde des hohen Himmels dunkel, und das gesamte Mittelland des Schilfgefildes war ebenfalls finster. Ewige Nacht herrschte. Myriaden böser Geister lärmten herum, und eine Myriade großer Übel kam zum Vorschein.*[6] Den Göttern gelang es nur durch eine List, die Sonnengöttin aus ihrem Versteck zu locken. So wurden die Gefilde des hohen Himmels und das Mittelland des Schilfgefildes endlich wieder hell. *Dem Takehaya Susanowo no Mikoto aber erlegten die achthundert Myriaden Götter nach gemeinsamer Beratung untereinander eine Buße von tausend Tischen mit Opfergaben auf, schnitten ihm den Bart ab, ließen ihm an seinen Fingern und Zehen die Nägel ausreißen und straften ihn mit göttlicher Verbannung.*[7]

Dieser japanische Mythos hat verschiedene Varianten. Im Nihongi[8] heißt es: *Dieser Kami*[9] *hatte eine perverse Natur und fand daran Vergnügen, sich in Wehklagen und Wutschnauben zu ergehen ... Daher sagten ihm seine Eltern: »Wenn du die Erde regiertest, würden gewiß viele Leben zerstört werden.«* Nach dem Bingo-fudoki soll Susanowo die ganze Menschheit ausgerottet haben, seinen Bruder und dessen Familie ausgenommen, weil diese Susanowo Gastfreundschaft gewährt hatten.

Es paßt in die Ambivalenz der Mythologie, daß dieser japanische Minusgott die Menschen auch den Ackerbau gelehrt haben soll – ähnlich wie Quetzal-cohuatl, die gefiederte Schlange, im alten Mittelamerika.

Dieser Susanowo hat durchaus Ähnlichkeit mit Satan. Erstens: Er ist zum Herrscher über das Meer eingesetzt, aber auch über die Erde; so auch Satan, der sich im biblischen Sinn als *Fürst dieser Welt* versteht.[10] Zweitens: Susanowo ist ein finsterer, abstoßender Charakter, er ist schamlos, anmaßend, ohne Skrupel; er verkörpert das Böse dieser Welt, wie auch Satan das *Böse an sich*[11] ist. Drittens: Susanowo hat eine auffällige Affinität zur Unterwelt, wohin er so gern gehen möchte. Das hat er mit Satan gemeinsam, der allerdings über die Hölle herrscht, ein Status also, den Susanowo nicht erreicht. Viertens: Susanowo erhebt sich über den Großen Gott und trotzt dessen Willen – diesen Mythos kennen wir von Luzifer/Satan in durchaus vergleichbarer Dimension.[12] Fünftens: Susanowo wird aus dem Himmel verstoßen, und sein Sturz läßt die Erde beben und erzeugt Getöse, läßt das Wasser wegtrocknen, das Grün verdorren, eine lange Finsternis eintreten, Menschen sterben. Dieses kosmische Katastrophen-Szenario kennen wir von Luzifer, dem gefallenen Engel.

DER GROSSE STERN BLENDETE IHRE AUGEN SO, ALS WENN DIE SONNE AUFGING

Die Legende von der langen Finsternis ist weltweit verbreitet. In Australien ist die Geschichte vom Streit zwischen Dinewan, dem Emu, und Brälga, dem Kranich, überliefert: *Brälga lief in ihrer Wut auf das Nest von Dinewan zu, nahm dort eines der großen Eier weg und warf es mit aller Kraft zum Himmel hinauf. Dort fiel es auf einen Haufen Feuerholz nieder und zerbrach. Der gelbe Dotter lief über das Holz hinweg und setzte es in helle Flammen, so daß die ganze Welt, zu jedermanns Verwunderung, hell beleuchtet wurde. Denn bis dahin war man nur an eine sanfte Dämmerung gewöhnt gewesen; nun wurde man von der großen Helligkeit sehr geblendet.*[13] Das ist aber nur ein Teil der Sage. Es wird dann ein guter Geist erwähnt, der Freude an der beleuchteten Erde fand und nun *jede Nacht mit seinen dienenden Geistern Feuerholz* [zusammenträgt] *und* [aufhäuft]. *Und wenn der Haufen beinahe fertig ist, schickt er den Morgenstern aus, um den Leuten auf der Erde anzuzeigen, daß das Feuer bald angezündet werden wird.*

In alter Zeit war es finster auf Erden. Die bösen Geister stahlen die Sonne und brachten sie in ihr Haus, worauf sie mit ihr Ball spielten. Diese Legende von der Zeit der großen Dunkelheit erzählt man sich in Sibirien. Der Hase habe dann versprochen, die Sonne zurückzuholen, sei zu den bösen Geistern geeilt und habe diesen drei Kessel Öl versprochen. *Da stieß er die Sonne, und sie fuhr aus dem Fenster, schoß hoch in die Luft und saß am Himmel fest.*[14]

Während dieser vier Tage und vier Nächte wurden die Menschen an die Oberwelt geführt, so erzählt man sich in den indianischen Tipis Nordamerikas über das Ende der Finsternis nach Luzifers Sturz, *zuerst aber nur während der Nächte. Das ge-*

schah zu ihrem Besten, denn schon der GROSSE STERN blendete ihre Augen so, daß sie ihn für die Sonne selbst hielten ... Als der Morgenstern aufging, blinzelten sie gespannt nach seinem Glanze und schnatterten unaufhörlich: »Jetzt kommt sicherlich der Vater.« Als aber die Sonne selbst im Osten erschien, wenn auch noch halb verborgen inmitten des weiten Weltozeans, waren sie so geblendet und erhitzt von ihrem Licht und Glanz, daß sie einander angstvoll riefen, niederfielen, sich am Boden wälzten und ihre Augen mit den bloßen Händen bedeckten ... Doch immer von neuem blickten sie wieder nach dem Licht ... So gewöhnten sie sich gar bald an das Licht und an die große Welt, die sie betreten hatten.[15]

Der sibirische Sonnenhase taucht auch in Nordamerika als Licht- und Kulturbringer auf, dort heißt er Mänäbusch. Mänäbusch holte seinem Stamm das Feuer, weil es kalt und finster war. Dazu mußte er in seinem Kanu über ein großes Wasser zu einer Insel paddeln, wo die Leute wohnten, die Feuer hatten. Das durchnäßte Kaninchen fand mitleidige Helfer und wurde im Wigwam eines alten Mannes am Feuer getrocknet. *Da hüpfte das Kaninchen dem Feuer etwas näher, um eine Kohle zu erhaschen, aber bei jeder seiner Bewegungen erbebte die Erde.*[16] Man war Mänäbusch dicht auf den Fersen, als er schließlich ein brennendes Scheit erwischt hatte und in sein Kanu sprang. *Die Geschwindigkeit des Bootes erzeugte einen solchen Luftstrom, daß der Feuerbrand hell auflohte, so daß ... die Funken des Brandes* [Mänäbuschs] *Fell an verschiedenen Stellen versengt hatten.* Dieser Algonkin-Hase ist ein Trickser, schlau und verschlagen wie Loki, Prometheus oder Quetzalcohuatl.

Auch den Tabak hat Mänäbusch seinen Stämmen zu verschaffen gewußt – da gab es einen Riesen, der alleiniger Besitzer des Tabaks war, und der diesen nur einmal im Jahr zusammen mit den Manidos[17] zu rauchen pflegte. *Mänäbusch sah sich in der Kammer um und bemerkte eine große Zahl mit Ta-*

1 Wie Satan selbst waren die Teufel der Hölle einst wunderschöne Engel – aber dann wurden sie genauso ekelerregend und scheußlich, wie sie einst schön waren.

2 »Deine Pracht, Satan, ist herunter zu den Toten gefahren samt dem Klang deiner Harfen. Gewürm wird dein Bett sein, und Würmer deine Decke.« (Jesaja)

3 *Oben:* Das Unikat Satan, das Böse an sich, wird in ein Heer greifbarer Teufel zersplittert.
4 *Folgende Seite:* Man denke nur an die schrecklichen Foltern, die die Nähe von Satans Dämonen für die verdammte Seele darstellt – man kann sich keinerlei Vorstellung von der Monströsität solcher Höllenwesen machen.

5 *Links oben:* Satans Teufel verhöhnen und verspotten die gefallenen Seelen, die sie selbst ruiniert haben. Gerade sie, die schmutzigen Dämonen, stellen nun in der Hölle die Stimme des Gewissens dar.

6 *Links unten:* Die Hölle ist ein grausiges Loch, worin Feuer und Finsternis kein Gegensatz sind, sondern schreckliche Brüder.

7 *Oben:* Gian Lorenzo Berninis (1598-1680) Büste »Die verdammte Seele«: Die Fratze ist der Spiegel Satans, der vom schönsten Engel zum abgründig häßlichen Herrn der Finsternis mutierte.

8 *Oben:* Belial, der höllische Vollstrecker Satans – sein Name geht auf den babylonischen Gott Baal zurück.

9 *Unten:* Giotto di Bondone (1266-1337): »Der Hl. Franziskus befreit die Stadt Arezzo von Dämonen« – Exorzismen sind geistliche Zeremonien, die sich als Dienst am Menschen verstehen, um ihn von bösen Geistern zu befreien.

bak gefüllter Säcke. Von diesen erwischte er einen, mit dem er aus dem Berg floh, während der Riese ihm dicht folgte. Mänäbusch stieg zum Gipfel der Berge empor und sprang von Spitze zu Spitze. Der Riese folgte in so rasender Eile, daß er, als Mänäbusch eine hoch emporragende und auf der entgegengesetzten Seite senkrecht abfallende Bergkuppe erreichte und sich plötzlich flach auf den Bauch warf, über ihn hinwegsetzte und in den Abgrund stürzte.[18] Jedem das Seine: Quetzal-cohuatl brachte den Tolteken den Mais, Mänäbusch seinen Stämmen den Tabak.

Es ist ein prickelndes Gefühl, nun auch in diesem Algonkin-Hasen, unter dessen Pfoten die Erde bebt, Luzifer zu entdecken, wenn auch nur als derb-sympathischen Zauberfreund der Algonkin. Das Trio Quetzal-cohuatl, Morgenstern, Mänäbusch ist letztlich eine Einheit. Auch Yetl[19], der Rabe, und der Coyote[20] sind indianische Trickser, gottähnliche Menschenfreunde, deren luziferische Identität auf der Hand liegt, wenn auch ohne erkennbare Affinität zum Bösen. Die Völker der Erde haben eben ihre eigenen Geschichten, wenn sie sich an Luzifer/Satan erinnern, den Herrn der Finsternis, der in alter Zeit der Sonne weichen mußte.

DA TRAT DER CHAIFI ZU IHM UND SPRACH VOLLER ARGLIST

Der Chaifi stand an seiner Esse tief unten in Sasalaguan und schmiedete Seelen, damit er Sklaven habe, die ihm dienen konnten. Er schürte das Feuer, daß die Esse barst. Glühende Steine und feurige Ströme ergossen sich über die Erde, und eine Seele flog aus Sasalaguan hinaus. Sie fiel im Lande Guahan bei Funia nieder und wurde zum Stein. Doch die Sonne erwärmte den Stein, der Regen erweichte ihn, und das Meer gab ihm Menschengestalt. Da sah der Mensch, daß es auf der Erde schön ist. Er formte andere Menschen aus der Erde und

Wasser und schmiedete ihnen am Feuer der Sonne Seelen, wie er es bei dem Chaifi gelernt hatte. Und er nannte sie Erdensöhne.[21] Eine bezeichnende Legende aus Mikronesien. Die Geschichte geht weiter: Der Chaifi suchte überall nach der geflohenen Seele, um sie zu töten. Schließlich fand er einen Erdensohn am Strand sitzen, den er für die gesuchte Seele hielt. Dem Chaifi waren das Feuer, das Wasser und die Winde untertan. So sandte er eine Woge, die den Erdensohn mitriß. Doch hatte der Chaifi keine Gewalt über den Sterblichen, weil dessen Seele von der Sonne kam. Die Sonne war dem Chaifi nicht untertan. Der Erdensohn verwandelte sich in einen Fisch. Als der schließlich in einen See gelangte, zündete der Chaifi sein Höllenfeuer darunter an, daß der See kochte und austrocknete. Der Fisch aber war längst an Land und duckte sich als Leguan im Wald. Natürlich brannte der Chaifi den Wald nieder, doch dem Leguan wuchsen Schwingen und er segelte als Vogel davon. Dem Chaifi riß die Geduld, und er ließ einen Sturm auf den Flüchtling los. Das wirkte: Der Vogel brach sich die Flügel am Felsen und stand dort wieder als Erdensohn. *Siehe, du kannst mich nicht töten, trotz all deiner Macht,* sagte er dem Chaifi, der drohend vor ihm stand, *denn meine Seele ist von der Sonne.* Der Chaifi wollte das nicht glauben. Schließlich erklärte der Erdensohn dem Chaifi, daß er die entflohene Seele in Funia auf Guahan finden könne. Sie stände dort und schmiede ihre eigenen Seelen am Sonnenfeuer. Der Chaifi habe ihr das Schmieden gut gelehrt. Er, der Erdensohn, sei das Werk der geflohenen Seele, eine Sonnenseele, dem der Chaifi nun einmal nichts anhaben könne. *Als der Chaifi das hörte, erschrak er gewaltig und wurde von Zorn und Wut gepackt. Auf Sturmesflügeln eilte er davon, das Meer brach über die Länder herein, die Berge spieen Feuer, und viele Inseln wurden vernichtet und begraben. In Funia aber öffnete sich die Erde und verschlang den Menschenvater. Doch sein Geschlecht konnte sie nicht ausrotten.* Chaifis Verfolgungsjagd hatte den Erdensohn irgendwohin verschlagen.

Als er alt war, sehnte er sich nach seiner Heimat. *Da trat der Chaifi zu ihm und sprach voller Arglist: »Ich sah deine Brüder in Guahan ... Rüste ein Schiff und kehre heim in das Land der Glücklichen.«* Der Erdensohn kehrte heim nach Guahan. Seine Brüder dort kannten ihn nicht mehr, verstanden seine Sprache nicht. Er zeigte ihnen ihre Nacktheit und lehrte sie, was er Tugend nannte, und erklärte ihnen die Sünde und die anderen Geister. Dies alles führte zu Streit und Mißgunst mit ihm und untereinander. *Der Chaifi aber freute sich und lachte darüber. Haß und Neid – seine Lieblingssöhne – wurden herbeigerufen. Die faßten die Menschenherzen mit Haifischzähnen und Polypenarmen und zogen sie vom schirmenden Sonnenlicht zur Tiefe Sasalaguans hinunter. Sie lenkten den Wurfspieß des Kriegers und die Schleuder des Rächers und fuhren mit den Gefällten in den Höllenschlund hinab. Im Tal der Glücklichen aber erwacht, wer in Frieden sein Erdenleben beschloß. Üppigeren Segen spenden dort Brotbaum und Kokospalme, und köstlichere Fische birgt dort das Meer als hier auf Erden.*

Vater dieser Legende könnte ein christlicher Missionar sein, der irgendwann den Wilden, geduldig und angepaßt, Bibelstunden gegeben hat. Genesis und Apokalypse erscheinen bunt vermischt in einer pazifischen Variante, die eine eigene Vision der ersten und der letzten Dinge erschließt. Und Chaifi? Der ähnelt doch sehr unserem Teufel, der hinter der armen Seele her ist und mit List und Tücke seine finstere Arbeit tut. Auch ähnelt Chaifi Loki, dem durchtriebenen Schwarzalfen der nordischen Edda – auch der hat Menschen geschaffen, gemeinsam mit Odin, dem Göttervater, und Hönir, dem geheimnisvollen Gott, die damals Lokis Blutsbrüder waren.

Lichtwolken und schwarze Düsternis: Luzifers/Satans Doppelbild

AUF DEM HEIMWEG BEGEGNETE IHM DER TEUFEL,
DER WIE EIN VORNEHMER HERR GEKLEIDET WAR.
Ludwig Bechstein: Der Richter und der Teufel

Ambrosio erwartete voll Entsetzen des Höllengeists Erscheinen. Wer aber beschreibt seine Überraschung, als er einer Gestalt von solcher Schönheit ansichtig ward – eines Jünglings von kaum achtzehn Lenzen, dessen Körperbau wie Gesichtsschnitt nicht seinesgleichen hatten. Er zeigte sich in vollkommener Nacktheit: Auf der Stirn erstrahlte ihm ein heller Stern, zwei karmesinrote Schwingen spreiteten sich aus seinen Schultern, und das seidige Haupthaar war von einem Bande zusammengehalten, welches in vielfältigem Feuer irisierte. Ein blendender Schein ging von der gesamten Gestalt aus, welche von rosenfarbenen Lichtwolken umgeben war. Allein, wie engelsschön derselbe sich auch darstellen mochte – Ambrosio konnte doch nicht die Wildheit übersehen, welche aus jenen Augen flammte, und auch nicht die geheimnisvolle Schwermut, von welcher dies Antlitz überschattet war. All dies verriet ja den gefallenen Engel und erfüllte den Beschauer mit einem geheimen, ehrfürchtigen Grauen.[1]

Auf der Stirn strahlt ihm ein heller Stern – der Dichter weist mit dem Federkiel zum Morgenstern, tief am finsteren Himmel, während er uns Luzifer beschreibt. Dämmert hier nicht die Ahnung, wie nahe der Mensch Luzifer steht in seinem Stolz, in seinen Träumen, in seinem Streben? Schließlich ist auch der Mensch ein Ausgestoßener, denn er hat das Paradies verlassen müssen, weil er vom Baum der Erkenntnis gegessen hat. Wer durch die Augen des Dichters auf Luzifer blickt, mag fühlen, daß Luzifers Aufstand gegen Gott und sein trotziger Stolz Spiegelbilder menschlicher Natur sind – eine Reflektion menschlicher Unbeugsamkeit, wenn es um vermeintliches Recht und vermeintliche Würde geht.

Wer hat Luzifer je gesehen? Wenn wir uns ein Bild machen wollen von Luzifer/Satan, steht diese Frage am Anfang. Seit Jahrtausenden gibt es eine Menge Leute, die über Begegnungen mit dem Satan berichten, und eine weitere Menge wird immer zahlreicher, die solchen Berichten nicht glauben will. So ist es schlecht bestellt um Zeugnisse vom realen Leibhaftigen. Wir sind auf Dichter angewiesen, auf Maler, auf Bildhauer, auf Evangelisten, Propheten oder Priester, um uns unser Bild zu machen. Wir stoßen auf eine schillernde Vielfalt von Darstellungen, wobei sich aber zwei grundsätzlich verschiedene Satanstypen aus der Menge lösen und vor den roten Vorhang treten. Der eine ist Luzifer, den noch das himmlische Engelhafte schmückt, der andere der Satan, der schon nach dem Höllenfeuer geraten ist. Ein zweites Dichterbild Luzifers, des gefallenen Engels, eine Vision des Überganges:

Er hatte das Aussehen eines jungen Mannes, dessen edle und regelmäßigen Züge durch böse Dünste angewelkt sind. Verzweiflung und Stolz malten sich in seinen großen Augen, und sein flutendes Haar erinnerte noch an einen Engel des Lichts. Mit einer Stimme, die so mild war, wie man es von ihm nicht hätte erwarten können, aber doch so, daß sie ganz zu Herzen drang und die Seele mit tiefster Schwermut erfüllte.[2]

Luzifer zeigt sich als hintergründiges Idol in der Literatur. Man begreift ihn nicht als Ursprung des Bösen, eher als tragisches Opfer. Dieses Bild mag seine Wurzeln in der ikonographischen Malerei der Renaissance haben, wo ihn Lorenzo Lotto[3] und Jacopo Tintoretto[4] zum menschlich geratenen Engel stilisierten. Luzifer ist erhaben, melancholisch, schön – seine Reize sind charismatisch, und seine Auflehnung gegen Gott fasziniert mehr als sie abstößt. Er gerät zum Idol für all jene, die unterdrückt werden und nach der Freiheit greifen.

Und schon im nächsten Moment stand Luzifer zum anderenmal vor Ambrosios Augen. Doch war er nicht in jener seraphi-

schen Gestalt erschienen – vielmehr zeigte er sich nun in all der Scheußlichkeit, welche ihm seit seinem Höllensturz zugemessen war. Seine in Ewigkeit verdammten Glieder wiesen noch immer die Male von des Allmächtigen Donner. Eine schwärzliche Düsternis ging von der riesenhaften Gestalt aus, und Hände wie Füße waren mit langen Krallen bewehrt. In seinen Augen funkelte eine Wut, die auch das kühnste Herz mit Entsetzen erfüllt hätte, und aus den mächtigen Schultern spreitete sich ein ungeheures, schwarzes Schwingenpaar. An Haares statt ward dem Dämon die Stirn von einem Geschling zischender Schlangen umwunden, seine Stimme war heiser vom Schwefeldampf der Hölle.[5]

Die Male von des Allmächtigen Donner – es sind kosmische Narben, die den Satan entstellen, die Schönheit des gefallenen Engels ist im Höllensturz verkohlt. Luzifers Charisma, das noch himmlischen Geist besaß, ist abgestreift, und Satans Charisma ist aus der lichten Hülle gestiegen, riesig, finster, grausig. Ein mythologisches Satansbild, das hier gezeichnet wird. Die zischenden Schlangen auf Satans Haupt sind die alten Symbole der Apokalypse, Stellvertreter für die Himmelskörper, die als Feuerdrachen kamen und die Erde in Luzifers Hölle verwandelten.

In der Dichtung hat der Satan viele Gesichter. So wird er an anderer Stelle als hagerer, ausgezehrter Mann geschildert, rußig, fahl, extrem mager, dessen brennende Augen weit aufgerissen sind und von dessen ganzer Person ein Gespenstergeruch ausgeht.[6] Überall begegnet uns der Satan – im Konzertsaal, in der Poesie, in Öl und Acryl, auf der Bühne, in der Skulptur, auf dem Monitor, in der Folklore, in den Ateliers von Hollywood. Er kommt als Versucher daher – als Vamp, als Beau, als Alter, als Held, als Weiser, als Wohltäter, als Priester, als Heiliger, als Erlöser. Die Zahl seiner Rollen ist unendlich, sein Repertoire reicht vom Monster bis zum Spaßvogel.[7]

Satans Bild hat seine eigene Geschichte. Vor 1500 Jahren etwa stellte man ihn als Hund, Wolf oder Löwen dar und, wie es Luzifer zusteht, gern als Schlange und Drachen. Im Evangelium des Bartholomäus[8] erscheint der Satan als Riese – 1600 Ellen hoch, 40 Ellen[9] breit, jeder der beiden Flügel 80 Ellen lang – er ist *von finsterem Wesen, das Gesicht wie ein Blitz,* er stößt stinkenden Rauch aus den Nasenlöchern. Die Koppelung des Riesenwuchses mit dem Bösen mag aus der griechischen Mythologie entlehnt sein, kommt aber einem Naturschauspiel näher, wie es ein Taifun zu bieten hat. Ansonsten wird der Satan in dieser alten Zeit schwarz geschildert. Alles ist schwarz an ihm, Augen, Haare, Haut – Haupthaar und Bart sind dicht und struppig. Er steckt in schwarzen Rüstungen und trägt schwarze Gewänder. Er taucht in dieser alten Zeit auch schon als schöner junger Versucher auf. In der apokryphen Apokalypse des Nikodemus finden wir den Satan da und dort mit drei Gesichtern, was eine Verhöhnung der Heiligen Dreifaltigkeit sein mag, die in der damaligen slawisch/griechisch-orthodoxen Kultur so porträtiert wurde – aus den drei göttlichen Tugenden *Macht, Weisheit, Liebe* macht der Herr der Finsternis die drei satanischen Negativa *Ohnmacht, Unwissen, Haß.*

Das Satansbild der Künstler ist hintergründig und fantastisch zugleich. Die übliche Vorstellung vom Satan, die volkstümliche und aktuelle also, ist eher simpel und handfest: Hier zeigt sich der Herr der Finsternis als Wesen von dunkler bis schwarzer Farbe, das zwei spitze Bockshörner trägt. Der Leibhaftige peitscht den Höllengrund mit seinem Schlangenschwanz, der in einem Quast endet. Der Atem des Satan riecht penetrant nach Schwefel, und er hinkt, weil er einen Pferdefuß oder ein Bocksbein hat – es gibt auch Leute, die meinen, er habe zwei. Der Leibhaftige hat spitze Ohren, und seine Augen glühen wie Kohlen unter schräg zur Nase stehenden Brauen – er hat den bösen Blick, was heißt, daß dieser Unheil, Krankheit und Tod bringt. Er hat faltige, schwarze Flügel wie ein mächtiger Vampir; oft trägt er den höllischen Dreizack in der Rechten.

Aber wer nimmt schon den Satan in seiner Leibhaftigkeit wahr? Man ortet ihn in seinen 1000 Rollen oder in den Hexen, wo er hineingeschlüpft ist, oder in den Tieren, die jenen zugeordnet sind – in den schwarzen Katern oder in den Nachteulen. Ein unvermutetes, fremdes Geräusch kann der Satan sein, oder ein schneller drohender Schatten im trüben Licht, auch eine plötzliche, lähmende Furcht. Man schlägt dann das Kreuz und murmelt ein Stoßgebet an Jesus, Maria oder Josef. Martin Luther ließ es damit nicht bewenden und warf das Tintenfaß gegen die Wand, wo er im Flackerlicht den Leibhaftigen hatte herumhuschen und Nüsse auf den Boden verstreuen sehen – dieser Tintenklecks ist weltberühmt, noch heute wird er Besuchern in der thüringischen Wartburg gezeigt.

Der Satan ist Legende. Seine Geschichte ist unendlich, auch seine Rollen, die er darin spielt – sie reichen vom Biedermann bis hin zum Drachenmonster:

Auf dem hohen Pilatus[10] *hat es Drachen und Lindwürmer vollauf gegeben, die hausten in unzugänglichen Höhlen und Schluchten des gewaltigen Alpenbergstocks. Oft haben Schiffer auf den Seen sie mit feurigen Rachen und langen Feuerschweifen vom Pilatus herüber nach dem Rigi fliegen sehen. Solch ein Drache flog einstmals in der Nacht vom Rigi zurück nach dem Pilatus; ein Bauer, der die Herden hütete, sah ihn. Da ließ der Drache einen Stein herunterfallen, der war wie eine Kugel geformt und glühend heiß ... Zu Wylen, einem Dorfe nicht weit vom Pilatus, lebte ein Mann, der hieß Winkelried. Nun hatte der Einwohner Winkelried wegen einer Mordtat Leib und Leben verwirkt und war flüchtig geworden. Er sandte Botschaft, daß er den Mut habe, den Lindwurm zu bestehen, wenn man ihn wieder freisprechen würde. Diesen Kampf vergönnte man ihm gern. Er bewehrte sich gut mit einem scharfen Schwert, und statt des Schildes hielt er in der linken Hand einen Dornenstamm. Den stieß er dem Drachen, sowie der auf ihn losfuhr, in den weit aufgesperrten Rachen hinein. Er wand und krümmte sich, und sobald Winkelried eine Blöße sah, stieß er ihm mit sicherer Hand das Schwert in den Leib. Der Lindwurm sank tot nieder, und von seinem Blute troff Winkelrieds Schwert. Der hatte sein Leben gewonnen, aber nur, um es trotzdem alsbald zu verlieren. Denn vom Schwert floß das giftige Drachenblut herab, brannte sofort wie Feuer der Hölle, und der Held starb an diesem Brand.*[11]

Märchen und Legenden um die Teufel gehen in zwei Richtungen. Zum einen erscheinen die bösen Geister als Feinde. Sie sind mächtig und gefährlich, und es sind häufig Heldengestalten, die sich mit ihnen auseinandersetzen. Diese Teufel zeigen sich oft leibhaftig. In anderen Fällen sind sie als Teufel unkenntlich – sie verkörpern sich in Wolfswesen, Hexen, Vampiren, Untoten, Monstern. Die spektakulärste Verkleidung Satans ist der Drache[12], was nicht verwundern kann. Ist doch der feuerspeiende, mehrköpfige, geflügelte Drache die uralte, originäre Vision Luzifers/Satans – die Beschreibung jener archaischen Himmelskörper, die flammend an der Erde entlangschrammten und den Globus brennen und taumeln ließen. Die Geschichte von Winkelrieds Kampf mit dem Lindwurm ist mehr als ein Bechsteinsches Märchen. Hier wird der Kampf des nordischen Donnergottes Thor gegen die Midgardschlange lebendig. Auch die Details stimmen: Thor tötete die Weltschlange, starb aber am Gift ihres Blutes und ihres Todesatems. Winkelried fällt in seinem ganz persönlichen, eidgenössischen Ragnarök.

Zum anderen sind die Teufel Wundertäter und bereit, alle irdischen Wünsche zu erfüllen. Wie wir wissen, sind die Teufel Meister der Verwandlung. Überall sind sie gegenwärtig. Wind und Wetter sind ihre Diener, sie stehen über den physikalischen Gesetzen. Nach germanischer Überlieferung gehört den Teufeln alles, was drei Fuß und tiefer unter der Erde ruht. Aus diesem Grund wird berichtet, daß die Teufel auf allen verborgenen Schätzen sitzen. Sie hüten solche unterirdischen Reichtümer, oft in ihrer apokalyptischen Gestalt von Drachen oder Schlangen, sie heben die Schätze, sie lassen sie durch die Luft fliegen. Schließen Menschen den Teufelspakt, mag ihnen ein solcher Schatz zum Geschenk werden. Kurz gesagt: Die Teufel, wie sie auch immer erscheinen mögen, sind vollendete Schauspieler und Verführer par excellence.

Die Teufel sind überall – die Hölle ist nur ihr Ursprung. Es ist der Volksglaube, der ihnen überall Wohnung gibt. Die bösen Geister haben eine Vorliebe für abgeschiedene Orte. So bevorzugen sie Wüsten, Berggipfel, Höhlen, Seetiefen, Wildnisse, Gemäuer – und besonders natürlich die Finsternis. Die Welt ist voll von Teufelsfelsen, Teufelsgrotten, Teufelsstiegen, Teufelsbrücken, Teufelssteinen, Teufelsseen, Teufelsschluchten, Teufelsstufen oder Teufelsmühlen. Aber der Teufel ist auch gern unter den Menschen:

Vor etwa hundertfünfzig Jahren[13] *begab es sich auf der hohen Schule zu Salamanca, daß der leibhaftige Teufel gleich wie ein ordentlicher Professor Collegia über schwarze Kunst aus eigenen Heften las und großen Zulauf hatte, denn er lehrte gar brauchbare Dinge, als z. B. Wechselschreiben, wonach der listigste und vorsichtigste Jude jeden Wechsel auf Treu und Glauben annahm und zu den allerbilligsten und christlichsten Interessen bar zahlte, oder gut, selbst beim theologischen Doktorexamen zu bestehen, hätte man auch drei Jahre lang alle Collegia geschwänzt gehabt. Auch Liebesbriefe lehrte er schreiben, denen die sprödeste Donna nicht widerstand. Und wurde seinen Zuhörern dennoch das Kapitel von der Magie hin und wieder zu trocken, so gab er fleißig lustige Schnurren und Schwänke in den Kauf, so daß die Zahl seiner Zuhörer von Tag zu Tag stieg, um so mehr, als er seine Vorlesungen in einem großen Kellergewölbe hielt, in dessen Hintergrunde etliche Fässer des auserlesensten Sekts lagen, bei denen ein aufmerksamer schwarzer Famulus jederzeit bereit war, unentgeltlich den Herren Studiosen den Becher zu füllen, so oft sie es verlangten. Es läßt sich denken, wie wohl dies den jungen Herren gefiel, und gewiß ist es, daß alle, wie sie da waren, zum erstenmale das Halbjahr zu Ende gehen sahen.*

Das merkte der Schwarze gar wohl und sprach daher am letzten Tage des ersten Semesters: »Meine Herren, ich bin erfreut, an euch so eifrige und gelehrige Schüler zu haben, wie deren kein anderer Professor, nicht nur zu Salamanca, sondern in der ganzen Welt, sich dürfte rühmen können. Auch bin ich überzeugt, daß ihr mir Gerechtigkeit widerfahren lasset und es mir zugebt, daß euch meine Weisheit nicht nur für eure Hefte schwarz auf weiß, sondern auch in Praxi höchst ersprießlich gewesen ist, oder wüßt' es einer von euch anders zu sagen?« »Nein, nein!«, riefen alle Studenten laut und einstimmig. »Nein, nein! Ihr seid ein so wackrer Lehrer, als es irgendeinen auf der Welt gibt, und ihr sollt fortfahren, uns eure Weisheit mitzuteilen.« »Ihr rührt mich durch eure Anhänglichkeit«, sprach der Teufel, indem er süßlich dazu lächelte, »und gerne bin ich bereit, eurem dringenden und für mich höchst schmeichelhaften Wunsche nachzukommen, aber dann werde ich es auch ohne Furcht, daß ihr es mißdeuten könntet, wagen dürfen, euch um ein billiges Honorar für das verflossene Semester anzusprechen, ich fordere nicht unbescheiden, sondern verlange nur eine von euern Seelen – hier sind Würfel – würfelt untereinander, wen das Los trifft, zuletzt diesen Keller zu verlassen, dem will ich und muß ich den Hals umdrehen, werfet also, der niedrigste Wurf entscheidet.«

Es läßt sich denken, wie unerwartet den jungen Herren diese Erklärung kam, das hatten sie unter allen möglichen und unmöglichen Dingen am wenigsten erwartet, und einige Minuten standen sie ganz stumm und bleich vor Schrecken da. Nach und nach erholten sie sich jedoch, und nun fingen sie entsetzlich an zu toben und auf den kurz vorher noch hoch erhobenen Dozenten zu schelten. Sie nannten ihn einen Betrüger, einen habsüchtigen Juden, einen abscheulichen Knicker und Philister und schwuren hoch und teuer: »Der Teufel soll den Teufel holen.« Aber das half ihnen ganz und gar nichts, und je gröber sie wurden, um so höflicher, aber auch bestimmter erklärte der Teufel: Was recht sei, sei billig, und der letzte, der heute aus der Kellertür gehen würde, sei und bliebe ihm verfallen. Übrigens wolle er – um ihnen das schwere Geschäft des Würfelns zu erleichtern – ihnen noch einen extra guten Trunk gratis verabreichen lassen. Und kaum, daß er solches gesagt hatte, so standen auch schon eine Menge blinkender Pokale voll des köstlichsten Weines auf der runden Tafel inmitten des Gewölbes. Die jungen Herren sahen ein, daß hier nichts mehr zu tun sei, als sich dem Willen des Argen zu fügen und in Teufels Namen zu werfen. Fluchend und trinkend machten sie sich ans Werk, und der Teufel stand daneben und sah schadenfroh grinsend zu.

Endlich hatten sie der Reihe nach herumgeworfen, und den niedrigsten Wurf hatte ein junger, hübscher Edelmann geworfen, der somit dem Teufel verfallen war. Aber das Gräflein war ein durchtriebenes Bürschlein und dachte bei sich: »Noch hat mich der Böse nicht in den Krallen, vielleicht hilft mir ein bißchen Mutterwitz der Gefahr entgehen.« Somit faßte er guten Mut und wartete den günstigen Augenblick ab. Der Teufel stand an der Kellertür und ließ die Studenten einzeln bei sich vorbei aus dem Gewölbe gehen. Als nun die Reihe an den jungen Grafen kam, streckte er die Kralle aus und wollte ihn packen, der Graf aber sprach: »Was wollt ihr, Herr? Das Los traf meinen Hintermann hier«, somit deutete er auf seinen Schatten, der hinter ihm an der von der Sonne beleuchteten Wand schwebte. Da ließ der Teufel das Gräflein fahren und griff, vom Sonnenlicht geblendet, nach dessen Schatten. Das Gräflein aber sprang behende aus dem Keller und lachte den dummen Teufel tüchtig aus. Es erfand sich aber später etwas gar Seltsames, und alle, die es sahen, erschraken und staunten darüber. Als nämlich der Graf im hellsten Sonnenschein stand, warf er keinen Schatten mehr, denn den hatte sich der Teufel richtig geholt.[14]

Es gibt 1000 solcher Geschichten, in Deutschland, Spanien, Irland, Italien. Erstens: Der Teufel erscheint den Menschen in Person. Zweitens: Der Leibhaftige schließt den sogenannten Teufelspakt, und wenn er ihn sich listig erzwingt – der Mensch nimmt seine Dienste in Anspruch und verpfändet dem Teufel die Seele, ob er will oder nicht. Drittens: Die Kräfte des Teufels sind übermenschlich, doch ist er nicht allmächtig. Viertens: Der Leibhaftige ist nicht der Hellste.

So schlug man den Teufeln gern ein Schnippchen und versuchte, sie hereinzulegen. Der Teufel ist meistens der Verlierer. So konnte man sich dann über den Herrn der Finsternis ins Fäustchen lachen, ganz vorsichtig, versteht sich – die Macht des Bösen wollte man nicht über Gebühr reizen. Es sieht ganz danach aus, daß der Mann auf der Gasse seinen Teufel nicht so ganz ernst nahm. Warum? Es mag Trotz gegen den Klerus gewesen sein, der nicht müde wurde, den Satan und seine Teufel als allgegenwärtige Seelenräuber an die Wand zu malen. Ganz sicher aber war es ein stillschweigendes Arrangement mit dem Bösen, das die finstere Seite des Lebens ist. Das Böse gehört zum Leben wie Wasser und Brot – der mittelalterliche Mensch spürte das und machte sich seinen eigenen volkstümlichen Teufel – einen Teufel zum Anfassen, einen Teufel, mit dem man Geschäfte macht, einen Teufel, den man übers Ohr hauen kann – ein Teufel wie du und ich eben, der gar nicht so schlimm ist, wenn man mit ihm umzugehen weiß:

Ein schwarz gekleideter Herr mit silberner Nase kommt zu einer Witwe mit drei Töchtern. Er bittet darum, daß eine von ihnen in seine Dienste tritt. Die Älteste nimmt an und erhält bei ihrer Ankunft im Palast des Herrn die Schlüssel zu sämtlichen Räumen. Einen Raum aber gibt es, dessen Tür zu öffnen ihr verboten wird. Nachts schiebt Silbernase eine frische Rose in das Haar des Mädchens. Neugierig geworden, öffnet das Mädchen am nächsten Tag die verbotene Tür, wohinter sie die Hölle entdeckt. Die Rose verwelkt in der Hitze. Daran erkennt Silbernase den Ungehorsam und sperrt das Mädchen in die

Hölle. Dann kehrt er zur Witwe zurück, und die Geschichte wiederholt sich mit der zweiten Tochter. Als die dritte Schwester dran ist, nimmt sie die frische Rose aus dem Haar und legt sie in kühles Wasser. Dann öffnet sie die verbotene Tür, kann ihre Neugier befriedigen und zieht ihre beiden Schwestern aus der Hölle.

Nun möchte sie ihr Spiel mit dem Teufel treiben und den Spieß umdrehen. Sie steckt die Schwestern in je einen Sack und bittet Silbernase, die Säcke nach Hause zu ihrer Mutter zu tragen, sich den Inhalt aber nicht anzuschauen. Sie selbst kriecht in einen dritten Sack. Silbernase trägt die ersten beiden rüber, doch beim dritten, worin die jüngste der Schwestern sitzt, übermannt nun auch ihn die Neugier, und er macht sich daran, hineinzusehen. »Ich sehe dich«, ruft das Mädchen laut, was den Teufel sehr erschreckt. Er bringt den dritten Sack heim zur Witwe und verschwindet auf Nimmerwiedersehen.

Ein Märchen aus dem italienischen Sprachraum – es zeigt, daß es international üblich war, dem Teufel eine Nase zu drehen. Die Rettung aus der Hölle ist sicherlich Gold wert. Aber nacktes Gold ist nicht immer dabei herausgekommen, wenn man es mit dem Teufel zu tun bekam, auch nicht für die Witwe mit den drei Töchtern. Wohl aber für einen armen Soldaten:

Ein abgedankter Soldat hat nichts zu leben. Ihm begegnet ein kleines Männchen, das der Teufel ist. Es wird ein Pakt geschlossen: Sieben Jahre soll der Veteran dem Teufel dienen, danach würde er frei sein und für sein Leben genug haben – er soll Feuer unter den Kesseln schüren, wo die Höllenbraten schmoren, und ansonsten Ordnung schaffen. Ihm wird verboten, jemals in die Kessel zu sehen – täte er es, werde es ihm schlecht ergehen. Ansonsten darf er sich nicht waschen, nicht kämmen, nicht schneuzen, er darf keine Nägel und Haare schneiden, sich kein Wasser aus den Augen wischen. Der Soldat geht auf den Handel ein. Doch ist er neugierig und kann es nicht lassen, in drei Kessel zu blicken. Dort sieht er seinen Unteroffizier, seinen Fähnrich und seinen General wieder. »Aha, Vogel«, sagt der Soldat jedem der Drei, »treff ich dich hier? Du hast mich gehabt, jetzt hab' ich dich!« Besonders diesen Dreien legt der Veteran reichlich Holz nach und schürt das Feuer mit bester Sorgfalt. Das rettet ihn, denn der Teufel weiß, daß er in die drei Kessel geschaut hat. Nach sieben Jahren darf der Veteran die Hölle verlassen. Der Teufel befiehlt ihm beim Abschied, sich den Ranzen mit Kehrdreck zu füllen. Der Soldat ist mit diesem Lohn nicht zufrieden, aber er gehorcht und schweigt. Draußen will er den Ranzen ausschütten. Aus dem Kehrdreck ist pures Gold geworden. Der Veteran heiratet die schöne Tochter seines Königs, so reich hat der Teufel seinen Knecht entlohnt.[15]

In diesem Grimmschen Märchen hat sich der Teufel zum wohltätigen alten Mann geläutert, der verzeiht und die Güte selbst ist. Manche Seele will der Leibhaftige aber gar nicht haben, und Gott will sie offensichtlich auch nicht. Eine solche Geschichte wird in Irland erzählt:

Der Gauner Billy Dawson will die drei Wünsche nicht erfüllt sehen, wie sie ihm vom Heiligen Morochus freigegeben sind, weil sie nicht zu seiner Lebensweise passen. Dawson wendet sich schließlich an den Alten Nick, mit dem er einen Pakt auf sieben Jahre abschließt. Sind die sieben Jahre abgelaufen, gelingt es Dawson immer wieder, den Alten Nick so lange zu beschwatzen, bis dieser den Pakt erneuert. Das geht so lange, bis Dawson stirbt. Der Alte Nick schüttelt den rußigen Kopf und weist ihm die Tür. So wandert Dawson zum Paradies, doch dort läßt ihn der Heilige Morochus nicht hinein. Dawson wandert zur Hölle zurück. Dort läßt ihn der Alte Nick nicht hinein. Nun wandert Dawson für alle Zeit zwischen Hölle und Paradies hin und her. Keiner will ihn haben.[16]

FLAMMENDE AUGEN, SCHLANGENSCHWANZ: DER MYTHOS VON DEN VIELEN MILLIARDEN TEUFELN

> DER TEUFEL HAT MEHR ALS ZWÖLF APOSTEL.
> Schwedisches Sprichwort

Es gibt viele Versuche in der Literatur, die Zahl der gefallenen Engel zu ermitteln. Die Ergebnisse lassen 1000 Zweifel. 133 306 688 Engel sollen es gewesen sein, folgt man einem Bischof aus Tusculo. Der Arzt Johannes Weyer[1] kommt nur auf 7 409 127 und ergänzt die Zahl mit dem Hinweis, daß sich diese Engel auf diverse höllische Fürstentümer aufteilen. Es gibt auch ein *Infernalisches Lexikon*[2], das auf Weyers Werk zurückgreift und eine umfangreiche Aufzählung und Beschreibung des Hofstaats Luzifers enthält. Johannes Weyer war Arzt, Humanist und Dämonologe. Seine Teufelslisten gab er heraus, um das Monopol Satans zu zerstören, wie er sagte, indem er dessen Geheimnisse offenlege. Die orthodoxen Dämonologen sahen dies anders. Sie griffen Weyer an und unterstellten ihm, den Anhängern des Leibhaftigen mit solchen Veröffentlichungen neue Munition zu liefern. Das hatte Weyer sicher nicht verdient, ganz im Gegenteil. Zu Weyers Zeit war der Satan ein bevorzugtes Studienobjekt. Vom 15. bis ins 17. Jahrhundert erforschte man diese finstere Gestalt mit besonderer Akribie, und man widmete sich auch den äußerlichen Merkmalen des Leibhaftigen, seiner Teufel, Dämonen und bösen Geister. Man interessierte sich für die Hierarchie im Reich der Finsternis, für das Äußere, den Rang und das spezielle Profil der Teufel. Für solche Untersuchungen nutzte man Überlieferungen der Antike, und man stützte sich auf die sogenannten Zauberbücher, deren Texte weniger seriös als volkstümlich waren, und auch auf zahlreiche Märchen und Legenden.

Weyer beschreibt das Reich der Finsternis als streng geordnetes Imperium. Der Satan throne über allen, er sei der Herrscher dieser Welt. Ihm unterstünden 68 Oberteufel, denen unterschiedlich viele *Legionen* dienstbar seien. In diesen Legionen seien die niederen Teufel zusammengefaßt.

Den Begriff *Legion* entnahm Weyer den Evangelien, die ihn in gleichem Zusammenhang anwenden. Hierzu einige Beispiele: Sydobai/Asmodi, 70 Legionen; Baal, Dämonenkönig, 66 Legionen; Abigor/Eligor 60 Legionen; Astaroth 40 Legionen, ebenso Balam; Agares 31 Legionen; Barbatos, Herzog und Graf, 30 Legionen, ebenso Decarabia; Forneus 29 Legionen; Zepar 26 Legionen, ebenso Furfur, Gomori und Stolas; Pursan 22 Legionen; Naberus/Zerberus 19 Legionen; Murmur und Oze ohne Legionen. Jedem Teufelsherrscher in Weyers Hierarchie sind besondere Tageszeiten zugeordnet, die für seine Anrufung besonders günstig sind. Zum Beispiel Könige: Von der dritten Stunde bis Mittag, von der neunten Stunde bis zum Abend. Herzöge und Markgrafen: Von der ersten Stunde bis Mittag. Die Präses: In der Dämmerung. Die Grafen: Zu jeder Stunde.

In der Beschreibung der Gefolgsleute Satans zeichnet Weyer markante Porträts, so fantastisch, daß man sich an die Offenbarung des Johannes erinnert fühlt, aber auch an die bunten Mythologien des Abend- und Morgenlandes: Da ist Byleth, der große und fürchterliche König – sein Pferd ist fahl, und ihm geht das Getöse von Dudelsäcken, Trompeten und anderen Instrumenten voraus. Dann der mächtige Fürst Sytry, alias Bitru – er hat das Gesicht des Leoparden und die Flügel des Greifs. Er ist der große Verführer, weil er sich verwandeln kann und als Adonis zu erscheinen vermag, dem kaum eine Frau widersteht. Ein weiterer ist Bune, der Großherzog, ein typisches Subjekt Luzifers und der Apokalypse: Er hat die Gestalt eines Drachens, ist dreiköpfig, wobei ein Kopf menschlich ist. Seine Stimme ist stumm, er läßt die Toten für sich sprechen. Er versammelt die Geister um die Gräber der Menschen, und er vermag es, die Menschen reich, beredt und weise zu machen. Caim, der Präses, sieht wie eine Amsel aus. Beschwört man ihn, zeigt er sich als Mensch. Er schwingt ein scharfes Schwert und spricht durch lodernde Flammen, und er verleiht Fähigkeiten, wie sie nur die Tiere und die Umwelt haben. Auch Orias, der Markgraf, kommt in apokalyptischer Maske daher: Er hat die kraftvolle Gestalt des Löwen, reitet auf einem mächtigen Roß mit Schlangenschwanz, und in seiner Rechten züngeln und zischen zwei Riesenschlangen. Er ist der Großmeister der Astrologie und er verleiht Pfründen und Macht. Eine herrliche Frau schaukelt auf dem Kamelrücken in Satans Gefolge, es ist Gomori, der Vamp mit der Herzogskrone: Sie bietet die Liebe der Frauen und jungen Mädchen feil und assistiert dabei, versteckte Schätze zu orten. Ein tierischer Apokalyptiker ist Balam, ein König, gewaltig und schauerlich – er hat je einen Stier-, Widder- und Menschenkopf, flammende Augen und den Schwanz einer Schlange, und ein Geier begleitet ihn. Nichts bleibt ihm verborgen, was vergangen, gegenwärtig oder zukünftig ist. Den Menschen schenkt er Besonnenheit, und er kann sie unsichtbar machen. Auch Zaleos, der mächtige Graf, sei erwähnt: Er kommt als schimmernder Krieger auf einem Krokodil dahergeritten, auf dessen Echsenkopf eine Herzogskrone blitzt.

Unter den Dämonologen ist Johannes Weyer ein bekannter und besonderer Vertreter. Auch er dichtete den Satan neu, setzte ihn aus vielen mythologischen und märchenhaften Splittern zu einem Mosaik zusammen. Weyer hebt eine Vielzahl von Teufeln ins Licht, denen er besondere Kräfte und Rollen zuweist. Das Gefolge des Leibhaftigen ist Spiegelbild eines verbreiteten Aberglaubens, dessen Gestalten voller Farben sind, voller Schrecken, voller Erotik. Weyers Ordnung ist einerseits der himmlischen Engels-Hierarchie nachempfunden, andererseits dem weltlichen Adel.

Auch andere rechneten – die Inquisition sorgte dafür, daß überall Myriaden von Dämonen aufstanden und Furcht verbreiteten. Etwa 100 Jahre vor Weyer stand Fromenteaus Teufelsliste: 72 Dämonenfürsten und 7 405 920 Unterdämonen. Es gab mittelalterliche Dämonenzähler, die auf höhere Werte kamen – Beispiel: 6 Heerscharen, zusammengesetzt aus je 66 Kohorten und 666 Kompanien, wobei eine Kompanie 6666 Dämonen stark sei; im Ergebnis seien dies 1 758 064 176 Dämonen. Die Sechserkombinationen mögen vom *Tier Sechshundertsechsundsechzig* der Apokalypse abgeleitet sein. Bezogen auf die heutige Weltbevölkerung[3] käme nach der letztgenannten These immerhin ein Dämon auf etwa drei Menschen.

Neben den von Weyer genannten Geistern werden in anderen Quellen weitere überliefert: Abaddon, der Zerstörer, ist König der Hölle. Abigor, der Dämonenfürst, ist Fachmann in allen Fragen des Krieges. Adrammelech, Großkanzler der Hölle, ist für Satans Garderobe verantwortlich – ihn hat man in Assyrien angebetet und ihm Kinder geopfert. Aguaresso, der Edelmann, reitet ein Krokodil und trägt einen Falken auf der Hand – er läßt die irdischen Geister tanzen, lehrt sämtliche Sprachen und verleiht Würde. Ammon, der feuerspeiende Wolf mit dem Schlangenschwanz, ist zäh wie Leder, kennt Vergangenheit und Zukunft. Asasel ist halb Mensch halb schwarzer Engel, ein Wüstendämon – von Gott verstoßen, weil er die Menschen Waffen und Rüstungen schmieden und Kosmetika herstellen lehrte. Asmodi[4] wurde schon genannt – er ist der Verwüster, wird auch Sammael beziehungsweise Samiel, *der böse Engel,* genannt, gilt als Schutzpatron des Glücksspiels und ist Vater der Verschwendung und des Irrtums. Zu Astaroth bleibt nachzutragen, daß er wie ein häßlicher Engel aussieht, auf einem infernalischen Drachen reitet und in der Linken eine Giftschlange hält – ihm sagt man nach, daß er das Abendland besetzt hält, und es liegt auf der Hand, daß dieser Dämon, der Ischtar nachgezeichnet ist, die mit Luzifer/Venus identisch ist. Dann die Bestie Behemoth, grobschlächtig, stark, triebhaft, freßsüchtig – man sagt, daß dieser Teufel Satans Kellermeister und Mundschenk sei und sich in vielerlei Getier verwandele. Belfagor[5], Dämon der Erfindungen und Entdeckungen, tritt gern als junge Frau unter die Menschen, gibt reichlich Geschenke – von ihm geht das Gerücht, er habe auf Erden geheiratet und sei dann in die Hölle geflüchtet, weil er sie der Qual einer Ehe vorzog. Belial, der Böse, gilt als Dämon der Päderasten; Beelzebub, der Gott der Fliegen, ist der zweite hinter dem Satan und ganz dessen Ebenbild – der einzige, so sagt man, der sich dem Satan widersetzen kann. Leviathan ist ein Ungeheuer, das mal als Krokodil zu deuten ist, mal als Schlange – ihn ruft der Magier an, wenn es um bösen Zauber geht.

Die Erde ist groß und das Böse dort allgegenwärtig. Das wird der Grund zur Annahme sein, Satan besitze ein riesiges Heer von Unterteufeln, die überall seinen bösen Willen multiplizieren. So wundert es nicht, wenn 1616 der Sekretär eines bayerischen Fürsten die Herrschaftsgebiete Satans kartographierte. Das Werk heißt *Das Reich Luzifers* und war ein Bestseller zu seiner Zeit. Dort teilte man den Teufeln verschiedene Regionen zu, interessanterweise auch in der dritten Dimension. Die erste Region ist die Hölle, die zweite der Untergrund, die dritte die Erde, die vierte die Gewässer, die fünfte die untere Atmosphäre und die sechste die Finsternis, dort, wo die *Lichtflüchter* wohnen.

Das Unikat Satan, das Böse an sich, wird in ein Heer greifbarer Teufel zersplittert. Wer sich mit einem von ihnen verbindet, dem sind zwei Dinge gewiß: Der Erwerb von Kräften, die nicht von dieser Welt sind, und die ewige Verdammnis im *feurigen Pfuhl*.

Teufelsdreck und Fieberwurz: Der Exorzismus

DA SCHRIE ER UND RISS IHN SEHR UND FUHR AUS.
Neues Testament, Das Evangelium nach Markus, 9

Wenn eine vom Teufel gepeinigte Person erscheint, spreche der Priester ihr drei Kollekten[1]. Er gebiete ihr, die Kirche zu verlassen und an einem geheimen Ort die Kleider abzulegen. Er singe die Litanei. Er segne das Salz und das Wasser. Er bekleide sie mit neuen, mit Weihwasser besprühten Gewändern und führe sie sodann vor den Altar, wo sie bis zur neunten Stunde nüchtern verweilen muß.

Der Priester singe für den Besessenen die Messe; und dieser unterwerfe sich sieben Tage lang der Buße und verbleibe bei dem Priester bis zum fünfzehnten Tag und esse nur Brot und Salz, und wenn der Priester es erlaubt, auch Fisch und Gemüse mit gesegnetem Salz und Wasser. Und bis zum fünfzehnten Tag enthalte er sich des Verkehrs mit der Ehefrau und, wenn es sich um eine Frau handelt, enthalte sie sich des Verkehrs mit dem Ehemann. Er esse ein ganzes Jahr lang kein am Sonntag gebackenes Brot, kein Fleisch eines am Sonntag geschlachteten Tieres, und trinke kein warmes, am Sonntag gebrautes Bier. Und er esse und trinke nichts Warmes, solange er lebt.[2]

Satan hat viele Namen. Er wird, auf alle Fälle bis ins Mittelalter, allgemein als der Leibhaftige gesehen. Das heißt, man betrachtet ihn als reales Wesen, als bösen Geist aus Fleisch und Blut. Ebenso seine vielen 1000 Teufel. Man traut diesen verschlagenen Höllenwesen zu, in den Menschen zu fahren, Besitz zu ergreifen von seinen Gliedern, Organen, Sinnen, Säften oder Kräften. Aus diesem Grund entwickelten sich im Christentum Riten der Teufelsaustreibung, die man *Exorzismus*[3] nennt. Die Exorzismen sind geistliche Zeremonien, die sich als Dienst am Menschen verstehen, um ihn von bösen Geistern zu befreien. Doch richtet sich der Exorzismus nicht nur auf den Menschen allein. Er ist ein Ritus gegen alles, was die Teufel in Besitz nehmen und gegen Gottes Kinder richten können. Er versteht sich als eine religiöse Magie gegen verteufelte Zustände: Beim Menschen gegen Unglück, Gefahr, Verlust, Krankheit, Impotenz oder Unfruchtbarkeit; beim Haustier gegen Seuchen, Mißwuchs, Mangelertrag, Unfruchtbarkeit oder Mißverhalten; im allgemeinen Umfeld gegen Mißernten, Feuersbrunst, Wassernot, Windbruch oder Überschwemmung. So war das Mittelalter voll von Exorzismen und Segenssprüchen, um den Menschen und seine Welt von den Teufeln zu befreien, die überall leibhaftig waren und es listig verstanden, in diesen oder jenes zu fahren.

Ein Beispiel, wie ein Geistlicher das Höllenwesen austreiben konnte, das ins Wasser gefahren war und es verdorben hatte: *Ich spreche diesen Exorzismus über dich, Kreatur des Wassers, im Namen des allmächtigen Vaters und im Namen Jesu Christi, seines Sohnes, damit jeglicher unreine Geist und der Teufel, der dich besessen hält, sich entferne und aus dir ausgetrieben werde, auf daß du ein vom Dämon befreites Wasser wirst, angetan, jegliche Krankheit der Tiere fernzuhalten und den Neid der Bösen und jede feindliche Äußerung, und auf daß du die Kraft erhältst, den Feind selbst zu zerstören.*[4] Grundsätzlich ist zu solchen magischen Formeln zu sagen, daß sie in der katholischen Kirche bis in unser Jahrhundert hinein gültig waren – die einschlägigen Exorzismus-Vorschriften (Rituale Romanum) der Kirchenführung von 1614 zum Beispiel wurden im *Codex des kanonischen Rechts* von 1917 erneuert. So sind auch in unserer Zeit alle Katholiken dem Exorzismus unterworfen: Durch das Sakrament der Taufe sind sie von der Erbsünde befreit, entlastet von jenem Sündenfall, den Adam und Eva auf die Versuchung durch die Schlange hin, die der Satan ist, allen Menschen ins Schuldbuch schrieb. Auch wenn 1972 die Tauflitugie für Neugeborene geändert wurde, gilt bei der Taufe von Erwachsenen der alte Text noch immer. Sein Charakter ist exorzistisch. In seiner Übertragung aus dem Lateinischen lautet der Text wie folgt: *Ich treibe dich aus, du unreiner Geist, im Namen des Vaters, des Sohnes und des Heiligen Geistes: Fahre aus diesem Diener Gottes aus und entferne dich von ihm. Böse und verdammt zu sein befiehlt dir jener, der auf dem Wasser gewandelt ist und dem ertrinkenden Petrus die Hand gereicht hat! Erkenne an Deine Strafe, verdammter Dämon, und ehre den lebendigen, wahren Gott, ehre Jesus Christus, seinen Sohn, und den Heiligen Geist. Ziehe dich zurück aus diesem Diener des Herrn, weil Jesus Christus, unser Herr, sich herabgelassen hat, ihn in seiner Gnade zu seiner Segnung, zu seiner Taufquelle zu rufen. Ich treibe dich aus, unreiner Geist, im Namen Gottes, des allmächtigen Vaters, Jesu Christi, seines Sohnes, unseres Herrn und Richters, und aufgrund der Kraft des Heiligen Geistes.*

Die Praxis des Exorzismus ist uralt. Was das Christentum betrifft, geht sie auf den Heiland selbst zurück: *Und er* [Jesus] *trieb einen bösen Geist aus, der war stumm. Und es geschah, als der Geist ausfuhr, da redete der Stumme.*[5] In den Evangelien finden sich viele Belegstellen solcher Exorzismen. Der Unbefangene gewinnt den Eindruck, die Zahl der Besessenen in Palästina sei zu Jesu Zeiten unverhältnismäßig hoch gewesen. Das ist das eine. Zum anderen ist nicht zu übersehen, daß man in den Texten des Neuen Testaments beginnt, den Satan, seine Teufel und Dämonen für die Krankheiten verantwortlich zu machen. Es sind *unreine Geister*, die Geisteskrankheiten, Aussatz, Arthrose, Rheumatismus oder Taubheit bringen. Solcher Glauben, das wird von Fachleuten angenommen, greift auf babylonische Vorstellungen zurück.

Die exorzistische Liturgie setzte sich mit den Kirchenvätern fort, die sich auf das Evangelium beriefen. Mit Beginn des dritten Jahrhunderts war sie Teil der Taufliturgie – erst bei erwachsenen Katechumenen, dann auch bei Kindern. Der Leibhaftige als Versucher: Schon in so früher Zeit sah man ihn so und trieb ihn aus. Es waren damals nicht nur Täuflinge, die man exorzierte. Auch Besessene wurden im Namen Christi von Teufeln befreit. Solche Magie wuchs aus der Kraft des Glaubens an den Erlöser, den einen Sohn Gottes: Die Dämonen, heißt es in einem Traktat[6] aus alter Zeit, *gebannt im Namen des einzigen wahren Gottes, werden gegen ihren Willen in ihren armseligen Körpern vom Schrecken überkommen und entfernen sich sofort oder verflüchtigen sich allmählich, wenn dem Patienten sein Glaube zu Hilfe kommt, oder, qua Inspiration, die Gnade dessen, der die Heilung vornimmt.* Nur dem Priester ist das Amt des Exorzisten vorbehalten. Es sollen erfahrene Priester sein, die zur Austreibung des Teufels herangezogen werden, Geistliche mit hoher Reife und Erfahrung. Frömmigkeit, Wissen, Weisheit und ein keusches Leben – das sind nach dem Kirchenrecht die Qualifikationen für Exorzisten. Es waren nicht nur die Kreaturen Satans, die exorziert wurden. Auch Heidengötter konnten besessen machen. Sie galten als eine besondere Art von Dämonen, losgelöst vom Gefolge des Herrn der Finsternis. Auch sie trieb man aus.

Aus der Urzeit des Christentums sind keine Liturgien überliefert, wie sie für die damaligen Teufelsaustreibungen vorgeschrieben waren. So ist anzunehmen, daß man es damals den Priestern überlassen hat, sie zu formulieren. Sicher scheint nur, daß die namentliche Anrufung Jesu Christi grundsätzlich üblich und obligatorisch war. Im Laufe der Zeit kamen andere Nennungen hinzu, im besonderen Abraham, Isaak, Jakob, die Patriarchen des Alten Testaments also, und vor allem der Anruf *Gott Abrahams*. Ebenso geläufig wurden die hebräischen Gottesrufe *Jahwe und Adonaj*, auch die Namen der Erzengel Michael, Gabriel und Raphael. Ab dem fünften Jahrhundert sind diverse Standardtexte überliefert, die einen seelsorgerisch verstandenen Exorzismus betreffen. Etwa ab dem zehnten Jahrhundert entwickelte sich dann eine exorzistische Liturgie, die auf die Heilung von Besessenen und Kranken abzielt. Ein solcher Text ist diesem Kapitel vorangestellt.

Es scheint, daß man im Katholizismus zwei verschiedene Formen von Besessenheit unterscheiden muß: Da gibt es zunächst die *positive Besessenheit*, die man auch *Verzückung* nennt: Das besondere Beispiel ist das *Pfingstwunder*, die *Ausgießung des Heiligen Geistes* also. Diese christliche Tradition reicht weit zurück in die ersten Jahrhunderte der Kirchengeschichte. Dann ist da aber auch *die negative Besessenheit*: Sie definiert sich als individuelle oder kollektive Verinnerlichung von Teufeln, Dämonen, Heidengöttern oder anderen bösen Wesen, die Unheil, Siechtum oder Tod bringen. Sie leitet sich von der Vorstellung her, daß alles Irdische von 1000 Teufeln und Geistern bedroht ist, die allgegenwärtig sind. Wie wir wissen, setzt sich die schwarze Magie oder die Hexerei das Ziel, diese negative Besessenheit künstlich herbeizuführen oder kultisch zu nutzen. In solchen Zirkeln bemüht man sich, diesen oder jenen Teufel heraufzubeschwören, damit er in den Körper des Magiers, der Hexe, eines Mediums oder eines beliebigen anderen fährt. An diesem finsteren Punkt setzte das Kapitel der historischen Hexenverfolgung an.

Jedem Exorzismus ging die Diagnose voraus, ob Besessenheit vorliegt und welche es sein mag. Der Priester, der als Exorzist tätig wurde, sah sich hier vor eine schwierige Aufgabe gestellt – mußte man doch davon ausgehen, daß das Zauberwerk der Teufel im menschlichen Leib ein dunkles Geheimnis ist und daß zusätzlich dessen Vermischung mit unreinen und krankhaften Substanzen im Körper die Diagnose erschwert. Etwa mit Ende des 16. Jahrhunderts hatte man die Symptome der Besessenheit ermittelt und veröffentlicht. Man unterschied zwischen den sensorischen und physiologischen und den paranormalen oder außergewöhnlichen Symptomen. Die *sensorischen und physiologischen Symptome*: geheimnisvolles Kribbeln, als wanderten Ameisen unter der Haut; Pochen in Leib, Kopf oder Gliedern; mißliche, jähe Stiche; wallende Hitze von den Zehen zum Scheitel, vom Scheitel zu den Zehen; Blasen auf der Zunge, die sich unvermutet bilden; Knoten im Hals, der sich erst bläht und dann trocknet; geschwollene Zunge, die aus dem Mund drängt; Empfinden, als laufe kaltes Wasser über den Rükken; Verweigerung von Essen und Trinken über mehr als sieben Tage; Gefühl eines kalten Windes an Nieren und Armen; Eindruck, das Hirn sei durchbohrt; Anschwellen des ganzen Körpers oder des Kopfes; Schwäche und Kopfschmerz verbunden mit hohem Fieber; Erstickungsempfinden; Knoten am Mageneingang, als seien dort Frösche, Ameisen oder Würmer; schlimmes Erbrechen; heftige Darmkoliken; Blähbauch; Herzbeklemmung; Herzstiche; gelbe Verfärbung der Gesichtshaut; Bewegungsunfähigkeit, auch der geschlossenen Augenlider; Unfähigkeit zum Samenerguß; Empfindung eines überaus heißen oder kalten Windes, der durch den Magen fährt; Verdauungsprobleme, wogegen kein Mittel hilft; starkes Pulsieren der Halsschlagadern. Die *paranormalen und außergewöhnlichen Symptome*: Sprechen von Sprachen, die dem Besessenen unbekannt sind, oder das Verständnis solcher Sprachen; Erörterung komplizierter und anspruchsvoller Zusammenhänge trotz mangelnder Bildung; Offenbarung von Dingen, die noch gar nicht oder nur anderweitig bekannt sind; Anfall von Raserei, der erfahrene und kräftige Männer nicht Herr werden; das Hören innerer Stimmen, ohne das Gesagte zu verstehen; Vergessen, was man in einem der genannten Zustände gesagt oder getan hat; überwältigende Kraft hält einen vom Gottesdienst ab, auch wenn der Wunsch vorhanden ist; abrupter Verlust physischer und psychischer Kraft; gespielte Idiotie und Dummheit, vor allem, wenn man dem Priester Gebete nachsprechen soll; gewählte kultivierte Sprache, obgleich jede Bildung fehlt – oder Gesang nach Noten, ohne die Notenschrift zu kennen; Drang, in den Abgrund zu springen, oder sich ansonsten das Leben zu nehmen; unverhoffte Lähmung, Dummheit, Blindheit, Taubheit, Verrücktheit, Stummheit; überfallartige Angst, die dann schnell verfliegt; Verstörung beim Verlesen der exorzistischen Texte; die Priesterhand wird als unerträglich schwer empfunden, die während der Teufelsaustreibung auf den Kopf gelegt ist.

Der Diagnose folgt der Exorzismus selbst. Die Methodik dieser speziellen Liturgie findet ihren Anfang in der Bibel: *Aber diese Art fährt nur aus durch Beten oder Fasten.*[7] Das Gebet und Fasten sind Grundformen der Buße, die den Teufel austreiben sollen. Der Exorzist forciert die Austreibung durch sein Kreuzzeichen und das Einblasen seines Atems in den Besessenen: *Und wie schrecklich dieses Zeichen* [des Kreuzes] *auf die Dämonen wirkt, das wissen sehr gut die, die sie stets aus den besessenen Körpern entweichen sahen, wenn sie im Namen Jesu Christi gebannt wurden.*[8] Es ist schon erstaunlich zu lesen, daß die Exorzisten die leibhaftigen Teufel aus den Körpern herausfliegen sehen konnten.

Eine Teufelsaustreibung, so können wir nachlesen, folgte ganz allgemein festen Regeln. Da man nie so recht wußte, welches spezielle Organ oder welcher Körperteil befallen war, zählte man sie auf – Kopf, Haare, Augen, Schläfen, Kehle, Zahnfleisch, Leisten, After, Knie und so fort, Atem, Samen, Schweiß, Urin, Exkremente oder Blase und anderes. Man vergaß nicht, die Exorzismen Jesu Christi und der Heiligen zu erwähnen. Immer verwies man auf die Evangelien: *Seine Tugend vertreibt dich und zwingt dich, mit deinem ganzen Schwarm auszufahren. Er ist der, der die sieben Dämonen der Maria Magdalena in die Flucht schlug. Er zerstörte die Reiche des Todes und entzog seine Auserwählten deiner Macht. Er selbst ist der Herr der Tugend. Er ist der Herr der Herrlichkeit, der vor Luzifer dem Mund des Vaters entsprang.*[9]

Im ausgehenden 16. Jahrhundert wurde die Liturgie des Exorzismus erneuert. Den neuen Ritus müssen wir uns etwa wie folgt vorstellen: Nach dreitägigem Fasten und der Beichte folgt der Besessene dem Exorzisten zum Altar. Dort betet der Priester und schlägt dabei das Kreuz. Die Stola wird dreifach geknotet und dem Besessenen um den Hals gelegt. Dann ruhen die Hände des Exorzisten auf dessen Kopf. Litaneien werden rezitiert, Weihwasser wird auf den Besessenen gesprengt. Der Exorzist stellt dem Teufel Fragen, beschwört ihn, bannt ihn – es wird Räucherwerk verbrannt. Unter die Nasenlöcher des Besessenen wird die Raute[10] gehalten. Der Exorzist schmäht den Teufel, malt sein Bild auf Papier und setzt den Teufelsnamen darunter, beschwört das Feuer und verbrennt das Bild, erzwingt Gehorsamserklärungen des bösen Geistes. Er ringt ihm das *promissum diaboli* ab, das heißt, der Teufel verspricht durch den Mund des Besessenen, dem Exorzisten zu gehorchen und aus dem Leib des Besessenen auszufahren. Der Teufel muß erklären, daß Luzifer, alle Höllenfürsten, Furien und Höllenstrafen ihn ereilen sollen, falls er nicht gehorcht. Polydorus empfiehlt den Exorzisten einige Tricks und Mittel, um wirkungsvoll zu exorzieren und sich gegen die Teufel zu schützen[11]: Gute Abwehrkraft besitze ein kleiner Zweig der Scilla[12], den man mit Weihwasser besprengt hat und am Körper trägt. Auch sei es nützlich gegen den Teufel, am Hals ein Papier zu tragen, worauf die Segensformel geschrieben steht. Weiter sei die Raute wirksam gegen Dämonen – man solle deshalb zwischendurch an ihr riechen und sie ansonsten immer dabei haben. Man solle den Teufel ausräuchern, damit er flieht und sein böser Zauber weicht – Galbanum[13], Teufelsdreck[14], Fieberwurz[15], Raute und Schwefel sollen diesem Feuer Nahrung geben. Polydorus rät zu speziellen Getränken und Gerichten, die dem Teufel nicht zuträglich sind. Es wird zu Brechmitteln geraten, um Teuflisches auszuspucken, und ein Stärkungsmittel für den Magen empfohlen, um sich vom Brechen zu erholen. Der Raserei soll man mit fünf verschieden befüllten Klistieren zu Leibe rücken, wofür fünf Rezepte verraten werden, die an fünf aufeinanderfolgenden Tagen ihre Wirkung entfalten – diese Arznei-Empfehlungen ergänzt Polydor mit den geeigneten Segnungen und Exorzismen.

Sicherlich wurde die Differenzierung der Teufel und der exorzistischen Gegengifte im Mittelalter auf die Spitze getrieben. Nun darf man die Vorstellungen mittelalterlicher Generationen nicht mit den Augen von heute sehen, schon gar nicht, weil es in solchen Fragen um die Beurteilung des Unbegreiflichen geht. Aber man sollte sich auch hüten anzunehmen, daß der Glaube, man treibe den *leibhaftigen* Teufel aus, heute ganz erloschen sei. Er ist ebenso wenig erloschen wie der Exorzismus selbst. Dafür hat der italienische Literat Alfonso Di Nola einen vortrefflichen Beweis parat:

So gelang es zum Beispiel einem Exorzisten-Mönch der Vertighe-Kirche in der Gemeinde Monte Sansavino bei Arezzo, während einer exorzistischen Handlung an einem meiner Studenten, der sich als Versuchskaninchen hergegeben hatte, die aus dem After herausfahrenden Teufel zu zählen.[16]

KINDERFETT AM BESENSTIEL: DIE HEXEN

> Denn, wenn es keine Hexen gäbe, wer, Teufel, möchte
> Teufel sein?
> Johann Wolfgang von Goethe, Faust

Die Dämonen können sich des Körpers eines Toten bedienen, schreibt Martin del Rio 1657, *oder sich aus Luft oder anderen Elementen einen neuen formen und diesem die Eigenschaften eines greifbaren Körpers verleihen, ihn erwärmen und beweglich machen, ihn künstlich mit dem männlichen oder weiblichen Geschlechtsorgan ausstatten, das sie von Natur aus nicht besitzen ... und mit dem kalten, anderweitig entwendeten Samen einen natürlichen Erguß vortäuschen.*

Der Satan und seine Teufel vereinigen sich mit den Hexen. Bei solchen infernalischen Akten, so Martin del Rio, würden auch Kinder gezeugt. Das Sperma allerdings müßten sich Satan und seine bösen Geister beim Menschen besorgen – sie entwendeten es den Männern im Schlaf, weil sie *nicht wie lebende Wesen aus eigener Kraft und mit eigenem Samen zeugen können*. Im Protokoll ihres Geständnisses schildert eine Hexe, sie habe *das Glied des Vorsitzenden* [Satan] *berührt, das sich eisig und weich anfühlte, was häufig auch auf seinen ganzen Körper zutreffe, und er führte es zunächst in die Scheide ein, wo es verdorbenes, gelbliches Sperma zurückließ, das er sich beim nächtlichen Erguß eines Mannes oder anderswo geholt hatte. Anschließend führte er es ihr in den After ein und verkehrte mit ihr auf widernatürliche Weise.*[1] Bekannt ist das Geständnis der Isobel Gowdie[2], der Hexe von Auldearne: Sie beschreibt die Hexensabbate, wo 13 Hexen zusammengekommen seien und man sich mit Dämonen und dem Teufel selbst gepaart habe; *der Teufel, seine Rute durch die Luft schwingend,* sei *mit seinem riesigen schuppigen Penis* in sie eingedrungen, und sie habe Kontraktionen gehabt, so unerträglich wie Wehenschmerzen und dennoch unbeschreiblich lustvoll. Das Sperma der Dämonen, berichtet Gowdie, sei eiskalt. Der

Teufel pflege, die Hexen, die nackt sind, zu schlagen. Auch paaren Hexen sich häufig mit einem ihrer Dämonen, während ihr eigener Mann daneben liegend schläft.[3]

Fazit: Der Satan wird im Abendland den üblen Ruf nicht los, Komplize des Ehebruchs, der Selbstbefriedigung, der Homosexualität oder jeglicher erotischen Ausschweifung zu sein – alles, was abartig und zügellos ist, ist die lüsterne Saat des Leibhaftigen. So wundert es nicht, wenn auch die Begegnungen der Teufel und Hexen mit Erotik und Perversion zu tun haben. Das Zentrum dieses Treibens ist der Satan selbst. Wie wir sehen, müssen Satan und seinesgleichen merkwürdige Tricks anwenden, um sich fortzupflanzen, weil den Höllenwesen die Geschlechtsorgane fehlen. Nun hat man den Engeln als *körperlosen* Geistwesen seit jeher Geschlechtslosigkeit nachgesagt. Diese Eigenschaft muß dann auch für den Satan und seine Teufel gelten, die zwar gefallen sind, aber Engel bleiben.

Die Erotik prägte auf verhängnisvolle Weise die Deutung des Begriffs Hexe. Es liegt ein Zug latenter Diskriminierung in der Definition – überwiegend wurde die Hexerei als weibliche Domäne gesehen, obgleich es auch Hexer gegeben hat: *Alles geschieht aus fleischlicher Begierde,* lesen wir im Hexenhammer, *die bei ihnen* [den Weibern] *unersättlich ist ... Darum haben sie auch mit den Dämonen zu schaffen, um ihre Begierden zu stillen.* Solche argen Unterstellungen stammen aus offizieller Feder – Heinrich Kramer und Jakob Sprenger waren Professoren der Theologie und Mitglieder des Dominikanerordens, und alles, was sie in ihrem Hexenhammer schrieben, war letztlich kirchliche Doktrin. Für die besondere weibliche Affinität zur Hexerei erfanden sie weitere Pseudo-Plausibilitäten: *Der erste* [Grund] *ist der, daß sie* [die Weiber] *leichtgläubig sind; und weil der Dämon hauptsächlich den Glauben zu verderben sucht, deshalb sucht er lieber diese auf ... Der dritte Grund ist, daß ihre Zunge schlüpfrig ist, und sie das, was sie durch schlechte Kunst erfahren, ihren Genossinnen kaum verheimlichen können und sich heimlich, da sie keine Kräfte haben, leicht durch Hexenwerke zu rächen suchen ... Also schlecht ist das Weib von Natur, da es schneller den Glauben ableugnet, was die Grundlage für die Hexerei ist.* Der Hexenhammer schöpft aus dem Schlamm von Verklemmung und schmutziger Fantasie. Als Hauptlaster der Hexerei zählt er den Mangel an Glauben auf, den Ehrgeiz und die Wollust. Alle diese Laster seien die Folge einer hemmungslosen Erotik: *Darum, weil es [das Weib] unersättlich ist, deshalb sind auch diejenigen unter den Ehrgeizigen mehr infiziert, die für die Erfüllung ihrer bösen Lüste mehr entbrennen; als da sind Ehebrecherinnen, Huren und Konkubinen der Großen – und zwar aus siebenfacher Hexerei, wie in der Bulle*[4] *berührt wird, indem sie den Liebesakt und die Empfängnis im Mutterleibe mit verschiedenen Behexungen infizieren: Erstens, daß sie die Herzen der Menschen zu heftiger Liebe etc. verändern; zweitens, daß sie die Zeugungskraft hemmen; drittens, daß sie die zu diesem Akte gehörigen Glieder entfernen; viertens, daß sie die Menschen durch Gaukelkunst in Tiergestalten verwandeln; fünftens, daß sie die Zeugungskraft seitens der weiblichen Wesen vernichten; sechstens, daß sie Frühgeburten bewirken; siebentens, daß sie die Kinder den Dämonen opfern.* Aus dem Hexenhammer[5] quellen 1000 absurde Thesen. So lesen wir auch, daß *der Dämon in einen Körper, nicht jedoch in eine Seele fahren kann*, weil die Engelsnatur des Dämons sich nicht mit der Menschennatur vermischen könne. Sprenger, einer der brutalsten Inquisitoren und Hexenjäger, geht auch der Frage nach, inwieweit die von der Inquisition formulierte These richtig sei, daß Hexen mit Hilfe ihres Dämons die männlichen Geschlechtsteile weghexen können. In der Reflexion dieser seltsamen These setzt der Dominikaner eine noch seltsamere oben drauf: Das Verschwinden der Geschlechtsteile könne nicht einer teuflischen Halluzination zugeschrieben werden, sondern es geschehe durchaus real. Dem Betroffenen könnten Dämonen seine Zeugungskraft nehmen durch *Auf-*

zwang eines Fremdkörpers gleicher Farbe und gleichen Aussehens wie das originale Geschlechtsteil, das zuvor durch Teufelszauber genommen worden sei. Sprenger nennt hierfür auch ein Beispiel: In der Stadt Ravensburg habe ein junger Mann sein Genital eingebüßt, als er seine Geliebte verließ – er habe gefühlt und nachgeschaut, aber nur eine glatte Fläche entdeckt. Dann habe er zufällig die Hexe getroffen, deren böser Zauber dies bewirkt habe. Dem jungen Mann sei es nur mit Todesdrohungen gelungen, sein Genital zurückzubekommen.

Dieser theologische Krampf um sexuelle Fragen entzündete sich an der Unterstellung, daß auch Impotenz oder Unfruchtbarkeit Hexen- und Teufelswerk sei. Solche Erörterungen wurden zum Hauptthema in kirchlichen Traktaten, weil sie eine der wesentlichen leiblichen Nöte einer vorwiegend bäuerlichen Welt berührten. Die latente offizielle Diskriminierung der Frau führte zu den vier Jahrhunderten der Hexenverfolgung, einer besonderen Form der Inquisition, die viele hunderttausend Opfer[6] forderte, den einträglichen Berufsstand des Hexenjägers etablierte und zu ganz unterschiedlichen Zeiten abgeschafft wurde: England 1684, Frankreich 1745, Deutschland 1775, Spanien 1781, Schweiz 1782, Polen 1793, Peru 1888. Auch die protestantischen Länder, dies sei festgehalten, beteiligten sich an diesem Wahnsinn und standen der katholischen Seite nicht nach. Solche Hexenprozesse hatten in der Regel den Charakter obszöner Schauveranstaltungen, ihre Mischung aus religiösem Eifer und gestauter Sexualität ist überliefert. Besonders schlimm war es in Deutschland: Ein schockierter Reisender berichtete um 1600, das Land sei *fast gänzlich damit beschäftigt, Scheiterhaufen für die Hexen zu bauen*.

Eines der spektakulärsten Opfer der Hexenjagd war die Jungfrau von Orléans[7], die Retterin Frankreichs am Ende des Hundertjährigen Krieges gegen England, 1456 rehabilitiert, 1920 heilig gesprochen. 1430 hatten sie die Burgunder, Verbündete der Engländer, festgenommen. In Rouen wurde ihr der Hexenprozeß gemacht und das Todesurteil auf dem Scheiterhaufen vollstreckt. *Teufelsbeschwörung* hatte ihr der Bischof von Beauvais vorgeworfen. *Was habt Ihr mit Eurer Alraunwurzel[8] getan?* hatte sie der Richter gefragt. Die Wurzel dieses Nachtschattengewächses sieht aus wie ein Erdmännchen und galt als des Satans Lieblingspflanze, weil sie, an sowas glaubte man, unter Galgen wüchse und vom Ejakulat der Gehängten gedüngt würde. Die Jungfrau von Orléans wußte nichts von solchen Dingen, aber irgendein Ermittler hängte ihr an, sie habe eine Alraunwurzel zwischen den Brüsten getragen.

Solche und ähnliche Satansdienste warf man den Hexen vor, und sie reichten, grausame Folter und den Tod auf dem Scheiterhaufen zu rechtfertigen. Sie seien nicht nur dauerhaft vom Teufel besessen, argumentierte man, sondern hätten mit dem Teufel auch einen Pakt besiegelt, der sich gegen das allgemeine Wohl richte. Das unterscheide die Hexen von jenen, die unfreiwillig und zufällig von Teufeln besessen seien. Man könne mit den üblichen exorzistischen Mitteln, die man bei den normal Besessenen anwendet, bei Hexen nichts ausrichten; sie seien das Böse im Schoß der Gesellschaft – dies könne man nur durch Hexenprozeß und Todesurteil aus der Welt bringen. Schließlich seien Hexen keine Opfer der Teufel, sondern hätten von sich aus eine ganz persönliche Bindung zum Satan und zu seinem Reich der Finsternis gesucht und gefestigt. Sie seien voller Haß auf die Welt und die Menschen und hätten sich deshalb mit Leib und Seele dem Satan verschrieben, um ihm zu dienen und eine vergängliche, aber gemeingefährliche Macht zu erlangen. Diese ruchlosen Frauen, so wurde argumentiert, gehörten zum Gefolge Satans und sündigten nicht nur für sich selbst, sondern beziehen auch eine unendliche Zahl anderer Personen in ihre Verworfenheit ein. Die Priester werden aufgerufen, immerfort gegen die Hexerei und deren Heidengöttinnen zu predigen, *daß alle diese Dinge vollkommen falsch sind, und daß nicht der göttliche Geist, sondern der böse Geist den Ungläubigen solche Trugbilder eingibt; daß Satan selbst fähig ist, sich in einen Lichtengel zu verwandeln, sich der Seele jedweder Frau zu bemächtigen und sie zum Unglauben zu verführen vermag, und daß er selbst zusammen mit anderen Dämonen Gestalt und Aussehen verschiedenster Personen annimmt.*[9] Die schwerste Sünde der Hexen sei, daß sie nicht an den einzigen wahren Gott glaubten, sondern an den Satan. Man erhebe Anklage gegen die Hexen, weil diese sich die Wandlung des Menschen nicht durch den Glauben erhofften, sondern allein durch den Satan.

Wie auch der Satan und seine Teufel hätten Hexen den *bösen Blick*, seien zauberkundig und ständen außerhalb der physikalischen Gesetze. Krankheit und Tod seien ihr Werk, Unwetter, Mißernten, Unglücksfälle, Feuer, Hochwasser. Ende des 14. Jahrhunderts fand in der Schweiz der Stedelen-Hexenprozeß statt, den Vorsitz hatte ein weltlicher Richter. Nach seiner Folterung gestand Stedelen, man habe dem Satan einen schwarzen Hahn am Kreuzweg geopfert, um Hagelstürme heraufzubeschwören. Auch habe man eine Eidechse unter einer Türschwelle begraben, um die dort wohnenden Eheleute unfruchtbar zu machen.

Konkret warfen die Offiziellen den Hexen die folgenden Verbrechen vor: Kulte zu Ehren des Teufels; Nutzung des Weissagespiegel, des Schwertes, des Nagels, der Kugel oder des Elfenbeingriffs; Beschwörung von Teufeln mit Hilfe von Kräutern, Vögeln und anderen Lebewesen; Zauberei, um Liebe, Zorn, Haß oder Zwietracht zu bewirken, um versteckte Schätze und Diebesgut aufzuspüren oder um Ansehen und Reichtum zu erzeugen; Beschwörung des magischen Kreises, Opferriten, um den Satan anzusprechen; Verwünschungen mit den Köpfen toter und lebender Menschen oder mit ihrer Kleidung und ihren Haaren; das Schreiben von Zauberformeln auf heilige Hostien mit menschlichem Blut; Zukunftsdeutung aus Eingeweiden oder Tierknochen; Glücksbeschwörungen und Geschenke zu Silvester; Herstellung von Zaubertränken; Zauberriten mit geweihten Hostien, mit dem heiligen Chrisma[10] oder mit dem Taufwasser.

An anderer Stelle werden weitere Hexendelikte aufgezählt: Tötung von Kindern, um ihr Körperfett zum Einschmieren des Besens zu verwenden; Gewinnung von Pulvern aus den Eingeweiden von Kinderleichen und aus tierischen Kadavern – solche Pulver wurden bei nebligem Wetter in der Luft zerstreut, um Tod und Zerstörung zu rufen; Rühren einer Giftsalbe aus Kinderfett und anderen Zutaten – besonders geeignet als Zusatz sei das Leichenwasser eines katholischen, möglichst rothaarigen Mannes, den man durch den Biß einer Giftschlange getötet und mit dem Kopf nach unten an einen Pfahl gehängt hatte; Verstreuen eines Pulvers, das aus zerriebenem Gemüse gewonnen wurde und mit Zaubersprüchen verwandelt sei – damit bemühe man sich, die Ernten zu verderben.

Jean Bodin[11], ein Hardliner der weltlichen Hexenverfolgung, führt in einem Traktat weitergehende Missetaten der Hexen an: Sie widmeten dem Satan ihre Kinder schon im Mutterleib; sie böten dem Teufel ihre eigenen Kinder dar und opferten diese, bevor sie getauft seien, indem sie sie in die Luft würfen und ihnen große Nadeln in den Kopf trieben; sie vollzögen den Inzest aus Gewohnheit; sie mordeten Kinder im zarten Alter, um sie zu kochen und dann zu verzehren, oder um ihr Fleisch und ihre Säfte verwertbar zu machen; sie äßen Menschenfleisch und tränken Menschenblut, wozu sie die Gehenkten von den Galgen schnitten und die Leichen aus den Gräbern holten; und sie vereinigten sich mit dem Satan, nicht selten in Anwesenheit ihres Ehemannes. Abgesehen von Bodin sagte man den Hexen auch noch andere ausgefallene Dinge nach: Sie begrüben die Leichname ungetaufter Kinder unter den Misthaufen der Bauern, um deren Korn zu vernichten; sie steckten Nadeln in ein Bild aus Lehm, um die Kinder der Gutsbesitzer ums Leben zu bringen; sie pflügten das Feld mit einem Miniaturpflug, der von Kröten gezogen würde, um das Feld unfruchtbar zu machen.

Man hatte Angst vor den Hexen – wen wundert es, wenn man die Frevelkataloge betrachtet, die man über Hexen und Hexer verbreitete. Noch heute finden sich, besonders im Harz, Schutzmale und Schutzzeichen gegen Hexen und böse Geister an alten Fachwerkbauten – das Kreuz zum Beispiel, der fünfeckige Stern (Drudenfuß oder Pentagramm), oder der sechseckige Stern (Alfenfuß). Wir wissen, daß man dort auch noch in unserem Jahrhundert Distelstöcke in den Hausfluren an die Wand hängt, um Hexen fernzuhalten, oder Hufeisen über die Tür nagelt beziehungsweise auf die Schwelle legt – ganz zu schweigen davon, daß man nach Sonnenuntergang drei Kreidekreuze gegen die vielen Teufel, Dämonen und Hexen auf die Haustür malt, und daß der, welcher ganz sichergehen will, nicht Kreide nimmt, sondern Kohle. Auch passiert es noch, daß die Jungen in den Harzdörfern Weidenruten schnitzen, um damit den Winter auszutreiben; nach dem Schälen der Zweige toben sie durch die Straßen und reiten auf den Weidenruten wie die Hexe auf dem Besen. Bei Abrissen alter Gebäude hat man auch das Wirken der Gegenseite gefunden: Die Überreste von Reptilien, Nachtgreifen oder Katzen, die man Leuten, die es zu verhexen galt, vor der Haustür eingegraben hat.

Papst Innozenz VIII. hatte mit seiner Bulle der Hexenverfolgung die geistlich-rechtliche Basis gegeben. Ihm sei bekannt geworden, schreibt er, daß *in einigen Gegenden des nördlichen Deutschlands ... etliche Personen ... durch Zauberei, Sprüche, Beschwörungen ... Weissagungen und Ausschweifungen Frevel und Verbrechen begehen ... die den Tod zur Folge haben, das Erwürgen oder der Raub von neugeborenen Kindern oder Tieren, die Zerstörung der Früchte der Erde ... der Männer, der Frauen ... der Tiere aller Art ... Diese Personen suchen die Männer, die Frauen, die Tiere, das Vieh, die Herden heim, und quälen sie mit furchtbaren äußeren und inneren Schmerzen, sie hindern die Männer an der Zeugung und die Frauen an der Empfängnis und verhindern, daß die Ehe-*

männer mit ihren Frauen und die Ehefrauen mit ihren Männern den ehelichen Verkehr vollziehen. Mit gotteslästerlicher Zunge verleugnen sie den Glauben, den sie mit der heiligen Taufe empfangen haben.

Diese Hexendelikt-Kataloge offenbaren einen verwurzelten Irrglauben, merkwürdige Überzeichnung, erotische Klischees und die Verkennung allgemeiner und besonderer naturwissenschaftlicher Ursachen, die schon damals nicht unbekannt waren. Die Hexen- und Teufelshysterie in Deutschland hatte aber auch insoweit ihre besondere missionarische Wurzel, als der Sieg Karls des Großen über die Sachsen im Jahr 782 nicht nur die Vergrößerung des Reiches gebracht hatte, sondern auch den Sieg des Christentums über die germanische Wotans- und Naturreligion. Man begann, diese alte Lehre auszurotten und auf jede Weise verächtlich zu machen. Die alten Götter wurden zu Teufeln, die weiblichen Gottheiten zu Hexen[12] erklärt, denn der Hexenglauben in Westgermanien läßt sich bis zu Beginn der Völkerwanderung nachweisen und wurzelt in frühen Fruchtbarkeitskulten und Frauenfesten. Die Sachsen waren die Verlierer, man ließ sie das *Teufelsgelöbnis* schwören:

Priester: *Forsachistu Diabolae (Entsagst du den Teufeln)?*

Täufling: *Ec forsacho Diabolae (Ich entsage den Teufeln).*

Priester: *End allum Diabolgelde (Und allem Teufelsopfer)?*

Täufling: *End ec forsacho allum Diabolgelde (Und ich entsage allem Teufelsopfer).*

Priester: *End allum Diaboles Unercum (Und allen Teufelswerken)?*

Täufling: *End ec forsacho allum Diaboles Unercum end Unordum, Thunaer ende Unodem ende Sasenote ende allum them Unholdum, the hire Genotas sint (Und ich entsage allen Teufelswerken, und Worten, Donar und Wodan und Sasenot und allen den Unholden, die ihre Genossen sind).*

Priester: *Gelobistu in Got allamechtigan Fader (Glaubst du an Gott, den allmächtigen Vater)?*

Täufling: *Ec gelobv in Got alamechtigan Vater (Ich glaube an Gott, den allmächtigen Vater).*

Priester: *Gelobistu in Christ Gotes Suno (Glaubst du an Christus, Gottes Sohn)?*

Täufling: *Ec gelobv in Christ Gotes Suno (Ich glaube an Christus, Gottes Sohn).*

Priester: *Gelobistu in Halogan Gast (Glaubst du an den Heiligen Geist)?*

Täufling: *Ec gelobv in Halogan Gast (Ich glaube an den Heiligen Geist).*

Doch lebte der alte sächsische Götterglauben fort, an den Kulten wurde im Verborgenen festgehalten, denn die Kirche eiferte gegen diesen heidnischen Frevel, der streng verboten war; *ultima ratio* waren schließlich die päpstliche Bulle und der Hexenhammer. Sicherlich sollte man Exzesse wie die Hexenverfolgung auch nur in ihrer jeweiligen Zeit beurteilen. Aber allgemeine Hysterie ist eben nur das eine. Das andere ist die Pervertierung des kirchlichen und staatlichen Rechts, das eine Menschenjagd und -vernichtung in Gang setzte, die sich auf absurde Thesen und die Legalisierung niedriger Instinkte stützte. Es sollte zu denken geben, daß solche Scheußlichkeiten zeitlos sind – sie erinnern ja auch an die Genozide unseres Jahrhunderts. Wenn man so will, sind solche Massenvernichtungen Werke des Satans, weil er immer und überall genügend willige Helfer findet. Es sind Werke, woran der Leibhaftige großen Gefallen hat.

Auf Zauberei mit geweihten Hostien oder anderen Sakramenten standen drastische Strafen. Ein bischöfliches Urteil, eines von vielen, ist überliefert: Lebenslanges Einmauern im Kerker, wobei auf Brust und Schultern des Gewandes runde Hostien aus gelbem Filz zu tragen waren. Auf die meisten dämonischen Taten aber stand der Scheiterhaufen. Die offizielle Begründung zeigt sich am Beispiel eines bestimmten Falles: Die Hexe müßte hingerichtet und lebendig verbrannt werden, da sie der

Taufe und Jesu entsagt habe, denn in solchen Fällen sind die Worte des Johannes (15) anzuwenden: ›*Wer nicht in mir bleibt, der wird weggeworfen wie eine Rebe und verdorrt, und man sammelt sie und wirft sie ins Feuer, und müssen brennen.*‹[13] Die Hexe habe gestanden, geht es weiter, ein Kreuz gefertigt und dies zertreten zu haben; allein für dieses Verbrechen sei sie zum Tode zu verurteilen. Weiter habe sie zugegeben, auf den Knien den Satan angebetet zu haben – weil sie dem Leibhaftigen gehuldigt habe, sei sie des Todes. Sie habe auch eingestanden, Kinder verblendet und verhext zu haben, so daß diese gestorben sind; auch dies bedeute den Scheiterhaufen.

Bei der Beurteilung der vielen hunderttausend Hexendelikte und der einschlägigen Urteile muß bedacht werden, daß den Geständnissen die Folter vorausging. Sie wurde nach festen Vorschriften vollzogen, für die das Kurfürstentum Sachsen des 17. Jahrhunderts ein Beispiel ist: Beim untersten Grad nimmt man Stricke und schnürt die Glieder der Hand bis auf die Knochen fest zusammen. Die Schmerzen sind schwer erträglich. Die Henker sagen, wer das Schnüren überstehe, widerstünde auch leicht der härteren Tortur. Der zweite, stärkere Grad, ist das Strecken. Der Inquisit wird auf die Leiter gebunden, und ihm werden Arme und Beine durch gewaltsame Ausspannung und Dehnung auseinandergezogen und zerrissen. Diese Art der Folter ist sicherlich am bekanntesten und häufigsten. Der dritte und höchste Grad folgt dem Strecken. Dem Inquisiten wird mit brennenden Spänen, Schwefel und anderem Feuer die Haut versengt. Auch treibt man ihm Kienspankeile unter die Fingernägel, die man dann anzündet. Oder man bindet ihn auf einen metallenen Stier oder Esel, der von innen befeuert wird und langsam zu glühen beginnt. Es liegt auf der Hand, daß die Inquisiten nach solchen Qualen die ausgefallensten Deliktprotokolle unterschrieben.

Nun gab es aber auch den Aufstand des Gewissens und der Wissenschaft gegen solche Exzesse. Gerolamo Cardano verurteilte 1557 den Klatsch und die Lügen des Volkes, welche viele Prozesse auslösten. Er wies auf die natürliche Ursache von Krankheit und Unheil hin, die man als Hexenwerk brandmarkte. Giovan Battista beschrieb die Hexensalben als Halluzinogene, womit man sich berausche und sich die fantastischsten Flüge und Teufelsorgien vorgaukle. Petrus Pomponatius leugnete 1556 sogar gänzlich die Leibhaftigkeit und Existenz des Satan, unerhört für die damalige Zeit. In Deutschland beschrieb Ulrich Molitor[14] das angeblich so reale Hexentreiben als Trugbild und Zauberwerk des Teufels. Eine gewichtige Gegenstimme war auch die des schon erwähnten Arztes Johannes Weyer[15], den die Katholiken daraufhin auf den Index setzten und dessen Werke die Protestanten verbrannten. Weyer gilt als Ahnherr der Psychiatrie. Er versuchte, deutlich zu machen, daß die angeblichen Hexen krank, unglücklich und einsam seien und nicht vor Gericht und auf die Scheiterhaufen gehörten, sondern in ärztliche Behandlung. Ihr Zustand sei so beklagenswert, daß sie dem Teufel eine leichte Beute seien, der sie mit grotesken Fantasien schlage. Diese armen Kreaturen hielten Satans Trugbilder für erlebte Wirklichkeiten, was ihnen dann zum Verhängnis würde. Weyer hatte Mitleid mit diesen Alten, Sonderlingen und Verrückten und zog gegen ihre Richter und Henker ins Feld.

Man hörte nicht auf solche Stimmen. Die Hexenprozesse blieben an der Tagesordnung, ebenso die Folter und die Scheiterhaufen. Eine häufige Anklage gegen die Hexen war deren angebliche Teilnahme am *Hexensabbat*. Die Vorstellungen vom Hexensabbat, wie sie die weltliche Justiz oder Geistlichkeit damals hatten, triefen von absurder Fantasie und klammer Erotik. Man stelle sich einmal vor: Jährlich fänden, so wurde behauptet, vier Hexensabbat-Veranstaltungen statt. Den Hexen erscheine dann ihr ganz persönlicher Teufel, der sie ein oder zwei Tage vor der Versammlung auffordere, am Sabbat teilzunehmen. Dieser Dämon sei der Magisterius oder Magister, auch Martinettus oder Martinellus genannt. Sei es dann soweit, rufe er sie mit menschlicher Stimme. Das böse Weib reibe sich nun den Körper mit einer Zaubersalbe ein. Draußen träfe es dann ihren Dämonen, der leibhaftig bereitstünde, auch schon mal als Ziegenbock, Widder, Stier oder Hund. Die Hexe nähme auf seinem Rücken Platz und reite im Höllentempo zum Blocksberg[16], auch mal zum *Hexentanzplatz* auf dem hohen Felsen über dem Harzer Bodetal. Das ist die eine Variante.

Die zweite ist der Ritt auf dem Stock, auf der Stange oder, volkstümlicher, auf dem Besen. Es seien dies besondere Besen insoweit, als der Teufel selbst sie aus Luft oder aus natürlichen Elementen geformt habe. Solche Besen flögen nur, wenn sie gut eingefettet seien – die Hexen verwendeten hierfür besagte Salben, die sie aus dem Fett geschlachteter Kinder gewönnen. Solche Besen nähmen die Hexen dann zwischen die Beine und beschwörten das Gerät mit ihrer geheimen Zauberformel, etwa: *Flieg! Im Namen des Teufels, flieg!* Die Hexen führen dann durch Fenster und Kamine aus, wobei sich die Öffnungen, weil sie zu eng seien, durch Teufelszauber weiteten und sich danach wieder zusammenfügten. Der Flug sei schnell und führe durch den mittleren Himmel, und die bösen Weiber bekämen starre Augen und Glieder von der Kälte dort.

Auf dem Blocksberg loderten große Feuer und throne der Satan, auch als Urian tituliert. Er sei der Vorsitzende des Rituals. Er präsentiere sich dort leibhaftig, aber auch in der Gestalt eines Ziegenbocks beziehungsweise Hundes. Der Herr der Finsternis streue gebrannte, geraspelte Köterhaare über die Menge, damit es überall schön rieche. Die Hexen näherten sich ihm im Rückwärtsgang, den Kopf gesenkt. Jede Bewegung sei dem katholischen Brauch entgegengesetzt; die hexische Welt sei umgekehrt – sie sei wie Satan selbst der Widersacher Gottes. Die bösen Weiber zögen die magischen Messer und ritzten ihre Zauberkreise in den Boden, wo hinein sie sich setzten, um ihre Kräfte zu bündeln – sie spreizten die Beine und würfen sie in die Luft. Sie reichten Satan pechschwarze Kerzen, den Nabel eines Neugeborenen, sie gäben ihm den *infamen Kuß* auf den After. Man opfere ihm Kinder, ihm würde menschlicher Samen überreicht, der mit geweihtem Öl gemischt sei. Hostien bringe man ihm mit, die die Hexen bei der Kommunion im Mund behalten hatten, man zerträte sie vor Satans Thron. Das gleiche geschähe mit Kruzifixen, Marien- und Heiligenbildern. Man schwöre der Taufe und aller Wahrheit des Christenglaubens ab, man lästere die Sakramente.

Auch würden feierlich Neulinge aufgenommen: Sie huldigten dem Teufel auf den Knien, reichten ihm die brennende schwarze Wachskerze, nachdem sie ihm die Füße geküßt haben. Auch Münzen würden entrichtet. Man lege die Hand auf ein schwarzes Buch mit schwarzen Seiten und gelobe dem Satan Gefolgschaft und ewige Treue. Es werde geschworen, zu allen Versammlungen zu erscheinen. Dem Herrn der Finsternis werde die Hand zur Ehe geboten und das Recht versprochen, jederzeit den Platz des legitimen Ehemannes einzunehmen. Dann wende sich der Satan, und auch die Neuen küßten ihm den After. Sie übereigneten ihm ihre Seelen, die dem Leibhaftigen nach dem Tod gehören sollten. Es würde ein ausdrücklicher freiwilliger Pakt geschlossen – als Gegenleistung biete der Satan Zauberkraft, Reichtum, Macht, Geltung oder Schönheit. Der Herr der Finsternis stelle den neuen Hexen dann ihren persönlichen Dämonen zur Seite, der sie niemals verlassen, sie schützen und ihnen immer zu Diensten sein solle. Zum Abschluß dieser Zeremonie geleite der Satan die Neuen in einen nahen Wald, wo er sich mit ihnen vereinige.

Dann wende sich der Satan an seine versammelte höllische Gemeinde: Er verhöhne Gott, indem er sein Hinterteil entblöße und zum Himmel strecke. Schließlich verheiße er den bösen Weibern unendliches Glück sowie alle Wonnen und Genüsse dieser Welt.

Dem Satansdienst folge das infernalische Bankett. Die Speisen und Getränke stammten von den Dämonen, manches hätten die Hexen mitgebracht. Die Tafeln seien reich gedeckt, das Menü bestehe aus dem Fleisch kleiner Kinder, das in Gotteshäusern gekocht und zubereitet worden sei, und aus anderem Schmaus, der so ekelhaft aussehe und röche, daß auch dem Hungrigsten davon schlecht werden müsse – am grausigsten sei es angerichtet, wo die höchsten Teufel versammelt seien. Jeder Tisch habe seinen eigenen Präses, einen Oberteufel, der das Bankett mit einem verkehrten Segen eröffne – dem Satan werde als Schöpfer und Spender aller Dinge gehuldigt.

Als nächstes werde getanzt. Jeder Teufel nähme sich seine liebste Hexe und tanze mit ihr Rücken an Rücken – Satans Welt und die Welt der Hexen seien eben Kontrapunkte jeder Normalität. Die tanzenden Hexen schwängen stinkende Pechfackeln und sängen anstößige Lieder, um die Teufel zu verlocken. All dem folge die Vereinigung der Hexen mit ihren Teufeln. Sie vollziehe sich auf besonders frevelhafte Weise, und auch hier verstehe sich das Widernatürliche als Symbol des Widerstandes gegen Gott.

Den Teufeln sei es äußerst wichtig, Störungen des Hexensabbats abzuwenden. So achteten sie darauf, die Hexen pünktlich vor Anbruch der Morgendämmerung und vor dem Morgenläuten nach Hause zu bringen. Überrasche sie das Glockengeläut während des Fluges, müßten die Frauen sofort abgesetzt werden – die Schutzdämone dürften sie dann nicht mehr anrühren.

Und doch kann es Ärger geben, allen Schutzmaßnahmen zum Trotz: *Ein sechzehnjähriges Mädchen aus der Diözese Sabina[17] war einer Hexe hörig und zum Hexensabbat mitgenommen worden. Es starrte ungläubig dem Satan in die feurigen Augen, der in goldenen und purpurnen Gewändern auf dem Thron hockte. Das Mädchen war so perplex, daß ihm vor Satans Ohren der Ausruf rausrutschte: »Jesus, was ist denn das?« Mit einem Donnerschlag verschwanden der Leibhaftige, die Teufel, die Dämonen, die Hexen – der Berg, worauf es gewimmelt hatte von bösen Geistern, war leer. Die Lichter er-*

loschen. Das Mädchen stand verlassen im Dunkeln, und Jesus und die Heilige Jungfrau kamen und retteten es.[18]

Der Hexensabbat in Deutschland hat seine eigene, heidnische Wurzel. In der monatswendenden Wolpertnacht vom 30. April auf den 1. Mai stiegen die sächsischen Schäfer, Hirten, Köhler oder Bauern mit ihren Familien und dem Gesinde auf die höchsten Berge ihrer Heimat, um ihre Götter zu ehren. Auf großen Steinen wurden Blutopfer gebracht, es brannten heilige Feuer, während man um die eigene Fruchtbarkeit betete, die der Herden, der Äcker, um gute Beute, um Gesundheit und Wohlstand. Besagte Wolpertnacht galt nach altem Glauben als Hochzeitsnacht von Wodan, dem Göttervater, mit Freja, der Liebes- und Fruchtbarkeitsgöttin – der westgermanischen Ischtar/Venus also. Es waren westgermanische Götterdienste, die man in dieser besonderen Nacht zelebrierte, aber eben auch ausgelassene Freudenfeste, wo es locker zuging. In christlicher Zeit wurden diese Kulte als Aberglauben und sündige Ausschweifung umgedeutet, und die Fortsetzung solcher Traditionen stand auf dem Index und wurde unbarmherzig geahndet. Wodan und Freja wurden als Satan und Oberhexe verdammt, und die göttliche Hochzeitsnacht wurde der Heiligen Walpurga geweiht, einer englischen Adligen, Missionarin und Äbtissin des Klosters Heidenheim bei Eichstedt, die 780 gestorben ist – damit kein Zweifel blieb, wer nun das Sagen hatte. So kam es zum Namen Walpurgisnacht.

In Wahrheit galten die Hexenprozesse in ihrer großen Masse *dem individuellen Anderssein* ihrer Opfer. Physische, intellektuelle, psychische Abweichungen wurden als Pakt mit dem Satan und seinen Teufeln ausgelegt. Gefährdet waren auch jene, die zu mutig waren, zu kritisch, zu klug, zu schön, zu erfolgreich, zu gut, zu stolz – all jene also, die in keine Schablone paßten. Der Durchschnittsmensch sieht es eben nicht gern, wenn der andere die begabteren Kinder hat, die schönere

Frau, das bessere Haus, den schnelleren Wagen, den Superjob. Und weiter: Zu allen Zeiten hat es Menschen gegeben, die sich nicht in ein soziales Gefüge einpassen wollen oder können – die Gesellschaft, worin sie leben, erscheint ihnen unerträglich und wesensfremd. Dies mag gesundheitliche Gründe haben oder an weltanschaulichen, liberalistischen, religiösen, revolutionären Einstellungen liegen. Wie auch immer: So etwas kommt nicht an – schon gar nicht, wenn solche Entfremdungen in Aggression umschlagen, in Gewalt, in unreflektierten Okkultismus oder Sektiererei. Natürlich gibt es auch Fälle krimineller und psychopathischer Triebhaftigkeit, eine schmerzhafte, blutige Palette bis hin zum rituellen Mord. Letztlich sind solche Reaktionen, auch die der Hyperaggression, als Verneinung des staatlichen, gesellschaftlichen, kulturellen oder religiösen Modells zu beurteilen. Nun sind solche Aussteiger Einzelpersonen und Randgruppen, sicher keine nennenswerten Größen. Man wird immer abzuwägen haben, ob man Fürsorge an sie wendet oder das Strafrecht, vielleicht auch eine Synthese aus beidem.

Bei den Hexenverfolgungen ist das Gegenteil geschehen: Aus offizieller Hysterie wuchs die Hysterie der Völker, aus offiziellem Verfolgungswahn wuchs der Verfolgungswahn der Massen. Motoren der Verfolgung waren die anonyme Anzeige, die Folter, der Prozeß und die Hinrichtung, ein gut gefettetes und eng verzahntes Getriebe, dessen Präzision und Drehzahl für Jahrhunderte infernalisch war. So hat man damals ganze Generationen ersäuft, stranguliert, verbrannt, weil man die Vermutung des Bösen mit dem Bösen an sich verwechselte, oder anders gesagt, die realen Außenseiter mit den irrealen Geschöpfen des Satans. Es mögen ja durchaus Kriminelle dabei gewesen sein, die ihre Strafe verdienten. Ansonsten aber hat man sich am Schicksal Hunderttausender unschuldiger Menschen ergötzt, 90 Prozent von ihnen Frauen, sie entwürdigt, gequält, umgebracht, verscharrt.

Drei Merkmale scheinen es zu sein, die damals den Ausschlag gaben, immer wieder Frauen als Hexen abzustempeln. Erstens die frauentypische Melancholie, ein krankhaft depressiver Zustand, der gelegentlich durch düstere oder drohende Äußerungen und sonderbares Verhalten gekennzeichnet ist. Zweitens die Isolation von sozial und körperlich Benachteiligten, von persönlichen Feinden und Außenseitern, von Witwen oder verarmten Frauen, deren Einsamkeit und das daraus resultierende Erscheinungsbild kein Erbarmen fanden. Drittens der Argwohn gegenüber Wahrsagerinnen oder Heilerinnen, die oft Frauen waren, wozu auch Hebammen gehörten. Gerade den Hebammen mißtraute man, schließlich arbeiteten sie in einem Beruf, der für Männer tabu war, und in einer Zeit, wo die Kinder- und Müttersterblichkeit hoch war. Und die Hebammen hatten täglich mit Neugeborenen zu tun, deren grausiger Stellenwert im Satans- und Hexenkult in aller Munde war.

Auch Rauschmittel scheinen damals eine tragische Rolle gespielt zu haben, sogar Narkotika, die wohl von Zigeunern nach Deutschland gebracht wurden. Alles das, viele Mittel wurden auch selbst zusammengeschnipselt und -gebraut, wurde in bestimmten Kreisen konsumiert. Es wird wie heute gewesen sein – Gruppen labiler und entwurzelter Außenseiter gab es auch im Mittelalter, und sie berauschten sich an Alkohol und Halluzinogenen, um in eine andere Welt zu wechseln. Für diese These gibt es Zeugnisse: *Der Teufelspakt ist lediglich ein Wahn*, schreibt der Arzt und Dämonologe Johannes Weyer, *verursacht durch irgendein Trugbild entweder der Fantasie oder eines eingebildeten Wesens, das auf den Geist einwirkt und ihm vorgaukelt ... oder durch eine Täuschung der Sehnerven ... oder durch ein Flüstern, ein Säuseln, Rauschen in den Ohren, eindeutige Symptome einer irregeleiteten Fantasie. Die Hexen versetzen sich bewußt in einen ekstatischen Zustand, in dem sie jedes im Geist vorhandene Bild als real annehmen. Sie stehen unter der Wirkung der Arzneien, die sie verwenden. Und deshalb sollten die Hexen nicht von Inquisa-*

toren, sondern von Ärzten befragt werden.[19] Das veröffentlichte Weyer zu einer Zeit, als für die Menschen Hexerei und die Kräfte Satans so wirklich, so rational und gleichzeitig so rätselhaft waren, wie es für den Durchschnittsmenschen unserer Zeit Elektronik, Gentechnik oder Atomenergie sind.

Die damals bekannten Arzneien, von denen Weyer spricht, waren pflanzlichen Ursprungs und hatten es in sich – ein paar Beispiele: Die Teufels- oder Tollkirsche (Atropa belladonna) enthält Atropin und erzeugt motorische und psychische Erregung, trübt die Wahrnehmung und das Bewußtsein; der Stech- oder Dornapfel (Datura stramonium) bringt Sinnestäuschungen, Erregung oder schizophrene Wahnvorstellungen; der Bittersüße Nachtschatten (Solanum dulcamara) erzeugt Rauschgefühle, wahnhafte Erregung, Nymphomanie; die unreifen Köpfe des Schlafmohns (Papaver somniferum) enthalten Opium, dessen Morphine erotische Halluzinationen und Wahnzustände zur Folge haben. Gerade in neuerer Zeit hat man eingehend nach jenen Substanzen geforscht, die den Hexen zur Verfügung standen. Die genannte Liste ergänzt sich deshalb wie folgt: Giftpflanzen wie Bilsenkraut (Hyoscyamus niger), Hanf (Cannabis sativa), Schierling (Conium maculatum), Blauer Eisenhut (Aconitum napellus), Tabak (Nicotiana) waren im Gebrauch – alles Pflanzen, aus denen man Rauschmittel gewinnen kann. Eine vielseitige Rolle spielte mehr oder weniger gereinigter Alkohol. Ansonsten verwendet wurden Reste menschlicher Körper wie Knochen, Organe, Fingernägel, Blut, auch Leichengifte von Tieren. Hinzu kamen tote Tiere oder Teile von ihnen, besonders Kröten, Schlangen, Skorpione, Spinnen, Wiesel, Wölfe. Abgesehen davon kam es vor, daß man Totenschädel als Zauberrequisit oder Behälter verwendete.

DER ZWEITE TOD IN SATANS FEURIGEM PFUHL: DIE HÖLLE

Tod, wo ist dein Stachel? Hölle, wo ist dein Sieg?
Neues Testament, Der erste Brief des Paulus an die
Korinther, 15

Denkt nur an die schrecklichen Foltern, die die Nähe der Dämonen für die verdammten Seelen darstellt – seien diese Versucher oder Versuchte. Diese Dämonen quälen die Verdammten auf zweierlei Art – durch ihre Anwesenheit und durch die Vorwürfe, die sie den Seelen machen. Wir können uns keinerlei Vorstellung von der Monströsität solcher Dämonen machen; die heilige Katharina von Siena sah einmal einen von ihnen und schrieb daraufhin, daß sie lieber bis ans Ende ihrer Tage auf einem Weg voll glühender Kohlen laufen würde als noch einmal, selbst nur für einen Augenblick, ein derartig schreckliches Monster wiederzusehen. Diese Teufel waren einst wunderbare Engel, aber dann wurden sie genauso ekelerregend und scheußlich, wie sie einst schön waren. Sie verhöhnen und verspotten die gefallenen Seelen, die sie selbst ruiniert haben; gerade sie, die schmutzigen Dämonen, stellen nun in der Hölle die Stimme des Gewissens dar. Warum hast du gesündigt? Warum hast du den Verlockungen deiner Freunde Gehör geschenkt? Warum bist du vom rechten Weg und von den guten Taten abgerückt, hast die Gelegenheit zur Sünde nicht gemieden? Warum hast du jenen bösen Freund nicht verlassen, nicht auf begehrliche Gewohnheiten verzichtet, auf unsaubere Gedanken? Warum hast du den Rat deines Beichtvaters mißachtet?[1]

Die Hölle ist ein grausiges Loch, worin Feuer und Finsternis kein Gegensatz sind, sondern schreckliche Brüder. Den Seelen ist sie keine Ruhestätte – sie ist ein schauerlicher Ort ohne Hoffnung, wo das Elend und die Not, die schon zu Lebzeiten zu dulden waren, in satanische Dimensionen gesteigert sind. Die Hölle hat Dichtern und Geistlichen zu allen Zeiten Stoff gegeben, dessen besonderer Anspruch das Unfaßbare ist und das Phänomen der Schuld, das Peiniger und Gepeinigte in paradoxen Rollen in diesem Ort vereint. Dieses traumatische Panorama beschreibt uns James Joyce in bedrückenden Worten. Zuvor hatte er einen Priester über das höllische Ambiente berichten lassen, dann über die Anwesenheit Satans, des Leibhaftigen, selbst, und auch über die höllischen Methoden seiner tausend Folterteufel.

Die Hölle der Apokalypse ist ein *feuriger Pfuhl*[2], wie wir wissen, und der Ort, wo der Satan herrscht, der Ort des Leibhaftigen. Gott oder Jesus Christus wird man dort niemals begegnen – der einzige Ort im Universum, wo dies nicht geschieht. Nur ein einziges Mal war Jesus Christus dort: *Die Niederfahrt des Messias zur Unterwelt war nicht vergeblich, sondern Ursache einer Menge von Wohltaten für unser Geschlecht. Seine Niederfahrt zu den unteren Orten der Erde löste des Todes Herrschaft auf und spendete Vergebung denen, die ohne Gesetz gesündigt hatten. Sie zerstörte die Unterwelt, tötete die Sünde, beschämte den Satan, betrübte die Teufel, schaffte die Opfer- und Brandopferhöhen ab, bereitete dem Adam die Rückkehr und vereitelte die Feste der Juden.*[3] Satans Hölle ist das brennende Zuchthaus für alle Seelen – für die Erlösten auf Zeit, für die Verdammten auf Ewigkeit. Am Jüngsten Tag aber wird die Hölle dem Satan selbst zur ewigen Verdammnis werden. Satan ist Luzifer, der gefallene Engel. Luzifer/Satan und alle schwarzen Engel wissen, daß Gott sie schon heute verdammt hat – die verstoßenen Gottessöhne[4] des Alten Testaments kennen ihr Urteil. Es ist ihnen verheißen, sie erfuhren es *vor* den Sterblichen. Es ist dann kein Wunder, wenn geschrieben steht, der Satan wisse, er habe *keine Zeit.*[5]

Wo liegt die Hölle? Dante[6] ortete sie im Zentrum der Erde. Damit folgt er der traditionellen katholischen Lehre. Im italienischen Volksglauben setzt man die tätigen Vulkane der Hölle gleich, die Krater des Ätna, Stromboli und Vesuv. Das ist auch gar nicht so weit hergeholt, diese Lavaspucker sind ja so etwas wie die Ventile der Erdmitte. In Deutschland vermutet man, daß die Eifelseen, die Maare, Zugänge zu Satans Höllenreich seien, in Frankreich sagt man es diversen Höhlen und Grotten nach. Letztlich weiß kein Sterblicher, wo die Hölle ist, keiner, wie sie ist. Letztlich ist jede Diskussion über Satans feurigen Pfuhl reine Spekulation. Der Heilige Ignatius von Loyola hat einmal vorgeschlagen, man solle sich die Hölle kontemplativ in ihrer ganzen Tiefe, Länge und Breite bewußt machen – so lange, bis man die Pein der Verdammten an sich selbst spürt.

Im Neuen Testament jedenfalls hat die Hölle ihre vier Wirklichkeiten – göttlich, kosmisch, luziferisch, apokalyptisch: *Und ich sah einen großen, weißen Thron und den, der darauf saß; und vor seinem Angesicht floh die Erde und der Himmel, und ihnen ward keine Stätte gefunden. Und ich sah die Toten ... stehen vor dem Thron, und Bücher wurden aufgetan ... Und die Toten wurden gerichtet nach dem, was geschrieben steht in den Büchern, nach ihren Werken ... und so jemand nicht gefunden ward geschrieben im Buch des Lebens, der ward geworfen in den feurigen Pfuhl ... Das ist der zweite Tod; der feurige Pfuhl.*[7]

Eine Unterwelt ist in den meisten Religionen überliefert – sie ist der Aufenthaltsraum für die Toten, der Ort ihres Nachlebens. Bei den Griechen heißt er Hades[8], beim Volk Israel Scheol, im Islam Gehenna, der Ort der Qualen, im germanischen Norden das Totenreich der Hel. Solche Totenreiche sind nicht immer grausige Stätten: Aus der nordischen oder griechischen Mythologie wissen wir, daß man dort auch bei Speisen und Getränken unter jenen sitzen konnte, die man geliebt hatte und die vorangegangen waren. Die Hölle des Neuen Testaments jedoch ist als Ort der Qualen überliefert. In der frühen Kirche kam die Vorstellung von einem Zwischenreich hinzu – dort wurde den Heiden das Evangelium gepredigt. Die katholische Theologie kannte auch eine Vorhölle, die die *Patriarchen* und *Gerechten des Alten Bundes*[9] aufnahm, ebenso die *gerechten Heiden* und die *ungetauft verstorbenen Säuglin-*

ge[10] – dort weilte man unbehelligt und in schmerzlosem Zustand. Ansonsten sprach man von einem *Ort der Reinigung*, später dann, in anschaulicher Form, vom *Ort der Peinigung*. Heute wird die Hölle allgemein existentiell gefaßt und als *seelisches Leid* verstanden – worunter man sich so etwas wie die unendliche und ewige Ferne von Gott vorstellen muß. Die Evangelische Kirche spricht vom *Ewigen Gericht*. Der Katholizismus impliziert die Hölle mit Leiden, die sinnlich empfunden werden, aber nichts mit dem Körperlichen zu tun haben.

So wissen wir von vielen Totenreichen, so vielen, wie es Völker gibt. Oft, nicht immer, sind es düstere Orte ohne Wiederkehr, triste Endstationen, deren schaurige Vision nahelegt, die Freuden des Diesseits auszukosten. Möge jeder seine eigenen Schlüsse ziehen aus den mythischen drei Totenreichen der mittelamerikanischen Tolteken und Azteken[11], über ihre Parallelen und Divergenzen, gemessen an Satans Hölle, dem Jüngsten Gericht und Gottes Paradies:

Alle Toten gingen zu einem von drei Orten.[12] Der erste ist *Mictlan*, das eigentliche Totenreich. Es liegt dort, wo Tzontemoc, der Herr des Totenreiches, und seine Gattin ihren Sitz haben. Dorthin gingen alle, die auf der Erde eines natürlichen Todes starben, Könige und Gemeine. *Unser Herr*[13] *hat sich deiner erbarmt*, so etwa betete man an ihrer Bahre, *denn nicht hier auf Erden ist unsere bleibende Heimat. Nur für eine kurze Spanne Zeit, gerade so lange, daß wir warm wurden, haben wir uns durch die Gnade unseres Herrn auf diese Erde wagen dürfen. Jetzt hat er dich zu seiner Fußbank, seinem Throne gemacht. Dort ist unsere bleibende Heimat, dort der Ort, wo wir alle für immer verschwinden, wo die Erde sich breitet. Nun ist es zu Ende: Denn du bist gegangen ins Ungewisse, in das alle hinabsteigen, alle hingehen, wo die Türen links sind und von wo es keine Straßen zu den Menschen gibt*. Nach vier Jahren kam der Tote in die neunte Unterwelt. Dort ist ein breites Wasser, und Hunde sind die Fährleute. In der neunten Unterwelt ist alles zu Ende. Gott und Göttin der tiefsten Unterwelt fressen Hände und Füße, sie trinken aus Hirnschalen. Alle Giftkräuter werden in der Unterwelt gegessen, und alle, die dahin gehen, essen Stachelmohn. Alles, was auf Erden nicht vertragen wird, wird in der Unterwelt verzehrt. Dort herrscht große Armut und Not, Obsidianmesser wirbeln umher, Sand, Bäume, Stachelpflanzen, Feuersteinsplitter, wilde Agaven, Erdkakteen und Kugelkakteen, und es herrscht eisige Kälte. Bitter Mühsal lastet auf den Dahingeschiedenen. Da, wo alle Menschen hinabgehen müssen, ist die Stelle, wo die Berge zusammenstoßen. Und der, über dem die Berge zusammenstoßen, geht dort zugrunde und wird in der Unterwelt nicht mehr gesehen. Nur wer noch als kleines Kind starb, der ging nicht nach Mictlan, sondern ins *Xochitlapan*, das ›Gartenland‹. Dort soll der Säuglingsbaum stehen, an dem die kleinen Kinder saugen; sie liegen an seinem Fuße und machen den Mund auf und zu, und die Flüssigkeit tropft ihnen in den Mund.

Der zweite Ort, zu dem Tote kamen, war *Tlalocan*, das Reich des Regengottes. Hier war man reich und glücklich und litt keine Not. Nie fehlte es dort an jungen Maiskolben, Kürbissen, Kürbisblütengemüse, Laubsprossen, grünen Pfefferschoten, Tomaten, grünen Bohnen und gelben Sommerblumen. Dort wohnten die Regengötter, die den Priestern, den Langhaarigen, gleichen. Ins Tlalocan gingen die vom Blitz Erschlagenen, die Ertrunkenen, die Aussätzigen, die an Geschlechtskrankheiten Leidenden, die mit Krätze und offenen Geschwüren Behafteten, die Gichtkranken, die Wassersüchtigen und die von ansteckenden Krankheiten Dahingerafften.

Der dritte Ort, wohin Tote kamen, war der Himmel, das *Haus der Sonne*. Dorthin gingen die im Kriege Gefallenen, die entweder gleich auf dem Schlachtfelde dahingerafft wurden und – vom Schicksal ereilt – ihren Geist aufgaben, oder die heimgebracht wurden, um später geopfert zu werden, sei es, daß sie mit Kienspänen umbunden ins Feuer geworfen wurden oder erstochen wurden auf dem Kugelkaktus. Alle diese gingen zum Hause der Sonne, und es heißt, daß sie dort in einer Art Steppe waren. Dort wo die toten Krieger wohnten, gab es wilde Agaven, Dorngewächse und Dornakazienhaine. Und alle Opfergaben, die man ihnen brachte, konnten sie sehen und an sich nehmen. Nach vier Jahren verwandelten sie sich in Vögel mit glänzendem Gefieder: In Kolibris, Blumenvögel und gelbe Vögel mit schwarzer Grube um die Augen, ferner in weiße Kreide- und Daunenfederschmetterlinge und trunkschalengroße Schmetterlinge, um dort im Himmel den Honig der Blüten zu saugen. Sie kamen auch zur Erde hernieder, um den Honig aller Arten von Blumen zu trinken. Auch Frauen, die im Kindbett gestorben waren, kamen in das Haus der Sonne.

Besonders merkwürdig ist die Schilderung der Stelle, wohin alle Menschen gehen müssen. Es ist eine Stelle, wo die *Berge zusammenstoßen*. Hier schimmert das Erlöschen eines Weltalters durch, ausgelöst durch den kosmischen Satanssturz. Es ist die Apokalypse in indianischer Beschreibung, die Voraussage der ewigen Verdammnis für jene, über denen die Welt zusammenfällt: *Und die Könige der Erde und die Großen und die Gewaltigen und alle Knechte und alle Freien verbargen sich in den Klüften und Felsen an den Bergen und sprachen zu den Bergen und Felsen: Fallet über uns und verberget uns vor dem Angesichte des, der auf dem Thron sitzt ... und es ist gekommen der große Tag seines Zorns, und wer kann bestehen?*[14]

VERKEHRTE KIRCHE, SEX UND OPFERBLUT: SATANSSEKTEN UND SCHWARZE MESSEN

Der Teufel ist nicht so schwarz, wie man ihn malt.
Deutsches Sprichwort

Das sogenannte Templerkreuz ist heidnischen Ursprungs, es ist *nicht aus Balken gefügt ..., sondern aus vier in den Knien rechtwinklig gebeugten, laufenden Menschenbeinen.*[1] Von den Satansjüngern im Templerorden wird berichtet, sie seien die titanischen Templer, die den Satan zum Schöpfer der Welt erheben und schon das Wort Gnade als unauslöschlichen Schimpf empfinden.

Der Satanskult ist die Mutter des Satanspakts. Zum Pakt mit dem Satan kommt es, um der Verdrossenheit über das Diesseits und der vagen Ferne der ewigen Seligkeit etwas Existentielles entgegenzusetzen, das zwar endlich, aber attraktiv ist. Der Satanspakt ist nur auf den ersten Blick ein Sagenmotiv – es hat nämlich zu jeder Zeit Gruppen gegeben, die dem Herrn der Finsternis huldigten; die Existenz solcher Satansjünger hat immerhin die Hexenverfolgung ausgelöst, die, wie wir wissen, wie ein Flächenbrand ein Heer von Unschuldigen erfaßte und vernichtete. Der Satanspakt, so sagt man, sei eine rechtliche Vereinbarung zwischen dem Menschen und Satan oder einem seiner Teufel: Reichtum, Jugend, Gesundheit, Wissen oder Sinnliches werden gegen das Seelenheil eingehandelt. Und die Anlässe in der alten Zeit und im Mittelalter? Erstens: Ein wachsender allgemeiner Zweifel an der Gerechtigkeit der Schöpfung und der Güte sowie Allmacht Gottes – genährt von Krieg, Armut, Hungersnot, vom schwarzen Tod[2], dem jeder vierte Europäer zum Opfer fiel, vom Aussatz, von der Willkür der weltlichen Macht, von 800 000 halbirren Geißelbrüdern[3], die durch Europa zogen. Zweitens: Die Entfremdung von der katholischen Amtskirche, hervorgerufen durch deren drückende Strenge und zügellosen Ablaßhandel, der selbst für die undenkbare Sünde zu erwerben war, zum Beispiel für *die Vergewaltigung der Jungfrau Maria*. Drittens: Die Attraktion der liturgischen Erotik, die durch die Vergottung des Sinnlich-Weltlichen das Paradies vorwegzunehmen scheint. Im Satanspakt der romantischen Moderne spiegeln sich dann die neuen Gesetze des bürgerlichen Zeitalters mit seinen frühkapitalistischen Zügen: *Seele gegen Geld* – Geld wird zum Schlüssel zum Glück schlechthin.

Seit alter Zeit sind Satansjünger in geheimen Gemeinschaften organisiert. Berühmt ist der Ordo Templi Orientis (OTO)[4], der dem satanischen Bocksgott Baphomet huldigt. Der Orden ist durch die Hinrichtung seines Großmeisters Jacques de Molney[5] längst zerschlagen[6], wirkt aber als Inspiration zur Wahrung geheimen Wissens und zu satanistischen Praktiken bis heute fort. Der Orden steht im Ruf, die *verkehrte Kirche* als Grundlage des modernen Satanismus etabliert zu haben. Nichts als Rufmord: Philipp I., der Schöne von Kastilien, hatte finanzielle Sorgen, und um die Schätze des Templerordens einziehen zu können, wurde de Molney der Teufelsanbetung beschuldigt. Nach siebenjährigem Prozeß fiel er der Inquisition[7] zum Opfer. Kein Leim klebt fester als die Lüge – die absurde Anklage, der Ritterorden der Templer habe dem Satan gehuldigt, wird heute noch geglaubt. In den letzten Jahrzehnten des 19. Jahrhunderts beanspruchten die Templer-Jünger das Privileg, Erben allen Wissens zu sein, das die Tradition dem erloschenen alten Orden zuschrieb. Denn wie den Freimaurern sagte man den Templern nach, ein okkultes Wissen zu haben, das nur intern in einem ausgewählten Kreis weitergegeben werde. Diese Kenntnisse wären durch eine Geheimsprache zusätzlich verschlüsselt worden, heißt es, die nur Mitgliedern verständlich war und eine kabbalistische[8] Buchstabenmagie und auch Anagramme verwendete. Aus all diesem schnitzten die Templer-Jünger ihren eigenen Satanskult, der weit von den christlichen Idealen des alten, längst erloschenen Ritterordens entfernt ist: Ein spiritueller Satansruf heißt *Templum omnium hominum, pacis* *abbas.*⁹ Nimmt man die Anfangsbuchstaben der fünf Worte im Verhältnis 3/1/1/1/2, ergibt sich *tem-o-h-p-ab*, eine Folge von acht Buchstaben, die der templerischen Zahl des Todes entspricht; rückwärts gelesen leitet man den Namen des Bocksgottes Baphomet aus dieser Formel ab. Der OTO gibt sich selbstbewußt und behauptet, den Schlüssel zu hüten, der alle freimaurerischen und esoterischen Geheimnisse öffne – vor allem die Lehre der Sexualmagie, die ausnahmslos die Geheimnisse der Natur erkläre, sowie alle Symbolismen der Freimaurerei und der Glaubenssysteme.

Es ist kein Geheimnis, daß es heute eine Reihe von Satanssekten gibt, die international sind und von denen vermutet wird, daß sie voller erotischer Abarten stecken: Die Fraternitas Saturni und die Church of the Final Judgement zum Beispiel mit Sitzen in Frankfurt, Berlin, Hamburg, München, Freiburg oder Lübeck. Die Church hat auch in Kalifornien guten Zulauf. Aus diesem Dunstkreis stammte Charles Manson, der Verbindungen zum Devil House in San Francisco pflegte – Charles Manson, dessen mörderischer Satanismus Schlagzeilen machte. Im Grunde ein krimineller Psychopath, sah er sich als *Engel des Abgrunds*, als der in der Apokalypse angekündigte *Menschensohn*, als Symbiose von Satan und Christus. Er gab vor, das Jüngste Gericht vorzubereiten. Sein Jüngstes Gericht sah die Ausrottung aller Farbigen und Movie-Stars vor, und Manson hatte sich vorgenommen, bei dieser Gelegenheit Richard Burtons Penis an Eddy Fisher zu schicken, den Schachweltmeister. Auch hatte er die Vision, einen promiskuitiv sexuellen, christlichen Urkommunismus ins Leben zu rufen. Bei seinen Schwarzen Messen ließ sich Manson ans Kreuz fesseln und von den Satansmädchen, die sich auf den Boden geworfen hatten, beweinen. Es waren nächtliche Kulte; er ließ Tiere opfern und Blut über den Paaren ausgießen, die sich der freien Liebe widmeten. Blut wurde auch getrunken. Manson hielt sich für einen Vampir – er ging mit seinen Todesengeln auf Menschenjagd. Seine Opfer wurden auf den Tisch gebunden und zeremoniell getötet – es wurde ein Apparat aus sechs Messern für solche Untaten benutzt. Die satanischen Mörder verschlangen die Herzen der Opfer, die noch pulsten. Es war Manson, der dann die Gruppe um die Schauspielerin Sharon Tate massakrieren ließ. Tex Watson, Mansons Werkzeug und Anführer der Mörderbande, nannte sich selbst Teufel.

Gut organisiert ist die Church of Satan[10], die nicht zuletzt Zulauf wegen ihrer sexuellen Orgien haben soll. Sie ist weltweit verbreitet und hat eine eigene *Satanische Bibel*. Die Glaubenslehre der Church of Satan ist simpel: Der Mensch sei nur für die Befriedigung seiner Triebe und Instinkte geschaffen; alles, was dieser seiner Bestimmung widerspricht, müsse er von sich weisen. Es seien die Mächtigen, denen der Besitz der Erde zustünde, die Schwachen seien ihre Sklaven. Ansonsten seien die Schwachen auszurotten, und die Übermenschen seien aufgerufen, sich die Erde untertan zu machen. Der Satan sei Schutzherr von Instinkt und Lust, von Eigennutz und Trieb. Die faschistoiden Grundzüge dieser Lehre sind nicht zu übersehen, ebensowenig die erotischen.

›Ich befand mich auf einem totalen Horrortrip‹, erzählt Ralf, ein 15jähriger Schüler aus einer westfälischen Gemeinde. Obwohl seine Geschichte mehr als sechs Monate zurückliegt, sitzt ihm der Schock noch in den Gliedern. Ralf hatte damals an einer Satansmesse teilgenommen. Danach drehte er völlig durch und litt unter regelmäßigem Verfolgungswahn. In alltäglichen Geräuschen offenbarten sich für den Schüler wahre Satansbotschaften. Das Klingeln des Telefons, das Quietschen einer Tür oder ein zufälliges Rauschen im Radio brachten seinen ›Puls zum Rasen‹. Am hellichten Tag hörte er die Stimme des Teufels und nahm schwarze Gestalten wahr. Sein schlimmstes Erlebnis: Beim Überqueren der Straße überfuhr ihn beinahe ein Auto, der Fahrer habe nur ›höhnisch gelä-

chelt‹. Für Ralf ein klarer Fall: ›Der Teufel wollte mir einen Denkzettel verpassen‹.[11]

Die Teilnahme an Schwarzen Messen oder die Mitgliedschaft in Satanskulten, so sagen Fachleute, sei unter Schülern stark verbreitet. Jugendliche aus allen sozialen Schichten seien davon betroffen; das Angebot an okkulter Lebenshilfe sei groß: Astrologie, Esoterik, Ufologie, Spiritismus hätten Zulauf, davon profitierten Schwarze Magie und schließlich Teufelskult oder Schwarze Messen. In Deutschland soll es mehr als eine Million Anhänger von Praktiken geben, die Spiritismus, Okkultismus oder Satanismus heißen. Zehn Prozent der Schüler, so wird geschätzt, sammeln solche Erfahrungen, Tendenz steigend. Meistens, so sagen Experten, würden die Techniken bei Klassenfahrten und Partys entdeckt. Motive solcher Beschäftigungen seien Sexualität, Abenteuerlust, Neugier oder einfach Spaß an der Sache (›besser als Disco‹). Es wird davor gewarnt, den grassierenden Geister- und Aberglauben zu verharmlosen. In den vermeintlich harmloseren Okkultpraktiken wie *Pendeln* oder *Gläserrücken* sei *eine Art Einstiegsdroge zu sehen*. Früher oder später landeten meist alle bei einer spiritistischen Sitzung oder einer Schwarzen Messe.

Es sieht danach aus, als ob die Faszination Luzifers/Satans geblieben ist, trotz Internet, Space-Shuttle, Mikrochip oder Handy-Talk. Der Satan hat seine Gemeinde behalten, so selbstverständlich wie der Morgenstern am Himmel steht. Es sind das Charisma des Bösen und das Horrorszenario der Apokalypse, die den Leibhaftigen gesellschaftsfähig machen, und viel zu oft auch der Geruch des Unfaßbaren, der ebenso abstoßend ist wie anziehend. Ganze Bibliotheken gibt es über ihn und seine Jünger, und jede Zeit hat ihre eigenen, spezifischen Kulte:

Eine schändliche Spottfigur von Christus ... Man hatte ihr das Haupt aufgerichtet und den Hals langgezogen; Falten, die man auf die Wange gemalt, wandelten sein schmerzensreiches

Antlitz in eine Fratze, die ein unedles Lachen verzerrte. Er war nackt, und an der Stelle, wo sonst das Leinentuch seine Hüften umgürtete, schoß aus einem Büschel von Haaren das menschliche Schmutzteil in Erregung auf.[12]

Die Schwarze Messe steht in der Nachfolge des Hexensabbats, der über das Mittelalter hinaus als liturgischer Höhepunkt der Satansverehrung dargestellt wird. Es gibt zwar deutliche Unterschiede in der Abfolge, doch ist beiden die exzessive Erotik gemeinsam, die Vergötzung des Fleischlichen also, die der ganze Gegensatz des spirituell verstandenen christlichen Gottesdienstes ist. Solche Schwarzen Messen bieten ihren Anhängern eine sinnliche Kultorgie, die kein Tabu kennt, sondern die Lösung von allen guten Sitten zelebriert.

Es gibt ein Handbuch[13] für Inquisitoren, worin drei Arten der Satansverehrung geschildert sind: Da ist zunächst die Latrie – hier streut man dem Satan Weihrauch und geißelt sich zu seinen Ehren; dann die Dulie, worin man Satans Namen zusammen mit den Namen der Seligen ruft; schließlich folgen *die merkwürdigen Praktiken, wie etwa die Benutzung des Kreises oder die Zuhilfenahme der Nekromantik*[14]*, des Liebestrankes, der Phiolen und magischen Ringe*.

Schwarze Messen heißen so, weil sie der Verehrung des Satans dienen, der auch *der Schwarze* genannt wird und weil sie in Räumen stattfinden, die mit schwarzem Tuch verhangen und mit schwarzen Requisiten bestückt sind – auch die Kerzen sind dort schwarz, die rituellen Bücher, natürlich auch die Buchseiten. Schwarze Messen werden an besonderen, streng geheimen Orten zelebriert. Diese Orte sind ebenso exklusiv und verschworen wie die Gemeinden der Satansjünger selbst. Gern sucht man Umgebungen auf, die in irgendeiner Beziehung zur Religion und zu ihren Kulten stehen. Entweihte Kirchen, Tempel, Kapellen, Klöster, auch deren Ruinen und Kellergruften sind also, vom Grundsatz her, das geeignete Ambiente für Schwarze Messen – ebenso Stätten, die durch die Erscheinung von Heiligen oder durch Wundertaten besondere spirituelle Bedeutung haben. Vor allem stehen heidnische Kultstätten im Ruf, den Leibhaftigen anzuziehen – Druidensteine, Hünengräber, Dolmen, Stein-Ringbauten.

Er beschwört den Teufel, füttert weiße Mäuse mit Hostien, die er geweiht. Seine schänderische Wut geht so weit, daß er sich auf die Fußsohlen das Zeichen des Kreuzes hat tätowieren lassen, um ständig auf den Heiland treten zu können.[15] Huysmans' Satanspriester ist das extreme Gegenbild des christlichen Priesters. Verworfenheit, Sünde, Ausschweifung stehen ihm im Gesicht und zeichnen seinen Körper. Seine Kleidung und seine Geräte bestätigen diesen Eindruck. Er wird als abtrünniger Priester dargestellt: Der *Kanonikus Docre liest aus einem Brevier, dessen Einband aus der gegerbten Haut eines ungetauft gestorbenen Kindes hergestellt ist.* Der Kanonikus ist *nackt unter den Meßgewändern. Sein Fleisch, abgeschnürt durch hochsitzende Strumpfbänder, kam über schwarzen Strümpfen zum Vorschein. Das Meßgewand war vom dunklen Rot trockenen Blutes, und in der Mitte zeigte ein schwarzer Bock aufrecht seine Hörner.*[16] Der Kanonicus Docre, berichtet Huysmans, überschüttet den Gekreuzigten mit einer Sturzflut an Lästerungen und Beleidigungen. *Gleich der Nonnen von Loudon wälzen sich daraufhin die Frauen, von konvulsivischen Anfällen geschüttelt, hin und her.* Einer der bejahrten Chorknaben, so geht es weiter, kniee nieder, *beräuchert die Nacktheit des Priesters.* Docre, so Huysmans, ejakuliere auf die Hostie und schleudere sie den wild zuckenden Frauen entgegen, dann entleere er seinen Darm auf dem Altar.

Die Riten und Spielarten der Schwarzen Messen sind vielfältig. Es gibt 1000 Schilderungen solcher Orgien. Joris Karl Huysmans Roman *Là-bas (Tief unten)* ist in dieser Sache aus gutem Grund herangezogen worden: Huysman, der Romancier, war vom Satanismus fasziniert, und ehe er im Jahr 1891 *Là-bas* schrieb, recherchierte er mit akribischer Sorgfalt. So geriet *Là-bas* weniger zum guten Roman als zum historischen Dokument über das Wesen der *Schwarzen Magie* – alle handelnden Personen oder rituellen Exzesse haben einen ganz realen Bezug. Huysmans *Là-bas* ist eine pralle Impression der Wirklichkeit, wobei man sicher sein kann, daß selbst die übelsten Details letztlich authentisch sind: So befaßte sich Huysmans mit der Biographie des schrecklichen Marschalls Gilles de Rais, dessen ganze Lust es war, Kinder zu töten. Huysmans beschreibt die schrecklichsten Dinge mit einer faszinierten Naivität, zum Beispiel Rais' perverse, mörderische Erotik, Kindern den Bauch aufzuschlitzen und auf deren Gedärme zu onanieren. Huysmans schildert die Satanskulte mit kindlichem Staunen, er weidet sich am Bizarren und empfindet das Grauen nicht. Der Administrantendienst bei Satansmessen, schreibt Huysmans, werde von verlebten Päderasten versehen – eine Verhöhnung des katholischen Ritus, wo die Meßdiener am Opfermahl teilnehmen, was Sinnbild ihrer jugendlichen Reinheit ist. Solche Administranten trügen, so wird anderweitig[17] berichtet, die Masken der Tiere Satans – Wolf, Katze, Kröte. Ihre Aufgabe sei, die schwarzen Kerzen anzuzünden und das Räucherwerk zu schwenken. Diese schwarzen Kerzen habe man gern, so wird erzählt, aus dem Fett von Gehenkten hergestellt, und das Räucherwerk sei eine stinkende Mixtur aus Alraune, Stechapfelblättern, Raute, Bilsenkraut, bittersüßem Nachtschatten und unreifem Schlafmohn, die die erotischen Sinne wecken soll.

Alle Geräte, die der Satanspriester oder seine Gehilfen nutzen, sind dem allgemeinen katholischen Repertoire entlehnt. Allein ihr Gebrauch ist insoweit satanisch, als er zur Parodie der christlichen Riten gerät – das Kruzifix, als Beispiel, wird bei solchen Anlässen entstellt oder falsch herum aufgehangen. Nur da und dort gibt es spezielle Merkzeichen, wie das erwähnte Templerkreuz oder den gehörnten Bock – den *Talisman des Seth* zum Beispiel, *ein konkretes Symbol des Bösen, der aus einem geschrumpften, mumifizierten Phallus besteht, nicht größer als ein kleiner Finger, hart, trocken und schwarz vor Alter.* Ganz im Sinne dieser omnipräsenten Erotik: Auch die nackte Frau wird zum Altar[18], lebendig oder als Skulptur, wovor die Satansgemeinde kniet. Auf dem Rücken oder Bauch dieser Frau werden zu gegebener Zeit Tieropfer geschlachtet, und deren Blut mit Sperma, Menstruationsblut oder Speichel verrührt; diesen Teufelsmix führt der Satanspriester der Frau in den Anus oder in das Genital ein.

Die satanische Meßordnung folgt der katholischen Eucharistie in aufreizender Parallele. Die christliche Gemeinde und ihr Priester zeigen durch den Fußfall, den Altarkuß oder das Gebet ihre Demut. In der Schwarzen Messe steht an dieser Stelle das *osculum infame*, der Kuß auf den After des Priesters.

In der christlichen Eucharistie folgen Anrufungen und Loblieder Gottes, zum Teil in Form der Litanei. Sie ersetzt der Satanspriester durch Hymnen an den Satan und Schmähreden auf Christus; Satan wird bei solchen Gelegenheiten durchaus auch revolutionär verstanden, insoweit, als er als Gott der Armen apostrophiert wird, als Gott der Notleidenden, der Verurteilten. Es folgt seine Lobpreisung als Herrscher des Lasters und Überwinder einer leidvollen oder unterdrückten Sexualität, als Schutzherr der Potenz, der Blutschande, der Homosexualität oder der Abtreibung. Diesen Teil schließt der Satanspriester mit der Anklage, Gott habe mit Satan seinen erstgeborenen Sohn verstoßen. Dem folgt die Lästerung christlicher Tugenden und der Kirche, denen das Ausbleiben des verheißenen Heilswerks angelastet wird.

Während die christliche Eucharistiefeier die heilige Wandlung mit dem Hochgebet begleitet, also mit demütigen, ergebenen Formeln, maßt sich der Satanspriester an, Gott herbeizuzwingen: *Und du, den in meiner priesterlichen Eigenschaft ich zwinge, magst du wollen oder nicht, herabzusteigen in diese Hostie, Fleisch zu werden in diesem Brote.*[19]

Höhepunkt der christlichen Eucharistie sind dann Opfergang und Kommunion. Bei den Jüngern des Satan entspricht dem die Phase ekstatischer Enthemmung; die Palette reicht von Hostienfrevel über Tempelschändung, Völlerei, Rausch, Nackttanz, Sexismus, Perversität bis hin zum Kannibalismus. Es scheint ein satanistisches Gesetz zu sein, daß der Jünger des Leibhaftigen die lange Leiter der Sünde bis zur untersten Sprosse hinabzusteigen hat. Die Ekstase wird zum ungezügelten erotischen Erlebnis, dessen Abarten alles enthalten können, von der Geißelung bis zum Ritualmord – es gibt kein Tabu für Satans diesseitige Gefolgschaft. Höhepunkt dieser erotischen Enthemmung ist die wahllose sexuelle Vereinigung, deren Widernatürlichkeiten vielfältig sind und durch Satans Alibi legitimiert werden. Die Satansgemeinde braucht viele Stimulanzien; Opiate und die reiche Palette anderer Drogen leisten hier infernalische Dienste.

Es liegt auf der Hand, daß die christliche Kirche solchen Schwarzen Messen den Kampf angesagt hat. Die Entweihung der Eucharistie und rituelle Gewalt sind schlimm, und Anastasio Kardinal Ballestrero, Erzbischof von Turin, hat sich nachdrücklich gegen solche Entgleisungen gewandt[20]: *Allzu häufig begegnen wir der Entweihung eucharistischer Gegenstände. Wieso muß man die Sakramente entheiligen, mitunter gar in obszöner Weise? Da erhält man oft schnell die Antwort: Das sind doch nur irgendwelche Irren. Doch diese Erklärung reicht nicht aus. Hier handelt es sich nicht um den organisierten Willen von Leuten, die den Herrn treffen wollen, um das Sakrament der Liebe zu treiben. Hier wiederholen sich die satanischen Riten der Entweihung. Es gibt Leute, die eine Art entweihter Eucharistie durchführen, das Zeichen aller Frevler dafür, daß sie Christus verraten und sich Satan hingegeben haben.*

Nun muß man einräumen, daß die so angesprochenen Satanisten den Gebrauch geweihter Hostien abstreiten und die Veranstaltung Schwarzer Messen leugnen, wenn diese als Vehikel für Orgien und Gewalt dienen. Satansanbeter dürfe nicht sein, behaupten die Satanisten, wer Hostien stiehlt oder Minderjährige mißbraucht. Die Literatur ist voll von schauerlichen Berichten, die nicht der alltäglichen Wirklichkeit entsprechen – das mag stimmen. Wenn man aber an Charles Manson oder Tex Watson denkt, tut man gut daran, dem Satanismus und seinen Schwarzen Messen den Kampf anzusagen.

SEXUALMAGIE ALS HEILSRITUS: DIE SATANISTEN

> VERFLUCHT, WER MIT DEM TEUFEL SPIELT.
> Friedrich von Schiller, Wallensteins Tod

DAS TIER 666: ALEISTER CROWLEY

Die Gäste mögen bitte nicht die Geister verärgern. Allen, die die Nacht überlebt haben, wird das Frühstück um neun Uhr morgens serviert.

Der Städtische Friedhof von Hastings kann von hier aus bequem zu Fuß in fünf Minuten erreicht werden, im Fall der Mitführung einer Leiche in zehn Minuten – Flugweg für Geister eine Minute. Wir bitten alle Gäste höflichst, vom Abnehmen der Leichen in den Bäumen abzusehen.

Im Büro finden Sie eine kleine Garderobe. Es handelt sich um die Gewänder derer, die des irdischen Tands nicht mehr bedürfen.[1]

Diese Hausregeln hingen an der Wand des Speisezimmers von Aleister Crowleys Haus in Hastings, wo der alte *Magius* seine letzten Jahre verbrachte. So besessen er von seiner *Magick* und seinen bizarren Kulten war, so gallig konnte der *Ipsissimus*[2] über sein Allerheiligstes herziehen.

Crowley erkannte instinktiv, daß die Magie auf irgendeine Weise mit dem Willen des Menschen verknüpft ist, mit dem wahren Willen des Menschen, dem tiefen, instinktiven Willen. Der Mensch ist ein passives Geschöpf, da er viel zu sehr in seinem rationalen Bewußtsein und den trivialen Sorgen des Alltags befangen ist. Crowley mit seinem animalischen Instinkt und seinem mächtigen sexuellen Trieb erkannte intuitiv die Wahrheit in Nietzsches Aussage, daß es so vieles gibt, was noch nie gesagt oder gedacht wurde.[3] Es war dieser Aleister Crowley[4], der dem Ordo Templi Orientis (OTO) neue Impulse, eine neue Heimat und Organisation gab: Am Stadtrand von

Cefalù, an der Nordküste Siziliens, gründete er 1920 das erste Satanskloster, wo er im Kreis seiner Jünger mit Sex, Drogen und Magie dem gehörnten Gott Pan, Gott Horus mit dem Falkenkopf oder dem Herrn der Finsternis huldigte. Dem Orden war Crowley 1914 beigetreten. Das Kloster war eine staubige Villa ohne sanitäre Einrichtungen, die im Seewind und in der Sonnenglut vor sich hinbröckelte. Es gingen tolle Gerüchte über dieses Zentrum der satanischen Einkehr und Gelehrsamkeit, das sich Abtei Thelema nannte – man ließe dort, so hieß es, das Blut geopferter Katzen und Hunde über den nackten Leib von Jungfrauen laufen, und in den Schwarzen Messen würden Hostien verteilt, worin Kot und Sperma sowie das Blut von Kindern und Gegnern des OTO verarbeitet seien. Das Studienprogramm bestehe, so stand es im Londoner Sunday Express, aus unaussprechlichen Orgien, die man unmöglich beschreiben könne. Es genüge zu sagen, daß sie die Befürchtung anständiger Menschen an Scheußlichkeit bei weitem übertreffen. Crowley selbst war es, der sich *Das Große Tier 666*[5] nannte und entsprechend anreden ließ – insgesamt muß man sagen, daß Crowley die merkwürdigsten Namen für sich erfand und auf ihrer Anwendung bestand: Seine Taufnamen Eduard Alexander opferte er dem griffigen Kunstnamen Aleister, dem Pseudonyme wie Graf Swareff, Lord Boleskine, Aleister McGregor, Fürst Chioa Khan, Sir Alastar de Kerval, Baphomet, Meister Therion beziehungsweise To Mega Therion folgten. Der üble Ruf der Abtei Thelema führte dazu, daß Mussolini ein Machtwort sprach und Crowley 1923 Italien verlassen mußte. Er ging nach Frankreich, doch dort beschuldigte man ihn des Heroinhandels und wies ihn aus. So zog er nach Deutschland, ins thüringische Weida. Schließlich kehrte er nach England zurück, wo er hergekommen war. Dort starb er schließlich. Sein Erbe fiel an den OTO, der seinen Hauptsitz in der Schweiz hat, in Stein bei Appenzell.

Crowley stammte aus einer wohlhabenden Familie. Sein Vater, Brauereibesitzer in Leamington bei Stratford-upon-

Avon, wurde im Alter Laienprediger. Seine Mutter nannte Crowley eine *hirnlose Bigotte*. 1895 begann er ein Studium am Trinity College in Cambridge, das er abbrach, weil er die merkwürdigsten Geister beschwor, seine Geisteswissenschaften jedoch beiseite schob. So zog er nach London, schrieb erotische Gedichte und befaßte sich weiter mit Magie und Okkultismus. Er hatte eine Vorliebe für die Magie des Zauberers Abra-Merlin, bei der es besonders darum ging, Kontakt zum persönlichen Schutzengel herzustellen. In London sei es ihm gelungen, behauptete Crowley, den behelmten Kopf und das linke Bein eines Heilgeistes namens Buer zu materialisieren, und bei anderer Gelegenheit sei ein Heer von semi-materialisierten Dämonen die ganze Nacht in seinem Zimmer herumgelaufen. Unabhängig vom Abra-Merlin-Zauber: In Mexiko, so Crowley, habe er es unter Anspannung aller Kräfte geschafft, sein Abbild im Spiegel zum Verschwinden zu bringen. Um die Jahrhundertwende trat er dem damals verbreiteten okkulten Hermetischen Orden der Goldenen Morgenröte bei, wo man ihn Bruder Perturbado[6] nannte. Dort hatte er den niedrigsten der zehn Grade der Loge inne und arbeitete hart, um in der Rangfolge aufzusteigen. Dies verweigerte man ihm, weil *wir nicht glauben, daß eine höhere Geheimgesellschaft eine Besserungsanstalt ist.*[7] Schließlich schloß man Crowley aus, weil er zuviel Ehrgeiz entwickelte und rabiat nach der Führung griff. So kam es, daß Crowley seine eigene Geheimgesellschaft gründete, den verrufenen Astrum Argentinum[8] (A.A.) – er schlug sich selbst zum Ritter und erklärte, den Titel habe er in Spanien um die Sache der Karlisten erworben. Seit dieser Gründung rasierte sich Crowley seinen großen gewölbten Schädel. Der Astrum Argentinum war der erste Orden, der die damals von Crowley propagierte *Sexualmagie* praktizierte, wobei die Rituale des Golden-Dawn-Ordens weitgehend erhalten blieben. Drogen und Erotik waren für ihn das Brecheisen, um die herkömmliche Moral auszuhebeln; er wollte die ungefesselte und dunkle Seite befreien und die Psyche verändern. So mangelte es bei Crowleys Kulten nicht an seinen sprichwörtlichen Frauen in Scharlachrot, was ihm irgendwann den bissigen Kommentar entlockte, man sollte sie besser *am Dienstboteneingang abliefern wie die Milch.*

Crowley hatte insoweit Erfolg, als sein Name für Schlagzeilen sorgte. Er machte als Bergsteiger von sich reden, als Weltenbummler, als Dichter, Spion, Hochstapler, Betrüger, Satanist, Magier, Sadist. So leistete er sich Reisen nach Ägypten, Indien, China, Mexiko oder in die Vereinigten Staaten von Amerika. Es ist weitgehend schleierhaft, wo er das Geld dafür hernahm – er selbst war unfähig, seinen Lebensunterhalt zu verdienen. Seine Erbschaften waren rasch verbraucht, einen Beruf im eigentlichen Sinne übte er nicht aus, und seine Werke erschienen fast alle im Selbstverlag ohne nennenswerte Erlöse. Er lebte auf Pump und von Spenden, stets war er auf der Flucht vor seinen Gläubigern: Es sieht danach aus, als hätten Satanisten und Parasiten einiges gemeinsam. Die Frau eines seiner Schüler schrieb ihm zornig, er habe 15 000 Pfund ihres Vermögens für teure Zigarren, Kognak, Coctails, Taxifahrten, Restaurants und Mätressen verschleudert, und *selbst Gott der Allmächtige wäre nicht so anmaßend, wie Sie es waren, und das ist einer der Gründe für Ihre ganzen Schwierigkeiten.*[9] Ein Förderer Crowleys war Lord Tankerville, der Crowley bezahlte, als sie zusammen durch Marokko und Spanien reisten. Der Lord war so klug, sich von Crowley zu lösen: *Ich habe deine Lehren satt, deine An- und Unterweisungen, als wärst du Gott, der Allmächtige, und ich nur ein armseliger Scheißhaufen auf der Straße.*[10]

Den Ersten Weltkrieg überstand Crowley im Ausland und schrieb antibritische Propaganda. Aus New York ist Crowleys einziges magisches Wunder überliefert – ein Wunder, das ein populistischer Trick war. William Seabrook, Schriftsteller und Freund Crowleys, erzählt die folgende Story, die sich auf der Fifth Avenue zugetragen haben soll: Crowley sei einem Passanten dicht gefolgt und habe begonnen, im Gleichschritt mit ihm zu gehen: *Ihre Schritte wurden ganz synchron, schreibt Seabrook, und dann beobachtete ich, daß Crowley die Schultern hängen ließ, den Kopf ein wenig nach vorn neigte wie der Mann vor ihm, und nun auch im völligen Gleichmaß die Arme zu schlenkern begann – wie ein sich bewegender Schatten oder Astralkörper des anderen.* Crowley sei dann plötzlich in den Knien eingeknickt, für Sekundenbruchteile in kauernde Haltung gesunken und habe sich dann wieder aufgerichtet. Der Mann vor ihm *fiel um, als habe man ihm die Beine weggeschossen – ich glaube, ich kenne alle Antworten, aber keine befriedigt mich wirklich.*[11]

Seine Zeit in Ägypten war für Crowley der Schlüssel zu seiner Magie. Im Boulak Museum in Kairo stand er 1904, barfüßig und das weiße Gewand mit Juwelen behängt, vor einer Vitrine, worin sich eine hölzerne Stele aus der 26. Dynastie befand – ein Bildnis des Horus. Was Crowley aber faszinierte war nicht unbedingt die Stele, sondern die Katalognummer 666 des Ausstellungsstücks – die Nummer des Tieres der Apokalypse und des Meisters Pseudo. Crowley trat in magischen Kontakt mit den Gottheiten, so berichtet er jedenfalls, und schrieb sein *Buch des Gesetzes*. Sein Schutzdämon Aiwass habe es ihm diktiert, propagierte Crowley und behauptete, Aiwass sei der Gesandte des ägyptischen Gottes Hoor-pa-Kraat[12]. Dieser Aiwass sei ihm in einer finsteren Wolke schwebend erschienen, ein großer, dunkler Mann in den Dreißigern, stark, lebhaft und wohlgebaut. Er habe das Gesicht eines grausamen Herrschers gehabt und verschleierte Augen, damit ihr Strahl ihn, Crowley, nicht zerstöre. Diese Offenbarungen faßte Crowley in einem schwer verständlichen Werk zusammen, dessen Botschaft auf den folgenden Nenner zu bringen ist: *Es gibt kein Gesetz außer: Tu', was du willst.* Aleister Crowley, der Meister, hat diese Maxime vorgelebt, in der festen Überzeugung, daß die Erleuchtung nur durch die Orgie und das Zügellose komme. Die Grundidee seines *Buches des Gesetzes* leitete er ab aus François Rabelais'[13] Werk

Gargantua und Pantagruel, worin sie der Sinnspruch der legendären Abtei Thélème ist. Man weiß, daß diese auch dem Satanskloster von Crowley den Namen gegeben hat.

Crowley war ein faszinierender Mann. Wenn er seine *Lampe des geheimen Wissens* bei einer seiner *sieben Riten von Eleusis* hob, waren die Säle mit Leuten gefüllt, die das Unbegreifliche im Bann hielt und viel dafür bezahlt hatten, daß ihnen dieser unheimliche Aleister Crowley die letzten Rätsel der menschlichen Existenz löste. Die Damen kamen aus bester Gesellschaft und trugen Masken, um sich nicht zu desavouieren. Man kasteite sich und berauschte sich am Anblick der Blutstropfen auf nackten Brüsten, wenn man dort magische Zeichen einritzte. Schließlich war Crowley ein berühmter Magier: In Berlin hatte ihn der OTO feierlich zum *Höchsten und heiligen König von Irland, Iona und allen im Bereich der Weihestatt der Gnosis befindlichen Britannien* erhoben. Auch wenn er seinem Publikum den Beweis seiner magischen Fähigkeiten schuldig geblieben ist, nahm man ihm nahezu alles ab. Crowley hatte Charisma und Sinn für das Spektakuläre und dessen Vermarktung. Crowley rieb sich die Hände, wenn er in der Presse der *König der Verderbtheit* oder *der verruchteste Mensch der Welt* genannt wurde. Der Engländer war ein Meister der Selbstdarstellung, und wenn die Öffentlichkeit schockiert war, kam ihm diese Art von Publicity gerade recht. Man hat ihm Spionage und Ritualmord nachgesagt, auch die Wegbereitung Hitlers – niemals hat Crowley etwas dementiert. Im Gegenteil, es war ihm immer daran gelegen, den Spekulationen um seine Person deftige Nahrung zu geben.

Was für ein Mensch war Crowley? Er wird als mittelgroßer, athletischer Mann geschildert, dessen Stimme und Augen die Menschen in ihren Bann zogen. Stets umgab ihn ein ekelhaft süßlicher Geruch, der vom heiligen Öl Ruthwa[14] kam, einer Mixtur aus den Aphrodisiaka Ambra, Moschus und Zibet, womit angeblich schon Aaron seinen Bart parfümiert hatte, und die, wie Crowley behauptete, seine Anziehungskraft auf Frauen steigerte und selbst Pferde zum wiehern brachte. Crowleys Natur vereinigte helle Gipfel und dunkle Schluchten – er war hochgebildet, hatte aber bizarre Ansichten, er war grob aber künstlerisch sensibel, idealistisch aber skrupellos, hochmütig aber verletzlich, Naturfreund aber Tierquäler, ehrgeizig aber im Ergebnis erfolglos, extrem erotisch aber ohne Fähigkeit zur Liebe, egozentrisch aber von abgründigem Sendungsbewußtsein. Crowley war ebenso genial wie exzentrisch: Gelegentlich defäkierte er auf die Teppiche im Salon seiner Freunde oder ins Treppenhaus, fest davon überzeugt, daß die Exkremente des Großen Tieres ein Sakrament seien wie Aleister Crowley selbst oder der Dalai-Lama. Er sah sich als Inkarnation der Astarte und hatte sich zwei seiner Zähne im Oberkiefer spitz geschliffen. In seinem Satanstempel pflegte er den Schlangenkuß zu geben: Er verneigte sich, hob die Damenhände an die Lippen und biß so kräftig ins Handgelenk, daß es blutete. In sexuellen Dingen war Crowley ohne Hemmung und ohne Tabu – als das Dienstmädchen Interesse an ihm zeigte, hatte sie der 14jährige ins Schlafzimmer seiner Mutter gezogen. Seine verschiedenen Ehen verkümmerten im Morast der Hurerei und Sodomie, Ausschweifungen, die nicht nur der Sexualmagie dienten; wie Julius Caesar[15] ist Crowley *jeder Frau Mann und jedem Mann Frau gewesen.*

Das Große Tier war von Jugend an suchtkrank. Zunächst war er Alkoholiker: Nachdem er sich bei einer Freundin eingenistet hatte, angeblich, um zu schreiben, verabschiedete er sich nach 14 Tagen. Weil die Wasserzisterne dann seltsame Geräusche zu machen begann, ging man der Sache auf den Grund und fand 14 leere Ginflaschen, die Crowley gekauft, geleert und nicht bezahlt hatte. In seinem Satanskloster lagen überall Kokainhäufchen herum, und jeder, der Lust hatte, konnte eine Nase nehmen. Crowley rauchte Opium, schnupfte Kokain, aß Haschisch und konsumierte Laudanum, Veronal, Meskalin, Anhalonium, Äther, Strychnin, Chloroform, Morphium oder Heroin. Crowleys Selbstversuche zur Entziehung sind zahlreich, brachten aber nichts. Besonders die Drogen waren sein Sargnagel: Sein Tagesbedarf an reinem Heroin stieg auf elf Gran[16] – damit hätte man ein Nashorn umbringen können, denn als gängige Dosis gilt ein Achtel Gran. Crowley mit seiner Bärenkonstitution wurde 72 Jahre alt.

Aleister Crowleys Lebensziel war, eine neue Weltreligion zu stiften; er war fest von seiner Berufung überzeugt, es Buddha, Jesus Christus oder Mohammed nachzutun, sie gar abzulösen. Unter dem Strich aber stehen nur ein übler Ruf und eine Handvoll Adepten. Immerhin gilt das selbsternannte Große Tier 666 als der größte Satanist des 20. Jahrhunderts. Er war so etwas wie der letzte rebellische Engel des Abendlandes, dem es in der Wiege lag, Schwarze Messen zu lesen. Als er noch Kind war, hatte ihn seine Mutter schon den Antichristen genannt – damals schon hatten ihn die finsteren Gegner Gottes und Jesu Christi mehr angezogen als die Lichtgestalten. Er war ein außergewöhnlicher moderner Magier und dunkler Mystiker, den wir als Vater der heutigen Satanskulte sehen können. Auch Ron Hubbard, Gründer der umstrittenen Church of Scientology, soll auf Crowleys magische Geheimnisse zurückgegriffen haben.[17] Crowley hat lebenslang geschrieben – Gedichte, Romane, wissenschaftliche Bücher, politische Schriften. Er hat gemalt, Fresken geschaffen – Das Große Tier war ein satanisch schöpferischer Mensch. Seine Werke sind heute verschollen, werden kaum nachgedruckt oder übersetzt. Das Grundsatzwerk *The Book of the Law*, die Autobiographie *Confessions*, das Zauberbuch *Magick in Theory and Practice* – die Werke sind aus der Welt, wie Aleister Crowley selbst: *Ich bin überrascht ...* das waren seine letzten Worte. Bevor er starb, liefen ihm Tränen über die Wangen. Einer seiner düsteren Verse ist geblieben – er ist, wie kann es anders sein, eine apokalyptische Vision des mörderischen Morgensterns:

Horch! Ja, die paar, die noch am Leben sind,
haben gesehen, was sie bewegt,
ihre verkrüppelten Arme zu heben
und mit blutunterlaufenen Augen zu starren,
mit gebrochenen Kiefern und herausgerissenen Zungen
zu plappern.
›Um Himmels Willen‹, kreischt der kastrierte Lumpen
Fleisch,
›schau nicht diesen verdammten Stern an!‹
›Wir sind verloren‹, klagt ein anderer.
›Das Tier!‹ brüllt ein dritter Verrückter.

DER GROSSKOPHTA:
GRAF ALESSANDRO DI CAGLIOSTRO

Es scheint, daß Graf Alessandro di Cagliostro[18] nicht ganz bei Sinnen war, als er starb. Freimaurerische Wahnvorstellungen begleiteten Cagliostro in den Tod, er weigerte sich, etwas zu sich zu nehmen, dann fand er Worte der Reue – von den Sterbesakramenten wollte der Magier aber nichts wissen. Er schloß die Augen hinter Gittern – es war im Fort San Leone bei Urbino, wo man vergeblich bemüht war, ihm die letzte Ölung und den Segen zu geben. Man hatte ihn am 27. Dezember 1789 verhaftet und zunächst ins Kastell Sant Angelo gesperrt – die Inquisition machte ihm den Prozeß: Seine Frau Lorenza hatte ihn angezeigt und gegen ihn ausgesagt, angeblich, weil sie die gemeinsamen Sünden ihrer Vergangenheit bereute. 1791 hatte Papst Pius VI. den Grafen wegen Ketzerei und Zauberei zum Tode verurteilt, die Strafe dann aber in lebenslänglichen Kerker umgewandelt. Auf diese Weise war dieser schillernde Scharlatan schließlich nach San Leone gelangt – Endstation. Lorenza gelang es nicht, sich gänzlich reinzuwaschen. Sie wurde verhaftet und schließlich ins Kloster gesteckt.

Cagliostro hätte das natürliche Charisma eines genialen Menschen gehabt, so schildert ihn die Baronesse d'Oberkirch, die gewiß nicht zu seinen Freunden zählte: *Zwar war sein Äußeres wenig ansprechend, doch sein Gesicht und vor allem seine Augen waren die bemerkenswertesten, die ich je gesehen habe. Sie waren unbeschreiblich, voll übernatürlicher Tiefen – ganz Feuer und doch ganz Eis ... Er war so faszinierend wie abstoßend. Er war furchterregend, und zugleich erweckte er unbezwingbare Neugierde ... Cagliostro war von einer dämonischen Kraft besessen; er fesselte den Geist und lähmte den Willen.* Eine weitere Charakteristik stammt von niemand anderem als Casanova: Cagliostro sei *klein und gedrungen* gewesen, und sein Gesicht habe *alle Züge von Wagemut, Unverschämtheit, Sarkasmus und Hochstapelei* getragen.[19]

Cagliostro lebte ausschweifend und war blind gegenüber dem Risiko. Nirgendwo hielt er es lange aus – aus Rußland und Frankreich wurde er ausgewiesen, andere Länder verließ er fluchtartig und mit rabenschwarzem Ruf. Sein Geburtsort war Palermo, und sein Geburtsname wahrscheinlich Giuseppe Balsamo. Von Haus aus war er Apothekengehilfe, und seine Betriebsamkeit und Abenteuerlust waren enorm. Mit den Gesetzen nahm er es nicht so genau, denn schon als junger Mann soll er sich durch Betrügerei bereichert haben. Sein Inquisitionsbiograph, eine eher zwiespältige Quelle, hat die folgende Räuberpistole überliefert: Cagliostro habe sich in das Vertrauen eines habgierigen Goldschmiedes geschlichen und dem den Floh ins Ohr gesetzt, er, Cagliostro, könne Gold durch Beschwörung beliebig vermehren. Der dazu notwendige Geisterzauber fand bei Mitternacht auf offenem Feld statt, die Dämonen kamen im richtigen Moment und legten den Goldschmied schlafen. Nur waren es keine bösen Geister, die den Meister niederschlugen, sondern kostümierte Spießgesellen Cagliostros. Als der Goldschmied wieder bei Kräften war, konnte ihn der Magier überzeugen, daß alles Teufelswerk gewesen sei und sich die Dämonen mit dem vielen Gold, das man für die magische Beschwörung ausgebreitet hatte, davongemacht hätten.

Wegen solcher Gaunerstücke floh Cagliostro, so muß man annehmen, nach Medina in Arabien. Irgendwann traf er im Nahen Osten Althotas, den Griechen, mit dem er sich zusammentat. Althotas war ein rühriger Mann und fähiger Alchimist. In diesen Jahren sei Cagliostro, wie er selbst berichtet, mit den Priestern verschiedener Tempel bekannt geworden, die so zuvorkommend waren, ihn an Orten einzuführen, die kein gewöhnlicher Reisender je zuvor betreten hatte.

Mit Mitte 20 kehrte er nach Italien zurück und heiratete die 14jährige Lorenza Feliciana; sie stammte aus vornehmem Hause. Es wurde eine turbulente Ehe, denn Lorenza war berechnend und ebenso schön wie flatterhaft. Die ersten Jahre schlugen sich die Cagliostros als fahrende Magier durch Europa. Von großer Bedeutung für seine Zukunft war Cagliostros Aufnahme in die Londoner Freimaurerloge *Die Hoffnung* am 12. April 1777. Zu dieser Zeit titulierte er sich *Joseph Cagliostro, Oberst im Dritten Brandenburgischen Regiment*. Bei solchen Zeremonien trägt der Einzuweihende an einem Fuß einen Pantoffel, am anderen einen Stiefel. Er wird mit verbundenen Augen durch Gänge und mit allerlei Hammerschlägen und Säbelrasseln über Teppiche geführt, muß mit der Rechten einen Kompaß gegen die Brust halten und steht dann vor einer Schar von Männern, die mit Roben behangen sind und Säbel auf ihn richten. Vor dem *Tor des Tempels* muß er sich niederwerfen. Cagliostro hatte noch mehr zu ertragen: *Joseph wurde so mit Hilfe eines Seils an die Decke hochgehievt, wo man ihn in der Luft baumeln ließ, um seine Ohnmacht ohne die Hilfe Gottes zum Ausdruck zu bringen. Man stach mit einem Dolch auf ihn ein, dessen Klinge in den Griff einschnappte, um zu betonen, welches Schicksal ihn erwartete, wenn er die Geheimnisse des Ordens verraten sollte. Schließlich mußte er nackt niederknien, um seine Unterwerfung unter den Meister der Loge zu zeigen.*[20]

Die Freimaurerei brachte Cagliostro auf die Idee seines Lebens, die Freimaurerei begründete seinen okkulten Nimbus: Er verkaufte eine Variante der Freimaurerei, die *Freimaurerei nach dem ägyptischen Ritus*. Cagliostro erklärte der Welt, daß nur er den Schlüssel zu diesem ältesten Kult besitze; er habe an einem Londoner Buchstand eine Handschrift von George Gaston über ägyptische Magie und Maurerei entdeckt und erworben, die ihm Geheimriten offenbare und einzig in der Welt sei. Gründer der ägyptischen Freimaurer seien die Propheten Elias und Enoch, letzterer als Großkophta bezeichnet. Es kursierten bald Gerüchte über skandalöse Sitzungen, die satanische Messen seien, keine Gottesdienste – wilde Gerüchte, die Cagliostro volle Säle brachten. Zunächst waren nur Freimaurer zugelassen, damit sie einen höheren Grad erwerben konnten. Die Geschäfte liefen immer besser, weil Cagliostro schließlich auch Jünger unterschiedlicher Religionen aufnahm und, was der Clou war, eine zusätzliche Loge für Frauen einrichtete. Zu dieser Zeit wurde Lorenza von *ihrem* Seraphim berufen und erhob sich zur Großmeisterin der weiblichen Loge Isis. Soweit man weiß, war Cagliostros Ritual präzise inszeniert und von magischer Wirkung. Der Großkophta, wie sich der Meister nun auch selbst nannte, saß nackt auf seiner Goldkugel und hielt die Schlange in der Hand. Im Flackerlicht der Kerzen und in Duftwolken gehüllt schwebte er von der Decke in den Saal hinab und hielt lange Predigten in unbekannten Sprachen. Dann forderte er seine Jüngerinnen in der Landessprache auf, sich der profanen Kleidung zu entledigen, weil, wenn sie die Wahrheit empfangen wollten, sie so nackt sein müßten wie das Leben selbst. Die ägyptische Freimaurerei würde sie durch Wiedergeburt zur inneren und äußeren Freiheit führen und jenen paradiesischen Zustand erneuern, der durch den Sündenfall verlorengegangen sei. Der Großkophta verordnete seinen Jüngern 40 Tage der Kasteiung und des Fastens, weil dies ihnen eine Lebenserwartung von mindestens 5557 Jahren brächte. Gern ließ Cagliostro bei passender

Gelegenheit durchblicken, daß er selbst Abertausende von Jahren alt sei. Die Zeremonie endete damit, daß ein Junge oder ein Mädchen[21] in ein Wasserglas starrte und Prophezeiungen verhieß. *Einmal, nach einer höchst erfolgreichen Séance, ließ das Täubchen verlauten, daß alles im Voraus abgesprochen worden sei. Cagliostro mußte zusehen, wie er sich aus der Affäre ziehen konnte.*[22]

Cagliostros Pariser Jahre waren seine goldene Zeit. Er war berühmt und wohlhabend, er nahm viel ein, gab großzügig Spenden – eine Persönlichkeit, an die viele Intellektuelle ihre Hoffnung knüpften; die Kirche kann eben weniger Antworten geben, als Fragen sind. Cagliostro war Okkultist, Arzt, Wunderheiler, Alchimist, Satanist, Magier und Freimaurer – in jungen Jahren schon Legende, hielt er Frankreich mit immer neuen Sensationen in Atem: Mysteriöse Entdeckungen wurden propagiert, der Stein des Weisen zum Beispiel oder das Lebenselixier. Cagliostro sagte die Zukunft voraus, was er sich gut bezahlen ließ, und kämpfte für eine zügellose Liberalität, wie auch Aleister Crowley es später getan hat. Die schöne Zeit in Paris fand ein jähes Ende, als die Affäre um das Collier der Königin Marie Antoinette zur Verurteilung der Cagliostros führte: Die Pariser Juweliere Boehmer und Bassenge hatten Marie Antoinette ein Diamanthalsband für 1,6 Millionen Livre[23] angeboten, was selbst der verschwenderischen Königin zu kostspielig war. Ein betrügerisches Grafenpaar hatte sich das Collier dann erschwindelt, indem es durch gefälschte Briefe die Kaufabsicht der ahnungslosen Königin vortäuschte und den Kardinal Rahon, einen Verehrer der Königin und Freund Cagliostros, in die Angelegenheit verwickelte. Die Cagliostros waren schuldlos wie Rahon, aber man hielt sie für Mittäter und warf sie in die Bastille. Als man die beiden freisprach und laufenließ, gab ihnen eine jubelnde Menge von Jüngern das Geleit. Doch Cagliostros Nimbus war dahin, er war ein gebrochener Mann, seine gesellschaftliche Stellung ruiniert. Die Französische Revolution kündigte sich an, Ludwig XVI. ließ die Cagliostros ausweisen.

Der Meister ging nach London. Aber eine Welle öffentlicher Empörung trieb ihn bald außer Landes. Er entschied sich für Italien. In Trient machte er den Bischof Pier Virgilio Thun glauben, daß er bekehrt sei. Das brachte ihm die Absolution und eine Empfehlung für den päpstlichen Hof. Cagliostro zog nach Rom und ließ sich dort als Arzt nieder, was ihn so wenig erlösen ließ, daß er seinen gewohnten, großzügigen Lebensstil nicht halten konnte. So kam es, daß er in der Ewigen Stadt einen Zweig der Freimaurerloge nach ägyptischem Ritus gründete. Dies war das Verbrechen, womit Lorenza die Inquisition auf den Plan rief und Cagliostro im Fort San Leone hinter Gitter brachte. Cagliostro wurde 52 Jahre alt. Seine erotischen Isis-Kulte und okkulten Orgien waren satanistisch. Er war eine magische Persönlichkeit, populistisch, ruhelos, kriminell, liberalistisch und genial. Aleister Crowley hat von sich behauptet, eine Inkarnation Cagliostros zu sein. Fast möchte man es ihm abnehmen.

Vom Seraph zum Ehebruch getrieben: John Dee

Mein ganzes Leben habe ich damit verbracht, zu lernen, und ich mußte schließlich feststellen, daß mich weder ein Mensch noch irgendein Buch die Wahrheiten lehren konnte, die ich zu wissen wünschte und nach denen ich mich sehnte.[24] Das hat John Dee[25] gesagt. Der Engländer hatte sich Zeit seines Lebens auf nur vier Stunden Schlaf täglich beschränkt, damit er Zeit für seine aufwendigen Studien fand. Er galt als unglaublich gelehrter Mann.

Er war der Sohn eines Walisers, der ein kleiner Beamter am Hof Heinrichs VIII. war. Dee war 15 Jahre alt, als er an das St. John's College in Cambridge kam. Man erkannte dort bald, daß man ein Genie im Lehrsaal hatte – mit 19 erhielt er seinen ersten akademischen Titel, las als Assistenzprofessor Griechisch und wurde Gründungsmitglied des Trinity College. Seine Schwerpunkte wurden bald Astronomie und Mathematik, wobei man wissen muß, daß zu Dees Zeit die Mathematik in England noch als magische Lehre galt. Er besuchte dann die Universitäten von Löwen und Paris, wo er sich Kenntnisse der Alchimie erwarb und der Kabbala. Mit 24, als Dee nach England zurückkehrte, war er schon eine Berühmtheit – immerhin hatte man ihm in Paris eine Professur angeboten.

Seine Tätigkeit bei Hofe begann mit einem Desaster. Da John Dee auch Astrologe war, hatte er Maria der Katholischen, der Königin, die auch den Beinamen Bloody Mary führte, ein Horoskop stellen müssen. Es war kein günstiges Horoskop. Der Königin sagte das nicht zu. Auch warf man Dee Hochverrat vor, daß er Bücher über Dämonen und Hexen sammle, aus der Hölle stamme und Kontakte zu Geistern suche, die verdammt seien. Dee wurde eingesperrt. Erst 1555 fiel die Anklage, und Dee wurde auf freien Fuß gesetzt. Unter Königin Elisabeth I., Marias Halbschwester und Thronfolgerin, erging es Dee besser. Auch ihr hatte er das Horoskop zu stellen, um den günstigsten Tag für die Krönung zu ermitteln. Elisabeth holte ihn als persönlichen Berater an den Hof und ließ sich von Dee in der Astrologie unterweisen. Er wurde gerühmt wegen seiner Sehergabe und seiner spirituellen Kraft. 1564 zog sich Dee aufs Land zurück, übte aber seine Ämter als Magier und Astrologe bei Hofe weiter aus. Sein Trauma war, daß sein Geld für seine ehrgeizigen Forschungen nicht reichte. So fertigte er Landkarten für die Königin an, berechnete einen neuen Kalender, war maßgeblich an den Plänen der Kriegsmarine beteiligt und tüftelte an einem Plan über die Kolonisierung Amerikas. Auch mit seinen Horoskopen ließ sich Geld verdienen. Mit der Zeit sammelte er eine private Bibliothek von über 4000 Bänden und vergrub sich in seine Bücher, während die anderen schliefen. Bei Kerzenlicht schrieb er

Werke über Mathematik, Astrologie und Geographie. Dann kam er auf den Gedanken, mit Hilfe guter und böser Geister vergrabene Schätze zu orten und zu heben; so etwas hätte seine wirtschaftlichen Probleme aus der Welt geschafft.

John Dee hatten es nicht nur der Satan und die Teufel angetan, sondern auch die Engel. Sein ganzes Streben war, mit solchen Gottessöhnen in Verbindung zu treten. So suchte er sich ein Medium, einen Menschen mit besonderen okkulten Kräften. 1582 geriet John Dee an den Alchimisten Edward Kelley, einen dunkelhäutigen vorbestraften Iren, den man der Falschmünzerei überführt und beide Ohren abgeschnitten hatte. Kelley trug eine schwarze Kappe, um die Narben zu bedecken. Er wurde für ein Jahresgehalt von 50 Pfund eingestellt, was für damalige Verhältnisse eine riesige Summe war. Kelley hatte einen üblen Ruf: Er habe Leichen ausgegraben, flüsterte man über ihn, um sie zu befragen, und habe deshalb am Pranger gestanden. Um so erstaunlicher, was Dees und Kelleys Zusammenarbeit für Früchte trug: Der Kontakt zu den Engeln gelang, mit denen Dee auf enochäisch korrespondierte, einer geheimnisvollen Engelssprache, deren merkwürdiges Alphabet überliefert ist und die von hinten nach vorn geschrieben wurde. Zur wichtigsten Requisite für solche Beschwörungen wurde der *Heilige Stein*, eine Kristallkugel, die der Erzengel Uriel dem Magier durchs Fenster gereicht haben soll – auch der Erzengel Michael war dabei und ermunterte Dee, das Requisit anzunehmen. Heute scheint diese Kugel ihre invokative Wirkung verloren zu haben und ist im Britischen Museum zu besichtigen. Überhaupt war Uriel Dees erster Kontakt gewesen, und mit der Zeit folgten auch die mächtigen Seraphim-Engel Zabathiel, Zedekiel, Madimiel, Semeliel, Nogabiel, Corabiel, Lavaniel. Für solche Beschwörungen hatte Dee einen Zaubertisch gebaut, der mit leuchtenden Farben bemalt war und auf vier runden, magisch beschriebenen Siegeln stand. Mit Hilfe des cholerischen Kelley, der Kristallkugel und des Zaubertisches sah sich John Dee in der Lage, mit guten und bösen Geistern im Gespräch zu bleiben, und er schrieb jedes Wort nieder, das die unsichtbaren Wesen ihm durch Kelleys Mund verkündeten. Die Masse dieser Botschaften war nicht zu deuten. Mancher schüttelte den Kopf über John Dee und dessen Spleen, mit den Engeln zu sprechen. Der Klerus runzelte die Stirn und verfaßte geheime Dossiers über diesen hageren spitzbärtigen Asketen; immer wieder sagte man ihm die Beschwörung des Satan nach, allein schon deshalb, weil der Herr der Finsternis immer noch zu den Engeln zählt, auch wenn er verstoßen ist. 1585 trat Dee in polnische, dann in böhmische Dienste. Aus dieser Zeit stammt die wohl erstaunlichste Botschaft des *Führers Madimi*, der durch Kelleys Mund John Dee befahl, daß er und Kelley die Frauen tauschen sollten. John Dee bekam hysterische Anfälle, weil er sehr wohl um den üblen Lebenswandel Kelleys wußte. Als dann aber der Erzengel Uriel die Botschaft bestätigte, lenkte Dee ein: *Es gibt kein anderes Heilmittel als diese Kreuzehe*, schrieb er in sein Tagebuch, *darum muß sie vollzogen werden ... Sie zeigte sich recht entschlossen, sich Gottes Fügung demütig anheimzustellen und seinem geheimen Willen zu gehorchen.*[26] 1589 kehrte Dee nach England zurück, und die siebenjährige Zusammenarbeit mit Kelley war Geschichte. Kelley wurde des Betrugs angeklagt; in seinem Prager Exil kam er hinter Gitter und starb.

In unserem aufgeklärten Zeitalter wird es wenige geben, die ein Gespräch mit Gottes Engeln für möglich halten. Es werden kaum mehr Leute sein, die daran glauben, daß es überhaupt Engel gibt. Und doch hat John Dee über solche himmlischen Quellen die Zukunft vorausgesagt, eine magische Glanzleistung, die ihn weit über Cagliostro oder Crowley heraushebt: 1583 notierte Dee in allen Einzelheiten die Enthauptung einer mächtigen schönen Frau, ebenso die Warnung vor einem gewaltigen Seeangriff gegen England; vier Jahre später wurde Maria Stuart, Königin von Schottland, auf dieselbe Weise enthauptet, wie John Dee es aufgeschrieben hatte, und fünf Jahre später stach die spanische Armada gegen England in See.

In England fand Dee in Bartholomew Hickman einen neuen Seher. Der Erzengel Raphael versicherte ihm durch Hickmans Mund tröstliche Botschaften, insoweit, daß dem großen Magier schließlich doch noch jene Geheimnisse entdeckt würden, die er Zeit seines Lebens hatte lüften wollen. Doch die Visionen erfüllten sich nicht. John Dee starb 1608 im Alter von 81 Jahren. Er war ein universeller Gelehrter, der rastlos bemüht war, dem Unbegreiflichen die 1000 Masken abzunehmen. Er kannte keine Tabus, wenn es darum ging, sich bei der Suche nach den okkulten Wahrheiten der Gottessöhne zu bedienen, der guten wie der bösen. John Dee war Wissenschaftler, kein Scharlatan wie Cagliostro oder Crowley. Wissenschaft war für John Dee mehr als die Interpretation der Wirklichkeit. Die verborgenen Mächte des Lichts und der Finsternis waren ihm ebenso real wie der Lehrsatz des Pythagoras. Einer seiner Biographen charakterisiert ihn als den Gründer der modernen parapsychologischen Forschung und seiner Zeit um 200 Jahre voraus.

DER RITT AUF DEM WEINFASS: DR. JÖRG FAUSTUS

Am mitwoch nach Viti [17. Juni] *Anno 1528 ist ainem der sich genant Doctor Jörg Faustus von Haidlberg gesagt dass er seinen pfennig anderswo verzer, und hat angelobt solche erforderung für die obrigkeit nit ze anten* [ahnden] *noch zu äffern* [verspotten].[27]

Georg Faust soll 1480 im württembergischen Knittlingen bei Maulbronn geboren sein. Von diesem Mann weiß man, daß er sich selbst als Magier bezeichnete – er soll an den Universitäten Krakau, Salamanca und Toledo gewirkt haben, die bei den Magiern seiner Zeit einen besonderen Ruf hatten.

Faust wies sich aus als Meister Georg, Totenbeschwörer, Astrologe, Zauberer, Handleser, Wettermacher, Feuer- oder Wasserbeschwörer. Man sagte ihm nach, er könne fliegen und Menschen verschlucken. Er war schon zu Lebzeiten Legende, ein satanischer Held, der, seinen Bart zwirbelnd, maliziös seine Schurkereien praktizierte. Er war berüchtigt, denn Johannes Trithemius, Benediktinerabt und Geheimwissenschaftler, schreibt dem Heidelberger Astrologen Johannes Virdung über den 27jährigen Faust: *Der Mann, von dem du mir schreibst, der sich Fürst der Nekromanten[28] zu nennen wagt, ist ein Vagabund, Schwätzer und Betrüger.*

Der üble Leumund Fausts deutet an, daß dieser Mann gern und ausgiebig von sich reden machte, eine Eigenschaft, die ihm Cagliostro und Crowley an die Seite stellen. Faust verkörperte vollkommen die volkstümliche Vorstellung von einem Magier, der dem Teufel die Seele verkauft hat für übermenschliches Wissen und Zauberkraft. Es wurde gemunkelt, daß der böse Geist in jenem schwarzen, zottigen Hund leibhaftig sei, der Faust ständig begleitete. Um die Schultern dieses Scharlatans der Reformationszeit hängt Satans Schwefel wie ein höllischer Mantel, und die 100 Legenden um Faust grassierten schon zu seinen Lebzeiten. Natürlich hat Faust solchen Gerüchten nicht widersprochen, im Gegenteil, vieles spricht dafür, daß er sie selbst unter die Leute gebracht hat. Man sagt Faust nach, er habe oft und gern von diesem Pakt berichtet, worin er dem Herrn der Finsternis seine Seele verkauft und dies mit dem eigenen Blut unterschrieben habe. Selbst Martin Luther glaubte fest an Fausts Satanspakt. Einem Franziskaner, der den Doktor exorzieren wollte, habe sich Faust mit dem Hinweis versagt, es gäbe kein Zurück – solch ein Teufelspakt habe Bestand, solange auch der Teufel selbst ihn einhalte.

Faust war so vieles: Gelehrter, Gaukler, Hochstapler – und sicher ein raffinierter Schwindler und Publikumsmagnet, dessen Name in aller Munde war. Die ersten Volksbücher über ihn erschienen schon in seinem Jahrhundert.[29] Faust soll seinerzeit dem Reformator Philipp Melanchthon gedroht haben, er werde alle Schüsseln aus dessen Küche durch den Kamin herausscheppern lassen. Ansonsten bohrte Faust Löcher in Wirtshaustische und ließ Wein herauslaufen, damit er mit seinen Freunden weiterzechen konnte. Überhaupt sieht es danach aus, daß er Wirtshäuser für die Demonstration seiner Magie bevorzugt hat. Solche alten Burlesken haben auch Goethe inspiriert, der Faust in Auerbachs Keller zu Leipzig zaubern läßt. Es ist kein Zufall, daß Goethe gerade diesen Ort gewählt hat. Zu Goethes Studentenzeit war er eine Art Faust-Museum und quoll über von Gemälden, Fresken und Accessoires des berüchtigten Doktor Faustus.

Zu seiner Zeit war Faust in aller Munde, davon mag die Sage vom Ritt auf dem Weinfaß zeugen: *Im Jahre 1525 begab sich in der weltberühmten Stadt Leipzig folgende seltsame Geschichte: Nämlich der wohllöbliche Rat der Stadt Leipzig wollte ein großes Bankett abhalten auf dem Rathause, wie das sehr oft geschah. Und als nun die wohledlen und weisen Herren tapfer gezecht hatten, siehe, da war der gute Wein aus dem Ratskeller alle, sandten derohalben einen Boten hinüber nach dem Auerbachschen Keller, um ein Fäßlein vom Besten zu bestellen. Der Kellerwirt rief auch alsbald seine Gesellen und etliche Weißkittel herbei, daß sie ein stattliches Faß aus dem Keller ans liebe Tageslicht hinaufbringen sollten, und Gesellen und Weißkittel griffen tapfer zu. Aber was sie schroten und schieben mochten, so war ihnen das Faß doch zu schwer und wollte mit Gewalt nicht aus dem Keller hervor, worüber denn viel Geschrei und Rumor entstand, zumal Senatus Boten auf Boten nach dem Weine schickte, von wegen des großen Durstes. Als nun das Getümmel und Gewimmel vor dem Keller eben recht arg war, da kam ein hoher, stattlicher Mann vom Tore her die Grimmaische Gasse herab, und blieb vor dem Keller stehen, wo er, gleichwie die andern, zuschaute, wasmaßen die Knechte und Weißkittel vergebens sich mühten. End-*

lich sprach er mit höhnischem Lachen zu den Weißkitteln und Knechten: »Was für jämmerliche Wichte seid ihr doch. Ihr schaut so stark und breitschultrig drein, habt so derbe Fäuste, wie ich sie nimmer noch sah, und könnet nicht einmal das Faß von der Stelle rücken! Traun, dazu woll't ich kaum mehr, als meines kleinen Fingers Kraft gebrauchen.« *Darüber ärgerten sich die Kellerknechte und die Weißkittel nicht wenig und begannen zu murren, der Kellerwirt aber rief:* »O du Prahlhans, wie willst du mit deines kleinen Fingers Kraft das schwere Faß von der Stelle bringen, welches doch sechs starke Männer mit Walzen und Seilen, Stützen und Keilen nicht zu regieren vermögen?« »Das werde ich dir zeigen«, *versetzte darauf der Fremde,* »aber um welchen Preis soll ich mein Kunststück machen?« *Der Kellerwirt, der nicht anders dachte, als der Fremde wolle ihn hänseln, schrie rot vor Zorn:* »Zum Teufel! Wenn du das Faß da sonder Müh' und Arbeit allein aus dem Keller bringst, so magst du es ganz und gar behalten und meinethalben gratis mit deinen Kumpanen dich daran zu Tode saufen.« »Topp!«, *rief lachend der Fremde, sprang in den Keller und setzte sich wie ein Reitersknecht rittlings auf das Faß, gab ihm die Sporen, schlug in die Hände und schnalzte:* »Hotto ho! Hopp, hopp!« *Und, o Wunder, das schwere Faß polterte mit seinem Reiter die Treppe hinauf, fuhr mit ihm aus dem Keller, und – hopp; hopp! Hopp, hopp! – über den Markt, unter dem Rathause vorbei, zum Tor hinaus, und alles Volk schrie laut vor Verwunderung und Entsetzen. Der seltsame Reiter war aber niemand anders gewesen als der berühmte Zauberer und Erzschwarzkünstler Dr. Johannes Faustus, von dessen ärgerlichem Leben und erschrecklichem Ende zu selbiger Zeit ein dickes Buch geschrieben wurde. Der Wirt aber in Auerbachs Keller ließ zum ewigen Andenken an diese Begebenheit zwei schöne Schilder malen, auf dem einen ist zu schauen, wie der Dr. Faust auf dem Fasse aus dem Keller reitet, und auf dem anderen, wie er mit seinen Kumpanen sich erlustigt bei einem Festmahle, wozu der gewonnene Wein her-*

halten mußte. Beide Bilder sind noch bis auf den heutigen Tag in Auerbachs Keller erhalten worden und werden von männiglich, der Leipzig besucht, mit großer Verwunderung betrachtet.[30]

Giovanni Papini hat sich die Mühe gemacht, aus der *Tragischen Geschichte des Doktor Faust* von Christopher Marlowe den Wortlaut des Faustschen Teufelspaktes abzuleiten: *1. Faust kann ein Geist nach Form und Substanz sein. 2. Mephistopheles*[31] *wird ihm stets zu Diensten sein. 3. Mephistopheles wird alles für ihn tun und ihm alles bringen. 4. Mephistopheles wird in Fausts Zimmer oder Haus unsichtbar bleiben. 5. und letztens: Mephistopheles erscheint dem oben genannten Johannes Faust in jedem von ihm gewünschten Moment und in der Gestalt und dem Aussehen, das dieser wünscht. Ich, Johannes Faust aus Württemberg, Doktor, gebe mit dem vorliegenden Akt Körper und Seele an Luzifer, den Fürsten des Ostens, und an seinen Minister Mephistopheles; darüber hinaus erteile ich ihnen das uneingeschränkte Recht, nach dem Ablauf von vierundzwanzig Jahren, sofern die genannten Artikel nicht verletzt wurden, den genannten Johannes Faust, Körper und Seele, Fleisch, Blut und seine Güter, an ihren Aufenthaltsort zu verbringen, wo immer dieser auch liegt. Eigenhändig unterschrieben: Johannes Faust.*

Die heisse Spur des Herrn der Finsternis

> SO SPALTETE SICH BEI DEM MORGENSTERN DER HIMMEL,
> UND ES ERSCHIEN EIN UNAUSSPRECHLICH GROSSES LICHT.
> Apokrypher Text *Joseph und Asenath*

An anderer Stelle wurde über den Minotauros gesprochen und dessen mythologische Verwandtschaft mit dem Himmels-Stier der Ischtar erläutert – eine Verwandtschaft, die direkt zu Luzifer/Venus führt.

Der Vater des Minotauros war ein wilder schöner Stier, wie wir wissen, der vom Meeresgott Poseidon nach Kreta gesandt worden war. Es gibt eine parallele Legende, die Herakles ins Licht rückt, den Sohn des Zeus und der Alkmene[1]. Dieser heldenhafte Halbgott wurde nach Kreta gesandt, um die Insel von jenem Untier zu befreien, das dort frei herumlief und die Kreter in Schrecken setzte, ihre Weinberge zerstörte und Ernten vernichtete. Herakles fing den Stier, ließ ihn das Meer überqueren und brachte ihn nach Argos[2]. Dort weihte er das gewaltige Tier der Göttin Hera und gab ihm die Freiheit. Doch nahm Hera das Opfer nicht an und vertrieb den Stier. Sie mochte Herakles nicht, weil dieser der lebendige Beweis einer der vielen Seitensprünge des göttlichen Zeus war, ihres Mannes. So kreuzte der Stier den Golf von Korinth und erreichte Marathon. Dort verwüstete er das Land, wie er es schon auf Kreta getan hatte. Theseus war es dann, der dieses Ungeheuer tötete und dem Gott Apollon opferte. Der griechische Stiermythos nimmt seinen Anfang im Meer von Kreta, dem der Stier entstieg. Es ist dies ein Bild vom Morgenstern, der aus dem Meer taucht und zum unteren Himmel steigt. Vielleicht ein guter Anlaß, die Geschichte dieser Insel näher zu betrachten, um die These von Luzifers/Venus' Höllensturz nicht nur mythologisch zu deuten, sondern auch historisch.

Sir Arthur Evans[3], Professor für vorgeschichtliche Archäologie an der Universität Oxford, hat in Knossos den Palast des

Königs Minos und das Labyrinth ausgegraben. Evans fand heraus, daß dieser Gebäudekomplex von immerhin zweieinhalb Hektar Fläche vollkommen zerstört worden war. Er sah, daß die Zerstörung des minoischen Palastes mit der Gewalt einer Naturkatastrophe vor sich gegangen war, vergleichbar etwa dem Schicksal der antiken Städte Pompeji und Herculanum am Vesuv. In den Trümmern der Gemächer stieß der Forscher auf ähnliche Zeichen der Überraschung durch Naturgewalten, wie sie d'Elboeuf und Venuti am Fuße des Vesuvs gefunden hatten: Liegengelassenes Werkzeug, angefangene Werkstücke, jäh unterbrochene Hausarbeit, unvollendete Kunstwerke. Nun fallen auf Kreta schon mal plötzlich Gegenstände um, zittern die Wände oder schütteln sich die Betten, schwappt Wasser aus vollen Eimern und seufzt die Erde, stöhnt und brüllt[4] – die Insel liegt schließlich in einer Erdbebenregion. Deshalb und aus eigener Erfahrung war Evans davon überzeugt, daß nur die Gewalt eines großen Bebens, das seinerzeit die Erde Kretas durchgerüttelt hat, den Palast des Minos in Knossos zerstört haben konnte.

Der britische Archäologe unterschied drei minoische Perioden: Die frühminoische vom dritten bis ins zweite Jahrtausend vor Christus, die mittelminoische bis etwa 1600 vor Christus und die spätminoische bis rund 1250 vor Christus. *Eine gewaltige Zerstörung suchte Knossos an der Nordküste der Insel und Phaistos an ihrer Südküste heim* – so kennzeichnet Evans die mittelminoische Periode. Generationen später, in der spätminoischen Epoche, ging eine neue Zerstörungswelle über Kreta hinweg und vernichtete alles, was man wiederaufgebaut hatte. *Überall auf dem gefährdeten Gebiet des Gebäudes*, berichtet Evans, *gibt es Beweise für einen gewaltigen Umsturz, der eine lange Aufeinanderfolge von Kulturüberresten unter sich begrub.* Diese spätminoische Katastrophe scheint die schlimmste von allen gewesen zu sein. [Sie] *war für ganz Kreta endgültig und allgemein,* schreibt S. Marinatos, Direktor der griechischen Altertümerverwaltung, *es scheint sicher, daß es sich um die schrecklichste von allen handelt, die sich auf der Insel ereignet hatten.* Der Palast von Knossos wurde zerstört. *Dieselbe Tragödie befiel alle sogenannten Villen. Auch ganze Städte wurden dem Erdboden gleichgemacht. Sogar heilige Höhlen fielen ein, wie diejenigen von Arkalokhori.*[5] Es war die Apokalypse, die die Insel heimsuchte: Vulkanische Asche fiel auf die Insel, und große Flutwellen, die von Norden kamen, stürzten darüber. *Durch diese Katastrophe erhielt Kreta einen nicht mehr gutzumachenden Schlag. Ein normales Erdbeben ist allerdings völlig unzureichend, um ein so umfassendes Unglück zu erklären.*[6] Speziell diese spätminoische Katastrophe unterbrach alles Leben. Es sieht danach aus, als habe man damals nicht einmal Zeit gefunden, die Hilferufe an die Götter zu Ende zu bringen. Evans schreibt: *Es möchte scheinen, daß Vorbereitungen zu einer Salbungszeremonie im Gange waren. Aber die aufgenommene Handlung war nicht dazu bestimmt, fortgeführt zu werden.* Unter Erde und Schutt liegt der *Thronsaal*, darin Ölgefäße aus Alabaster. *Der plötzliche Abbruch der begonnenen Handlungen – so deutlich sichtbar – weist gewiß auf eine plötzlich auftretende Ursache.* Es war *ein weiterer jener schreckenerregender Schläge, die wiederholt die Geschichte des Palastes unterbrochen hatten.* Der eigentliche Umsturz wurde verschlimmert durch eine *ausgedehnte Feuersbrunst,* und die Katastrophe erreichte *besonders verheerende Dimensionen infolge eines gleichzeitig ungestüm wehenden Windes.*[7] Nach der letzten spätminoischen Katastrophe ist der Minos-Palast von Knossos nicht wieder aufgebaut worden. Dies sind die Zeiten, wo auch der legendäre König Minos und seine Stier-Ungetüme hineingehören. Betritt man die Ruinen des Palastes von Knossos aus nördlicher Richtung, blickt man auf ein Relief des minoischen Stiers. Es ist dies die Stätte, die an eine infernalische Epoche erinnert, worin der Höllensturz Luzifers/Venus' die Erde schüttelte.

Nun gibt es Fachleute, die die Zerstörung des spätminoischen Reiches dem Santorin zuschreiben, dem unterseeischen

Vulkan von Thera, der südlichsten Kykladeninsel – sein letzter Ausbruch war 1956. In der Tat ist der Santorin etwa um 1500 vor Christus in einer verheerenden Explosion in die Luft geflogen und hat große Teile Theras ins Meer geblasen. Es soll eine Eruption gewesen sein, die die Krakatau-Katastrophe von 1883 um das Vierfache übertraf. Der ganze Ostteil der Inselwelt im Ägäischen Meer war durch Beben, Flutwellen und Asche betroffen, auch Kreta. Doch weiß man, daß das abrupte Ende der minoischen Kultur mit dem Ende historischer Perioden in Indien, Ägypten oder Kleinasien zusammenfällt. Man weiß auch, daß in dieser Zeit eine Völkerwanderung einsetzte. Es ist gewiß, daß die Santorin-Katastrophe dies alles nicht allein bewirken konnte. Es muß davon ausgegangen werden, daß diese Jahrtausend-Eruption nur Teil eines höllischen Fiaskos war, das Luzifers Fall auf der Erde entzündet hatte.

Zu Beginn des 20. Jahrhunderts wurde in Palästina phönizische Keramik gefunden, die in Lava eingebettet war. Die Archäologie datiert diese Relikte um das 15. Jahrhundert vor Christus und schließt deshalb auf eine vulkanische Tätigkeit in dieser Region zu dieser Zeit. Es sieht danach aus, daß in jener apokalyptischen Zeit auf dem zerklüfteten Sinai ein Strom basaltischer Lava die Vegetation verbrannt und eine Wüste hinterlassen hat. Erstaunlich an diesen Phänomenen ist, daß das Sinai-Massiv kein Vulkan ist. Ebenso wurden Teile Palästinas von solchen Lavaströmen verwüstet, das Jesreel-Tal zum Beispiel, das von dieser glühenden Masse aufgefüllt worden ist. Auch der Zusammenbruch des Mittleren Ägyptischen Reiches kam mit Eruptionen und Lavaströmen daher. Weiter hat man in den Gräbern des Alten und Mittleren Reiches rätselhafte Brandspuren gefunden – ein häufiges Phänomen – als sei eine flüchtige Substanz in die Grabkammern gedrungen und habe sich auf den erhitzten Böden entzündet.

In Beth Mirsim in Palästina kam es in dieser Zeit zur Unterbrechung der Besiedlung. Zwischen den Erdschichten der

Mittel- und Spätbronzezeit stießen Archäologen in Beth Sean auf Schuttschichten, die dicker als ein Meter sind – desgleichen in Byblos (Syrien), Tarsus und Alaca Hüyük (Anatolien). Man übertreibt nicht, wenn man sagt, daß dies letztlich für jede Grabungsstätte Kleinasiens gilt. Diese Schuttschichten weisen darauf hin, daß der Übergang von der Mittelbronze- zur Spätbronzezeit von einem Umsturz begleitet war, der die chronologische und stratigraphische Abfolge durchbrochen hat. Ähnliches traf man in Tell el Hésy an, und auch Jericho war zertrümmert, Megiddo, Beth Schemesch, Lachis, Askalon oder Tell Taanak. Stichwort Jericho: Die Stadt war mehrfach zerstört worden, ihre mächtigen Mauern aber fielen in einem gewaltigen Beben kurz nach dem Zusammenbruch des Mittleren Reiches. Es handelte sich um eine allumfassende Katastrophe. Die ethnischen Bewegungen waren zweifellos ihre Folgen und Auswirkungen. Aber ihre erste und reale Ursache ist wohl in einem geheimnisvollen Kataklysmus zu suchen, über den der Mensch keine Kontrolle hatte. So hat Luzifer in den biblischen und homerischen Regionen tiefe archäologische Spuren hinterlassen, von den Dardanellen bis zum Kaukasus, auf dem iranischen Hochland und bei den Südkatarakten des Nil. Auch die reiche indische Indus-Kultur ging um 1500 vor Christus nieder. Es ist die Zeit, als die indoeuropäischen Arier auf Wanderschaft waren, um sich, nach und nach, Europa, Kleinasien und Indien zu unterwerfen.

Das Tote Meer ist rund 400 Meter tief – nur in seinem südlichen Zipfel sind es rund zehn Meter. Rudert man dort hinaus und steht die Sonne günstig, kann man am Grund deutlich die Umrisse von Wäldern sehen, konserviert durch den dreißigprozentigen Salzgehalt dieses Gewässers. Ein merkwürdiges Meer: Keine Muschel, kein Fisch, kein Tang, keine Korallen – die Strände bestehen aus weiß verkrustetem Salz. Ölige Asphaltflecken schillern auf dem Wasser, und der Geruch von Petroleum und Schwefel beißt und sticht – es ist ein Ort, möchte man meinen, wo sich der Satan den rußigen Leib wäscht. Die Salzwälder gehören zum biblischen Land Siddim, das dort versunken ist, das Land Siddim, wo die Städte Sodom und Gomorrha lagen. Eine sorgfältige Durchsicht der literarischen, geologischen und archäologischen Zeugnisse führt zum Schluß, daß die *verderbten Städte in der Gegend*[8] in dem Gebiet lagen, das jetzt untergetaucht ist unter den langsam steigenden Wassern im Südteil des Toten Meeres, und daß ihre Vernichtung durch ein großes Erdbeben vor sich ging, das begleitet war von Explosionen, von Blitzen, vom Austritt von Naturgasen und von allgemeiner Feuersbrunst. Diese Katastrophe ist vor 3000 bis 4000 Jahren über die Menschen von Sodom und Gomorrha hereingebrochen, damals, als Luzifers Brüder, die Engel, Lots Gastfreundschaft in Sodom genossen hatten und *Lots Weib hinter sich* [sah] *und zur Salzsäule* [wurde].

Es gibt ein weiteres merkwürdiges Indiz, das die Ereignisse in der Ägäis und am Toten Meer in einen globalen Zusammenhang stellt: Das Ostafrikanische Grabensystem. Es ist ein einzigartiges Phänomen auf unserer Erde, der Graben gleicht einer klaffenden Platzwunde, die dem Land mit riesiger Kraft geschlagen worden ist. Die Länge des Grabens entspricht immerhin einem Sechstel des Erdumfangs, er zieht sich von Syrien kommend durch das Rote Meer und den Ostteil des afrikanischen Kontinents fast bis zum Kap der Guten Hoffnung – auch das Jordantal und das Tote Meer gehören dazu, ziemlich an seinem Anfang im Norden. Ein tiefer und vergleichsweise schmaler Graben, mit beinahe senkrechten Wänden und ausgefüllt vom Meer, von Salzsteppen und alten Seebecken sowie von einer Kette von 20 Seen, von welchen nur einer in das Meer fließt. Sieht man diese geographische Besonderheit mit unbefangenen Augen, mag man den Eindruck gewinnen, Afrika und der südliche Nahe Osten seien von einer unbekannten Urkraft auseinandergerissen worden, wobei es fast zur gänzlichen Abtrennung der arabischen Halbinsel gekommen ist. Die Öffnung von Spalten dieser Größenordnung kann nur durch die Wirkung einer Spannung erklärt werden, die senkrecht zum Verlauf des Bruchs ausgerichtet ist, so daß die Spannung im Moment des Brechens, das heißt der Zerklüftung, gelöst wird. Diese senkrechte Kraft gleicht der Wirkung eines Beils, eines Keils – auch der eines Hammers, der auf sprödes Material trifft. Einem solchen Hammer käme ein Himmelskörper gleich, die Venus etwa, die in bedrohlicher Nähe an der Erde vorbeizieht und deren Rotation hemmt und Neigungswinkel oder Magnetfeld ändert: Vulkanherde liegen etwa 2 bis 50 Kilometer tief und sind in festen Schichten eingeschlossen. Es leuchtet ein, daß unverhoffte Gravitationsprobleme die flüssigen und gasförmigen vulkanischen Substanzen aktivieren müssen. Es passiert dann zwangsläufig, daß Magma aus Kratern und Spalten herausgeschleudert wird und auch feste Gesteinsbrocken auf die Erde regnen. Tektonisch gesehen wird der Graben im Westen von der Afrikanischen Platte begrenzt, im Osten von der Somali-Platte und der Arabischen Platte. Als Grenzlinie zwischen drei tektonischen Platten ist das Ostafrikanische Grabensystem eine potentielle Erdbebenzone, und damit insoweit *spaltbar* im Sinne unseres Hammer-Beispiels, als sich der Sturz Luzifers gerade dort verheerend auswirken muß. Man muß sich also die Frage stellen, ob nicht dieser gesamte Graben vor rund 3500 Jahren auseinandergeklafft ist und Schwefel, Feuer und Lava gespuckt hat – in seinem nördlichen Teil am Toten Meer und auf der ägäischen Vulkaninsel Thera, das wissen wir definitiv, ist es so gewesen. Man hat im Ostafrikanischen Grabensystem Meeresfossilien gefunden, woraus die Fachleute schließen, daß es in früherer Zeit entstanden sei. Aber: Einige der Grabenböschungen sind so kahl und scharf, daß sie jüngeren Datums sein müssen. Diese fortgesetzten Erdbewegungen bis weit hinein in menschliche Epochen sind auffällige Merkmale der Region. Überall entlang der Linie bewahren die Eingeborenen Traditionen über große Veränderungen in der Struktur des Landes. Ein unruhiger Streifen, dieses Ostafrikanische Grabensystem. Als Luzifer und seine schwarzen Engel fielen, mag dort die Hölle los gewesen sein: die Erde platzte entlang eines Meridians vom Santorin über fast die ganze Länge Afrikas. Unendliche Lavaströme quollen dort aus der Tiefe, nachdem die Erde gebebt und sich 1000 Eruptionen entladen hatten.

Die Luzifer-Katastrophe scheint nicht nur das Ostafrikanische Grabensystem zur Detonation gebracht zu haben. Auch das Columbia Plateau zeigt die Höllenspur des Leibhaftigen. Unmengen von Lava ergossen sich in die Staaten Washington, Oregon und Idaho, wo etwa 51 000 Quadratkilometer mit einer 30 oder sogar 300 Metern mächtigen Schicht bedeckt wurden. Eine Überschwemmung von geschmolzenem Gestein und Metall, das aus Spalten quoll, die sich im Boden aufgetan hatten. Das Gebiet ist riesig, es umfaßt alle Staaten im Norden der USA zwischen dem Pazifik und den Rocky Mountains. Auch diese Gegend ist uraltes Erdbebengebiet, und die Erdgeschichte scheint dort etliche Eruptions-Epochen aufzuweisen. Eine ist gar nicht so lange her – so berichtet der amerikanische Wissenschaftler Immanuel Velikowsky: *Vor nur wenigen tausend Jahren ergoß sich dort Lava über ein Gebiet, das größer als Frankreich, Belgien und die Schweiz zusammen ist; sie floß nicht wie ein Bach, nicht wie ein Fluß, und auch nicht wie ein über die Ufer tretender Strom: Es war eine Flut, von Horizont zu Horizont eilend, alle Täler auffüllend, alle Wälder und Wohnstätten verschlingend, große Seen verdampften, als wären sie kleine Strudellöcher, und sie schwoll immer höher und stand über den Bergen und begrub sie tief unter geschmolzenem Gestein – siedend und brodelnd, kilometerdick, Milliarden von Tonnen schwer.* Bei einer Brunnenbohrung am Schlangenfluß fand man 1889 in einer Tiefe von 107 Metern eine gebrannte Tonfigur unter dem Basalt. Alle maßgebenden Beobachter sind sich einig über den frischen jungen Zustand der Lavalager im Schlangenflußtal in Idaho. Es war keine normale Eruption, wie sie immer wieder mal auftritt auf der Erde. Es war Luzifers Eruption, die Hölle auf Erden – ein so gewaltiges und einmaliges Feuerwerk, wie es nur der gefallene Engel auf der Erde zünden kann.

Die Untersuchung fossilen Blütenstaubs nennt man *Pollenanalyse*. Pollenkörner sind formverschieden und daher bestimmbar. Es gibt da eine nützliche Besonderheit: Blütenstaub ist sehr widerstandsfähig, da die äußere Membran einer Zersetzung durch Mikroorganismen oder Witterung weitgehend standhält. Nur mit Hilfe der Pollenanalyse ist es seinerzeit gelungen, die Geschichte der Waldentwicklung in der Nacheiszeit zu klären. Aber auch für die Erforschung der Vorgeschichte ist die Pollenanalyse hilfreich: Sie macht Rückschlüsse auf die Klimaverhältnisse und Lebensbedingungen der Vorzeitmenschen möglich. Die Pollenanalyse ist also auch ein probates Mittel für den Versuch, den Zeitraum des Höllensturzes Luzifers zu ermitteln: Für Europa und Skandinavien zeigt diese Datierungsmethode, daß es etwa um 1500 und dann noch einmal im achten beziehungsweise siebten Jahrhundert vor Christus Klimakatastrophen gegeben hat. Sie gingen einher mit Hochwasser und tektonischem Unheil, das den Raum zwischen Norwegen und Tirol verwüstete. Auch die Pollenanalyse bestätigt also den Propheten Jesaja und den Apokalyptiker Johannes.

DIE MAGISCHE QUERZAHL

> DIE ZAHL IST DAS WESEN ALLER DINGE.
>
> Pythagoras von Samos

Neun *der Tage und Nächte bedürfte ein eherner Amboß, um vom Himmel am zehnten herab zur Erde zu kommen.*[1]
Die Zahl *neun* ist ein mythischer Dauerbrenner, von ähnlicher Faszination wie die neunköpfige Feuerschlange Hydra, der Himmels-Stier, die fallenden Sterne oder die taumelnde Erde. Es sieht danach aus, als seien in alter Zeit, zwischen 1500 etwa und 700 vor Christus, die Uhren schneller gegangen: Damals war das Jahr 360 Tage lang, und es gliederte sich in 12 Monate zu 30 Tagen beziehungsweise 40 Wochen zu 9 Tagen. Erde und Mond dürften in der Epoche der Apokalypsen eine andere Umlaufbahn gehabt haben als heute, und ihre Ellipsen beziehungsweise Kreise einen größeren beziehungsweise kleineren Halbmesser. Für diese Vermutung finden sich 100 Indizien, weil die Neun als Zahl oder Querzahl in unzähligen Religionen, Mythen oder Epen als magische Zahl umgeht. Viele Völker haben in dieser höllischen Epoche mit Neun-Tage-Wochen gerechnet – Ägypter, Babylonier, Chinesen, Inder, Perser.[2] Die magische Neun ist gewissermaßen das numerische Zwischenergebnis einer antiken Fast-Kollision der Erde mit dem Planeten Venus/Luzifer. Daraus folgt, daß diese magische Neun, ob als absolute oder Querzahl, ebenso zu Luzifer/Satan gehört wie sein Schwefelatem. In der antiken religiösen Überlieferung, Literatur oder Astronomie laufen sieben oder neun Tage als Wochenmaß nebeneinander her. In der Zeit des Homer gewinnt die Neun-Tage-Woche in der griechischen Welt an Boden, denn der Dichter benutzt die sieben und neun Tage nach Belieben. Auch die Römer überliefern die neun Tage, und der Wechsel von der Neun- auf die Sieben-Tage-Woche ist bei den Rumänen, Litauern, Sardiniern, Kelten, Mongolen und in Westafrika belegt.

360 Tage im Jahr, 12 Monate zu 30 Tagen, 40 Wochen zu 9 Tagen – diese Berechnung aus apokalyptischer Zeit hat ihren Ursprung in der arisch-indoeuropäischen Überlieferung: Nach der indischen Glaubenslehre entspricht ein Tag Brahmas 4,32 Milliarden Erdjahren, dieser Zeitraum heißt eine Calpa. Der tausendste Teil einer Calpa ist 4,32 Millionen, ein Zeitraum, den man das Tschaukery nennt. Das Tschaukery enthält, einschließlich der sogenannten *Morgen-* und *Abenddämmerungen*, die vier Weltalter, die mit den Faktoren vier bis eins berechnet werden:

1. Das Satiajug (Dewajug) zu 1 728 000 = 4 × 432 000,
2. Das Tiraitajug zu 1 296 000 = 3 × 432 000,
3. Das Twabarjug zu   864 000 = 2 × 432 000,
4. Das Calyjug zu   432 000 = 1 × 432 000,
   Zusammen   4 320 000 = 10 × 432 000.

Besagte Morgen- und Abenddämmerungen der vier Weltalter ergeben sich wie folgt:

1. Das Satiajug (Dewajug) zu 288 000 = 4 × 72 000,
2. Das Tiraitajug zu 216 000 = 3 × 72 000,
3. Das Twabarjug zu 144 000 = 2 × 72 000,
4. Das Calyjug zu   72 000 = 1 × 72 000,
   Zusammen   720 000 = 10 × 72 000.[3]

Nimmt man die beiden Grundzahlen und bildet die Differenz (432 minus 72), ergibt sich die Zahl 360, die mit der Tageszahl des apokalyptischen Gemeinjahres übereinstimmt. Diese Zahl war den arischen Indern so heilig, daß ihr sogar die Silbenzahl der gesammelten Weden entsprach. Die Zahl 432 000 als konstanter Multiplikator für die Berechnung der vier Weltalter ist ein mystischer Wert in sich, ebenso die Querzahl neun, die in ihm steckt. Alle Zahlen, worin sich die 432 000 auflösen läßt, haben himmelskundlichen Bezug. So wundert es nicht, wenn

Luzifers magische Zahl überall auftaucht, oft in ganz fantastischen mythologischen Kostümen:

Writra, das indische Dämonenmonster, hat 99 Festungen, worin es sich gegen die Angriffe der Götter verteidigt.[4]

Aus Indonesien stammt die Legende um Hainuwele[5], das Mädchen, das nach neun Tagen aus einer Palmblüte entstand, worauf ein Blutstropfen ihres Vaters Ametas gefallen war: *Hainuwele war kein gewöhnliches Mädchen – ihr Kot zum Beispiel bestand aus chinesischen Tellern und Gongs, was Ameta reich machte. Zu jener Zeit fand in Tamene siwa ein großer Maro-Tanz statt, der neun Nächte hindurch dauerte. Die neun Familien der Menschen nahmen daran teil. Beim Tanz bildeten sie eine große neunfache Spirale, in deren Mitte Hainuwele stand. Man tötete sie und trat sie in der neunten Nacht dort in den Boden, weil man neidisch auf sie war. Ameta, der Vater, ahnte Böses, weil Hainuwele nicht nach Hause gekommen war. Er nahm neun Stäbe, warf sie und sah, daß sie die neun Kreise der Maro-Tänzer gebildet hatten. Nun wußte er, daß Hainuwele während des Tanzes umgebracht worden war. So nahm er neun Blattrippen einer Kokospalme und steckte sie auf dem Tanzplatz in die Erde. Mit der neunten traf er den innersten Kreis der Maro-Tänzer, und als er sie wieder herauszog, klebten Haare und Blut Hainuweles daran. Ameta verfluchte die Menschen. Auch die Göttin Satena[6], die damals noch über die Menschen herrschte, war böse über diesen Mord. Sie baute ein großes Tor, das aus einer neunfachen Spirale bestand. Dann verschwand Satena von der Erde und wohnt seitdem auf dem Salahua[7]. Wer zu ihr gelangen will, muß sterben, durch das Tor der neunfachen Spirale gehen und dann seinen Weg über acht Berge nehmen – das Ziel ist der Salahua, der neunte Berg. Lange nicht alle Menschen kommen durch dieses Tor der neunfachen Spirale hindurch; solche Menschen gelangen nicht zu Satena, sondern verwandeln sich in Geister oder Tiere.*[8]

Bei den alten Persern gab es die Frawaschi, Ahura Mazdas geistige Urbilder der sichtbaren Wesen. Nach Zarathustras Lehre hat jeder Mensch seinen Frawaschi und damit seinen Ursprung in Ahura Mazda, dem Guten Gott. Die Frawaschi sind unsterblich – jenseits jeder Zeitengrenze sind sie Kämpfer des Lichtes, das Ahura Mazda heißt. Die Frawaschi sind reine Wesen, worin sich die Menschen läutern, wenn sie im Leben dem Bösen verfallen sind – dem Ur-Satan Ahriman also, dem Gott des Bösen. Die Frawaschi ordnen sich in Heere und helfen im Endkampf mit, Ahriman zu überwinden. Es sind 99 999 Frawaschi[9], denen auf Arimans Seite 99 999 *Feindliche Krankheiten* gegenüberstehen.[10] Diese fünf Neunen sind Stellvertreter der Schlüsselzahl 432 000. In dieser altpersischen Variante ist die magische Zahl *neun* Gott und Satan gleichgewichtig zugeordnet. Die Frawaschi haben eine deutliche Entsprechung in der nordischen Mythologie, eine Analogie, worin sich das arisch-indoeuropäische Erbe zeigt: *Fünfhundert Tore und vierzig dazu sind in Walhalls weitem Bau; achthundert Einheerer gehen aus einem Tore, wenn sie ausziehen zu wehren dem Wolf.*[11] Diese Einheerer sind im Kampf gefallene nordische Helden, die ihr Nachleben nicht bei der Hel, sondern in Odins Wallhall verbringen, einem Kriegersaal, der zu Asgard gehört, der Götterburg. Die nordischen Einheerer entsprechen den altpersischen Frawaschi insoweit, als sie im Endkampf gegen das Böse antreten – zu Ragnarök mit den Göttern gegen Lokis Feuerriesen, den Fenris-Wolf oder die Midgardschlange. 540 mal 800 sind 432 000 – hier taucht der konstante Weltalter-Multiplikator der altindischen Rechnung sogar in numerischer Übereinstimmung auf, nicht nur im Schleier der fünf Neunen wie im alten Persien. Auch bei den Indern übrigens gibt es, wie die Priesterschulen um 600 vor Christus erörterten, eine Heerschar von 432 000 *Kämpfern für die Götter*.

Vom nordischen Göttervater ist die dunkle Episode vom Odins-Opfer überliefert: Neun Nächte hing der Gott im Weltenbaum, verwundet und von Schmerzen, Hunger und Durst geplagt – mit den Zähnen hob er die Runen der Weisheit auf.[12] Auch glaubten die Isländer, daß neun Welten in Folge untergingen[13], wobei das Zeitalter, das durch Feuer endete[14], auf 432 000 Jahre angesetzt wurde. Die Edda kennt neun Räume des Weltenbaums, und im Norden wurden alle neun Monate Opfer abgehalten – jedes Opfer neun Tage lang, zu jedem Opfer neun Stück Vieh; alle neun Jahre war Großes Blutopfer; alle neun Jahre wurden auf Seeland 99 Menschen geopfert. Von Odins goldenem Ring Draupnir tropften in jeder neunten Nacht acht duplikate Goldringe ab, was dann zusammen mit dem Original neun ergibt. Balder wurde dieser Ring mitgegeben, als er tot war und ins Reich der Hel fuhr; auch hier ist die Querzahl Neun die verschleierte 432 000; insoweit ist diese Totengabe die Verheißung der Rückkehr Balders in eine neue Welt, die dem Zeitalter Odins folgt, wenn es der nordische Luzifer Loki verbrannt und ersäuft hat.

Hermod, der Asengott, ritt als Götterbote in neun Tagen von Asgard zur Todesgöttin Hel in Nifelheim – die Entfernung zwischen der Höhe des Lichtes und der tiefen Dunkelheit wird bezeichnenderweise durch die magische Neun ausgedrückt. Neun Nächte trennten auch Freyr von der Riesin Gerd. Übrigens: Auch Bilskirnir, der Götterpalast des Thor, hat 540 Tore.

Selbst auf Hawaii und den polynesischen Inseln erzählt man von neun Zeitaltern, und daß sich in jedem von ihnen ein anderer Himmel über der Erde wölbte.

So verbreitet der Weltalter-Faktor 432 000 und sein Kürzel, die Neun als Querzahl, den Geruch von Brand und Schwefel. Es ist die Zahl Luzifers, dessen Höllenfahrt die alten Kalender verwirrte und die Neun an den neuen Himmel schrieb.

Wer Verstand hat, der überlege die Zahl des Tieres; denn es ist eines Menschen Zahl, und seine Zahl ist 666.[15] Da ist die Querzahl neun wieder, diesmal gefunden in der biblischen

Apokalypse, am Schluß des Neuen Testaments. Dieses *Tier 666* hat zwei Hörner, es redet wie ein Drache, und es läßt Feuer vom Himmel fallen. Es tötet auch, das *Tier 666*, wie der Himmels-Stier der Ischtar, der durch sein erstes Schnauben 600 Männer umbrachte. Die Zahl 666 wird in der Magie der Sonne zugeschrieben, was die kosmische Bedeutung heraushebt, die dieser Zahl in der Welt der magischen Kreise und Dreiecke zugemessen wird. Die drei Sechsen mit der Querzahl neun werden auch als Negativ-Symbol des römischen Imperiums gedeutet, und insbesondere Domitian und Nero sind es, auf die sie gemünzt sein sollen. Die 666, eines Menschen Zahl? – das scheint schlüssig, sind es doch arische Gelehrte gewesen, die die Weltalter und Kalender *neu berechnet* und die Querzahl neun in die Welt gesetzt haben. Aber die Welt *verändert* hatte Luzifer/Satan, der ja die Venus ist, die sich auf Kollisionskurs befand. Luzifers wegen mußten sich die Gelehrten daran setzen, die Zahl 432 000 herauszufinden, die Zahl der Weltalter, deren Querzahl mit der Querzahl von 666 identisch ist.

Auch gibt es die Geschichte von König Salomon, wie er die Zahl aller Teufel ermittelte. Der König ließ eine gewaltige Flasche bauen, auf deren Grund er eine kunstvolle Pfeife als Köder legte. Alle Teufel kamen und krochen in die Flasche – weil der Satan solche Pfeifen sammelte, wollte kein Teufel versäumen, dem Leibhaftigen dieses schöne Stück zum Geschenk zu machen. Als alle in der Flasche waren, ließ Salomon den Korken schließen. Er zählte die Teufel und kam auf 6666. Wenn wir dies alles überlegen, ganz im Sinne des Apokalyptikers Johannes, so müssen wir das Tier 666 mit Luzifer und seinen gefallenen Engeln assoziieren, mit dem leibhaftigen Satan und seinen Teufeln.

DER APOKALYPSE UND DER PSYCHE ENTSPRUNGEN: DER LEIBHAFTIGE

LEBENDIG WURDEN DIESE BEIDEN IN DEN FEURIGEN
PFUHL GEWORFEN, DER MIT SCHWEFEL BRANNTE.
Neues Testament, Die Offenbarung des Johannes, 19

Anno 1669, Christoph Haizmann. *Ich verschreibe mich dißen Satan, ich sein leibeigener Sohn sein, und in 9 Jahr ihm mein Leib und Seel zuzugeheren.* Ein Bibliothekar namens Payer-Thurn hatte Sigmund Freud, den Vater der Psychoanalyse, auf diesen Text aufmerksam gemacht. Er gehört zu einem Manuskript, das die Geschichte des Malers Christoph Haizmann erzählt, der Teufelspakte geschlossen hatte und mit Erfolg exorziert worden war. Die Niederschriften dieses Falles fanden sich in der Wallfahrtskirche Mariazell in der Steiermark und werden heute in Wien aufbewahrt. Freud nahm diesen Fall zum Anlaß einer schriftlichen Analyse.

1677/1678: In der Kirche von Pottenbrunn hatten den bayerischen Maler Christoph Haizmann wilde Krämpfe geschüttelt, die Tage anhielten. Der Pfarrer nahm Gelegenheit ihn zu fragen, ob dies unter Umständen Symptome einer teuflischen Besessenheit seien. Haizmann berichtete schließlich, er habe mit seinem eigenen Blut einen Teufelspakt auf neun Jahre besiegelt, der nun abliefe und einzulösen sei. Er sei in die Kirche gekommen, damit ihn die Mutter Gottes von diesem Pakt befreie. Um ihn zu exorzieren, wurde Haizmann in die Wallfahrtskirche Mariazell gebracht. Nach einiger Zeit der Buße und des Gebetes erschien ihm gegen Mitternacht der Teufel. Er zeigte sich in der Gestalt eines geflügelten Drachens und nahm Haizmanns Vertrag zurück. Die Exorzisten waren zugegen. Doch war die Erlösung vom Teufel nicht perfekt. In seinem Wiener Atelier litt der Maler bald wieder Höllenqualen. Er war wie von Sinnen, Krämpfe schüttelten ihn, und er hatte quälende Visionen – Christus und die heilige Jungfrau ließen ihm keine Ruhe. Der Maler flüchtete sich wieder nach Mariazell, weil er solche Erscheinungen für das Blendwerk des Teufels hielt. Er beklagte sich bei den Mönchen über diese neue Folge von Heimsuchungen, bekannte auch, daß er einen weiteren, mit Tinte geschriebenen Satanspakt geschlossen habe, der dem mit Blut geschriebenen vorausgegangen sei. Man exorzierte Haizmann ein zweites Mal, und es gelang schließlich, den Maler aus der Gefolgschaft Satans zu lösen. Haizmann habe später unter dem Namen Chrysostomus im Orden der Barmherzigen Brüder gedient.

Sigmund Freud prüfte das Manuskript und ging der Sache auf den Grund. Den Teufelspakten vorausgegangen war der Tod von Haizmanns Vater, was der Maler nicht verwunden hatte. Er war in Schwermut verfallen und zweifelte an allem und jedem – an sich, an seiner Kunst, an der Gegenwart, an der Zukunft. Nichts mehr ging dem Maler von der Hand, auch die Arbeit nicht. So war er schließlich an den Teufel geraten und hatte die beiden Pakte besiegelt.

Freuds Diagnose: Haizmanns Geschichte sei die Geschichte einer Neurose, ausgelöst durch den Tod des Vaters. Im klinischen Sinn handele es sich um einen Fall von *melancholischer Depression mit Arbeitshemmung und berechtigter Lebenssorge.* Für Freuds Analyse war von Bedeutung, daß Haizmann sich dem Satan als *leibeigener Sohn* verschrieben hatte. Wenn der Tod des Vaters tatsächlich die Depression und Arbeitsunfähigkeit ausgelöst habe, argumentiert Freud, so habe der Maler mit seinen Teufelspakten sich das wiederzuholen gehofft, was er verloren hatte. So trete dann der Satan quasi an die Stelle des Vaters. Dies ist der Angelpunkt der These Freuds, daß der Sohn im Vater Gott und den Satan gemeinsam verkörpert sieht: *Wir wissen zunächst, daß Gott ein Vaterersatz ist oder richtiger: ein erhöhter Vater. Vom bösen Dämon wissen wir, daß er als Widerpart Gottes gedacht ist und doch seiner Natur sehr nahe steht. Es braucht nicht viel analytischen Scharfsinns, um zu erraten, daß Gott und Teufel ursprünglich identisch waren, eine einzige Gestalt, die später in zwei mit entgegengesetzten Eigenschaften zerlegt wurde. Es ist der uns wohlbekannte Vorgang der Zerlegung einer Vorstellung mit gegensinnigem – ambivalentem – Inhalt in zwei scharf kontrastierende Gegensätze. Die Widersprüche in der ursprünglichen Natur Gottes sind aber eine Spiegelung der Ambivalenz, welche das Verhältnis des einzelnen zu seinem persönlichen Vater beherrscht. Wenn der gütige und gerechte Gott ein Vaterersatz ist, so darf man sich nicht darüber wundern, daß auch die feindliche Einstellung, die ihn haßt und fürchtet und sich über ihn beklagt, in der Schöpfung des Satans zum Ausdruck gekommen ist.*

In dieser Auffassung stimmt Freud mit Ernest Jones überein. Jones schrieb 1912 eine Abhandlung über den Aberglauben im Mittelalter. Er sieht den Satan als Inkarnation der ureigenen Ängste und Beklemmungen der individuellen Psyche. Der Glaube an den Herrn der Finsternis sei die Inkarnation zweier verdrängter Wünsche in ein fiktives Monster: Die Imitation des Vaters in einer Hinsicht, und die Herausforderung des Vaters andererseits. Der Satan sei das Spiegelbild von vier psychologischen Grunderfahrungen des Sohnes mit dem Vater: Erstens die neidische Bewunderung der väterlichen Potenz, was den erotischen Touch des Satans erkläre; zweitens die strafende Hand des Vaters, wie sie der Sohn zu spüren bekommt – sie schlage sich in der satanischen Zerstörungswut nieder; drittens der Drang des Sohnes, den Vater nachzuahmen, weil dieser dominiert – hier spiegele sich des Satans Eigenschaft wieder, Gott nachzuäffen; viertens das Bedürfnis des heranwachsenden Sohnes, den Vater herauszufordern, was an Luzifers Rebellion gegen Gott erinnere.

Nun ist Freuds Abhandlung über die Teufelsneurose des Malers Haizmann nicht Freuds erste Berührung mit dem Reizthema Satan: *Und der Teufel ist doch gewiß nichts anderes*, so hatte Freud es 1908 gesehen, *als die Personifikation des verdrängten, unbewußten Trieblebens.* Diese Freudsche These haben auch andere geteilt: Der Teufel und die finsteren, dämonischen Gestalten der Mythen seien, psychologisch genommen, funktionale Symbole, Personifikationen nicht sublimentierten elementaren Trieblebens. Aus dieser Sicht kann man den Satan und sein Gefolge als Inkarnationen verleugneter und unterdrückter Instinkte deuten, als die Leibhaftigkeit schuldhafter Verstrickung in einem staubigen Netz sozialer Normen. Sind der Satan, seine Teufel oder Dämonen also Fiktionen, imaginäre Gestalten, die unsere Ängste und Nöte verkörpern? Viele Leute sehen das so, nicht nur die Psychologen. Tod, Krankheit, Schmerzen, Krieg, Katastrophen, Verbrechen, Armut, das Ende der Liebe – die Welt ist voll davon, man sieht, man erlebt es täglich.

Was ist überhaupt das Böse? Die Philosophen sagen, es sei das sittlich Verwerfliche schlechthin, das als Inhalt des Willens zu Schuld beziehungsweise Sünde führe. In dualistischen Glaubenslehren[1] wird das Böse als gleichursprünglich mit dem Prinzip des Guten aufgefaßt, mit dem es permanent im Kampf liegt. Juden und Christen erklären das Böse anders: Neben der guten Leidenschaft, so der Talmud[2], die dem Menschen zu gottgefälligem Verhalten verhilft, trüge er eine böse Leidenschaft in sich, die *Hefe im Teig*. Das Verhalten des Menschen hänge jeweils davon ab, welche Leidenschaft überwiege. Den Gerechten richte also der gute Trieb, den Ruchlosen der böse Trieb. Der böse Trieb gleiche einer *Fliege* und säße *zwischen den beiden Öffnungen des Herzens*. Im Kern dürfte mit der bösen Leidenschaft der vitale Instinkt an sich und der Sexualtrieb gemeint sein. Aber doch mit klaren Abstrichen: *Aber, so ist zu fragen, ist nicht auch die böse Leidenschaft an sich gut? Dies ist die Antwort: Ohne diese Leidenschaft könnte niemand ein Haus bauen, eine Frau heiraten, Kinder zeugen oder die menschlichen Geschäfte lenken.*[3] Aus dieser Sicht erscheint die Leidenschaft des Bösen als Existenzgrundlage.

Dagegen die christliche Interpretation: Das Böse käme aus dem menschlichen Urtrieb, selbst wie Gott sein zu wollen[4];

Gott sei nicht Urheber des Bösen, auch gäbe es keine Gleichursprünglichkeit von Gut und Böse. Diese These wirft allerdings die Frage auf, wieso Gott, der Inbegriff des Guten und Allmächtigen, das Böse überhaupt zuläßt. An anderer Stelle wurde schon dargelegt, daß diese Frage letztlich nicht schlüssig beantwortet wird.

Im Gefolge des Bösen kommen 1000 Übel über die Menschheit. Das Leben ist mit Konflikten gespickt, sie tun weh, aber man muß mit ihnen leben, mit ihnen fertig werden. Es scheint zwei Wege zu geben, ihnen zu begegnen: Man benutzt Kopf und Hände, um durchzukommen, verläßt sich auf die eigene Kraft, oder man senkt den Kopf, sinkt in die Knie und lamentiert über das Werk von 100 Teufeln. Anders gesagt: Entweder man geht seinen Weg und nimmt das Böse an als schicksalhafte treibende Kraft, deren Dualismus zum Guten unergründlich ist, oder man erklärt es zum Teufelswerk, resigniert und faltet die Hände. Glaubt man an den Leibhaftigen und seine Teufelslegionen, bleibt die Hoffnung auf den Exorzismus. Glaubt man nicht daran, bleibt das Vertrauen in die eigene Kraft.

Wer hat den Satan je gesehen? Der Leibhaftige ist eine Illusion, wird gesagt, das Ergebnis menschlichen Unvermögens, das Unheil als Fügung oder Schuld zu begreifen. *Deshalb* habe man dem Bösen eine mythologische, mehr oder weniger fest umrissene Leibhaftigkeit gegeben. Wenn dies so ist, stellt sich bald die Frage, wieso die katholische Amtskirche bis heute an der Leibhaftigkeit des Satans festhält. Die Antwort, so ist zu hören, sei recht simpel: Wer nicht an die Existenz des Satans glaubt, wird sich auch mit den Engeln oder Heiligen schwer tun. Dann ist der Zweifel an der Existenz Gottes oder Jesu Christi auch nicht mehr weit.

Der Glaube an den leibhaftigen Satan, so sagen es kritische Stimmen, war und ist ein Fluchtweg aus der Wirklichkeit. Man sollte die festen Wurzeln des Bösen im Menschenherzen nicht unterschätzen: *Denn das Dichten und Trachten des menschlichen Herzens*, sagt die Bibel, *ist böse von Jugend auf.*[5] Aus solchen Wurzeln wachsen Ängste, die auf die Psyche wirken. Furcht und vermeintliche Ohnmacht sind es, die dem Satan und seinen bösen Geistern Gestalt geben. So steht dies im Einklang mit dem Grundzug der christlichen Dämonologie, wo die bösen Geister in der Trägheit und in der Melancholie zu Fleisch und Blut werden, in der Qual des Individuums also, dem die Vitalität genommen ist. Folgt man solchen Thesen, gibt es keinen leibhaftigen Satan. Er und sein höllisches Gefolge sind dann nichts als Körperbilder unserer Verstrickungen in das Böse und in das Unheil, dessen Schatten die Übel der Welt sind.

Doch hat der Herr der Finsternis noch seine zweite Dimension, deren Kern weder religiös oder philosophisch zu deuten wäre, sondern historisch beziehungsweise naturwissenschaftlich. So ist man wieder bei Luzifer, dem gefallenen Engel, dessen Namen dem der Venus entspricht, unseres Nachbarplaneten. Diesen *kosmischen* Satan hat es gegeben, sonst erzählten die Völker der Welt nicht so viel von ihm, zum Beispiel die Indianer im Osten Nordamerikas die Legende von Mänäbusch, *dem Großen Kaninchen,* jenem trickreichen Kulturbringer, unter dessen Sprüngen die Erde bebt und der seinem Volk das Feuer brachte: *Wir fürchten, daß die Weißen eines Tages seinen Aufenthaltsort entdecken und ihn vertreiben werden. Dann steht das Ende der Welt bevor. Sobald Mänäbusch seinen Fuß wieder auf die Erde setzt, wird das ganze Weltall in Flammen aufgehen, und alle lebenden Wesen werden in den Flammen umkommen.*[6] Luzifer ist leibhaftig vom Himmel gefallen, die Mythen bezeugen das. So erzählen die Indianer auch von Atsaachtl, dem oberen Himmel. Dort habe die Himmelsgöttin Quamaits ihr Haus: *Hinter dem Haus ist ein Salzwassertümpel, in dem die Göttin badet. Darin haust die Sisiutl, ein schlangen- oder fischartiges Wesen, das bisweilen zur Erde herabkommt. Überall, wo es sich zeigt, ber-*

sten die Felsen und geraten die Berghänge ins Rutschen.[7] Typhon, Midgardschlange, Ananta, Naga, Tiamat, Apophis, Quetzal-cohuatl sind Synonyme Luzifers – und nun auch Sisiutl. Solche Feuerdrachen sind in das Gedächtnis der Völker eingebrannt, Bildnisse flammender Himmelskörper, die die Erde trafen oder ihr so nahe kamen, daß dort die Hölle kochte. Immer wieder und überall ist die Erinnerung an die gefallenen Engel lebendig, auch nach rund 3000 Jahren.

Oft sind es dunkle Bilder, deren Ursprung zwar deutlich ist, deren Details aber unkennbar bleiben. Aus Japan stammt die Legende von Ainu-rakkuru-Kamui, dem Gott, der über allen Göttern steht. Ainu-rakkuru-Kamui fuhr in seiner Göttersänfte mit Donnergetöse zum Himmel, daß Himmel und Erde bebten – zusammen mit Kemuschiri-nupuri-Kamui, dem Gott des Berges Kemushiri. Es galt, die Sonnengöttin zu befreien, die ein Dämon gefangenhielt: *Plötzlich trat ihm ein großes Gespenst – mit einem Auge so klein wie ein Sesamkorn und mit einem zweiten Auge so groß wie der Vollmond – entgegen, umklammerte die Sonnengöttin und versuchte sie an sich zu reißen. Hurtig und behende formte der Gott Ainu-rakkuru-Kamui aus Wolken ein Schiff, band die Sonnengöttin an den Mast und stieß das Schiff weit hinaus in den blauen Himmel. Da wurde die Welt plötzlich wieder erleuchtet und hell. Dann überwältigten die beiden Götter den Dämon und verbannten ihn tief unter die Erde in die sechste Hölle.*[8]

Der Raub der Sonnengöttin und ihre Befreiung – das Motiv ist in den Mythen der Welt verbreitet: Man findet es auch bei den Haida-Indianern im Nordwesten Nordamerikas, bei den Kato und Miwok in Kalifornien, oder bei den Irokesen im Nordosten. Diese Tat ist der Sieg über den Herrn der Finsternis – das fantastische Bild des Höllensturzes Luzifers und die Vision der Zeit nach seinem Fall, als die Sonne wieder aus dem Smog, aus Schmutz und Schwefel tauchte.

Luzifer ist leibhaftig und überall, auch in Mittelamerika. Nur der Name ist anders: *Danach verwandelte sich Tezcatli-*

poca in den Jaguar und gab Quetzal-cohuatl einen Stoß, der ihn herabstürzte und seinem Sonnentum ein Ende bereitete.[9] Die kosmische Wirklichkeit Luzifers klingt auch in der toltekischen[10] Kosmologie der *neun Welten* an: *Im fünften Himmel wohnen Feuerschlangen, die der Feuergott schuf. Von ihnen rühren die Kometen und sonstigen Himmelszeichen her.*[11] Die Tolteken wissen einiges von Luzifers unsanften Sendboten: *Nachdem es Steine geregnet hatte, kam vom Himmel ein großer Opferstein herab.*[12] Die Maya[13] halten eine Mittelamerika-Version der Apokalypse bereit: *Am Tage ›Dreizehn Ahau‹ schwärzen sich die duftenden Blumen, Sonne und Mond fallen auf ihr Antlitz, die blutige Strafe kommt herab. Himmel und Erde brennen, und ein allgemeines Gericht findet statt über die Lebendigen und die Toten.*[14]

Aus Peru kommt die Südamerika-Version, gewürzt mit einer deftigen Prise von Sodom und Gomorrha: *Als sie wieder einmal beisammen waren und ihrem Laster frönten, fiel unter mächtigem Donner furchtbares Feuer vom Himmel. Mitten im Feuer erschien ein leuchtender Engel mit flammendem Schwert, mit dem er durch einen einzigen Hieb alle tötete. Danach wurden sie vom Feuer verzehrt. Außer einigen Knochen und den Schädeln, die Gott zum Andenken an das Strafgericht vom Feuer unversehrt lassen wollte, blieb nichts von ihnen übrig.*[15]

Daß es Luzifer einmal gegeben hat, leibhaftig als kosmischen Brandstifter, lehren uns 100 Legenden der Welt.

Der Vater der Lüge:
Kleines Glossar
ausgewählter Bibeltexte

SATAN, DER HIMMELSFÜRST

Es begab sich aber eines Tages, da die *Göttersöhne* kamen und vor den HERRN traten, daß auch der *Satan* mit ihnen kam und vor den HERRN trat.[1]

Und er ließ mich sehen den Hohenpriester Josua, wie er vor dem Engel des HERRN stand, und der *Satan* stand zu seiner Rechten, um ihn zu verklagen.[2]

Der HERR sprach zum *Satan*: Siehe, alles was er [Hiob] hat, sei in deiner Hand. Nur an ihn selbst lege deine Hand nicht. Da ging der *Satan* hinaus von dem HERRN.[3]

Der HERR sprach zum *Satan*: Hast du acht auf meinen Knecht Hiob gehabt? Denn es ist seinesgleichen auf der Erde nicht, fromm und rechtschaffen, gottesfürchtig und meidet das Böse und hält noch fest an seiner Frömmigkeit; du aber hast mich bewogen, ihn ohne Grund zu verderben.[4]

Und der HERR sprach: Wer will Ahab betören, daß er hinaufzieht und vor Ramoth in Gilead fällt? Und einer sagte dies, der andere das. Da trat *ein Geist* vor und stellte sich vor den HERRN und sprach: Ich will ihn betören. Der HERR sprach zu ihm: Womit? Er sprach: Ich will ausgehen und will ein *Lügengeist* sein im Munde aller seiner Propheten. Er sprach: Du sollst ihn betören und sollst es ausrichten; geh aus und tu' das. Nun siehe, der HERR hat einen *Lügengeist* gegeben in den Mund aller deiner Propheten; und der HERR hat Unheil gegen dich geredet.[5]

Als nun Abimelech drei Jahre über Israel geherrscht hatte, sandte Gott einen *bösen Geist* zwischen Abimelech und die Männer von Sichem. Und die Männer von Sichem wurden Abimelech untreu.[6]

Und der *Satan* stellte sich gegen Israel und reizte David, daß er Israel zählen ließe.[7]

Und auf daß ich mich nicht der hohen Offenbarungen überhebe, ist mir gegeben ein Pfahl ins Fleisch, nämlich des *Satans Engel*, der mich mit Fäusten schlage, auf daß ich mich nicht überhebe.[8]

LUZIFER: DIE SCHLANGE UND DER GEFALLENE ENGEL

Aber die *Schlange* war listiger als alle Tiere auf dem Felde ... und sprach zu dem Weibe: Ja sollte Gott gesagt haben: ihr sollt nicht essen von allen Bäumen im Garten? ... Ihr werdet keineswegs des Todes sterben, sondern Gott weiß: an dem Tage, da ihr davon esset, werden eure Augen aufgetan, und ihr werdet sein wie Gott und wissen, was gut und böse ist ... Und sie [Eva] nahm von der Frucht und aß und gab ihrem Mann, der bei ihr war, auch davon, und er aß ... da sprach Gott der HERR zu der *Schlange*: Weil du das getan hast, seist du verflucht, *verstoßen* ... und er trieb den Menschen hinaus und ließ lagern vor dem Garten Eden die Cherubim mit dem flammenden, blitzenden Schwert, zu bewachen den Weg zu dem Baum des Lebens.[9]

Und das Wasser im Nil wird vertrocknen, und der Strom wird versiegen und verschwinden ... Denn der HERR hatte einen *Taumelgeist* über sie ausgegossen, daß sie Ägypten taumeln machen in all seinem Tun, wie ein Trunkenbold taumelt, wenn er speit.[10]

Wie bist du vom Himmel gefallen, du schöner *Morgenstern* ... wie wurdest du zu Boden geschlagen ... du aber gedachtest in deinem Herzen: Ich will in den Himmel steigen, und meinen

Thron über die Sterne Gottes erhöhen, ich will mich setzen auf den Berg der Versammlung im fernsten Norden. Ich will auffahren über die hohen Wolken und gleich sein dem Allerhöchsten. Ja, hinunter zu den Toten fuhrst du, zur tiefsten Grube ...[11]

Deine Pracht ist herunter zu den Toten gefahren samt dem Klang deiner Harfen. Gewürm wird dein Bett sein, und Würmer deine Decke.[12]

DER SATAN UND SEINESGLEICHEN: DAS BÖSE AN SICH

Und führe uns nicht in Versuchung, sondern erlöse uns von *dem Bösen*.[13]

Wir wissen, daß, wer von Gott geboren ist, den bewahrt er, und *der Böse* wird ihn nicht antasten.[14]

Ich habe euch Jünglingen geschrieben; denn ihr seid stark, und das Wort Gottes bleibt in euch, und ihr habt *den Bösen* überwunden.[15]

Der Geist des HERRN aber wich von Saul, und *ein böser Geist* vom HERRN ängstigte ihn.[16]

Sooft nun *der böse Geist* von Gott über Saul kam, nahm David die Harfe und spielte darauf mit seiner Hand. So wurde es Saul leichter, und es war besser mit ihm, und *der böse Geist* wich von ihm.[17]

Am anderen Tag kam *der böse Geist* von Gott über Saul, und er geriet in Raserei in seinem Hause: David aber spielte auf seinen Saiten mit seiner Hand, wie er täglich zu tun pflegte. Und Saul hatte einen Spieß in der Hand und zückte den Spieß und dachte: Ich will David an die Wand spießen. David aber wich ihm zweimal aus.[18]

Vor allen Dingen aber ergreifet den Schild des Glaubens, mit welchem ihr auslöschen könnt alle feurigen Pfeile *des Bösen*.[19]

Ihr habt den *Teufel* zum Vater, und nach eures Vaters Gelüste wollt ihr tun. Der ist *ein Mörder von Anfang* und steht nicht in der Wahrheit; denn die Wahrheit ist nicht in ihm. Wenn er die Lüge redet, so redet er von seinem Eignen; denn er ist ein Lügner und *der Vater der Lüge*.[20]

Saulus aber, der auch Paulus heißt, voll heiligen Geistes, sah ihn an und sprach: O *du Kind des Teufels*, voll List und aller Bosheit, Feind aller Gerechtigkeit, hörst du nicht auf, krumm zu machen die geraden Wege des HERRN?[21]

Siehe, ich will das Königtum aus der Hand Salomos reißen ... weil er mich verlassen hat und angebetet *die Astarte* ...[22]

Man hatte sie [Sara] nämlich sieben Männern nacheinander gegeben, aber ein böser Geist, *Asmodi*[23] genannt, hatte sie alle getötet, sobald sie zu ihr eingehen wollten.[24]

Und Aaron soll ... danach zwei Böcke nehmen und vor den HERRN stellen an der Tür der Stiftshütte und soll das Los werfen über die zwei Böcke; ein Los dem HERRN und das andere dem *Asasel* und soll den Bock, auf welchen das Los für den HERRN fällt, opfern zum Sündopfer. Aber den Bock, auf welchen das Los für *Asasel* fällt, soll er lebendig vor den HERRN stellen, daß er über ihm Sühne vollziehe und ihn zu *Asasel* in die Wüste schicke ... Dann soll Aaron seine beiden Hände auf ... [des Bocks] Kopf legen und über ihm bekennen alle Missetat der Kinder Israel ... und soll sie dem Bock auf den Kopf legen und ihn durch einen Mann ... in die Wüste bringen lassen, daß also der Bock alle ihre Missetaten auf sich nehme und in die Wildnis trage; und man lasse ihn in der Wüste ... Der Mann aber, der den Bock für *Asasel* hinausgebracht hat, soll seine Kleider waschen und sich mit Wasser abwaschen und erst danach ins Lager kommen.[25]

Du sollst auch nicht eins deiner Kinder geben, daß es dem *Moloch* geweiht werde, damit du nicht entheiligst den Namen deines Gottes; ich bin der HERR.[26]

Dazu haben sie ihre greulichen Götzen in das Haus gesetzt, das nach meinem Namen genannt ist, daß sie es unrein machten, und haben die Höhlen des *Baal* gebaut im Tal Ben-Hinnom, um ihre Söhne und Töchter für den *Moloch* durchs Feuer gehen zu lassen, was ich ihnen nicht befohlen habe, und es ist mir nie in den Sinn gekommen, daß sie solchen Greuel tun sollten, um Juda in Sünde zu bringen.[27]

Ziehet nicht am fremden Joch mit den Ungläubigen ... Was hat das Licht für Gemeinschaft mit der Finsternis? Wie stimmt Christus mit *Belial*?[28]

Siehe da den *Behemoth*[29] ... Kann man ihn fangen Auge in Auge und ihm einen Strick durch seine Nase ziehen? Kannst du den *Leviathan*[30] fangen ...? ... Lege deine Hand an ihn! An *den* Kampf wirst du denken und es nicht wieder tun![31]

SATAN, GOTT UND FÜRST DIESER WELT

Jetzt geht das Gericht über die Welt; nun wird *der Fürst dieser Welt* ausgestoßen werden.[32]

Ich werde nicht mehr viel mit euch reden, denn es kommt *der Fürst der Welt.* Er hat keine Macht über mich.[33]

Ist nun unser Evangelium verdeckt, so ist's denen verdeckt ... denen *der Gott dieser Welt* den Sinn verblendet hat, daß sie nicht sehen das helle Licht des Evangeliums ...[34]

Ziehet an die Waffenrüstung Gottes, daß ihr bestehen könnt gegen die listigen Anläufe des *Teufels*. Denn wir haben nicht mit Fleisch und Blut zu kämpfen, sondern mit Mächtigen und Gewaltigen, nämlich mit *den Herren der Welt,* die in dieser Finsternis herrschen, mit *den bösen Geistern* unter dem Himmel.[35]

Sondern wir reden von der heimlichen, verborgenen Weisheit Gottes, welche Gott verordnet hat vor der Zeit der Welt zu unserer Herrlichkeit, welche keiner von den *Herrschern dieser Welt* erkannt hat; doch wenn sie die erkannt hätten, so hätten sie den Herrn der Herrlichkeit nicht gekreuzigt.[36]

SATAN, DER VERSUCHER

Da war Jesus vom *Geist* in die Wüste geführt, auf daß er von dem *Teufel* versucht würde. Und da er vierzig Tage und vierzig Nächte gefastet hatte, hungerte ihn. Und der Versucher trat zu ihm und sprach: Bist du Gottes Sohn, so sprich, daß diese Steine Brot werden. Und er antwortete und sprach: Es steht geschrieben: »Der Mensch lebt nicht vom Brot allein, sondern von einem lebendigen Wort, das durch den Mund Gottes geht.«

Da führte ihn *der Teufel* mit sich in die heilige Stadt und stellte ihn auf die Zinne des Tempels und sprach zu ihm: Bist du Gottes Sohn, so wirf dich hinab; denn es steht geschrieben: »Er wird seinen Engeln über dir Befehl tun, und sie werden dich auf den Händen tragen, auf daß du deinen Fuß nicht in einen Stein stoßest.« Da sprach Jesus zu ihm: Wiederum steht auch geschrieben: »Du sollst Gott, deinen HERRN, nicht versuchen.«

Wiederum führte ihn *der Teufel* mit sich auf einen sehr hohen Berg und zeigte ihm alle Reiche der Welt und ihre Herrlichkeit und sprach zu ihm: Das alles will ich dir geben, so du niederfällst und mich anbetest. Da sprach Jesus zu ihm: Hebe dich weg von mir, *Satan!* Denn es steht geschrieben: »Du sollst anbeten Gott, deinen HERRN, und ihm allein dienen.«

Da verließ ihn *der Teufel*. Und siehe, da traten die Engel zu ihm und dienten ihm.[37]

Darum wollten wir zu euch kommen, ich, Paulus, einmal und noch einmal, doch *Satan* hat uns gehindert.[38]

... Und dann kommt wiederum zusammen, auf daß euch *der Satan* nicht versuche, weil ihr euch nicht enthalten könnt.[39]

Ich weiß deine Trübsal und deine Armut – du bist aber reich – und die Lästerung von denen, die da sagen, sie seien Juden, und sind's nicht, sondern sind des *Satans* Synagoge. Fürchte dich vor keinem, was du leiden wirst! Siehe, *der Teufel* wird etliche von euch ins Gefängnis werfen, auf daß ihr versucht werdet ...[40]

Petrus aber sprach: Ananias, warum hat *der Satan* dein Herz erfüllt ...[41]

... dann kommt wiederum zusammen, auf daß euch *der Satan* nicht versuche.[42]

Denn auch ich habe, wenn ich etwas zu vergeben hatte, es vergeben um euretwillen vor Christi Angesicht, auf daß wir nicht übervorteilt werden vom *Satan;* denn uns ist nicht unbewußt, was er im Sinn hat.[43]

Denn der Frevler wird auftreten in der Macht des *Satans* mit allerlei lügenhaften Kräften und Zeichen und Wundern, und mit allerlei Verführung und Ungerechtigkeit bei denen, die verloren werden, weil sie die Liebe zur Wahrheit nicht angenommen haben zu ihrer Rettung.[44]

Und das ist auch kein Wunder; denn er selbst, *der Satan*, verstellt sich zum Engel des Lichts.[45]

SATAN, DER VERDERBER

Seid nüchtern und wachet; denn euer Widersacher, *der Teufel*, geht umher wie ein brüllender Löwe und sucht, welchen er verschlinge.[46]

Gehet hin von mir, ihr Verfluchten, in das ewige Feuer, das bereitet ist dem *Teufel und seinen Engeln*.[47]

Der Acker ist die Welt. Der gute Same sind die Kinder des Reichs. Das Unkraut sind die Kinder der Bosheit. Der Feind, der es säet, ist *der Teufel*. Die Ernte ist das Ende der Welt. Die Schnitter sind die Engel. Gleichwie man nun das Unkraut sammelt und mit Feuer verbrennt, so wird's auch am Ende dieser Welt gehen.[48]

Daran wird es offenbar, welche die Kinder Gottes und *die Kinder des Teufels* sind; wer nicht recht tut, der ist nicht von Gott, und wer nicht seinen Bruder lieb hat.[49]

Es war aber *der Satan* gefahren in den Judas, genannt Ischariot, der da war aus der Zahl der Zwölfe.[50]

Und er tauchte den Bissen ein, nahm ihn und gab ihm dem Judas, des Simon Ischariot Sohn. Und nach dem Bissen fuhr *der Satan* in ihn.[51]

Simon, Simon, siehe, *der Satan* hat euch begehrt, daß er euch möchte sichten wie den Weizen.[52]

Nun will ich nicht, daß ihr in der *Teufel* Gemeinschaft sein sollt; Ihr könnt nicht zugleich trinken des HERRN Kelch und der *Teufel* Kelch; ihr könnt nicht zugleich teilhaftig sein des Tisches des HERRN und des Tisches der *Teufel*.[53]

JESUS CHRISTUS, DER ERLÖSER

Wenn ihr versammelt seid im Namen des Herrn Jesus, und mein Geist samt der Kraft unseres Herrn Jesus bei euch ist, wollen wir diesen Menschen übergeben dem *Satan* zum Verderben des Fleisches, auf daß der Geist gerettet werde am Tage des HERRN.[54]

Die Siebzig aber kamen wieder mit Freuden und sprachen: »Herr, es sind uns auch *die bösen Geister* untertan in deinem Namen.« Er sprach aber zu ihnen: »*Ich sah den Satan vom Himmel fallen wie einen Blitz*. Sehet, ich habe euch Vollmacht gegeben, zu treten auf Schlangen und Skorpione, und über alle Gewalt des Feindes; und nichts wird euch schaden. Doch darüber freuet euch nicht, daß euch *die Geister* untertan sind. Freuet euch aber, daß eure Namen im Himmel geschrieben sind.«[55]

Das sagt, der da hat das scharfe, zweischneidige Schwert [Jesus Christus]: Ich weiß, wo du wohnst: da des *Satans* Thron ist; und hältst an meinem Namen und hast den Glauben an mich nicht verleugnet auch in den Tagen, in denen Antipas, mein treuer Zeuge, bei euch getötet wurde, wo *der Satan* wohnt.[56]

Euch aber sage ich ... die solche Lehre nicht haben und nicht erkannt haben die Tiefen des *Satans* ..: Und wer da überwindet und hält meine Werke bis ans Ende, dem will ich Macht geben über die Heiden ... und ich will ihm geben den *Morgenstern*.[57]

Fürchte dich nicht. Ich bin der Erste und der Letzte und der Lebendige. Ich war tot und siehe, ich bin lebendig von Ewigkeit zu Ewigkeit und habe die Schlüssel der *Hölle* und des Todes.[58]

Wer Sünde tut, der ist vom *Teufel*; denn der *Teufel* sündigt von Anfang. Dazu ist erschienen der Sohn Gottes, daß er die Werke des *Teufels* zerstöre.[59]

Der Gott des Friedens aber wird den *Satan* unter eure Füße treten in kurzem.[60]

JESUS CHRISTUS, DER EXORZIST

Und er [Jesus] trieb einen *bösen Geist* aus, der war stumm. Und es geschah, als *der Geist* ausfuhr, da redete der Stumme ...[61]

Die Schriftgelehrten aber, die von Jerusalem herabgekommen waren, sprachen: Er hat den *Beelzebub* und treibt *die bösen Geister* aus durch ihren Obersten. Und er rief sie zusammen und sprach zu ihnen in Gleichnissen: Wie kann *Satan* den *Satan* austreiben? Wenn ein Reich mit sich selbst uneins wird, kann es nicht bestehen. Und wenn ein Haus mit sich selbst uneins wird, kann es nicht bestehen. Erhebet sich nun *der Satan* wider sich selbst und ist mit sich selbst uneins, so kann er nicht bestehen, sondern es ist aus mit ihm.[62]

Ist aber *der Satan* auch mit sich selbst uneins, wie will sein Reich bestehen? Weil ihr saget, ich treibe *die bösen Geister* aus durch *Beelzebub*. Wenn aber ich die Geister durch *Beelzebub* austreibe, durch wen treiben eure Söhne sie aus? Darum werden sie eure Richter sein. Wenn ich aber durch Gottes Finger *die bösen Geister* austreibe, so ist ja das Reich Gottes zu euch gekommen.[63]

Es werden viele zu mir sagen an jenem Tag: Herr, Herr, ... haben wir nicht in deinem Namen *böse Geister* ausgetrieben?[64]

Einer aber aus dem Volk antwortete: Meister, ich habe meinen Sohn hergebracht zu dir, der hat einen *sprachlosen Geist*. Und wo er ihn erwischt, so reißt er ihn; und er schäumt und knirscht mit den Zähnen und wird starr ... Er antwortete ihnen aber und sprach: ... Bringet ihn her zu mir. Und sie brachten ihn her zu ihm. Und alsbald, da ihn *der Geist* sah, riß er ihn. Und er fiel auf die Erde und wälzte sich und schäumte. Und Jesus fragte den Vater: Wie lange ist's, daß ihm das widerfährt? Er sprach: Von Kind auf ... Da nun Jesus sah, daß das Volk herzulief, bedrohte er den *unsauberen Geist* und sprach zu ihm: Du *sprachloser und tauber Geist*, ich gebiete dir, daß du von ihm ausfahrest und fahrest hinfort nicht in ihn. Da schrie er und riß ihn sehr und fuhr aus.[65]

Sondern alsbald hörte eine Frau von ihm, deren Töchterlein einen *unsauberen Geist* hatte, und sie kam und fiel nieder zu seinen Füßen ... und sie bat ihn, daß er *den bösen Geist* von ihrer Tochter austriebe ... Und er sprach zu ihr: Um dieses Wortes willen gehe hin; *der böse Geist* ist von deiner Tochter ausgefahren. Und sie ging hin in ihr Haus und fand das Kind auf dem Bett liegen, und *der böse Geist* war ausgefahren.[66]

Und es war ein Mensch in der Synagoge, besessen von einem *unsauberen Geist*; der schrie laut: Halt, was willst du von uns, Jesus von Nazareth? Du bist gekommen, uns zu verderben. Ich weiß, wer du bist: Der Heilige Gottes. Und Jesus bedrohte ihn und sprach: Verstumme und fahre aus von ihm! Und *der böse*

Geist warf ihn mitten unter sie und fuhr von ihm aus und tat ihm keinen Schaden ... und sie redeten miteinander und sprachen: ... Er gebietet mit Vollmacht und Kraft den *unsauberen Geistern*, und sie fahren aus.[67]

Und er legte auf einen jeglichen die Hände und machte sie gesund. Es fuhren auch *die bösen Geister* aus von vielen, schrien und sprachen: Du bist der Sohn Gottes! Und er bedrohte sie und ließ sie nicht reden; denn sie wußten, daß er der Christus war.[68]

Wenn *der unsaubere Geist* von dem Menschen ausgefahren ist, so durchwandelt er dürre Stätten, sucht Ruhe und findet sie nicht. Da spricht er denn: Ich will wieder umkehren in mein Haus, daraus ich gegangen bin. Und wenn er kommt, so findet er's leer, gekehrt und geschmückt. Dann geht er hin und nimmt zu sich sieben andere *Geister*, die ärger sind als er selbst; und wenn sie hineinkommen, wohnen sie allda; und es wird mit demselben Menschen hernach ärger, als es zuvor war.[69]

Am Abend aber brachten sie viele Besessene zu ihm; und er trieb *die Geister* aus durch sein Wort und machte alle Kranken gesund.[70]

Aber *diese Art* fährt nur aus durch Beten oder Fasten.[71]

LUZIFERS KOSMISCHE APOKALYPSE: DER FEURIGE PFUHL, DER DRACHE UND DAS TIER 666

Die Erde *bebte und wankte*, die Grundfesten des Himmels bewegten sich und bebten, da er zornig war. Rauch stieg aus von seiner Nase und verzehrend Feuer aus seinem Munde, Flammen sprühten von ihm aus. Er *neigte den Himmel* und fuhr herab, und Dunkel war unter seinen Füßen. Und er fuhr auf dem Cherub und flog daher, und er schwebte auf den Fittichen des Windes. Er machte *Finsternis* ringsum zu seinem Zelt und schwarze, dicke Wolken. Aus dem Glanz vor ihm brach hervor *flammendes Feuer*. Der HERR *donnerte vom Himmel*, und der Höchste ließ seine Stimme erschallen. *Er schoß seine Pfeile* und streute sie aus, er sandte Blitze und jagte sie dahin. Da sah man das Bett des Meeres, und *des Erdbodens Grund ward aufgedeckt* bei dem Schelten des HERRN, vor dem Odem und Schnauben seines Zornes.[72]

Siehe, Jahwe leert und verheert die Erde, *er kehrt ihr Angesicht um*, und er zerstreut ihre Bewohner ... Darum werden die Bewohner ausgebrannt, und nur wenige Menschen bleiben übrig ... Grauen und Grube und Garn über dich, Erdbewohner ... denn die Schleusen der Höhe öffnen sich, und die Grundfesten der Erde erbeben. *Es berstet und zerbricht die Erde*, es zerfällt und zerreißt die Erde. *Wie ein Trunkener taumelt die Erde.*[73]

Siehe, *sie müssen fort wegen der Verwüstung* ... Nesseln werden wachsen, wo jetzt ihr kostbares Silber ist, und Dornen in ihren Hütten. Die Zeit der Heimsuchung ist gekommen, die Zeit der Vergeltung ...[74]

Denn siehe, der HERR wird herausgehen aus seiner Wohnung und herabfahren und treten auf die Höhen der Erde, *daß die Berge unter ihm schmelzen und die Täler sich spalten*, gleich wie Wachs vor dem Feuer verschmilzt, wie die Wasser, die talwärts stürzen.[75]

Denn Gott ... ist es, *der die Erde anrührt*, daß sie bebt und alle ihre Bewohner trauern müssen, und daß sie sich hebt wie das Wasser des Nils und sich senkt wie der Strom Ägyptens.[76]

Da ließ der HERR *Schwefel und Feuer* regnen vom Himmel herab.[77]

Der HERR wird brüllen aus der Höhe und seinen Donner hören lassen aus seiner heiligen Wohnung. Er wird brüllen über seine Fluren hin.[78]

Und als sie (die Amoriter und ihre Verbündeten) vor Israel flohen den Weg hinab nach Beth-Horon, ließ der HERR *große Steine vom Himmel auf sie fallen* bis Aseka, daß sie starben. Und von ihnen starben viel mehr durch die Hagelsteine, als die Kinder Israel mit dem Schwert töteten. Damals redete Josua mit dem HERRN an dem Tage, da der HERR die Amoriter vor den Kindern Israel dahingab, und er sprach in Gegenwart Israels: Sonne steh still zu Gibeon, und Mond, im Tal Ajalion! *Da stand die Sonne still, und der Mond blieb stehen* ... So blieb die Sonne stehen mitten am Himmel und beeilte sich nicht, unterzugehen fast einen ganzen Tag. Und es war kein Tag diesem gleich, weder vorher noch danach ...[79]

Recke deine Hand gen Himmel, daß eine solche *Finsternis* werde in Ägypten, daß man sie greifen kann ... Da ward eine so dicke Finsternis in ganz Ägyptenland drei Tage lang, daß niemand den anderen sah noch weggehen konnte von dem Ort, wo er gerade war ...[80]

... Und der HERR ließ donnern und hageln, *und Feuer schoß auf die Erde nieder* ... und Blitze zuckten dazwischen ... und der Hagel erschlug in ganz Ägyptenland alles, was auf dem Felde war, Menschen und Vieh, und zerschlug alles Gewächs auf dem Felde und zerbrach alle Bäume auf dem Felde.[81]

Und ich sah: als er das sechste Siegel auftat, da ward ein großes Erdbeben, und die Sonne ward finster wie ein schwarzer Sack, und der Mond ward wie Blut. *Und die Sterne des Himmels fielen auf die Erde*, gleichwie ein Feigenbaum seine Feigen abwirft, wenn er von großem Wind bewegt wird. Und der Himmel entwich, wie ein Buch zusammengerollt wird, und *alle Berge und Inseln wurden bewegt von ihrer Stätte.* Und die Könige der Erde und die Großen und die Gewaltigen und alle Knechte und alle Freien verbargen sich in den Klüften und Felsen an den Bergen und sprachen zu den Bergen und Felsen: Fallet über uns und verberget uns vor dem Angesichte des, der auf dem Thron sitzt ... denn es ist gekommen der große Tag seines Zorns, und wer kann bestehen?[82]

Und der Engel nahm das Räuchergefäß und füllte es mit Feuer vom Altar und schüttete es auf die Erde. Und da geschahen *Donner und Stimmen und Blitze und Erdbeben ...*

Und der erste Engel posaunte; und es ward ein Hagel und Feuer, mit Blut gemengt, und fiel auf die Erde; und *der dritte Teil der Erde verbrannte*, und der dritte Teil der Bäume verbrannte, und alles grüne Gras verbrannte.

Und der zweite Engel posaunte; und *es fuhr wie ein großer Berg mit Feuer brennend ins Meer*, und der dritte Teil des Meeres ward Blut, und der dritte Teil der lebendigen Kreaturen im Meer starb, und der dritte Teil der Schiffe ging zugrunde.

Und der dritte Engel posaunte; und *es fiel ein großer Stern vom Himmel, der brannte wie eine Fackel* und fiel auf den dritten Teil der Wasserströme und über die Wasserbrunnen ... und viele Menschen starben von den Wassern, denn sie waren bitter geworden.

Und der vierte Engel posaunte; und es ward geschlagen der dritte Teil der Sonne, und der dritte Teil des Mondes, und *der dritte Teil der Sterne*, daß ihr dritter Teil verfinstert ward, und den dritten Teil des Tages das Licht nicht schien und in der Nacht desgleichen ...

Und der fünfte Engel posaunte; und *ich sah einen Stern, gefallen vom Himmel auf die Erde*; und ihm ward der Schlüssel zum Brunnen des Abgrunds gegeben. Und *er tat den Brunnen des Abgrunds auf, und es ging auf ein Rauch aus dem Brunnen* wie der Rauch eines großen Ofens, und es war verfinstert die Sonne und die Luft von dem Rauch des Brunnens.

Und aus dem Rauch kamen Heuschrecken auf die Erde, und ihnen ward Macht gegeben, wie die Skorpione auf Erden Macht haben ... und es ward ihnen gegeben, daß sie die Menschen nicht töteten, sondern sie quälten ... Und die Heuschrecken ... hatten über sich einen König, den Engel des Abgrunds, des Name heißt auf hebräisch *Abaddon* ...

Und der sechste Engel posaunte ... und es wurden die vier Engel los, die bereit waren auf die Stunde und auf den Tag und auf den Monat und auf das Jahr, daß sie töteten den dritten Teil der Menschen. Und die Zahl des reitenden Volkes war vieltausendmal tausend ... die Rosse und die darauf saßen ... hatten feurige und blaue und schwefelgelbe Panzer ... und *aus ihren Mäulern ging Feuer und Rauch und Schwefel.* Von diesen drei Plagen ward getötet der dritte Teil der Menschen, von dem Feuer und Rauch und Schwefel, der aus ihren Mäulern ging.[83]

Und der Engel ... schwur bei dem, der da lebt von Ewigkeit zu Ewigkeit ... *daß hinfort keine Zeit mehr sein soll,* sondern in den Tagen der Stimme des siebenten Engels, wenn er posaunen wird, dann ist vollendet das Geheimnis Gottes ...[84]

Und es erschien ein großes Zeichen am Himmel: ein Weib, mit der Sonne bekleidet, und der Mond unter ihren Füßen, und auf ihrem Haupt eine Krone von zwölf Sternen. Und sie war schwanger ... und hatte große Qual bei der Geburt. Und es erschien ein anderes Zeichen am Himmel, und siehe, *ein großer, roter Drachen,* der hatte sieben Häupter und zehn Hörner, und auf seinen Häuptern sieben Kronen. *Und sein Schwanz fegte den dritten Teil der Sterne des Himmels und warf sie auf die Erde.* Und der Drache trat vor das Weib, die gebären sollte, auf daß, wenn sie geboren hätte, er ihr Kind fräße. Und sie gebar einen Sohn ... der alle Völker sollte weiden mit eisernem Stabe. Und ihr Kind ward entrückt zu Gott und seinem Thron ...

Und es erhob sich ein *Streit im Himmel*: Michael und seine Engel stritten wider den Drachen. Und der Drache stritt und seine Engel und siegten nicht, auch ward ihre Stätte nicht mehr gefunden im Himmel. *Und es ward gestürzt der große Drache, die alte Schlange, die da heißt Teufel und Satan, der die ganze Welt verführt.* Er ward geworfen auf die Erde, und seine Engel wurden mit ihm dahin geworfen ... und ich hörte eine große Stimme, die sprach im Himmel: ... Weh aber der Erde und dem Meer! Denn der Teufel kommt zu euch hinab und hat einen großen Zorn und weiß, daß er wenig Zeit hat ... Und da der Drache sah, daß er geworfen war auf die Erde, verfolgte er das Weib, die das Knäblein geboren hatte ... und die Schlange schoß aus ihrem Rachen nach dem Weibe ein Wasser wie einen Strom, daß er sie ersäufe. Aber die Erde half dem Weibe ... und der Drache ward zornig ... und ging hin, zu streiten wider die übrigen von ihrem Geschlecht, die da Gottes Gebote halten und haben das Zeugnis Jesu. Und er trat an den Rand des Meeres.

Und ich sah *ein Tier* aus dem Meer steigen, das hatte zehn Hörner und sieben Häupter, und auf seinen Hörnern zehn Kronen und auf seinen Häuptern lästerliche Namen ... Und *der Drache* gab ihm seine Kraft und seinen Thron und große Macht ... und die ganze Erde verwunderte sich des Tieres, und sie beteten *den Drachen* an ... und beteten *das Tier* an und sprachen: Wer ist dem *Tier* gleich und wer kann wider es streiten? Und es ward ihm gegeben ein Maul, zu reden große Dinge und Lästerungen, und ward ihm gegeben, daß es mit ihm währte zweiundvierzig Monate lang ... Und es tat sein Maul auf zur Lästerung gegen Gott, zu lästern seinen Namen und sein Haus und die im Himmel wohnen ...

Und ich sah *ein zweites Tier* aufsteigen von der Erde, das hatte *zwei Hörner* ... und redete wie ein *Drache*. Und es übt alle Macht des ersten Tieres vor ihm, und es macht, daß die Erde und die darauf wohnen, anbeten *das erste Tier* ... Und es tut große Zeichen, daß es auch macht Feuer vom Himmel fallen zur Erde vor den Menschen ... Und sagt denen, die auf Erden wohnen, daß sie ein Bild machen sollen dem *Tier* ... Und es ward ihm gegeben, daß er dem Bilde *des Tieres Geist* gab, damit *des Tieres Bild* redete und machte, daß alle, welche nicht *des Tieres Bild* anbeteten, getötet würden. Und es macht, daß sie allesamt, die Kleinen und Großen, die Reichen und Armen, die Freien und Knechte, sich ein Malzeichen geben an ihre rechte Hand oder an ihre Stirn, daß niemand kaufen oder verkaufen kann, er habe denn das Malzeichen, nämlich *den Namen des Tieres* oder *die Zahl seines Namens*. Hier ist Weisheit! Wer Verstand hat, der überlege *die Zahl des Tieres*; denn es ist eines Menschen Zahl, und seine Zahl ist *sechshundertsechsundsechzig*.[85]

Und ein ... Engel ... sprach mit großer Stimme: So jemand *das Tier* anbetet und sein Bild und nimmt das Malzeichen an seine Stirn oder an seine Hand, der soll von dem Wein des Zornes Gottes trinken ... und wird gequält werden mit Feuer und Schwefel vor den heiligen Engeln ... Und der Rauch ihrer Qual wird aufsteigen von Ewigkeit zu Ewigkeit; und sie haben keine Ruhe Tag und Nacht, die *das Tier* anbeten und sein Bild, und wer das Malzeichen seines Namens annimmt ...

Und der Engel schlug an mit seinem Winzermesser an die Erde und schnitt die Trauben der Erde und warf sie in die große Kelter des Zornes Gottes ... und das Blut von der Kelter ging bis ... tausendsechshundert Feld Wegs weit.

Und ich sah ein anderes Zeichen am Himmel, das war groß und wundersam: sieben Engel, die hatten die letzten sieben Plagen, denn mit denselben ist vollendet der Zorn Gottes. Und ... es war wie ein gläsernes Meer, mit Feuer gemengt: und die den Sieg behalten hatten über *das Tier* und sein Bild und über *die Zahl seines Namens*, die standen an dem gläsernen Meer und hatten Gottes Harfen ...[86]

Und eine der vier Gestalten gab den sieben Engeln sieben goldene Schalen voll vom Zorn Gottes, der da lebt von Ewigkeit zu Ewigkeit ...

Und der erste ging hin und goß seine Schale aus auf die Erde; und es ward ein böses und arges Geschwür an den Menschen, die das *Malzeichen des Tieres* hatten und die sein Bild anbeteten.

Und der zweite Engel goß aus seine Schale ins Meer; und es ward Blut wie eines Toten, und *alle lebendigen Wesen im Meer starben.*

Und der dritte Engel goß aus seine Schale in die Wasserströme und in die Wasserbrunnen; *und es ward Blut ...*

Und der vierte Engel goß aus seine Schale in die Sonne, und ward ihr gegeben, die Menschen zu versengen mit Feuer. Und *die Menschen wurden versengt von großer Hitze ...*

Und der fünfte Engel goß aus seine Schale auf den *Thron des Tieres*; und *sein Reich ward verfinstert*, und sie zerbissen ihre Zungen vor Schmerzen und lästerten Gott im Himmel ...

Und der sechste Engel goß aus seine Schale auf den großen Wasserstrom ... und sein Wasser vertrocknete ... und ich sah aus dem Mund des *Drachen* und aus dem Munde des *Tieres* und aus dem Munde des falschen Propheten drei *unreine Geister* gehen ... diese sind *Teufelsgeister*, die tun Zeichen und gehen aus zu den Königen der ganzen Welt, sie zu versammeln zum Streit auf jenen großen Tag Gottes, des Allmächtigen.

Und der siebente Engel goß aus seine Schale in die Luft; und es ging aus eine große Stimme aus dem Tempel vom Thron, die sprach: Es ist geschehen! Und es wurden Blitze und Stimmen und Donner; und ward *ein großes Erdbeben, wie solches nicht gewesen ist*, seit Menschen auf Erden gewesen sind, solch Erdbeben, so groß ... Und *alle Inseln entflohen, und keine Berge wurden mehr gefunden.* Und ein großer *Hagel wie Zentnerstücke* fiel vom Himmel auf die Menschen; und die Menschen lästerten Gott über die Plage des Hagels, denn seine Plage ist sehr groß.[87]

Und ich sah *das Tier* und die Könige auf Erden und ihre Heere versammelt, Krieg zu führen mit dem, der auf dem Pferd saß [Jesus Christus], und mit seinem Heer. Und *das Tier* ward gegriffen und mit ihm der falsche Prophet, der die Zeichen tat vor ihm, durch welche er verführte, die das Malzeichen des *Tieres* nahmen und die *das Bild des Tieres* anbeteten. Lebendig wurden diese beiden in den *feurigen Pfuhl* geworfen, der mit Schwefel brannte. Und die anderen wurden erschlagen mit dem Schwert, das aus dem Mund ging des, der auf dem Pferde saß. Und alle Vögel wurden satt von ihrem Fleisch.[88]

Und ich sah einen Engel vom Himmel fahren, und der hatte den Schlüssel zum Abgrund und eine große Kette in seiner Hand. Und er griff den *Drachen, die alte Schlange*, das ist der *Teufel und Satan*, und band ihn tausend Jahre und warf ihn in den Abgrund und verschloß ihn und tat ein Siegel oben darauf, daß er nicht mehr verführen sollte die Völker, bis daß vollendet würden die tausend Jahre. Danach muß er los werden eine kleine Zeit ... Und wenn die tausend Jahre vollendet sind, wird der Satan loswerden aus einem Gefängnis und wird ausgehen, zu verführen die Völker ... den *Gog und Magog*, um sie zu versammeln zum Streit; deren Zahl ist wie der Sand am Meer. Und ... sie umringten das Heerlager der Heiligen ... Und *es fiel Feuer vom Himmel und verzehrte sie*. Und *der Teufel*, der sie verführte, ward geworfen in den Pfuhl von Feuer und Schwefel, da auch *das Tier* und der falsche Prophet war, und werden gequält werden Tag und Nacht von Ewigkeit zu Ewigkeit ...

Und ich sah einen großen, weißen Thron und den, der darauf saß; und vor seinem Angesicht *floh die Erde und der Himmel, und ihnen ward keine Stätte gefunden*. Und ich sah die Toten ... stehen vor dem Thron, und Bücher wurden aufgetan ... Und die Toten wurden gerichtet nach dem, was geschrieben steht in den Büchern, nach ihren Werken ... Und so jemand nicht gefunden ward geschrieben im Buch des Lebens, der ward geworfen in den *feurigen Pfuhl* ... Das ist der zweite Tod; der *feurige Pfuhl*.[89]

ANMERKUNGEN

EIN VORWORT, DAS NACH SCHWEFEL RIECHT: DIE ERD-STREIFER

1 Die beiden amerikanischen *Pionier*-Sonden vom 4. und 9. Dezember 1978
2 Durchlaufdauer zwischen zwei gleichen Positionen zur Erde.
3 Diese Angaben des Astrophysikers George Wetherill (USA) werden zitiert in: Kenneth J. Hsü, Die letzten Jahre der Dinosaurier, 1990.
4 Neues Testament, Die Offenbarung des Johannes, 16
5 Neues Testament, Die Offenbarung des Johannes, 12

LUZIFER: DIE SCHLEUSEN DER HÖHE ÖFFNEN SICH

1 Neues Testament, Die Offenbarung des Johannes, 5
2 Hebräisch: Har-Schatan = Widersacher; (griechisch: Diabolos = Verleumder, Lästerer)
3 Der apokryphe Text *Das erste Traumgesicht*
4 Altes Testament, Der Prophet Jesaja, 14
5 Weil das Volk Israel Gottes Namen nicht auszusprechen wagte, nannte es ihn Jahwe = HERR; der Name Jahwe hat weltweit einen Bezug zur Himmelsmacht: Yahou (China), Ju Ju Huwe (Indonesien), Jovis = Jupiter (Rom).
6 Altes Testament, Der Prophet Jesaja, 24
7 Altes Testament, Der Prophet Hosea, 9
8 Altes Testament, Der Prophet Micha, 1
9 Altes Testament, Der Prophet Amos, 9
10 Georges (Léopold Chrétien Frédéric Dagobert Baron de) Cuvier, französischer Anatom und Paläontologe, 1769 bis 1832; Begründer der Katastrophentheorie
11 Hesiodos (Hesiod): griechischer Epiker um 700 vor Christus: Entstehung der Götter
12 Altes Testament, Das erste Buch Mose, 19

13 Altes Testament, Der Prophet Jesaja, 25
14 Midraschim: Hebräische Auslegungen des Alten Testaments
15 Babylonisch-assyrisches Heldenepos über Gilgamesch, den König von Uruk
16 Die Edda: Der Seherin Gesicht, 38

LUZIFER: DER DRACHE MIT DEN HUNDERT FEUERKÖPFEN

1 Typheus, Typhaon; beschrieben bei Homer, Hesiod, Herodot, Apollodor, Apollonius von Rhodos, Nonnos, Plinius und im ägyptischen Papyros Ipuwer.
2 Taoui Thom
3 Lydus, Servius, Hephaestion, Junctinus
4 Julius Africanus, The Ante-Nicene Fathers, 1896
5 Beschreibung des Himmelskörpers
6 Der Federschmuck steht für bunte Flammen.
7 Gefiederte Schlange
8 Äquivalent zu Quetzal-cohuatl bei den Maya
9 Brasseur, Sources de l'Historie primitive du Mexique
10 Das altpersische Buch Bundahish
11 Zum Vergleich: Beelzebub (semitisch Baal Zewuw = Herr der Fliegen)
12 Altes Testament, Das Buch Josua, 10
13 Solon, athenischer Gesetzgeber und Dichter, 640 (?) bis 559 vor Christus
14 Phaeton, Ischtar, Quetzal-cohuatl
15 Augustinus, Der Gottesstaat (Civitas Dei)
16 Überliefert vom römischen Schriftsteller Censorinus
16 Anaximenes, Anaximander und Diogenes von Appolonia
17 Philo
18 Kung-fu-tse, 551 bis 479 vor Christus; chinesischer Philosoph
19 Die Edda, Der Seherin Gesicht, 49
20 Das Buch Bundahish, Pahlavi Texte

21 Handschriften Avila und Molina
22 Kalevala-Epos aus der Zeit, als Finnen und Ungarn noch ein Volk waren (rund 1000 vor Christus)
23 Altes Testament, Das zweite Buch Mose, 10
24 Altes Testament, Das zweite Buch Mose, 9

Luzifer: Die Venus

1 Altes Testament, Das zweite Buch Samuel, 22; vgl.: Altes Testament, Der Psalter, 18
2 E. Weidner, Handbuch der babylonischen Astronomie, 1915
3 These des amerikanischen Wissenschaftlers Immanuel Velikowskys (1895–1979)
4 Jesaja
5 Der apokryphe Text *Der vorläufige und endgültige Strafort der gefallenen Engel (Sterne)*
6 Neues Testament, Die Offenbarung des Johannes, 12

Luzifers Brüder: Die Engel

1 Altes Testament, Der Prophet Daniel, 11
2 Das apokryphe *Vierte Buch Esra*
3 Griechischer Wortstamm: die Boten
4 Neues Testament, Die Offenbarung des Johannes, 4
5 Altes Testament, Der Prophet Hesekiel, 1
6 Altes Testament, Das erste Buch Mose, 32
7 Engelslehre
8 Der apokryphe Text *Enochs Himmelfahrt*
9 Der apokryphe Text *Die vier Angesichtsengel*

Ein Stern fällt vom Himmel: Der Satan der Bibel

1 Neues Testament, Die Offenbarung des Johannes, 13
2 Neues Testament, Das Evangelium nach Johannes, 8

3 Altes Testament, Das Buch Hiob, 2
4 Altes Testament, Psalm 82
5 Altes Testament, Der Prophet Sacharia, 3
6 Altes Testament, Das Buch Hiob, 1
7 Apokryphes Synonym des Satan
8 Die Bibel, Das erste Buch Mose, 3
9 Apokrypher Text *Der Fall der Engel und die Geheimnisse, die sie den Menschen verrieten*
10 Apokrypher Text *Die Schatzhöhle*
11 Altes Testament, Das Buch Hiob, 2
12 Die Residenz des Allmächtigen, beschrieben als Götterberg
13 Altes Testament, Der Prophet Jesaja, 14
14 Es soll ein Drittel aller Engel gewesen sein; siehe: Neues Testament, Die Offenbarung des Johannes, 12
15 Aus dem Hebräischen, etwa gleichbedeutend mit: *Wer ist wie Gott?*
16 Apokrypher Text *Das vierte Buch Esra*
17 Neues Testament, Das Evangelium nach Matthäus, 26
18 Neues Testament, Das Evangelium nach Johannes, 13
19 Neues Testament, Der Brief des Paulus an die Epheser, 6
20 Die Edda, Der Seherin Gesicht
21 Rama, der Held, war zur Reinkarnation des Hauptgottes Wischnu erhoben und somit selbst zum Gott geworden.
22 Neues Testament, Die Offenbarung des Johannes, 8/9
23 Neues Testament, Die Offenbarung des Johannes, 8/9
24 Hebräisch: der Zerstörer
25 Neues Testament, Die Offenbarung des Johannes, 18
26 Neues Testament, Die Offenbarung des Johannes, 17
27 Eine durch Zusammenfügung von Jahwe und Adonaj entstandene, falsche Lesart des Gottesnamens
28 Neues Testament, Die Offenbarung des Johannes, 19
29 Herrschernamen, die für die Kriegsvölker des Satan beim Endkampf vor dem Jüngsten Gericht stehen; Neues Testament, Die Offenbarung des Johannes, 20

30 Neues Testament, Das Evangelium nach Johannes, 12
31 Neues Testament, Der erste Brief des Paulus an die Korinther, 4
32 Neues Testament, Die Offenbarung des Johannes, 20
33 Neues Testament, Das Evangelium nach Johannes, 2
34 Neues Testament, Das Evangelium nach Johannes, 12
35 Altes Testament, Das Buch Hiob, 2
36 Dies ist mein lieber Sohn, an welchem ich Wohlgefallen habe; siehe: Neues Testament, Das Evangelium nach Matthäus, 3
37 Altes Testament, Der Prophet Sacharia, 3
38 Das apostolische Glaubensbekenntnis, in seiner heutigen Form bereits um 500 nach Christus bezeugt
39 Neues Testament, Das Evangelium nach Matthäus, 4
40 Neues Testament, Der zweite Brief des Paulus an die Korinther, 11
41 Neues Testament, Der zweite Brief des Paulus an die Thessalonicher, 2
42 Neues Testament, Der erste Brief des Petrus, 5
43 Neues Testament, Das Evangelium nach Matthäus, 25
44 Neues Testament, Der erste Brief des Johannes, 3
45 Neues Testament, Das Evangelium nach Matthäus, 13
46 Altes Testament, Das zweite Buch Mose, 20
47 Neues Testament, Die Offenbarung des Johannes, 1
48 Wiederkunft Christi
49 Apokrypher Text *Das Nikodemus-Evangelium: Die Besiegung des Hades und des Satans*

SATANS WIEGE: DAS ALTE PERSIEN

1 Ahura Mazda = der weise Gott
2 Ahra Mainyu = der böse Gott; Ursprungsform des Namens Ahriman, des altpersischen Ur-Satans
3 Die arische eschatologische Glaubenslehre des Zarathustra im alten Persien

4 Sanskrit: Wissen; älteste Quellen der indischen Kultur und Religion
5 Gegründet 728 vor Christus (Herodot)
6 Im fünften und sechsten Jahrhundert vor Christus
7 Pluralform vom Singular Daewa = wedische Kriegsgötter
8 Aus den Gathas (= Hymnen); heilige altpersische Schriften
9 Lehre von den letzten Dingen, vom Tod und Weltende
10 Erzählt nach Firdausis Schahnamé, dem Buch der Könige
11 Denkart, 9, 30, 6
12 Der Verwüster; Die Bibel, Apokryphen, Das Buch Tobias, 3
13 E. Lehmann (Lund), Lehrbuch der Religionsgeschichte, 1925
14 Synonym des Ahura Mazda
15 Schriftliche Zeugnisse über das verlorene Buch der Apokalypse der Awesta
16 Altes Testament, Das Buch Hiob; Leviathan (3) tritt dort neben der Bestie Behemot (40) auf.
17 Datastan-i-Denik, 37

LOKI, DER KOSMISCHE BRANDSTIFTER: WEST- UND NORDEUROPA

1 Bundehesch, 30
2 Neues Testament, Die Offenbarung des Johannes, 8/9
3 Codex Regius, Ende des 13. Jahrhunderts in Island niedergeschrieben
4 Die Edda, Der Seherin Gesicht, 33
5 Feuerriese, Herr im Flammenreich: zerstört den Himmel mit Feuer
6 Unsichtbare Göttin, schwarzes Fleisch: Herrscherin der Unterwelt
7 Die Edda, Der Seherin Gesicht, 44
8 Altnordisch: muspilli = Weltfeuer; uralte heidnische Benennung
9 Nagelfähre; das Schiff ist aus den Fingernägeln von Toten gebaut

10 Im Namen Loki klingen die Worte Lohe (deutsch), Endiger (altnordisch) und Lux (lateinisch), so daß die Verwandschaft mit Luzifer, dem Lichtbringer, naheliegt.
11 Böse Geister, bringen Krankheit, Tod; ihr Sitz ist tief im Schoß der Erde
12 Geisterwesen wie Zwerge, Riesen, Dämonen, Feen, Trolle, Kobolde
13 Krieger (auch: Der Hohe)
14 Speerkrieger
15 Altnordisch: Alldurchdringer
16 Altes Göttergeschlecht des Nordens, verlor den Kampf gegen die Asen, versöhnte und vereinigte sich mit den Siegern
17 Ursprünglich Luftgeister der Verstorbenen, dann zentrales Göttergeschlecht des Nordens; Snorri: Asiamenn = Leute aus Asien
18 Die Edda, Der Seherin Gesicht, 38
19 Trinkhalle Odins; dort spenden blanke Schwerter Licht
20 Altnordisch: Donner; Hauptgott der Asen nach Odin, Schutzherr der Menschen, Donnergott
21 Göttin der Jugend und Gesundheit
22 Odins Frau und Asengöttin der Nacht, sie trägt einen dunkelblauen Mantel mit Sternen.
23 Altnordisch: Anfang (Schöpfung, Weltstamm); Wächtergott der Asen
24 Altnordisch: Herr; Wanengott, Sohn des Njörd, Geber allen Reichtums
25 Sippe; Asengöttin, Frau des Thor
26 Ludwig Uhland, Werke Bd. 6, Sagenforschungen
27 Der Gebeugte vom Hügel
28 Keltischer Mythos aus Britannien
29 Griechisch: Der, der voraussieht; Wohltäter der Menschen, Feuerbringer
30 Der hinkende Sohn der Hera; Gott des Feuers und der Schmiedekunst

31 Feuerbringer; auch Lopt, der Blitz
32 Feuer; Wedischer Feuergott
33 Die Angstbotin
34 Symbol des Weltmeeres, das das bewohnte Land umschließt und verschlingt
35 Untergang der Götter, letztes Geschick, Weltuntergang
36 Nebelstätte
37 Nidhög ist letztlich identisch mit Fenrir
38 Weltenbaum, Symbol der Weltachse
39 Heuler
40 Asenburg
41 Feind des Bösen, junger Gott, stark und schön
42 Beiname der Asengötter
43 Die Edda, Balders Träume, 14
44 Die Edda, Der Seherin Gesicht, 37
45 Odins Göttersitz, eingehauen auf Asgards höchsten Felsen; von dort kann er alles sehen
46 Erhöhte Erdmitte, fruchtbar und schön, von Menschen bewohnt
47 Loki, der Endiger; Heimdall, der Anfang
48 Die Edda, Der Seherin Gesicht, 51–57
49 Odins Söhne mit der Göttin Frigg
50 Thors Söhne (Magni = der Starke; Modi = der Mutige)
51 Die Edda, Das Wafthrudnirlied, 51
52 Die Edda, Der Seherin Gesicht, 57
53 Die Edda, Der Seherin Gesicht, 37
54 Neues Testament, Die Offenbarung des Johannes, 18
55 Altes Testament, Das erste Buch Mose, 3
56 Altes Testament, Das erste Buch Mose, 3
57 Persischer Volksteil, der den Islam nicht annahm, sondern am altpersischen Mazdaismus festhielt.
58 Verderben; Yasna 9, 25 f.
59 Altnordisch: die Starken; das Geschlecht der Riesen, meist feindlich gesinnt
60 Asin, zu der verstorbene Jungfrauen gelangen

61 Das Meer; ein reicher und den Göttern gastfreundlicher Riese
62 Die Edda, Lokis Zankreden, 20

MAHRA, DER ZERSTÖRER, UND BUDDHAS WARTEN AUF ERLEUCHTUNG: DAS ALTE INDIEN

1 Sanskrit: Ârya = Edle
2 Später Flußgöttin, Göttin der Rede, Gelehrsamkeit, Weisheit
3 (Kriegs) Götter
4 Zwillingsgötter
5 Gegengötter
6 Nach der Rigweda, 30
7 Nach der Rigweda, 30
8 Parallele zu Lokis Hölle, nämlich Hels Nifelheim = Nebelheim
9 Zerstörer der Festungen
10 Anbeter
11 Nach dem Bhagawata-Purana und dem Epos Mahabharata
12 Epos Mahabharata
13 Ein weiblicher Erzdämon
14 Epos Mahabharata
15 Aus dem altindischen Epos Ramayana
16 Altes Testament, Der Prophet Jesaja, 14
17 Erektion
18 Silberberg
19 Heinrich Harrer, Sieben Jahre in Tibet, 1959
20 Altes Testament, Das Buch Hiob, 2
21 Die Edda, Der Seherin Gesicht, 47
22 Eine vom Sokrates-Schüler Antisthenes gegründete Philosophenschule
23 Begründer: Vardhamana
24 Name der Kaste, der der historische Buddha angehörte

25 Sanskrit: der Erleuchtete (eigentlich Prinz Siddhartha); Religionsstifter, 560–480 vor Christus
26 Sanskrit: das Erlöschen
27 Geschichte der Geister; einer der drei Körbe mit den buddhistischen Lehren
28 Hindu-Philosoph, Hinduist
29 Atharva-Weda, 9
30 Atharva-Weda, 9
31 C. Venkata Raman, 1834–1886; Asket, Mystiker und Hindu-Theologe

DIE SECHZIG QUALEN DER UNTERWELT: MESOPOTAMIEN

1 Ischtar = Morgenstern; sumerische Himmelsgöttin
2 Babylonisch-assyrischer Mythos von Ischtars Fahrt in die Unterwelt
3 Babylonisch-assyrischer Gott, Ischtars Geliebter; hat im griechischen Gott Adonis seine Entsprechung
4 Babylonisch-assyrischer Mythos von Ischtars Fahrt in die Unterwelt
5 Entspricht der Astarte der Hebräer und Kanaaniter, der Ischtar/Inanna/Innin/Inni der Akkaden und Sumerer, der Aphrodite der Griechen, der Venus der Römer
6 Semitisch: Herr; kanaanäischer Hauptgott
7 Babylonisch-assyrischer Mythos von der großen Flut
8 Ebd.
9 Gilgamesch-Epos, ca. 2000 vor Christus; zwölf Tontafeln in akkadischer Sprache (Keilschrift), die aus Assurbanipals Bibliothek in Ninive stammen
10 Ebd.
11 Ebd.
12 Altes Testament, Das zweite Buch Mose, 32
13 926 bis 907 vor Christus
14 Altes Testament, Das erste Buch der Könige, 12
15 Atharwa-Weda, 6

16 W. E. Leonhard, The Fragments of Empedocles, 1908
17 Apis, der schwarze Stier von Memphis
18 Heinrich Schliemann, Mykene – Bericht über meine Forschungen und Entdeckungen in Mykene und Tiryns, 1878
19 Altes Testament, Das zweite Buch Mose, 14
20 Das goldene Kalb in Dan
21 Neues Testament, Das Evangelium nach Lukas, 11
22 Altes Testament, Das zweite Buch der Könige, 10
23 845 bis 818 vor Christus
24 Altes Testament, Der Prophet Jesaja, 47
25 Gilgamesch-Epos
26 Gilgamesch-Epos
27 Gilgamesch-Epos
28 Babylonisch-assyrischer Mythos von Nergal und Ereschkigal
29 Neues Testament, Die Offenbarung des Johannes, 18
30 Babylonisch-assyrischer Mythos von der Erschaffung der Welt
31 Altes Testament, Das erste Buch Mose, 11
32 Babylonisch-assyrischer Mythos von der Erschaffung der Welt

UND WENN ICH MEINE AUGEN SCHLIESSE,
WIRD ES DUNKEL AUF DER WELT: DAS ALTE ÄGYPTEN

1 Die ägyptische Himmelsgöttin, Schwester des Geb; identisch mit Hathor und Isis
2 Der ägyptische Erdgott
3 Der oberste ägyptische Gott, der Sonnengott
4 Der ägyptische Mondgott; Gott der Schrift, Gelehrsamkeit und Weisheit
5 Der ägyptische Fruchtbarkeits- und Totengott
6 Altägyptischer Mythos von Isis und Osiris
7 Der Verborgene; Sohn des Osiris, der Gott des Himmels, der den Mord an seinem Vater rächte
8 Himmelsgöttin

9 Altägyptischer Mythos *Der wahre Name des Gottes Re*
10 Plutarch, Über Isis und Osiris
11 Wohnt zwischen Himmel und Erde und hebt morgens die Himmelsgöttin Nuth empor
12 Altägyptischer Mythos von den ersten Gottkönigen
13 Der Begriff Pharao kam erst im ersten Jahrhundert vor Christus auf
14 Die Erde, die sich erhebt
15 Kriegsgott, Schutzgottheit Unterägyptens; der Böse Gott im Osiris-Mythos
16 Altägyptischer Mythos von Isis und Osiris
17 Schutzgott der Stadt Ombos
18 Totenbuch der Ägypter
19 Totenbuch der Ägypter
20 Totenbuch der Ägypter
21 Totenbuch der Ägypter
22 Totenbuch der Ägypter
23 Altägyptischer Mythos von der Vernichtung der Menschen
24 Ebd.
25 Ebd.
26 Friedrich Wilhelm Haack, Von Gott und der Welt verlassen, 1954
27 Altägyptischer Mythos von den ersten Gottkönigen
28 Die Edda, Der Seherin Gesicht, 37

D<small>IE BLUTIGE</small> S<small>ICHEL UND DIE SCHAUMGEBORENE</small> G<small>ÖTTIN</small>: D<small>AS ALTE</small> G<small>RIECHENLAND</small>

1 Hesiod, Theogonie
2 Der Tartaros war die Unterwelt für die Götterfeinde
3 Die 50 schönsten Töchter des Meer- und Wassergottes Nereus
4 Das apokryphe Buch Enoch: *Der Fall der Engel und die Geheimnisse, die sie den Menschen verrieten*
5 Achter Gesang

6 Die Eintracht, die Furcht, das Grauen
7 Rohrflöte (Pan-Flöte)
8 Quell- und Bergnymphen (Feen der Natur), Töchter des Zeus
9 Die *panische* Angst
10 Odyssee, 11. Gesang
11 Der Reiche
12 Homer, Demeter-Hymne
13 Vielseitige Friedens- und Kriegsgöttin, Zeus-Tochter
14 Der römische Bacchus
15 Die Rasenden
16 Colin Wilson, Das Okkulte, 1982
17 Nach Heraklid
18 Die Freundlichen
19 Hesiod
20 Aischylos
21 Homer

Dass also der Bock alle Missetaten auf sich nehme: Das Volk Israel

1 Anmerkung der Bibel: Keine leiblichen Söhne Gottes, sondern zur Umgebung Gottes gehörig, wie das Gefolge zu einem König gehört
2 Altes Testament, Das erste Buch Mose, 6
3 Der apokryphe Text *Die Schatzhöhle*
4 Altes Testament, Das erste Buch Mose, 19
5 Der apokryphe Text *Der Fall der Engel, ihre vorläufige und endgültige Abstrafung*
6 Altes Testament, Das dritte Buch Mose, 16
7 873 bis 853 vor Christus
8 Altes Testament, Das erste Buch der Könige, 22
9 Mitte des siebten Jahrhunderts vor Christus
10 Altes Testament, Das Buch der Richter, 9
11 1004 bis 965 vor Christus
12 Altes Testament, Das erste Buch der Chronik, 21

13 Der apokryphe Text *Das Leben Adams und Evas*
14 Apokryphe Schriften, die nicht zur kanonischen Bibel gehören
15 Der Vollstrecker: Der babylonische Baal
16 André Dupont-Sommer
17 Der apokryphe Text *Das Martyrium des Jesaja*
18 Ebd.
19 Apokrypher Text *Das Buch der Jubiläen*: Der Fürst Mastema
20 Apokrypher Text *Das Testament Rubens (über die Gesinnung)*
21 Apokrypher Text *Die Testamente der zwölf Patriarchen*
22 Entstanden drittes bis zweites Jahrhundert vor Christus
23 522 bis 486 vor Christus
24 464 bis 424 vor Christus
25 445 vor Christus
26 Altes Testament, Das Buch Hiob, 30
27 Kriegsrolle; aus: Eduard Lohse, Die Texte von Qumran, 1964
28 965 bis 926 vor Christus
29 Altes Testament, Das erste Buch der Könige, 11
30 639 bis 609 vor Christus
31 Altes Testament, Das zweite Buch der Könige, 23
32 Um 1230 vor Christus
33 Altes Testament, Das Buch Josua, 10

Die Geschichte vom Scheitan und der gehörnten Göttin: Der Islam

1 Arabisches Wort für den Satan
2 Koran, 6/121
3 Koran, 43/77
4 Hebräisch: König; Altes Testament, Der Prophet Jeremia, 32
5 Dschinn = Verborgener
6 Koran, 72

7 Koran, 55
8 Koran, 37
9 Hebräisch: Lehre oder Gesetz; die fünf Bücher Mose
10 Koran, 6/40
11 Beispiel: Koran, 37/159
12 Koran, 43/37–41
13 Altes Testament, Die Sprüche Salomos, 16
14 Koran, 39/72
15 1130 bis 1143
16 1596 bis 1650
17 1564 bis 1642
18 Ma'in, auch Ma'an
19 965 bis 926 vor Christus
20 Altes Testament, Das erste Buch der Könige, 10
21 Berg des Lichts
22 Koran, 96/1–3
23 Der vom Koran vorgeschriebene 30tägige Fastenmonat
24 Nacht des Schicksals
25 Koran, 3/36
26 Koran 3/46–48
27 Koran 19/52 und 20/79
28 Koran 20/19 u. a.
29 Gesandter Allahs
30 Koran, 25/5
31 Koran, 25/9
32 Weissager
33 Maxime Rodinson, Mohammed, 1975
34 Koran, 81/2–10 und 82/2–7
35 Aramäisch: Morgenstern
36 Koran, 56/1–13

DER KRUMME WEG DER SCHWARZEN: DAS CHRISTENTUM

1 Die frühen Missionare des Christentums, dann die Bischöfe, ab dem sechsten Jahrhundert die Kirchenfürsten des Konzils von Nizäa

2 Barnabasbrief
3 325
4 543
5 Carl Joseph von Hefele, Conciliengeschichte, 1877
6 1215, Viertes Laterankonzil
7 Carl Joseph von Hefele, Conciliengeschichte, 1877
8 Tractatus de angelis; aus: Summa Theologica
9 Buhlteufel männlicher Geschlechtsart
10 Buhlteufel weiblicher Geschlechtsart
11 Aurelius Augustinus, 354 bis 430; Kirchenlehrer
12 Aurelius Augustinus, Der Gottesstaat (Civitas Dei) 1955
13 Ebd.
14 Allgemeiner Ausdruck für die Theologen und Philosophen des Mittelalters
15 Tractatus Theologicus
16 Um 1030 bis 1101; gründete um 1084 den Orden der Kartäuser
17 Die Reinen; einflußreiche, mittelalterliche Sekte, 11. bis 15. Jahrhundert
18 Ein der Konfirmation ähnlicher Ritus
19 Neues Testament, Die Offenbarung des Johannes, 13
20 Neues Testament, Die Offenbarung des Johannes, 12
21 1098 bis 1179
22 Der Lügner und die irdische Bestie
23 Der Ungläubige
24 Adson von Montier, Mönch und Abt
25 Martin Luther, Adversus execrabilem Antichristi bullam, 15. Juni 1520
26 Martin Luther, Artikel von Schmalkalden, 1537
27 Philipp Melanchthon, Tractatus de potestate et primatu papae
28 Wyclif, 1328 bis 1384
29 Golden Dawn
30 Kunstname (Palindrom) eines Psalmenkürzels im Templer-Orden

Der brennende Dotter und die ewige Nacht:
Luzifer ist überall

1 Einladender Herr; Gott, der das Land festigte und die Inseln schuf
2 Große erhabene Gottheit, die am Himmel scheint (Sonnengöttin)
3 Heftiger, schneller, ungestümer Mann
4 Japanischer Mythos von Amaterasu und Susanowo
5 Das Totenreich
6 Japanischer Mythos von Amaterasu und Susanowo
7 Japanischer Mythos von Amaterasu und Susanowo
8 720; eine der wichtigsten heiligen Schinto-Schriften
9 Synonym des Takehaya Susanowo no Mikoto
10 Neues Testament, Das Evangelium nach Johannes, 12
11 Neues Testament, Das Evangelium nach Matthäus, 6
12 Altes Testament, Der Prophet Jesaja, 14
13 Australischer Mythos *Wie die Sonne entstand*
14 Sibirischer Mythos vom Hasen, der die Sonne befreite
15 Indianischer Mythos von der Erschaffung der Welt (Zuni, New Mexico)
16 Indianischer Mythos vom Raub des Feuers (Algonkin-Stämme rund um den Michigan-See)
17 Höchste Götterwesen der Indianer
18 Indianischer Mythos von der Entdeckung des Tabaks
19 Stämme der Tlinkit, nordwestlich von Britisch-Kolumbien, Kanada
20 Stämme der Maidu, Nord-Kalifornien
21 Mikronesischer Mythos vom Chaifi (Marianen)

Lichtwolken und schwarze Düsternis:
Luzifers/Satans Doppelbild

1 Matthew Gregory Lewis, The Monk, 1796
2 Beckford, Vathek, der Herr von Eblis, 1963
3 1480 bis 1557

4 Eigentlich Jacopo Robusti, 1518 bis 1594
5 Matthew Gregory Lewis, The Monk, 1796
6 Cäsarius von Heisterbach, Dialogus Miraculorum
7 Der Harlekin ist in seinem Ursprung eine Teufelsgestalt.
8 Apokryphes Buch des Neuen Testaments
9 Etwa 736 Meter hoch, 18,4 Meter breit
10 Schweizer Bergmassiv zwischen Vierwaldstätter, Lauerzer und Zuger See
11 Ludwig Bechstein: Drachen und Lindwürmer/Winkelried und der Lindwurm
12 Drachenkämpfe des Perseus, Heiligen Georg, Siegfried, Beowulf
13 Etwa um 1700
14 J. P. Lyser, Abendländische 1001 Nacht – die schönsten Märchen und Sagen, 1838–1840 erzählt nach dem spanischen Theatrum curiosum
15 Nach Jakob und Wilhelm Grimm: Des Teufels rußige Brüder
16 William Butler Yates, Irische Märchen

FLAMMENDE AUGEN, SCHLAGENSCHWANZ:
DER MYTHOS VON DEN VIELEN MILLIARDEN TEUFELN

1 Johannes Weyer (Wier, 1515–1588, Opera Omnia (Gesamtwerk), 1660
2 Paris, 1818
3 1997 ca. sechs Milliarden
4 Altes Testament, Das Buch Tobias, 3
5 Baal Fagor, Gott der Moabiter

TEUFELSDRECK UND FIEBERWURZ: DER EXORZISMUS

1 Gebete zum Austreiben des Teufels
2 Codex Vindobonensis Palatinus
3 Abgeleitet aus dem Griechischen: Exorkizo = bannen

4 A. Franz, Die kirchlichen Benediktionen im Mittelalter, 1960
5 Neues Testament, Das Evangelium nach Lukas, 11
6 Minucio Felice
7 Neues Testament, Das Evangelium nach Matthäus, 10
8 Lattancius
9 Orationes contra demoniacum
10 Rutaceae; Gewächse, die ätherische Öle enthalten
11 Practica Exorcistica und Dispersio Daemonorum
12 Scilla Hispanica; Spanischer Blaustern
13 Ferula galbaniflua; Getrocknetes Gummiharz
14 Asafötida; ein Harz, das beim Verbrennen nach Knoblauch und Zwiebeln riecht
15 Eigentlich Fieberklee, Menyanthes tifoliata L.: Die Blätter enthalten Bitterstoffe, die die Verdauung fördern.
16 Alfonso di Nola, Der Teufel, 1990

Kinderfett am Besenstil: Die Hexen

1 Prozeß gegen die Waldenser (Synonym für die Hexen von Vaudois, Piemont), 1460
2 1662; Schottland
3 Colin Wilson, Das Okkulte, 1982
4 Papst Innozenz VIII., Summis desiderantes affectibus, 1484
5 Heinrich Kramer (Institoris) und Jakob Sprenger, Der Hexenhammer, Nachdruck 1982
6 Von 1500 bis 1680 wurden rund 100 000 Hexen/Hexer verbrannt; etwa 90 000 waren Frauen
7 Jeanne d'Arc, 1410 (1412) bis 30. 5. 1431
8 Gotisch: runa = das Geheimnis
9 Decretum Gratiani, 1147
10 Geweihtes Öl für Taufe und andere Sakramente
11 1529 bis 1596; Professor für römisches Recht, Generalankläger des Königs von Frankreich

12 Ahd. Hagezussa (Zaunreiterin) = Hexe; auch als Hagedise überliefert
13 Neues Testament, Das Evangelium nach Johannes, 15
14 Ulrich von Müller, 1489
15 Johannes Weyer, De praestigiis daemonum, 1563
16 Brocken im Harz
17 Palombara, nordöstlich von Rom
18 Nach: Paolo Grillando di Castiglion Fiorentino, etwa 1524
19 Johannes Weyer, De praestigiis daemonum

DER ZWEITE TOD IN SATANS FEURIGEM PFUHL: DIE HÖLLE

1 James Joyce: Dedalus
2 Neues Testament, Die Offenbarung des Johannes, 20
3 Apokrypher Text *Die Schatzhöhle*
4 Altes Testament, Das Buch Hiob, 2
5 Altes Testament, Die Offenbarung des Johannes, 12/13
6 Dante Alighieri, eigtl. Alaghieri, 1265 bis 1321; italienischer Dichter
7 Neues Testament, Die Offenbarung des Johannes, 20
8 Schattenreich
9 Limbus patrum
10 Limbus infantium
11 Etwa 900 bis 1521
12 Mexikanischer Mythos von den drei Totenreichen
13 Der Christengott, verehrt als Sonnengott
14 Neues Testament, Die Offenbarung des Johannes, 5

VERKEHRTE KIRCHE, SEX UND OPFERBLUT:
SATANSSEKTEN UND SCHWARZE MESSEN

1 Meyrink: Meister Leonhard
2 Die Pest
3 Flagellanten (Flegler, Kreuzbrüder, Bengler, Weiße); endzeitliche Schwärmer, die sich öffentlich geißelten

4 Mystizistische Sekte, gegründet von Karl Kellner und Franz Hartmann im 19. Jahrhundert, stellte sich in die Nachfolge des christlichen Templer-Ritterordens
5 Jacobus Burgundicus Molensis: 18. 3. 1324
6 Durch Papst Clemens V. aufgehoben
7 1184 durch Papst Lucius II. und Kaiser Friedrich Barbarossa gegen sogenannte Ketzer konstituierte Gerichtsbarkeit, deren Methoden pervertierten
8 Hebräisch: Kabbla = Überlieferung; mystische Geheimlehre des Judentums
9 Tempel aller Menschen, Abt des Friedens
10 1966 von A. S. la Vey gegründet
11 Westfälische Nachrichten, Münster, 18. 9. 1997
12 Joris Karl Huysmans, Tief unten, 1963
13 Nicolau Eymerich (Dominikaner), Directorium Inquisitorium
14 Weissagung durch Beschwörung der Toten
15 Joris Karl Huysmans, Tief unten, 1963
16 Ebd.
17 Wheatley, Diener der Finsternis, 1935
18 Ebd.
19 Ebd.
20 Festrede zu Fronleichnam, 1985

Sexualmagie als Heilsritus: Die Satanisten

1 John Symonds, Aleister Crowley, Das Tier 666 – Leben und Magick, 1989
2 Das allerhöchste Selbst
3 Colin Wilson, Das Okkulte, 1982
4 1875 bis 1947
5 Neues Testament, Die Offenbarung des Johannes, 13
6 Der bis zuletzt ausharrt
7 Colin Wilson, Das Okkulte, 1982
8 Silberstern

9 Colin Wilson, Das Okkulte, 1982
10 Ebd.
11 William Seabrook
12 Synonym des Seth (Mörder des Osiris); im Wortstamm scheinen Seth, Scheitan und Satan verwandt
13 1494 bis 1553; französischer Satiriker und Humanist
14 Duft der Unsterblichkeit
15 Der ältere Curio, zitiert nach Sueton
16 0,7 Gramm
17 John Symonds, Aleister Crowley, Das Tier 666 – Leben und Magick, 1989
18 1743 bis 1795
19 Colin Wilson, Das Okkulte, 1982
20 Colin Wilson, Das Okkulte, 1982
21 Pupilles (Waisenkinder) und Colombes (Täubchen)
22 Colin Wilson, Das Okkulte, 1982
23 Nach heutigem Geld gut eine Million Mark
24 Dr. Werner F. Bonin, Faszination des Unfaßbaren, 1983
25 1527–1608
26 Colin Wilson, Das Okkulte, 1982
27 Ratsprotokolle der Stadt Ingolstadt: Register der Ausgewiesenen
28 Weissager durch Beschwörung von Toten
29 Historia von D. J. Fausten, 1587
30 J. P. Lyser, Abendländische 1001 Nacht – die schönsten Märchen und Sagen aller europäischen Völker, 1838–1840; veröffentlicht nach der Leipziger Chronik
31 Hebräisch: Diener des Satan

Die heisse Spur des Herrn der Finsternis

1 Frau des Amphitryon, König von Troizien
2 Im Nordosten der Peloponnes
3 Sir Arthur Evans, The Palace of Minos at Knossos, 1933
4 Akustisches Phänomen des Bodenknalls

5 S. Marinatos, The Volcanic Destruction of Minoan Crete, 1939
6 Ebd.
7 Sir Arthur Evans, The Palace of Minos at Knossos, 1933
8 Altes Testament, Erstes Buch Mose, 19

DIE MAGISCHE QUERZAHL

1 Hesiod: Theogonia (Das Werden der Götter)
2 Immanuel Velikowsky
3 Otto Sigfrid Reuter
4 Der altindische Mythos von Indras Kampf mit Writra
5 Kokospalmenzweig
6 Satena ist die Ischtar der Indonesier; in *Satena* klingt *Satans* Name
7 Totenberg
8 Indonesischer Mythos der Hainuwele
9 Yascht, 13, 37 f
10 Widew' dat, 22;6,9
11 Die Edda, Grimnirlied, 23
12 Die Edda
13 Ebd.
14 Ragnarök
15 Neues Testament, Die Offenbarung des Johannes, 13

DER APOKALYPSE UND DER PSYCHE ENTSPRUNGEN: DER LEIBHAFTIGE

1 Beispiel: Der altpersische Mazdaismus
2 Zusammenfassung der Auslegungen jüdischer Glaubensschriften
3 Genesis Rabba 22,6
4 Altes Testament, Das erste Buch Mose, 3
5 Altes Testament, Das erste Buch Mose, 8
6 Mythos von Mänäbuschs Verheißung (Algonkin-Stämme um den Michigan-See)

7 Der indianische Mythos vom Aufbau der Welt (Bilchuna-Stämme im Westen von Britisch-Kolumbien, Kanada)
8 Japanischer Mythos vom Raub der Sonnengöttin
9 Mexikanischer Mythos der Tolteken/Azteken
10 Tolteken; voraztekisches Kulturvolk in Mexiko, bis ins späte 12. Jahrhundert nachgewiesen
11 Mexikanischer Mythos von den neun Himmeln (Tolteken/Azteken)
12 Mexikanischer Mythos von Quetzal-cohuatls Weggang (Tolteken/Azteken)
13 Kulturvolk Mittelamerikas, seit 500 vor Christus nachgewiesen
14 Mittelamerikanischer Mythos vom Untergang der Welt (Maya)
15 Südamerikanischer Mythos von den Riesen (Peru)

Der Vater der Lüge:
Kleines Glossar ausgewählter Bibeltexte

1 Altes Testament, Das Buch Hiob, 2
2 Altes Testament, Der Prophet Sacharia, 3
3 Altes Testament, Das Buch Hiob, 1
4 Altes Testament, Das Buch Hiob, 2
5 Altes Testament, Das erste Buch der Könige, 22
6 Altes Testament, Das Buch der Richter, 9
7 Altes Testament, Das erste Buch der Chronik, 21
8 Neues Testament, Der zweite Brief des Paulus an die Korinther, 12
9 Altes Testament, Das erste Buch Mose, 3
10 Altes Testament, Der Prophet Jesaja, 19
11 Altes Testament, Der Prophet Jesaja, 14
12 Altes Testament, Der Prophet Jesaja, 14
13 Neues Testament, Das Evangelium nach Matthäus, 6
14 Neues Testament, Der erste Brief des Johannes, 5
15 Neues Testament, Der erste Brief des Johannes, 2

16 Altes Testament, Das erste Buch Samuel, 16
17 Altes Testament, Das erste Buch Samuel, 16
18 Altes Testament, Das erste Buch Samuel, 18
19 Neues Testament, Der Brief des Paulus an die Epheser, 6
20 Neues Testament, Das Evangelium nach Johannes, 8
21 Neues Testament, Die Apostelgeschichte, 13
22 Altes Testament, Das erste Buch der Könige, 11
23 Der Verwüster; auch Sammael (Samiel) genannt
24 Die Bibel, Apokryphen, Das Buch Tobias, 3
25 Altes Testament, Das dritte Buch Mose, 16
26 Altes Testament, Das dritte Buch Mose, 18
27 Altes Testament, Der Prophet Jeremia, 32
28 Neues Testament, Der zweite Brief des Paulus an die Korinther, 6
29 Teuflisches Monster nach Art des Nilpferds
30 Teuflisches Monster nach Art des Krokodils
31 Altes Testament, Das Buch Hiob, 40
32 Neues Testament, Das Evangelium nach Johannes, 12
33 Neues Testament, Das Evangelium nach Johannes, 14
34 Neues Testament, Der zweite Brief des Paulus an die Korinther, 4
35 Neues Testament, Der Brief des Paulus an die Epheser, 6
36 Neues Testament, Der erste Brief des Paulus an die Korinther, 2
37 Neues Testament, Das Evangelium nach Matthäus, 4
38 Neues Testament, Der erste Brief des Paulus an die Thessalonicher, 2
39 Neues Testament, Der erste Brief des Paulus an die Korinther, 7
40 Neues Testament, Die Offenbarung des Johannes, 2
41 Neues Testament, Die Apostelgeschichte, 5
42 Neues Testament, Der erste Brief des Paulus an die Korinther, 7
43 Neues Testament, Der zweite Brief des Paulus an die Korinther, 2

44 Neues Testament, Der zweite Brief des Paulus an die Thessalonicher, 2
45 Neues Testament, Der zweite Brief des Paulus an die Korinther, 11
46 Neues Testament, Der erste Brief des Petrus, 5
47 Neues Testament, Das Evangelium nach Matthäus, 25
48 Neues Testament, Das Evangelium nach Matthäus, 13
49 Neues Testament, Der erste Brief des Johannes, 3
50 Neues Testament, Das Evangelium nach Lukas, 22
51 Neues Testament, Das Evangelium nach Johannes, 13
52 Neues Testament, Das Evangelium nach Lukas, 22
53 Neues Testament, Der erste Brief des Paulus an die Korinther, 10
54 Neues Testament, Der erste Brief des Paulus an die Korinther, 5
55 Neues Testament, Das Evangelium nach Lukas, 10
56 Neues Testament, Die Offenbarung des Johannes, 2
57 Neues Testament, Die Offenbarung des Johannes, 2
58 Neues Testament, Die Offenbarung des Johannes, 1
59 Neues Testament, Der erste Brief des Johannes, 3
60 Neues Testament, Der Brief des Paulus an die Römer, 16
61 Neues Testament, Das Evangelium nach Lukas, 11
62 Neues Testament, Das Evangelium nach Markus, 3
63 Neues Testament, Das Evangelium nach Lukas, 11
64 Neues Testament, Das Evangelium nach Matthäus, 7
65 Neues Testament, Das Evangelium nach Markus, 9
66 Neues Testament, Das Evangelium nach Markus, 7
67 Neues Testament, Das Evangelium nach Lukas, 4
68 Neues Testament, Das Evangelium nach Lukas, 4
69 Neues Testament, Das Evangelium nach Matthäus, 12
70 Neues Testament, Das Evangelium nach Matthäus, 8
71 Neues Testament, Das Evangelium nach Matthäus, 10
72 Altes Testament, Das zweite Buch Samuel, 22; vgl.: Die Bibel, Altes Testament, Der Psalter, 18
73 Altes Testament, Der Prophet Jesaja, 24

74 Altes Testament, Der Prophet Hosea, 9
75 Altes Testament, Der Prophet Micha, 1
76 Altes Testament, Der Prophet Amos, 9
77 Altes Testament, Das erste Buch Mose, 19
78 Altes Testament, Der Prophet Jesaja, 25
79 Altes Testament, Das Buch Josua, 10
80 Altes Testament, Das zweite Buch Mose, 10
81 Altes Testament, Das zweite Buch Mose, 9
82 Neues Testament, Die Offenbarung des Johannes, 5
83 Neues Testament, Die Offenbarung des Johannes, 8/9
84 Neues Testament, Die Offenbarung des Johannes, 10
85 Neues Testament, Die Offenbarung des Johannes, 12/13
86 Neues Testament, Die Offenbarung des Johannes, 14/15
87 Neues Testament, Die Offenbarung des Johannes, 15/16
88 Neues Testament, Die Offenbarung des Johannes, 19
89 Neues Testament, Die Offenbarung des Johannes, 20

BILDNACHWEIS

(1) »Die Hölle«, anonymer Künstler, vermutl. nach Hieronymus Bosch. Archiv für Kunst und Geschichte, Berlin. (2) »Die Hölle«, anonymer Künstler, vermutl. nach Hieronymus Bosch. Archiv für Kunst und Geschichte, Berlin. (3) »Die Hölle«, anonymer Künstler, vermutl. nach Hieronymus Bosch. Archiv für Kunst und Geschichte, Berlin. (4) »Die Hölle«, Hieronymus Bosch. Archiv für Kunst und Geschichte, Berlin. (5) »Die Hölle«, anonymer Künstler, vermutl. nach Hieronymus Bosch. Archiv für Kunst und Geschichte, Berlin. (6) »Die Hölle«, Herri met de Bles, gen. Civetta. Erich Lessing/Archiv für Kunst und Geschichte, Berlin. (7) »Anima dannata«, Gian Lorenzo Bernini. Joseph Martin/Archiv für Kunst und Geschichte, Berlin. (8) »Der Teufel Belial vor dem Höllenrachen«. Das Buch Belial (Augsburg 1473). Archiv für Kunst und Geschichte, Berlin. (9) »Der Hl. Franziskus befreit die Stadt Arezzo von Dämonen«, Giotto di Bondone. Stefan Diller/ Archiv für Kunst und Geschichte, Berlin.

LITERATUR

Ackermann, I.: *Der Fall und Erlösung oder die Werke des Satans und die Macht der Kirche*, Luzern, 1835

Africanus, J.: *The Ante-Nicene Fathers*, London, 1896

Alexandreia, C. von: *Mahnrede an die Heiden*, München, 1934

Augustinus: *Der Gottesstaat (Civitas Dei)*, Zürich, 1955

Auhofer, H.: *Aberglaube und Hexenwahn heute – aus der Unterwelt unserer Zivilisation*, Freiburg, 1960

Balducci, C.: *Priester, Magier, Psychopaten – Grenze zwischen Wahn und Teufel*, Aschaffenburg, 1976

Barnabas: *Schriften des Urchristentums (Barnabasbrief)*, Darmstadt, 1994

Barth, H. M. u. a.: *Der emanzipierte Teufel*, München, 1974

Baschwitz, K.: *Hexen und Hexenprozesse. Die Geschichte eines Massenwahns und seiner Bekämpfung*, München, 1963

Bechstein/Grimm/Hauff: *Deutsche Märchen*, München, 1954

Beckford: *Vathek, der Herr von Eblis*, Köln, 1963

Biedermann, H.: *Hexen*, Graz, 1974

Biedermann, H.: *Dämonen, Geister, dunkle Götter*, Graz/Stuttgart, 1989

Boecher, O.: *Dämonenfurcht und Dämonenabwehr*, Stuttgart, 1970

Bonin, Dr. W. F.: *Faszination des Unfaßbaren*, in: Das Beste, Stuttgart, 1983

Bonifas: *Histoire des dogmes de l'Eglise chrétienne*, Fischbacher, 1886

Boulanger, R.: *Ägyptische und Altorientalische Malerei*, Lausanne, 1966

Bousset, W.: *Der Antichrist in der Überlieferung des Judentums, des Neuen Testaments und der alten Kirche*, Göttingen, 1895

Brasseur: *Sources de l'Histoire primitive du Mexique*, Paris
Brittnacher, H. R.: *Ästhetik des Horrors*, Frankfurt/Main, 1994
Calvino, I.: *Italienische Märchen*, 1956
Codex Vindobonensis Palatinus, Hofbibliothek Wien, 1888
Collin de Plancy, J.: *Dictionnaire infernal*, Paris, 1818
Corté, N.: *Unser Widersacher, der Teufel*, Aschaffenburg, 1957
Creuzer, F.: *Symbolik und Mythologie der alten Völker*, Leipzig/Darmstadt, 1819
Crispino u. a.: *Das Buch vom Teufel*, Frankfurt/Main, 1987
Dahl, J.: *Nachtfrauen und Galsterweiber – eine Naturgeschichte der Hexe*, Ebenhausen, 1960
Delambre, J.: *Histoire de l'Astronomie ancienne*, 1817
Delaney, F.: *Legends of the Celts*, London, 1991
Die Apokryphen und Pseudoepigraphen des Alten Testaments, Tübingen, 1900
Diefenbach, J.: *Der Hexenwahn vor und nach der Glaubensspaltung in Deutschland*, Mainz, 1886
Disselhoff, A.: *Über die Geschichte des Teufels*, Berlin, 1907
Dölger, F.: *Der Exorzismus im altchristlichen Taufritual – eine religionsgeschichtliche Studie,* Paderborn, 1909
Duhm, H.: *Die bösen Geister im Alten Testament*, Tübingen, 1904
Dumézil, G.: *Loki*, Darmstadt, 1959
Dumézil, G.: *Les Dieux souverains des Indo-Européens*, Paris, 1977
Eichler, P. A.: *Die Dschinn, Teufel und Engel im Koran*, Leipzig, 1928
Evangelische Kirche von Deutschland: *Die Bibel mit Apokryphen*, Stuttgart, 1973
Eliade, M.: *Geschichte der religiösen Ideen*, Frankfurt, 1979
Erich, O. A.: *Die Darstellung des Teufels in der christlichen Kunst*, Berlin, 1951
Evans, Sir A.: *The Palace of Minos at Knossos*, 1933

Franz, A.: *Die kirchlichen Benediktionen im Mittelalter*, Graz, 1960 (Nachdruck)

Frei, G.: *Probleme der Parapsychologie – die Welt der Parapsychologie, Besessenheit, Exorzismus und Extase*, München, 1971

Freud, S.: *Gesammelte Werke*, Frankfurt/Main, 1940

Freud, S.: *Eine Teufelsneurose im 17. Jahrhundert*, Leipzig, 1924

Genzmer, F. (Übers.): *Die Edda – Götterdichtung, Spruchweisheit und Heldengesänge der Germanen*, Düsseldorf/Köln, 1981

Grimm, J.: *Deutsche Mythologie* (3 Bände), Graz, 1968

Grimm, J. und W.: *Deutsche Sagen*, Frankfurt, 1981

Haag, H.: *Abschied vom Teufel – theologische Meditationen*, Einsiedeln, 1973

Haag, H.: *Teufelsglaube*, Tübingen, 1974

Haack, F. W.: *Von Gott und der Welt verlassen*, Düsseldorf, 1954

Hammes, M.: *Hexenwahn und Hexenprozesse*, Frankfurt/Main, 1977

Harrer, H.: *Sieben Jahre in Tibet*, Berlin, 1959

Hefele, C. J. von: *Conciliengeschichte*, Freiburg, 1877

Hicks, T.: *Die Perser,* in: TIME-LIFE, 1975

Holl, A.: *Tod und Teufel*, Stuttgart, 1973

Hornung, E. (Übers.): *Das Heraustreten ins Tageslicht (Totenbuch der Ägypter)*, München, 1979

Hornung, E.: *Altägyptische Höllenvorstellungen*, Berlin, 1968

Hsü, K. J.: *Die letzten Jahre der Dinosaurier*, Basel/Boston/Berlin, 1990

Huysmans, J. K.: *Tief unten*, Köln, 1963

Introvigne, M./Türk, E.: *Satanismus*, Freiburg im Breisgau, 1995

Jockel, Dr. R.: *Götter und Dämonen – Mythen der Völker*, Wiesbaden

Karsten, H.: *Die Befreiung vom Teufel*, Köln, 1979

Keller, W.: *Und die Bibel hat doch recht*, Stuttgart, 1955

Kramer (Institoris), H./Sprenger, J.: *Der Hexenhammer*, München, 1982 (Nachdruck, übersetzt von J. W. R. Schmidt)

Kohlenberg, K. F.: *Enträtselte Vorzeit*, München/Wien, 1970

Langdon: *Sumerian und Babylonian Psalms*, 1909

Lehmann (Lund), E.: *Lehrbuch der Religionsgeschichte*, Tübingen, 1925

Leonhard, W. E.: *The Fragments of Empledocles*, 1908

Lewis, M. G.: *The Monk (Der Mönch)*, 1796

Lohse, E.: *Die Texte von Qumran*, München, 1964

Löpelmann, M. (Hrsg.): *Keltische Sagen aus Irland*, München, 1988

Lurker, M.: *Lexikon der Götter und Dämonen*, Stuttgart, 1984

Lyser, J. P.: *Abendländische 1001 Nacht – die schönsten Märchen und Sagen aller europäischen Völker* (1838–1840), Gütersloh, 1980

Marinatos, S.: *The Volcanic Destruction of Minoan Crete*, 1939

Mensching, G.: *Gut und Böse im Glauben der Völker*, Stuttgart, 1950

Messadié, G.: *Teufel/Satan/Luzifer*, Frankfurt/Main, 1995

Michel, W.: *Das Teuflische und Groteske in der Kunst*, München, 1911

Mühlestein, H.: *Die verhüllten Götter*, Biel, 1981

Nicholson, I.: *Mexikanische Mythologie*, Wiesbaden, 1967

Nola, A. di: *Der Teufel*, München, 1990

Obendiek, H.: *Der Teufel bei Martin Luther*, Berlin, 1931

Olrik, A.: *Ragnarök – die Sage vom Weltuntergang*, Berlin, 1922

Orationes contra demoniacum, Hofbibliothek Wien, 10. Jahrhundert

Osten-Sacken, P. v. d.: *Gott und Belial – traditionsgeschichtliche Untersuchungen zum Dualismus in den Texten aus Qumran*, Berlin, 1968

Otto, E.: *Beiträge zur Geschichte der Stierkulte in Ägypten*, 1938

Peuckert, W. F.: *Geheimkulte*, Heidelberg, 1951
Raup, D. M.: *Der schwarze Stern*, Reinbek, 1990
Reuter, O. S.: *Das Rätsel der Edda und der arische Urglaube*, Sontra, 1922
Reuter, O. S.: *Germanische Himmelskunde*, München, 1936
Rizzitano, U.: *Mohammed*, Gütersloh
Rodinson, M.: *Mohammed*, Frankfurt, 1975
Roeder, G.: *Die ägyptische Religion in Texten und Bildern*, Zürich/Stuttgart, 1961
Rosenberg, A.: *Praktiken des Satanismus*, Nürnberg, 1965
Roskoff, O.: *Geschichte des Teufels*, Nördlingen, 1987
Sanders, E.: *The Family – the Story of the James Manson's Dune Buggy Attack Batallion*, New York, 1971
Schade, H.: *Dämonen und Monstren*, Regensburg, 1962
Schele, L./Freidel, D.: *Die unbekannte Welt der Maya*, Augsburg, 1994
Schiller, H.: *Mächte und Gewalten im Neuen Testament*, Freiburg, 1958
Schliemann, H.: *Mykene – Bericht über meine Forschungen und Entdeckungen in Mykene und Tiryns*, Leipzig, 1878
Schmöckel, H.: *Das Gilgamesch-Epos*, Stuttgart, 1966
Sharkey, J.: *Celtic Mysteries*, London, 1985
Dupont-Sommer, A.: *Die essenischen Schriften vom Toten Meer*, Tübingen, 1961
Sorensen, V.: *Ragnarök*, Düsseldorf, 1984
Spanuth, J.: *Atlantis*, Osnabrück, 1982
Stambough, R. (Hrsg.): *Teufelsbücher in Auswahl* (5 Bände), Berlin, 1970–1980
Stapleton, M./Servan-Schreiber, E.: *Lexikon der griechischen und römischen Mythologie*, Hamburg, 1978
Symonds, J.: *Aleister Crowley, Das Tier 666 – Leben und Magick*, Basel, 1989
Thibaut, G.: *Astronomie, Astrologie und Mathematik*, 1899
Uhland, L.: *Uhlands Werke (6. Band), Sagenforschungen (der Mythus vom Thor/Odin)*, Berlin-Leipzig

Velikowsky, I.: *Welten im Zusammenstoß*, Frankfurt/Main, 1982

Velikowsky, I.: *Erde im Aufruhr*, Frankfurt/Main, 1983

Weber, O.: *Dämonenbeschwörung bei den Babyloniern und Assyrern*, Leipzig, 1906

Weidinger, E.: *Die Apokryphen – verborgene Bücher der Bibel*, Augsburg, 1995

Weidner, E.: *Handbuch der babylonischen Astronomie*, 1915

Westwood, J.: *Sagen, Mythen, Menschheitsrätsel*, in: Das Beste, München, 1990

Weyer (Wier), J.: *Opera Omnia (Gesamtwerk)*, Amsterdam, 1660

Wheatley: *Diener der Finsternis,* Köln, 1935

Widengren, G.: *Iranische Geisteswelt – von den Anfängen bis zum Islam*, Baden-Baden, 1961

Wiesenmüller, H.-J. (Hrsg.): *Um die Walpurgisnacht*, Quedlinburg

Wilson, C.: *Das Okkulte*, Berlin/Schlechtenwegen, 1982

Yates, W. B.: *Irische Märchen*

Zacharias, G. P.: *Satanskult und Schwarze Messe – ein Beitrag zur Phänomenologie der Religion*, Wiesbaden, 1964

Zbinden, E.: *Die Djinn des Islams und der altorientalische Geisterglaube*, Bern/Stuttgart, 1953

Ziegler, M.: *Engel und Dämonen im Lichte der Bibel mit Einschluß des außerkanonischen Schrifttums*, Zürich, 1957

REGISTER

A

Aaron 133, 145, 178, 183, 203, 214, 311, 352, 369
Abaddon, Oberteufel 61, 62, 247, 367
Abigor, Oberteufel 245, 247
Abra-Merlin 302
Adrammelech, Oberteufel 247
Aeneas mit Sibylle 17, 172
Aeshma 77, 87
Agares, Oberteufel 245
Aghora 125
Ägir 98
Agni 116, 136
Aguaresso 247
Ahab 179 f., 352
Ahra Mainyu (Ahriman) 70, 377
Ahriman 27, 40, 86, 88, 89, 90 f., 93 f., 96, 107 ff., 116, 125, 127, 139 f., 153, 197 f., 205 f., 211, 223, 351 f., 395
Ahura Mazda 70, 72, 74 ff., 79, 84, 86, 96, 98, 128, 140, 184, 193, 210, 337, 354, 378, 397 f.
Aigeus 174
Ainu-rakkuru-Kamui 348
Aiwass 304
Akhu 158
Alben 85
Aleto, Tisiphone, Megaira 173
Alexander der Große 137, 207
Alfen 98
Alfenfuß 267
Allah 190, 192 ff., 197 f., 200
Amaterasu Ohomikami 60, 220 f., 389

Ametas 336
Ammon, Oberteufel 247
Amoriter 187, 365
Amos 19, 373, 399
Amrita 109 f.
Amun 153
Ananta 109, 114, 119, 132, 145, 159, 348
Androgeos 174
Angrboda 90
Antichrist 210 ff., 400
Antum 132
Anu 132, 138, 142 f., 146
Anubis 153, 154
Aphrodite 10, 136, 160, 167 f., 382
Apophis 158 ff., 162, 348
Apsu 146
Arallu 185
Aramäer 179
Ares 167 f.
Ariadne 174
Arier
  siehe auch Indoeuropäer 71, 102 ff., 106, 115, 328
Artaxerxes 185
Asasel, Oberteufel 60, 79, 177 ff., 187, 190, 247, 355 f.
Aschera, siehe Ischtar 136
Aschteroth-Karnaim, siehe Ischtar 133
Asen 84 f., 87, 92, 94 f, 98 ff., 114, 379
Asgard 93 f., 98, 132, 337 f.
Asmodi, Oberteufel 245
Aso 153
Asphodelos 169
Astar, siehe Ischtar 199

Astaroth, Oberteufel 199, 245, 247
Astarte, siehe Ischtar 136, 160, 167, 186, 306, 355, 382
Astrum Argentinum 302
Asura 106, 108 ff., 113 ff., 117, 122, 125, 127
Athene 171
Aton 151
Atsaachtl 347
Attar, siehe Ischtar 199
Augustinus 31, 206, 216, 374, 388, 400
Awataras 108
Awesta 33, 133, 378
Azhi Dahaka 77

B

Baal 130, 135 f., 182, 186, 245, 386, 390
Baal, Oberteufel 356
Baalath 131
Baal Zewuw
 siehe Beelzebub, Oberteufel 136, 374
Babylon 61, 62, 96, 137, 145, 185, 199
Babylonien/Assyrien 29, 137, 141
Bacchantinnen 171
Balam, Oberteufel 245, 246
Balder 338, 380
Baphomet 214, 289, 290, 301
Baraquel, Ezequeel, Kakabael, Samsaveel, Seriel 177, 179
Barbatos, Oberteufel 245
Bassariden 171
Beelzebub 67
Beelzebub, Oberteufel 127, 136, 182, 248, 361, 374
Behemoth, Satansmonster 247, 356

Belfagor, Oberteufel 248
Belial, Oberteufel 182 ff., 186, 213, 248, 356, 403
Belith 131
Bergelmir 99
Besessenheit 141, 217, 254, 342, 402
Bharata 102
Bilröst 94
Bitru, Oberteufel 245
Blocksberg (Brocken im Harz) 272
Bogumilen 208
Böse Geister 63, 267, 362, 379
Brahma 107, 109, 112, 122, 126, 335
Brahmanas, Puranas und Upanischaden 107
Brahmanen 107
Brahmanismus 121 f.
Brihaspati 116
Brisingen-Schmuck 85
Buch des Gesetzes 304
Buddha 101, 117 ff., 307, 381
Buddhismus 103 f., 117 ff.
Buer 302
Buhlteufel 47, 206, 388
Bune, Oberteufel 245
Byblos 154, 328
Byleth, Oberteufel 245

C

Cagliostro, Graf Alessandro di 308 ff., 316 ff.
Caim, Oberteufel 245
Calpa 335
Cernunnus 88
Chaifi 225 ff., 389
Chaldäer 137
Charon 169
Chepra 151
Church of Satan 291

Church of the Final Judgement 290
Columbia Plateau 331
Corabiel, Seraph 315
Coyote 225
Crom Cruach 89
Crowley, Aleister 300 ff., 312 f., 316 ff., 393 f., 404
Cuvier 20, 21, 373
Cyrus 185

D
Daggial und Dabbart' al-ard 211
Dahaka 77, 96
Daiwa 72, 77
Damkina 138
Darius I. 185
David 180, 186, 353 ff.
Decarabia, Oberteufel 245
Dee, John 313 ff.
Deioces 72
Delhi 103
Demawand 96
Demeter 170, 385
Descartes 195
Dever 182
Devil House 290
Dewaki 111
Dewas 104, 108 ff., 113 ff.
Dhanwantari 109
Dimme 142
Dinewan und Brälga 223
Dionysos 171, 172
Distelstöcke 267
Domitian 339
Drache 25 f., 52, 58, 77, 89, 91, 95 f., 100, 119, 165, 192, 211, 233 ff., 245, 247, 339, 342, 363, 367 f., 370 f., 374, 390
Draupnir 85, 338

Dravidier 103, 106
Drudenfuß 267
Druiden 84, 86, 87
Drusii 206
Dschinn 190, 386, 401
Dulie 293

E
Ea 130, 138, 143, 146
Echidna 165, 173
Ekron 136
Elias 311
Eligor, Oberteufel 245
Empusa 172
Engel 176 f., 179 f., 183 f., 187, 190 ff., 198, 202 ff., 210, 216, 222, 230 ff., 244, 247, 261, 280 f., 290, 307, 315 f., 329, 331, 339, 346 ff., 352 ff., 357 ff., 366 ff., 375 f., 384 f., 401, 405
Engels-Hierarchie 246
Enith 159
Enkidu 143
Enlil 138, 143
Enoch, auch Henoch 16, 41, 48, 55, 57 ff., 95, 177 f., 181, 185, 195, 311, 375, 384
Epimetheos 166
Ereschkigal 130 f., 143 ff., 383
Erinyen 173
Ermutis 151
Etana 130
Eumeniden 173
Europa 20, 23, 35, 71, 83, 173, 209, 288, 310, 328, 332
Eurynome 173
Exodus 17, 31, 135
Exorzismus 141, 142, 249 ff., 256, 258, 346, 390, 401 f.

F

Faust, Dr. Georg 260, 317 ff.
Fenrir 90, 93 f., 96, 132, 380
Feuriger Pfuhl 165, 178, 192, 248, 281 f., 371 f., 392
Fimbultyr 98
Fimbulwinter 96, 99, 131
Fintan 84 f.
Fluten des Deukalion und des Ogyges 31
Folter 264, 270 f.
Forneus, Oberteufel 245
Fraternitas Saturni 290
Freimaurer 213 f., 289, 311 f.
Freimaurerei nach dem ägyptischen Ritus 311
Freja (Freya) 275
Freud, Sigmund 342 ff., 402
Freyr 86, 94, 338
Frigg 85, 380
Furfur, Oberteufel 245

G

Gabriel, Erzengel 48 f., 56, 196, 253
Gaia 164
Galilei 195
Gallier 84, 206
Gan'Eden
  siehe Paradies 192
Garm 91
Geb 152, 159, 161, 383
Gefallene Engel 21, 53, 204, 216, 281, 332, 353
Gefjon 98
Gehenna 192, 194, 197, 282
Germanen 83 f., 86 f., 102, 402
Gilgamesch 132, 140, 143, 187, 374
Gioll-Brücke 91
Gnippahellir 91
Gog und Magog 62, 371

Goldenes Kalb 133, 182, 186, 383
Goldhaar der Sif 86
Gomori, Oberteufel 245 f.
Göttersöhne 53, 63, 95, 99, 113, 131, 352
Großkophta 311
Gullinbursti 85
Gungnir 85

H

Habakuk 19
Hades 66 f, 73, 165, 169, 170, 172 f., 282, 377
Hainuwele 336, 395
Hamestagan 73
Hammurapi 62
Harappa- oder Induskultur 103
Harmonia, Daimos und Phobos 167
Hathor 153, 160, 199, 383
Haus der Sonne 284 f.
Heilige Stein, Der 315
Heimdall 85, 94, 96, 380
Hekate 172 f.
Hel 38, 90 ff., 282, 337 f.
Helios 28
Hephaistos 41, 90, 166 f.
Hera 167, 171, 324, 379
Herakles 165, 324
Hermes 12, 168
Hermetischer Orden der Goldenen Morgenröte 302
Hesekiel 46, 375
Hesiod 26, 32, 164, 374, 384 f.
Hexen 177, 234 f., 259, 260 ff., 271 ff., 277 f., 314, 391, 400
Hexenhammer 261 f., 269, 403
Hexensabbat 172, 186, 260, 274 f., 293
Hexenverfolgung 209, 254, 263, 266 f, 269, 276, 288

Hexerei 254, 261 f., 264, 278
Himmels-Stier 132, 134 f.,
    145, 160, 174, 182, 187, 324,
    334, 339
Hinduismus 104, 121,
    123 f., 127
Hinduismus, Volks- 121, 127
Hiob 53 f., 56 f., 64, 176, 179,
    186, 352, 376 ff., 381, 386,
    392, 396 f.
Hiranyagarbha 116
Hiranyakscha 111, 122
Hiskia 183
Hlidskjalf 94
Hödur 92, 95, 99, 131
Hölle 106, 120, 125, 130 f.,
    143, 165, 169, 186, 190, 192,
    205, 207, 213, 222, 232,
    235 f., 239 ff., 247 f., 279 ff.,
    314, 331 f., 348, 361, 381,
    392
Hönir 82, 227
Hoor-pa-Kraat
    siehe Horus 304
Horus 153 ff., 160, 301, 304
Hosea 19, 373, 399
Hubbard, Ron 307
Hydra 165, 173, 334

I

Iapetos 166
Idafeld 94 f., 131
Idun 85, 111
Iduns Goldäpfel 87
Indoeuropäer 71, 84 f., 102 f.
Indra 77, 104 ff., 109, 114,
    116, 395
Inkubi, Balban und Patonio
    206
Inkubi
    siehe Sukkubi 206
Innini 138

Innozenz VIII. 267, 391
Inquisition 47, 195, 205, 209,
    246, 262 f., 289,
    308 f., 313
Ischtar 10, 127, 130 ff., 135 f.,
    138, 143 ff., 160, 167 f., 174,
    182, 186 f., 199, 247, 275,
    324, 339, 374, 382, 395
Isis 151, 153 ff., 160 ff., 199,
    311, 313, 383 f.
Israel 48, 133, 135 f., 175,
    177 f., 180, 182, 184 f., 187,
    282, 352 f., 355, 365, 373,
    385
Izanagi no Kami 220

J

Jahwe und Adonaj = Jehova
    253, 376
Jainismus 104, 117
Jeanne d'Arc
    siehe Jungfrau von Orléans
    391
Jehu 136
Jericho 328
Jerubbaal 180
Jesaja 14, 16, 18 f., 22, 59, 62,
    95, 113, 131, 165, 183, 332,
    373 ff., 381, 383, 386, 389,
    396, 398 f.
Joakim 62, 137
Joel 19
Johannes Paul II. 216 f.
Josias 186
Josua 53, 187, 352, 365, 374,
    386, 399
Juda 18, 136, 183, 356
Judas Ischariot 60, 66
Junger Gott (Dionysos) 171,
    380
Jungfrau von Orléans
    siehe Jeanne d'Arc 263

K

Kaaba 55
Kabbala 314
Kafir 211
Kailasa 113
Kali 125, 126, 127
Kalpa 107
Kami 222
Kanaan 130, 136
Karma 107
Katharer
  siehe Bogumilen 208 f.
Kaurawas 103
Kausalya 112
Kelten 83 f., 86, 87, 102, 334
Kemosch 186
Kemuschiri-nupuri-Kamui 348
Kerberos 165, 173
Keren 173
Khonsu 153
Kingu 146 f.
Kirchenväter 202, 252
Knossos 324 ff., 394 f., 401
Kodex Hammurabi 62
Kokytos 169
Konfuzius 33
Konstantin 202, 204
Konzile 47, 204, 215, 387
Kosala, Videha, Kasi 103
Krakatau 23
Kramer (Institoris), Heinrich,
  und Sprenger, Jakob
  (Hexenhammer) 261, 391,
  403
Kratos und Bia 166
Kreta 173, 324 ff.
Krischna 111, 122
Kronos 164 ff., 169 f.
Kukumatz oder Kukulkan
  siehe Quetzal-cohuatl 27
Kurgan-Menschen
  siehe Indoeuropäer/Arier 71

L

Labyrinth 174, 325
Lachamu 138
Lakschmi 122
Lampe des geheimen Wissens
  305
Lamschtu 142
Latrie 293
Lavaniel, Seraph 315
Lebenselixier 312
Leviathan, Satansmonster 79,
  248, 356, 378
Liebesengel
  Akibeel, Ananel, Anani,
  Arameel, Arasjal, Arestigifa,
  Armen, Armers, Asasel,
  Baraquel, Basasael, Batraal,
  Batarjal, Danel, Ezequeel,
  Iseseel, Jetarel, Jomjael,
  Kakabael, Ramuel, Rumjal,
  Ruquael, Sammael, Samsa-
  veel, Saraquajal, Sartael,
  Simapisiel, Tarel, Tamuel,
  Turel, Turjal, Urakib,
  Zaquebe 177
Liebensengel, Fürst der
  Semjasa 166, 177
Lilit 182
Llud 89
Lodur
  siehe Loki 90
Lokayata 116
Loki 40 f., 60, 81 ff., 85 ff.,
  90 ff., 106, 111, 114, 132,
  165, 224, 227, 337 f., 378 ff.,
  401
Luther 46, 207, 212, 234, 318,
  388, 403

M

Madimiel, Seraph 315
Mag Slecht 89

Magier 54, 71, 74 f., 78, 84 f., 100, 127, 139, 141, 198, 248, 254, 303, 305, 307 ff., 312, 314 f., 317 f., 400
Magisterius,
auch Magister
siehe Martinettus oder Martinellus 271
Malik 190
Mänäbusch 224 f., 347, 395
Mänaden 171
Manasse 183
Manidos 224
Manson, Charles 290 f., 298
Mantara 108 f., 112
Mara 117 ff.
Marduk 138, 146 f., 185
Martinettus oder Martinellus siehe Magisterius 271
Marut 105
Masatyai 104
Mastema 54, 386
Mastema, Oberteufel 182 f.
Matanbukus, Oberteufel 183
Maya (Dämon) 110
Mazdaismus 75 ff., 116, 185, 380, 395
Mekka 55, 195 f.
Melusine, Meerfee 207
Mephistopheles, Oberteufel 321
Meresger 151
Meru 108, 112 f.
Mesopotamien 55, 129, 132, 136 f., 139 f., 382
Micha 19, 179, 373, 399
Michael, Erzengel 48 f, 53, 58, 79, 181, 253, 315, 368
Midgard 94 ff., 99, 132
Midgardschlange 90, 94, 96 f., 114, 119, 145, 159, 235, 337, 348

Milkom 186
Mimir 83 f.
Minäische Kultur 199
Minos 173 f., 325 f., 394 f., 401
Minotauros 174, 324
Mithra 133
Mjöllnir 85, 95
Modguder 91
Modi und Magni 99
Mohammed 191 ff., 195 ff., 307, 404
Moloch 356
Monotheismus 74, 77, 121, 193
Monster von Noves 88
Morgensternfrau 220
Mose 17, 31, 44, 62, 78, 135, 178, 180, 198, 373, 375 ff., 380, 382 f., 385, 387, 395 ff., 399
Mummu 146
Murmur, Oberteufel 245
Muspills Söhne 82
Mykene 134, 383, 404

N

Naberus, Oberteufel 245
Naga 119, 145, 159, 348
Nagelfar 82
Nahum 19
Naiaden und Oreaden 168
Namtar 143 ff.
Nandi 125
Nannar 130
Narayana 121
Narts 73, 91
Nebukadnezar 62, 137
Nefertum 158
Neith 151
Nekromantik 293
Nergal 143 ff., 383
Nero 339

Neun, die magische Zahl
Luzifers 334 f., 338 f.
Nidhög 91, 100, 380
Nietzsche, Friedrich 172
Nifelheim 91, 93, 338, 381
Ninlil 138
Nintud 138
Nirwana 119
Noah 17, 183 f., 203
Nogabiel, Seraph 315
Nun 152 f.
Nuth 150, 152 f., 157, 159 f., 384

O
Odin 82, 84, 92 f., 98, 227, 379, 404
Orias, Oberteufel 246
Ormazd
siehe Ahura Mazda 78
Osculum infame 296
Osiris 150 f., 153 ff., 158, 162, 383 f., 394
Ostafrikanisches Grabensystem 329 ff.
OTO
Kürzel für Ordo Templis Orientis 289, 290
Ovid 28 ff., 33
Oze, Oberteufel 245

P
Pakhet 153
Palladisten, Rosenkreuzer und Anhänger der Goldenen Morgenröte 213 f.
Pan 88, 168 f., 206, 301
Pandora 166
Pani und Dasa 106
Papimant, der Böse 117, 120
Papst Pius VI. 308
Papsukkal 130
Paradies 48, 55 f., 78, 95, 192, 200, 230, 241, 283, 289
Paramitas, die zehn großen Tugenden 118
Parsen 96 f.
Pasiphae 173
Pasussu 142
Paul VI. 215
Paulus 63, 65, 280, 355, 358, 376 f., 396 ff.
Pentagramm 267
Persephone 170 f.
Perturbado 302
Phaeton 28 ff., 33, 40, 374
Phanuel, Erzengel 49
Philister 136, 237
Planetoiden 11
Platon 207
Plinius 26, 374
Plutarch 74, 117, 384
Pluton
siehe Hades 170
Poseidon 169 f., 173, 324
Prajapati 116, 121
Prasupati 125
Prometheus 41, 90, 166, 177, 224
Promissum Diaboli 257
Ptah 153, 158
Punjab 102
Purandara 106
Pursan, Oberteufel 245
Puruscha 121 f., 126
Putana 111, 114
Pyrophlegethon 169

Q
Quamaits 347
Quetzal-cohuatl 26 f., 40, 89, 119, 145, 159, 222, 224 f., 348 f., 374, 396
Qumran 182, 386, 403

R

Ragnarök 91, 93, 97 ff., 114, 131 f., 145, 161, 235, 337, 395, 403 f.
Raguel, Erzengel 48
Rahu 109 f.
Raja 102
Rajasthan 103
Rajatadri 113
Rama 122, 376
Ramanuja 123
Raphael, Erzengel 48 f., 60, 178 f., 187, 253, 317
Rashnu 73
Rawana 60, 112, 114
Re 150 ff., 157 ff., 384
Reschef 182
Rheia 164, 169
Rudra 125
Ruthwa, das heilige Öl 305

S

Sabha und Samiti 102
Salahua 336
Samiel, Oberteufel 247, 397
Sammael, Oberteufel 177, 183, 247, 397
Samsara 107
Sanskrit 71, 107, 378, 381 f.
Santorin 326 f., 331
Saoschyant 70
Sariel, Erzengel 48
Sasalaguan 225, 227
Satan als das Böse an sich 41, 99, 125, 127, 131, 140, 146, 157, 180 f., 184, 202, 204 f., 208, 210, 222, 248, 354
Satan als Fürst dieser Welt 63, 208, 356
Satan als Himmelsfürst 53, 59, 352
Satan als Verderber 173 f., 180, 359, 360
Satan als Versucher 58, 64 f., 99, 232 f., 357, 368, 371
Satan als Widersacher 65, 179, 272
Satanische Bibel 291
Satanskloster Thelema 301, 305 f.
Satanskult 133, 288 f., 292, 295, 307, 405
Satanspakt 288 f., 318, 343
Satanspriester 294 f.
Satena 336, 395
Satyrn und Silenen 168, 171
Schakti 126 f., 160
Schaktismus 121, 126 f.
Scheitan 189 ff., 197 f., 200, 386, 394
Scheol 185 f., 282
Schiwa 107, 122, 124 f.
Schiwaismus 121, 124 ff.
Schlange 27, 54 f., 58, 92, 94, 96, 104, 106, 112, 159 f., 162, 165, 173, 222, 233, 246, 248, 251, 311, 353, 368, 371, 374
Schlüsselzahl 337
Schnurkeramiker siehe Indoeuropäer/Arier 83
Schu 152, 157 ff.
Schwarzalfen 90, 132, 227
Schwarze Magie 172, 254, 292
Schwarze Messen 214, 287, 292 f., 307, 392
Scientology, Church of 307
Sechshundertsechsundsechzig, die Zahl des Tieres Satans 369
Seelenwanderung 120, 126 f.

Sekhmet 153, 158
Selkis 151
Semeliel, Seraphim 315
Semjasa 177, 179
Seth 153 ff., 159, 295, 394
Sexualmagie 290, 299, 302, 306, 393
Siduri 140
Sieben Riten von Eleusis 305
Sif 86
Sigyn 93
Silvester II. 195
Sintflut 17, 27, 31, 84, 95, 131
Sisiutl 347 f.
Skalli und Hati 94
Skidbladnir 86
Sleipnir 92
Slidur 91
Snorri Sturloson 84, 379
Sobek 151, 159
Sobek-Re, siehe Sobek 151
Sodom und Gomorrha 176, 329, 349
Solon 30, 374
Soma 115
Sonchis 30
Stein des Weisen 312
Stolas, Oberteufel 245
Streitaxt-Leute
 siehe Indoeuropäer/Arier 83
Styx und Acheron 169
Sukkubi
 siehe Inkubi 206 f.
Sündenbock 60, 79, 178 f., 187
Sura 104, 116
Surt 40, 82, 94
Surya 116
Susanowo 220 f., 389
Swadilfari 92
Sydobai, Oberteufel 245
Sytry, Oberteufel 245

T

Ta-tenen 153
Takehaya Susanowo no Mikoto 220 f., 389
Tammuz 130
Tartaros 48, 165, 173, 384
Tefent 152, 161
Templerkreuz 288, 295
Tezcatlipoca 348
Thera 327, 330
Theseus 174, 324
Thetis 166
Thomas von Aquin 205, 207
Thor 85, 94 f., 106, 114, 235, 338, 379 f., 383, 404
Thursen 97 ff., 114
Ti-se 113
Tiamat 145 ff., 159, 348
Tierman 89
Titanen 22, 164 ff., 170 f.
Tlalocan 284
Toth 150
Tunguska, Meteorfall 35 f.
Typhon 26, 40, 89, 119, 132, 145, 159, 165, 348
Tystria 133
Tzontemoc 283

U

Upuaut 153
Uranos 164, 166 f., 173
Urchaos 156 f., 159
Urian, Satansnamen 272
Uriel, Erzengel 48, 315 f.
Urschuld 138, 145
Uruk 132, 187, 374
Usias 18
Uttuku Limnu 143

V

Venus 160 ff., 167 ff., 174, 187, 199, 330, 339, 347, 375, 382

Vier heilige Weisheiten
  Buddhas 118
Viraj 126

W

Walhall 85, 337
Walpurgisnacht 275, 405
Wanen 83, 85, 98
Wartburg 46, 234
Waruna 104 f., 122
Watson, Tex 291, 298
Weden 72, 102, 104, 125, 133, 335
Wedismus 104, 116, 121, 185
Weltalter 21, 27, 32 f., 99, 107, 285, 335, 337, 339
Weltschlange 77, 109 f., 114, 119, 145 f., 190, 235
Weyer (Wier), Johannes 244 f., 271, 277 f., 390, 392, 405
Widar 94 f., 99
Wiedergeburt 79, 107, 115, 117 ff., 121 ff., 126 ff., 208, 311
Windheim 95
Wischnu 107 ff., 121 ff., 126, 376
Wischnu Withoba 123
Wischnuismus 121 ff., 126
Wischtaspa 75
Wodan 268, 275
Writra 104 ff., 122, 336, 395

X

Xochitlapan 284

Y

Yahou 23, 373
Yetl 225
Yggdrasil 91, 94

Z

Zabathiel, Seraph 315
Zagreos 164, 170 f.
Zaleos, Oberteufel 246
Zarathustra 70, 74 ff., 116 ff., 127 f., 139 f., 184 f., 193, 337, 377
Zauberei 75, 172, 207, 265, 267, 269, 308
Zedekia 62
Zedekiel, Seraph 315
Zepar, Oberteufel 245
Zerberus, Oberteufel 245
Zeus 26, 28, 32, 90, 164 ff., 169 ff., 173, 324, 385
Zurwan 73 f.
Zwerge 82, 85, 91, 93, 379